高校法学课程要点辅导及题解丛书

民事诉讼法：体系解说与实例研习

廖中洪　孔令章　主编

对外经济贸易大学出版社
中国·北京

图书在版编目（CIP）数据

民事诉讼法：体系解说与实例研习 / 廖中洪，孔令章主编. —北京：对外经济贸易大学出版社，2013

（高校法学课程要点辅导及题解丛书）

ISBN 978-7-5663-0838-2

Ⅰ.①民… Ⅱ.①廖… ②孔… Ⅲ.①民事诉讼法－法律解释－中国－高等学校－教学参考资料②民事诉讼法－案例－中国－高等学校－教学参考资料 Ⅳ.①D925.105

中国版本图书馆 CIP 数据核字（2013）第 233522 号

民事诉讼法：体系解说与实例研习

廖中洪 孔令章 主编

责任编辑： 阮珍珍

对外经济贸易大学出版社

北京市朝阳区惠新东街 10 号 邮政编码：100029

邮购电话：010－64492338 发行部电话：010－64492342

网址：http://www.uibep.com E-mail：uibep@126.com

唐山市润丰印务有限公司印装 新华书店北京发行所发行

成品尺寸：185mm×260mm 20.75 印张 480 千字

2013 年 10 月北京第 1 版 2013 年 10 月第 1 次印刷

ISBN 978-7-5663-0838-2

印数：0 001－2 000 册 定价：38.00 元

编写说明

民事诉讼法是国家的基本法律，是规范民事诉讼程序的基本规则。民事诉讼法体系庞杂，对于学习者而言，宜先选择一本具有清晰架构与体系的书，作为学习的基础，将民事诉讼的法律概念作一定程度的理解后，再进一步涉猎其他资料，循序渐进地扩充。基于此，本书撰写过程中，尽量以体系化的学习方法引导读者，摆脱剪辑式的学说整理片段学习法，期望能够使读者于掌握基本概念之际，能理解不同诉讼制度间或法条间的适用关联，进而掌握诉讼法的全貌。对于重要的概念和制度，本书详举重要案例，做深入浅出的分析，协助读者思考与理解，使读者能够融会贯通相关的条文和重要概念。本书的案例除了法院的实际判决之外还有大量的历年司法资格考试真题，期望通过案件实例的研习，培养学生法律思维与解决实际案例的能力。本书适用于大学本科生以及准备司法考试和备考研究生的人员，对于其他法律学习者也有重要的参考价值。具体而言，本书重点突出三个“结合”的特色：

一是结合《民事诉讼法》最新修改，突出对学科知识点的体系性诠释。

本书以 2012 年最新修订过的《民事诉讼法》为蓝本，强调对新修订法律规定的法理阐释和立法背景的介绍。通过梳理本学科的基本概念与原理为读者建立清晰的知识体系结构，通过集成与知识点相关的现行法律及繁杂的司法解释规定，使读者能够理解条文之间适用的关联，进而掌握该学科的知识全貌。

二是结合司法实践，突出部门法学的实用性特点。

该教材弱化抽象理论学说的阐述，强化法律的实用性。内容主要使用体系结构图示解说和典型案例剖析的方法，对基本法理、现行法律规定以及司法实践状况做深入浅出的讲解，协助读者融会贯通，培养法律思维与解决实际案例的能力，强化对于司法资格考试试题的解题能力。

三是结合法律类考试，突出应试指导特点。

该教材的撰写素材，不但包含各名校法学硕士、法律硕士招生考试试题在内的各类考试试题，而且还梳理了 2003 年至 2013 年间的司法资格考试真题，按照考察的知识点分类穿插于基本概念与理论的讲解之中，具有很强的应试指导性。

《民事诉讼法：体系解说与实例研习》的内容经集体讨论确定之后，编写人员分工撰写。初稿完成后由廖中洪教授统稿、定稿。具体的编写分工如下（以撰写章节先后为序）：

孔令章：第一章、第五章、第六章、第七章、第八章

毋爱斌：第二章、第三章

常宝莲：第四章、第十一章第六节

林轲亮：第九章、第十章

刘秀明：第十一章、第十二章、第十四章、第十五章

罗发兴：第十三章

王晓利：第十六章、第十七章、第十八章

程 林：第十九章、第二十章、第二十一章

尽管编著者做出了很大的努力，但不完善之处在所难免，尚祈读者批评指正。对于书中引用的文献资料的作者也一并表示感谢。

目　录

第一编　总　论

第二编　诉讼主体与客体篇

第三编　证据与证明

第四编　诉讼程序篇

第五编 特别程序篇

第六编 执行程序篇

第一编

总　　论

第一章

民事诉讼与民事诉讼法

第一节 民事纠纷的解决机制

一、民事纠纷

民事纠纷，又称为民事冲突、民事争议，是指平等主体之间发生的，以民事权利义务为内容的社会纠纷，包括财产关系的纠纷（包括财产所有关系的纠纷和财产流转关系的纠纷）和人身关系的纠纷（包括人格权关系的纠纷和身份关系的纠纷）。

其特点有以下三方面：

1. 民事纠纷主体之间法律地位平等。

2. 民事纠纷的内容是对民事权利义务的争议。民事权利义务的争议构成民事纠纷的内容，如果超出这个范围，则不属于民事纠纷。

3. 民事纠纷的可处分性。

二、民事纠纷解决机制

民事纠纷解决机制，是指一定社会中实行的，有效地解决和消除民事争议的一整套制度和方法。

根据解决民事争议的制度和方法的不同性质和特点，以及它们对解决民事争议的不同作用，可以将民事争议的处理机制分为自决与和解、仲裁与调解、诉讼三种。

自决与和解是解决民事争议最原始和最简单的一种方式，属于“自力救济”范畴。如古罗马时期允许债权人直接杀戮不偿还债务的债务人，当债权人有数人，债权人可以分割债务人的身体。两者的共同点在于冲突主体依靠自我力量或自觉的情感来消除冲突。不同点在于两者在对抗消除的程度和消除方式上仍有差异。自决中含有冲突一方或多方对他方的服从倾向；而和解则主要体现的是某种妥协。

和解，与自决不同的是，和解并不要求冲突主体明确依据一定的规则，在不损害社会利益或其他社会成员利益的前提下，冲突双方所做的任何妥协和退让都是有效的。和解的本质，是使对抗不仅在形式上、行为上，而且在心理上、情感上得到消除。和解的实现产生于两个基础：一是冲突主体对相关事实和权益处置规则的认识的趋同；二是冲突主体，至少是主体一方利他意识及行为的形成与实施。

和解与自决的比较评价：两者同属自力救济的范畴，但是各自对解决冲突的不同目标的追求，决定了各自的主观价值。和解的远期效应是“化干戈为玉帛”，为社会提供更有力的人际合作前提，弘扬社会互助伦理。但是从维护冲突主体的正当权益以及统治秩序的目的来看，自决又比和解更应当受到推崇。

仲裁和调解介于和解自决和法院诉讼的中间形式，被视为“类法律式”的冲突解决手段。仲裁和调解的共同特点，是旨在解决冲突的居间的第三者的出现，该第三者的任务在于劝导冲突主体消除对抗，提出冲突权益的处置和补偿办法，或者对之作出裁决。第三者须具有一定的权威性。这种权威是冲突各方信赖并接受其劝导、服从其对冲突权益处置作出的判定或者认可其提出的权益处置办法的基础。仲裁和调解手段的运用，标志着社会力量对于冲突的干预，也表明人类解决冲突方式的进步。

诉讼解决民事冲突，即通过司法程序解决民事争议。诉讼可以说在解决民事冲突诸种方式中，是最正规、最具有权威性和最有效的方式。是由“自力救济”向“公力救济”过渡的主要标志。诉讼的出现根源于统治者的一个主观判断，即任何冲突所危及的不仅是权益享有者的个人，而且同时也危及到统治秩序。诉讼的本质特征在于，凭借国家权力而非依靠冲突主体自身的力量解决冲突。诉讼的一种明显的优势是，在维护合法权益以及强制义务的实现，维护统治、法律秩序尊严方面具有突出的效用。但是弱点是，在许多情况下，它可以在表面上平息争端，但是却不能消除冲突主体的心理对抗。

与社会冲突及其危害程度的多样性相适应，人类解决社会冲突的手段也是始终是多元的。目前，世界上通常把民事诉讼制度以外的非诉讼纠纷解决方式或机制总称为替代性纠纷解决机制，Alternative dispute resolution（缩写 ADR）。法院外的各种形形色色的非诉讼纠纷解决方式的利用和发展已经成为一种时代潮流，它们不仅发挥着重要的社会功能，而且日益成为当代社会中与民事诉讼制度并行不悖、相互补充的重要社会机制。对 ADR 的重视是人们在崇尚通过诉讼审判程序解决纠纷、实现权利的同时，开始怀疑和批判这一制度的结果。

民诉纠纷的解决方式：和解、人民调解、仲裁、民事诉讼一览表

	优 点	缺 点
和解	1. 社会和谐 2. 自愿履行 3. 快捷 4. 无严格的程序限制	1. 无双方同意，无和解 2. 无法律保障，可随时反悔 3. 无专门法律
人民调解	1. 社会和谐 2. 自愿履行 3. 快捷 4. 和解协议具有合同的效力 5. 专门确权程序，经确权的调解协议有强制执行的效力	1. 无双方同意，无调解 2. 无双方要求，无确权

续表

	优 点	缺 点
商事仲裁	1. 自愿性 2. 专业性 3. 灵活性 4. 保密性 5. 快捷性 6. 经济性 7. 独立性 8. 执行性	1. 必须双方当事人达成仲裁协议 2. 适用的案件范围有限 3. 裁决一经作出立即生效，不存在上诉
诉讼	1. 权威性 2. 终局性 3. 执行性 4. 单方启动性	1. 不经济性 2. 对构建和谐社会有影响

第二节 民事诉讼与民事诉讼法

一、民事诉讼的概念及特点

所谓民事诉讼，是指人民法院在双方当事人和其他诉讼参与人参加下，审理和解决民事案件的活动，以及由这些活动所发生的诉讼关系。民事诉讼就其本质而言，是国家强制解决民事纠纷的一种方式，是权利主体凭借国家力量维护其民事权益的司法程序。民事诉讼与其他纠纷解决方式并列，属于解决纠纷的一种形态，但是，民事诉讼能从背后支持其他自主解决民事纠纷的方式。

民事诉讼的特点

1. 民事诉讼由一系列的程序构成。民事诉讼作为解决民事冲突的一种司法方式，反映了解决民事冲突的动态过程，由一系列的民事诉讼程序构成，是国家制定的司法机关解决民事争议的操作规程。程序特点：（1）是一种动态过程，由若干个前后衔接的阶段组成，各阶段的任务不同，人民法院的审判活动和当事人的诉讼活动相互依赖，相互作用，推动着民事诉讼程序的发展。（2）属于国家解决民事冲突的司法程序，具有确认和实现民事权益的功能，即通过解决冲突来确认主体之间的权利义务关系并通过强制手段来实现主体的权利。（3）它由人民法院管理操作，当事人和其他参与人介入。

2. 民事诉讼具有纠纷解决的普遍适用性与强制性。无论和解、调解还是仲裁，都是带有一定自主性解决纷争因素的方式，而民事诉讼则可以在当事人无自主解决约定时解决纠纷，并且，在当事人不服时仍能强制解决。民事诉讼并无如仲裁制度必须由当事人协议的限制，在一般情况下都能普遍适用。

3. 民事诉讼具有明显的公权性。民事诉讼以国家司法权为后盾，依靠国家强制力来解决民事纠纷。

4. 民事诉讼的对象。民事诉讼解决的是有关民事权利义务的争议。

5. 民事诉讼具有规范性。即民事诉讼是依照一定的法律规范，严格按照预定的程序和方式进行。法院和所有的诉讼参与人都必须严格按照规定的程序进行。最后法院的裁判也必须依实体法作出。

【评注】民事诉讼二重性格

民事诉讼的程序对象为私人间的纷争，受私的自治原则支配，当事人之意思须被尊重，但纷争解决手段为公权性手段，由法院主导，因此民事诉讼有当事人意思的尊重及法院主导两重性格，须在此两者间取得平衡。

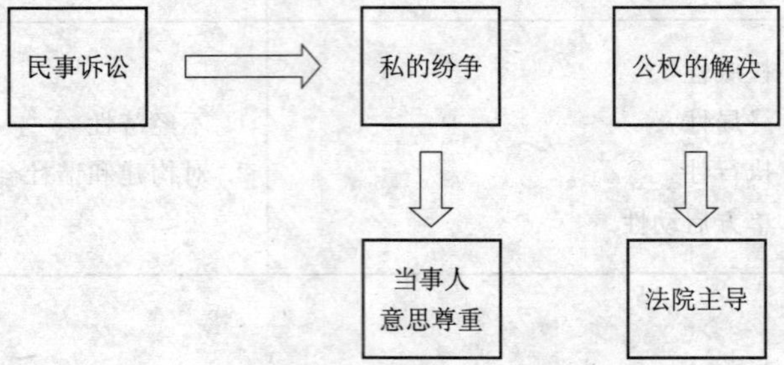

民事诉讼构造

法院和当事人在民事诉讼中呈现着等腰三角形之态：法院居中裁判，双方当事人分居等腰三角形底边；法院和双方当事人保持相等的“司法”距离，双方当事人则处于平等的对抗状态。这是最基本、最典型的民事诉讼形态或构造。

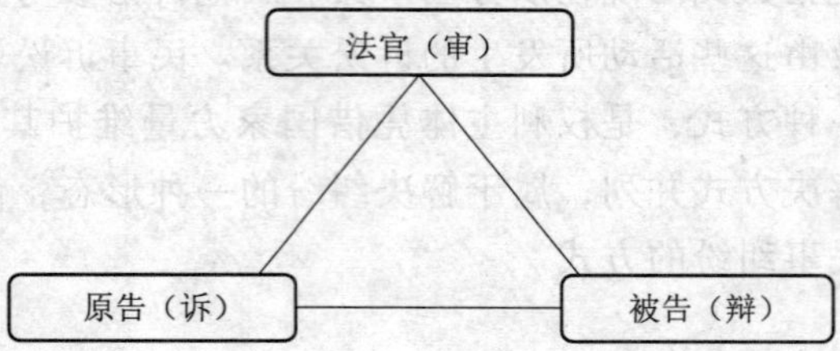

二、民事诉讼法

（一）民事诉讼法的概念

民事诉讼法，就是国家制定或者认可的，规范民事诉讼程序和民事诉讼法律关系主体之间权利义务的法律规范的总称。

民事诉讼法有广义和狭义之分。广义的民事诉讼法包括民事诉讼程序和民事执行程序两大部分，狭义的民事诉讼法只包括民事诉讼程序部分。

民事诉讼法有形式意义的民事诉讼法与实质意义的民事诉讼法之说。形式意义的民事诉讼法是指从外观上和形式上来看，专门和集中规定民事诉讼程序和诉讼关系主体权利义务的法律法规。通常指 1991 年颁布的《民事诉讼法》；实质意义的民事诉讼法，是指除了民事诉讼法典之外，存在于其他法律中实质上对民事诉讼起着潜在的指导作用的相关规范的总称。如《宪法》第 126 条规定：“人民法院依照法律规定独立行使审判权，不受行政机关、社会团体和个人的干涉。”《人民法院组织法》第 6 条规定：“各民族公民都有使用本民族语言文字进行诉讼的权利。”《人民法院组织法》以及最高院的司法解释等。

（二）民事诉讼法的效力

1. 对人的效力

民事诉讼法对人的效力，是指民事诉讼法对哪些人适用，也即哪些人进行民事诉讼应当遵守我国的民事诉讼法。根据《民事诉讼法》第 4 条关于“凡在中华人民共和国领域内进行民事诉讼，必须遵守本法”的规定，即适用于在中国领域内进行民事诉讼的一切人。

这里需注意与民事实体法的区别。例如，由美国公司与中国公司合资成立的甲公司在北京与英国乙公司签订一份购销合同，合同约定乙公司向甲公司出售 3 台医疗检测仪，并由乙公司负责将该医疗检测仪运到甲公司住所地。检测仪运到后，甲公司经检测发现其中两台仪器存在严重质量问题，经交涉未能解决，于是甲公司向我国人民法院起诉，要求乙公司承担违约责任。在该案诉讼中，必然涉及实体法与程序法的适用问题。由于民事实体法所解决的是当事人之间民事实体权利义务的确定，而民事诉讼法则是法院行使审判权解决争议以及当事人进行诉讼所遵守的程序规则，因此，在中国法院进行涉外民事诉讼时，根据案件的具体情况，民事实体法既可以适用中国法，也可以适用外国法，而民事诉讼法则只能适用中国法。

2. 对事的效力

民事诉讼法对事的效力，是指人民法院审理哪些案件应当适用民事诉讼法的规定。根据民事诉讼法的规定和其他有关法律的规定，人民法院适用民事诉讼法审理的案件包括以下几类：第一，由民法、婚姻法和继承法调整的平等权利主体之间因财产关系和人身关系发生纠纷而引起的案件；第二，由经济法和劳动法调整的平等权利主体之间因经济关系和劳动关系发生纠纷而引起的案件；第三，由其他法律调整的社会关系发生争议，法律明确规定依照民事诉讼程序审理的案件；第四，由海商法调整的海上运输关系和船舶关系发生纠纷而引起的海事案件；第五，适用民事诉讼法中特别程序、督促程序、公示催告程序和企业法人破产还债程序审理的几类非民事权益争议案件。

3. 空间效力

民事诉讼法的空间效力（也叫对地的效力），是指适用民事诉讼法的地域范围。民诉第 4 条规定，凡在中华人民共和国领域内进行民事诉讼，必须遵守本法。该条指明空间效力为中华人民共和国领域。

4. 时间效力

民事诉讼法的时间效力，是指民事诉讼法的有效期间，也即民事诉讼法发生效力和终止效力的时间。法律的时间效力不溯及既往，这是自罗马法以来一直遵循的一条原则，民事诉讼法也不例外，但民事诉讼法生效前法院已经受理而尚未审结的案件，则应按照民事诉讼法规定的程序审理。

（四）民事诉讼程序的体系结构

民事诉讼程序由三部分构成：一是民事审判程序。民事审判程序具有解决争议的功能，它是民事诉讼程序体系基础，民事审判程序按其解决争议的性质不同，分为民事争议案件的审判程序和民事非争议案件的审判程序。前者包括第一审程序、第二审程序和再审程序；后者包括特别程序、督促程序、公示催告程序和破产宣告程序。二是民事执行程序。民事执行程序的功能，在于凭借国家强制力量，实现权利主体经过法院或者其他机关、组织确认的权利。民事执行程序可以分为一般民事执行程序和特殊民事执行程序（即破产清偿程序）两种。三是民事诉讼附属程序，民事诉讼附属程序，是指由民事诉讼法规定，由法院操作，并服务于民事权益的确认或者民事权益的实现的程序性规范，我国民事诉讼程序规范中的附属程序主要包括以下五种：（1）诉前财产保全程序。（2）对民事诉讼中特定事项的复议程序。例如，当事人对法院有关回避的决定不服的复议程序，当事人对法院适用某些强制措施的决定不服的复议程序等等。（3）确认仲裁协议效力的程序。当事人对仲裁协议的效力有异议的，可以请求仲裁委员会作出决定或者请求人民法院作出裁定。（4）申请撤销仲裁裁决的程序。（5）裁定承认外国法院判决、裁定和外国仲裁裁决的程序。

第二章

民事诉讼法的基本原则

本章知识结构图

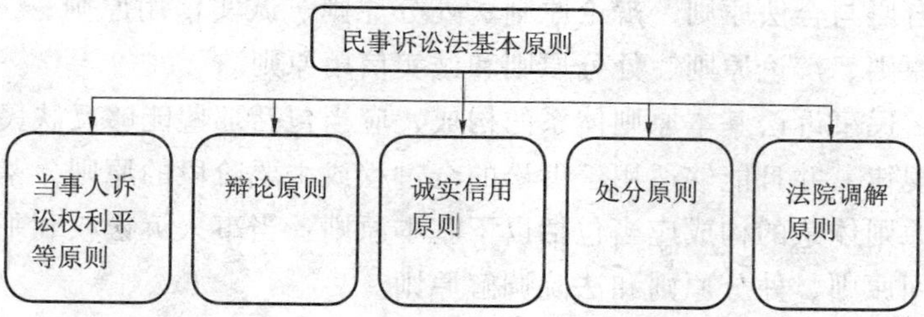

第一节　民事诉讼法基本原则概述

一、民事诉讼法基本原则的概念和功能

民事诉讼法基本原则，是指贯穿于民事诉讼的整个过程或重要的诉讼阶段，对人民法院、当事人以及诉讼参与人和整个诉讼活动起指导作用的根本性准则。

民事诉讼基本原则具有以下三个功能：一是民事诉讼立法准则功能。民事诉讼具体制度和程序的设置，必须以民事诉讼法基本原则为根本前提或出发点。二是诉讼行为准则功能。民事诉讼基本原则是法官、当事人以及其他诉讼参与人实施诉讼行为的基本准则，这是民事诉讼基本原则导向性特征的要求。三是具有法律本身自我完善的功能。立法具有滞后性、不周延性的不足，在出现立法者未能预料到的程序问题时，基本原则可以作为指导法官、当事人或诉讼参与人完成司法活动的准则。①

二、民事诉讼法基本原则体系

我国民事诉讼法第一章“任务、适用范围和基本原则”中对民事诉讼的基本原则

① 肖建国．民事诉讼程序价值论．北京：中国人民大学出版社，2000：140～141；林晓霞．论市场经济条件下重新评价和构建我国民诉法基本原则．法学评论，1997（6）．

以具体条文予以明确规定，从立法条文来看，具体包括以下原则：诉讼权利平等原则（第5条）；民事审判权由人民法院统一行使原则（第6条）；人民法院独立进行审判原则（第6条）；以实施为根据、以法律为准绳原则（第7条）；当事人平等原则（第8条）；法院调解原则（第9条）；合议原则（第10条）；回避原则（第10条）；公开审判原则（第10条）；两审终审原则（第10条）；使用本民族语言、文字进行诉讼原则（第11条）；辩论原则（第12条）；诚实信用原则（第13条）；处分原则（第13条）；检察监督原则（第14条）；支持起诉原则（第15条）；变通原则（第16条）。

但是，上述民诉法中的基本原则体系受到学者的普遍质疑，通行的观点认为目前立法中大多数原则实际上不符合民事诉讼基本原则的要求，应当从原则体系中剔除。对此，不少学者对基本原则体系进行重构。例如，有学者认为民事诉讼基本原则包括当事人诉讼权利平等原则、法院调解原则、辩论原则、处分原则、直接原则、不间断审理原则、诚实信用原则；[①] 有学者认为包括当事人诉讼权利平等原则、同等原则与对等原则、法院调解自愿与合法原则、辩论原则、处分原则、诚实信用原则；[②] 有学者将基本原则归为平等原则、辩论原则、处分原则和诚实信用原则。[③]

我们认为，民事诉讼基本原则体系的构成，应当包括那些能够反映民事诉讼本质特点及诉讼基本规律，并且能够适用于诉讼的全过程或主要阶段的原则。基于此，我国民事诉讼法基本原则体系的构成应当包括以下基本原则：当事人诉讼权利平等原则、辩论原则、诚实信用原则、处分原则和法院调解原则。

第二节　当事人诉讼权利平等原则

我国《民事诉讼法》第8条规定："民事诉讼当事人有平等的诉讼权利。人民法院审理民事案件，应当保障和便利当事人行使诉讼权利。"民事诉讼法中确立当事人诉讼权利平等原则是宪法规定的"公民在法律面前一律平等"原则在民事诉讼中的贯彻和体现，也是民事纠纷当事人实体法律地位在民事诉讼程中的延伸。

根据立法和民事诉讼原理，诉讼权利平等原则包括以下三个方面的内容：

（一）当事人在诉讼过程中诉讼地位平等

在民事诉讼中，当事人不论性别、民族、宗教、社会地位、文化程度等有何差异，在诉讼上的地位一律平等，既没有诉讼地位的高低之分，也不存在任何诉讼上的特权。诉讼当事人在民事诉讼中，尽管有原告、被告、第三人等不同的称谓，但在诉讼过程中的诉讼地位是平等的，没有优劣高低之分。双方当事人都平等地享有诉讼权利，也平等地承担诉讼义务。

（二）当事人平等地享有、行使诉讼权利

双方当事人在诉讼中享有平等的诉讼地位，是通过当事人在诉讼中享有、行使平等

---

① 田平安．民事诉讼法原理．第四版．厦门大学出版社，2009：142.

② 江伟．民事诉讼法．第三版．高等教育出版社，2007：30～37.

③ 张卫平．民事诉讼法教程．北京：法律出版社，1998：69～81.

的诉讼权利加以体现和实现的，而当事人诉讼权利的享有和行使集中体现在双方当事人在诉讼过程中的“诉讼进攻”和“诉讼防御”。具体而言，当事人平等诉讼权利可从两个方面来体现：一是同一性权利，是指为双方当事人规定了内容相同的诉讼权利，如委托诉讼代理人、申请回避、收集与提供证据、质证辩论、提起上诉等；二是对应性权利，是指双方当事人享有的具有“对抗”性质的、内容相向的诉讼权利，如原告有起诉权，被告有答辩权，原告可以放弃或变更诉讼请求，被告可以承认或反驳诉讼请求。当事人诉讼权利的平等性不仅仅是指当事人双方享有完全相同的诉讼权利，更为重要的是原告和被告享有的不同的诉讼权利之间的相互对应性。这种相互对应性保证了彼此之间攻击与抗辩的对等性，维系了攻守力量的平衡，从而体现出诉讼权利的平等性。

（三）保障和便利当事人平等地行使诉讼权利

法院保障当事人平等地行使诉讼权利，一方面要求在当事人诉讼权利与法院审判权交互运作的过程中，法院审判权的运作应当定位在保障当事人诉讼权利行使这一基点上，即审判权的行使，应以保障当事人诉讼权利的充分实现为宗旨。另一方面要求法院的审判权对当事人诉讼权利保障的平等性，即要求法院在诉讼过程中应当保持中立，以维持当事人双方之间的攻守平衡，为民事诉讼的良性运作提供保障。

“便利”当事人行使诉讼权利，就是在诉讼过程中，法院应当尽量为当事人行使诉讼权利提供方便，尤其是在一方当事人行使诉讼权利遇有障碍和困难时，应当帮助当事人消除障碍和克服困难，以此实现诉讼权利行使上的真正平等。如立法时，应当考虑当事人收集证据能力的有限性，规定法院辅助收集的条件。

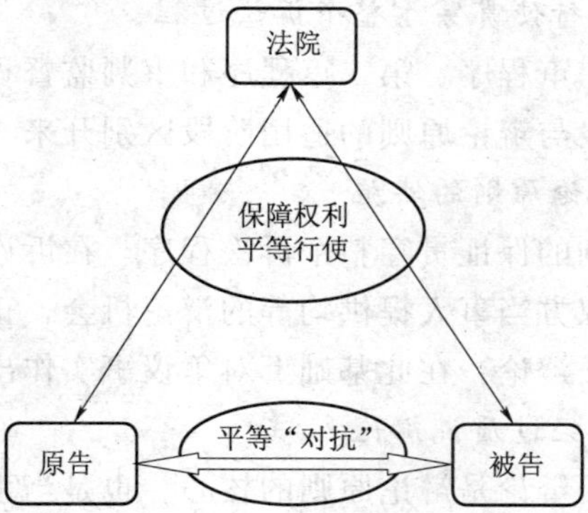

第三节　辩论原则

辩论原则，通常是指在法院的主持下，当事人双方有权就案件事实和适用法律等有争议的问题，各自陈述自己的主张和根据，相互进行反驳和答辩，以说服法院支持自己的主张。在该过程中当事人行使的是辩论权。我国《民事诉讼法》第 12 条规定：“人民法院审理民事案件时，当事人有权进行辩论。”

一、辩论原则的内容

辩论原则的主要内容包括以下几个方面：

（一）辩论权是当事人一项重要的诉讼权利

辩论原则是建立在当事人诉讼权利平等基础上的。在诉讼过程中，当事人平等地行使辩论权是诉讼权利平等的要求，也是对当事人诉讼地位平等的反映。当事人以辩论权的行使，进行攻击和防御，为法官审理和裁判提供诉讼资料，形成原告、被告和法官之间的互动关系。辩论权是该互动过程中重要的支撑。

（二）当事人辩论权针对的内容包括实体问题和程序问题

在我国民事诉讼中，当事人辩论的内容非常广泛，涵盖了所有可能产生争议的问题，具体包括实体问题和程序问题。实体问题又细分为案件事实问题和适用实体法律问题，如原被告对所争议实体法律关系的争论、双方就案件事实可适用实体法律规范的争论。程序问题包括当事人对法院有误管辖权的争论、当事人是否适格、代理行为是否合法等。在这两者中，实体问题是辩论的核心，程序性问题的辩论也是为了保证实体问题的公正解决。

（三）当事人辩论的方式既可以是口头的也可以是书面的

当事人口头辩论是主要辩论形式，集中体现在法庭审理阶段。书面辩论主要适用于其他诉讼阶段，如原告提交诉状、被告提交答辩状。两种方式的采用体现出言词主义和书面主义互补的精神，一方面体现言词方式的灵活性和直接性，另一方面发挥书面方式便于保存的优势。

二、辩论原则的适用

（一）当事人辩论权的行使贯穿于整个诉讼过程

除特别程序外，在第一审程序、第二审程序和审判监督程序中，都应当贯彻辩论原则。但应当将法庭辩论阶段与辩论原则的适用阶段区别开来。

（二）法院应当保障辩论原则的实施

法院对当事人辩论原则的保证贯穿整个诉讼程序。在诉讼过程中，法官要发挥其主持、指挥和引导作用，为双方当事人提供均等的辩论机会，正确行使其诉讼指挥权，认真听取当事人的陈述、质证辩论，在此基础上对争议事实作出公正的裁判。

（三）定案的依据必须经过质证辩论

定案依据必须经过质证辩论是辩论原则的核心，也是当事人程序保障法理的具体要求。根据民事诉讼法及相关司法解释的规定，用于证明待证事实的证据材料，不经当事人庭审辩论，不能作为裁判的依据。

【司考提示】

辩论原则作为民事诉讼法中调整法院与当事人关系的重要原则，内含着保障当事人程序权利和实体权利的基本诉讼要求，因而也倍受司法考试的青睐。在历年司法考试中，会以各种形式出现，考察辩论原则的内涵及在民事司法过程中的运用。

【司考真题】

1. A县法院对甲诉乙侵权纠纷一案未经开庭审理即作出了判决，该审判行为直接违反了哪一项原则或者制度？（2008年延－3－49，单）

A. 违反了当事人诉讼权利平等原则 B. 违反了辩论原则

C. 违反了合议制度　　　　　　　D. 违反了回避制度

2. 关于民事诉讼的基本原则，下列哪一选项是正确的？（2008 延 - 3 - 36，单）

A. 当事人诉讼权利平等原则意味着当事人拥有相同的诉讼权利

B. 处分原则意味着法院无权干涉当事人诉讼权利的行使

C. 原告提起诉讼与被告进行答辩是辩论原则的表现

D. 调解原则适用于民事审判程序和民事执行程序

3. 关于辩论原则的表述，下列哪些选项是正确的？（2009 - 3 - 82，多）

A. 当事人辩论权的行使仅局限于一审程序中开庭审理的法庭调查和法庭辩论阶段

B. 当事人向法院提出起诉状和答辩状是其行使辩论权的一种表现

C. 证人出庭陈述证言是证人行使辩论权的一种表现

D. 督促程序不适用辩论原则

第四节　诚实信用原则

一、诚实信用原则的含义

诚实信用原则是民法中的一项基本原则，其立法的主要目的是排除一切非道德的、不正当的行为，维护商品经济和市民社会生活的正常秩序和安全。在现代各国，诚实信用原则作为民事诉讼法的一个基本原则的存在价值已经越来越得到承认。在该潮流下，我国于 2012 年修订的《民事诉讼法》确立了诚实信用原则。该法第 13 条规定：“民事诉讼应当遵循诚实信用原则”。

二、诚实信用原则的适用

我国民事诉讼法中确立诚实信用原则为基本原则，但没有构建起以诚实信用为中心的规范体系。《民事诉讼法》第 112 条规定：“当事人之间恶意串通，企图通过诉讼、调解等方式侵害他人合法权益的，人民法院应当驳回其请求，并根据情节轻重予以罚款、拘留；构成犯罪的，依法追究刑事责任。”该规定为针对恶意串通等严重违反诚实信用原则的制裁措施。不过，在民事诉讼过程中，要求法院、当事人以及其他诉讼参与人必须公正、诚实和善意。

（一）诚实信用原则对法官的制约

诚实信用原则对于法院而言，就是要求法院审理和裁判民事案件时应当公正合理。一是禁止法官滥用审判权。禁止法官滥用审判权，就是要求法官在对实体问题和程序问题自由裁量时，法官应当立足于案件事实，在法律许可的范围忠实地行使裁量权。如果法官滥用自由裁量权，当事人可以通过上诉或再审予以救济。二是禁止突袭裁判。禁止突袭裁判是程序保障基本要求。在审理过程中，要保障当事人享有充分的攻击和防御机会，法官也应当根据具体案情、当事人诉讼能力等及时恰当地进行释明，在发现真实、促进诉讼和法律适用上都保障当事人诉讼主体地位，杜绝突袭行为。

（二）诚实信用原则对当事人的制约

一是禁止滥用诉讼权利。即当事人不得滥用诉讼权利以获取对自己有利的状态。例如，滥用管辖区异议权、回避请求权等，影响诉讼的顺利进行，这些当事人诉讼权利的滥用是明显违背诉讼诚实信用原则的。二是禁止虚假陈述。禁止虚假陈述或提供虚假证据，即要求当事人在诉讼过程中不得违背真实义务，对案件事实做虚假陈述或提交伪证。三是禁反言，即当事人在诉讼中不得故意作相互矛盾的陈述。四是禁止当事人诉讼突袭。实施突然袭击被普遍认为是违反民事诉讼程序性公正，有悖于诉讼诚实信用原则的不当诉讼行为。

（三）诉讼诚实信用原则对其他诉讼参与人的制约

对其他诉讼参与人，诚实信用原则要求其实施诉讼行为时必须接受诚实信用道德准则的约束。具体的要求应当包括：一是诉讼代理人不得在诉讼中滥用和超越代理权，要在代理权限内进行诉讼代理行为，对委托人和法院要诚实。二是证人不得作虚假证词。尤其在我国目前当事人自带证人到庭的情况下，有必要建立证人宣誓制度，强调证人的真实义务和协助义务。三是鉴定人不得作与事实不符的鉴定结论。四是翻译人员不得故意作与诉讼主体陈述或书写原意不符的翻译。①

【案例讨论 1】北大方正公司、红楼研究所发现北京高术天力科技有限公司、北京高术科技公司在全国范围内大规模非法复制及销售前者拥有著作权的方正 RIP 软件、方正字库、方正文合软件，遂委托下属公司职员以普通用户身份与后者交易，在会同公证人员就此进行了公证取证后，提起了侵权之诉。北京市第一中级人民法院一审肯定了北大方正等采取的“陷阱取证”方式，认为法律就此未为禁止，予以认可，遂判决支持方正的诉讼请求。但北京市高级人民法院在二审中认为方正公司的取证方式并非获取侵权证据的唯一方式，且该取证方式有违公平原则，一旦被广泛利用，将对正常的市场秩序造成破坏，故对该取证方式不予认可。但由于高术天力承认盗版行为，法院最终判令，高术天力和高术科技立即停止复制、销售方正 RIP、文合软件，公开道歉，并按照一套正版软件的价格赔偿方正 13 万元的经济损失和 1 万元的公证费。方正公司随后提起再审，最高人民法院认为二审法院在否定北大方正公司取证方式合法性的同时，又以该方式获取的法律事实经过公证证明而作为认定案件事实的依据，是不妥当的。北大方正通过公证取证方式获取打假线索，其目的并无不正当性，其行为并未损害社会公共利益和他人合法权益。加之计算机软件著作权侵权行为具有隐蔽性强、取证难度大等特点，采取该取证方式有利于解决此类案件取证难的问题，起到威慑和遏制侵权行为的作用，也符合依法加强知识产权保护的法律精神。基于以上理由，最高人民法院于 2006 年 8 月 7 日作出判决，认定方正的取证方式合法有效，对其获取证据所证明的事实应作为定案根据，遂撤销北京市高级人民法院的二审判决，判决高术天力、高术科技共同赔偿北大方正、红楼研究所经济损失 60 万元，以及北大方正、红楼研究所为本案支付的调查取证费 1.3 万元。就此，一场历时 5 年的软件侵权诉讼案，经北京市第一中级人民

① 王福华．民事诉讼诚实信用原则论．法商研究，1999（4）．

法院、北京市高级人民法院、最高人民法院三级审理，终于尘埃落定。①

思考：本案中“陷阱取证”是否违反诚实信用原则？

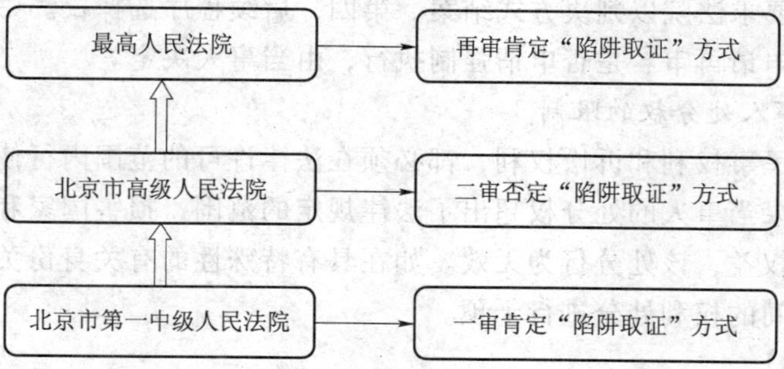

第五节 处分原则

我国《民事诉讼法》第13条第2款规定：“当事人有权在法律规定的范围内处分自己的民事权利和诉讼权利。”

一、处分原则的内容

根据我国《民事诉讼法》第13条，处分原则包括以下内容：

（一）当事人享有处分权

处分权的主体只限于民事诉讼当事人，不包括其他诉讼参与人。处分权虽然是当事人的权利，但可由诉讼代理人代为行使。法定代理人享有类似当事人的诉讼地位，可以在法律许可的范围内直接代理当事人处分民事权利和诉讼权利。委托代理人只能在当事人授权的范围内行使处分权。

（二）当事人处分的对象是民事权利和诉讼权利

当事人对民事权利的处分体现为：第一，当事人享有实体保护选择权。在起诉时，原告可自由确定诉讼请求、权利救济的范围和选择救济的方式。第二，诉讼过程中，原告可以变更其实体请求，被告可以承认原告的诉讼请求。如原告可以撤回一部分请求或全部请求、可以扩大或缩小请求的范围、可以将此请求变更为彼请求，但此种变更应考虑对方当事人的利益，变更应符合一定条件；被告可以部分承认或者全部承认原告实体请求，也可以拒绝并予以反驳。第三，在诉讼过程中，双方当事人可在审判人员的主持下达成调解协议，也可以自行和解；判决执行前，双方当事人可以就实体权利义务自行和解。

诉讼权利是当事人处分的另一个对象，不过实体权利与诉讼权利的处分往往具有同步性，对实体权利的处分，一般是通过对诉讼权利的处分实现。当事人诉讼权利的处分体现为：第一，程序启动的选择权。是否启动民事诉讼程序，完全由当事人决定。无论在何种情形下，没有当事人的起诉，法院不得依职权发动诉讼。第二，攻击防御手段的

① 周翔．北大方正公司诉高术公司侵犯软件著作权案．知识产权，2002（5）．

选择权。在诉讼过程中，当事人可以选择采取何种诉讼策略、手段。第三，程序终结选择权。当事人可以选择以撤回诉讼的方式使诉讼宣告终结；也可以以调解或和解方式终结诉讼；也可以要求法院以判决方式结案。第四，后续程序选择权。一审判决后，是否提起上诉、是否申请再审、是否申请强制执行，由当事人决定。

（三）对当事人处分权的限制

当事人处分民事权利和诉讼权利，都必须在法律许可的范围内行使，并接受法院的审查和监督。如果当事人的处分权超出了法律规定的范围，损害国家利益、社会公共利益或他人的民事权益，该处分行为无效。如在具有特殊性的有关身份关系的诉讼，法院应当对当事人之间的权利处分进行干预。

【案例讨论 2】

甲公司与乙公司签订了一份服装买卖合同，购买运动装，总价格为 5 万元，约定于 2011 年 7 月 1 日乙公司将运动装运送到甲公司，货到付款。后乙公司按约定将运动装交付给甲公司，甲公司表示不能马上付款，要在两周后付款，乙公司表示同意。两周后，甲公司仍未付款。在乙公司多次催促下，甲公司仍未履行付款义务，随即乙公司将甲公司起诉至法院，要求甲公司偿还应付货款 5 万元及利息。在庭审过程中，乙公司考虑甲公司资金周转困难，同意甲公司只偿还 4 万元。一审法院判决甲公司偿还 4 万元。甲公司不服提起上诉，上诉法院维持原判。

思考：请用民事诉讼法基本原则相关原则对该案例进行法理分析。

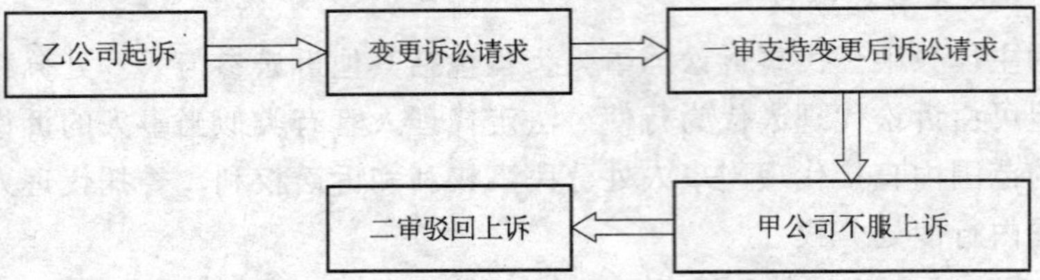

二、处分原则的适用

处分原则实质上体现的是法院与当事人之间关系，是影响民事诉讼类型的决定性因素。处分原则不仅仅停留在立法层面，更重要的是司法实践中的贯彻落实。

（一）法院应保障当事人依法行使处分权

在我国民事诉讼中，在多数情况下，当事人对自己权利的处分都要接受法院的审查或认可，如诉讼过程中，原告撤回起诉，应当最终由法院审查许可才可以。法院许可与否决定着当事人对权利处分行为的效力。因而，法院应当根据民事诉讼法的规定保障当事人行使处分权，尊重当事人个人意愿，以保证当事人依法实现对民事权利和诉讼权利的自由支配或自由处置。[①]

（二）正确处理审判权与处分权的关系

一方面，处分权与审判权之间是合理制约关系。处分权决定了审判权的起点、范围

---

① 张晋红．民事诉讼法学．长春：吉林人民出版社，2003：60.

以及影响个案审判的终结点，审判权对处分权的行使具有审查监督的作用，以此防止处分权的不当扩张和滥用，保证处分权在法律规定的范围内进行。另一方面，审判权对处分权的行使具有指导作用。实践中，存在当事人不会正确运用其处分权的情况，此时法官应当做适当的指导，以便当事人能够在正确认识情况下行使处分权，实现处分权的功效。但是，民事诉讼运作中，法官利用审判权干预或限制当事人处分权的行使的现象普遍存在，并且具有随意性，[①] 如强制当事人撤诉、强迫调解等。这就需要我们在立法层面加强保障当事人处分权外，还应当重视审判人员观念转变。

【司考真题】

4. 在民事诉讼中，下列哪些选项属于法院应当依职权进行审查的事项？（2008 延－3－86，多）

A. 本院对当事人起诉的案件是否享有管辖权

B. 当事人是否具有诉讼权利能力

C. 当事人是否具有诉讼行为能力

D. 诉讼代理人是否有代理权以及代理权限的范围

5. A 向法院起诉，要求判决乙返还借款本金 2 万元。在案件审理中，借款事实得以认定，同时，法院还查明乙逾期履行返还款义务近 1 年，法院遂根据银行同期定期存款利息，判决乙还甲借款本金 2 万元，利息 520 元。关于法院对该案判决的评论，下列哪一选项是正确的？（2008－3－38，单）

A. 该判决符合法律规定，实事求是，全面保护了权利人的合法权益

B. 该判决不符合法律规定，违反了民事诉讼的处分原则

C. 该判决不符合法律规定，违反了民事诉讼的辩论原则

D. 该判决不符合法律规定，违反了民事诉讼的平等原则

6. 关于当事人的诉讼处分行为，下列哪些选项是正确的？（2008 延－3－80，多）

A. 必要共同原告中一人或数人与对方当事人达成和解协议经其他共同原告的承认，才对其他共同原告发生效力

B. 诉讼代表人与对方当事人进行和解，必须经被代表的当事人同意

C. 无独立请求权第三人可以承认、放弃、变更诉讼请求，进行和解，申请撤诉

D. 法定诉讼代理人代为承认、放弃、变更诉讼请求，进行和解，必须有当事人的特别授权

7. 在民事诉讼中，下列哪一选项属于当事人可以协商确定的事项？（2008 延－3－46，单）

A. 审判组织形式　　　　B. 合同案件的管辖法院

C. 案件是否开庭审理　　D. 举证责任的分配

① 张卫平．民事诉讼处分原则重述．现代法学，2001（6）．

第六节　法院调解原则

法院调解，是指在法院的主持下，双方当事人自愿就其民事权益争议平等协商，达成协议，解决其民事纠纷的活动。法院调解是与审判活动并列的诉讼活动，也是法院解决民事纠纷的重要形式。

一、法院调解原则的变迁

法院调解原则是在我国长期历史发展过程中演变而来的一项诉讼原则，其内涵也在不断发生变化，大致经历了从“调解为主”→“着重调解”→“自愿合法调解”→“调解优先”几个阶段。

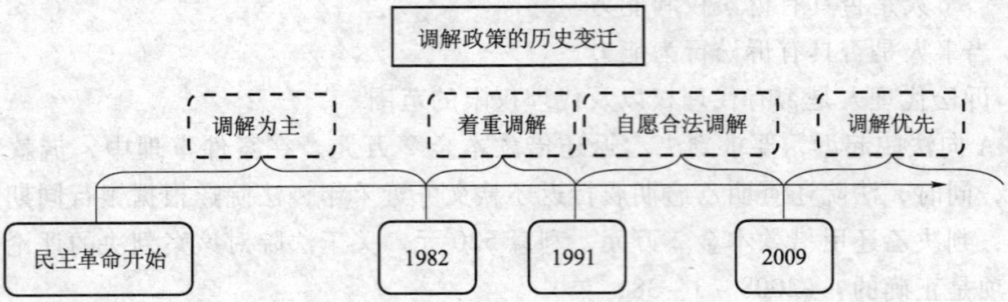

二、法院调解原则的内容

我国《民事诉讼法》第9条规定：“人民法院审理民事案件，应当根据自愿和合法的原则进行调解；调解不成的，应当及时判决。”具体包含以下内容：

（一）以自愿、合法为原则

法院调解应当建立在当事人自愿和合法的基础上。自愿指的是调解程序的开始必须经过当事人的同意，调解协议的达成也必须建立在当事人合意的基础上。法官在调解过程中不能利用其裁判者的身份强迫当事人接受调解。合法指的是调解活动在程序上必须符合民事诉讼法的规定，在结果上不得违反民事实体法的规定，损害国家、社会和第三人合法权益。

此外，《民事诉讼法》第85条规定，人民法院审理民事案件，必须在事实清楚、分清是非的基础上进行调解。所以学界将“事实清楚、分清是非”作为法院调解应当遵循的另一个原则。

（二）调解既是一种审理方式，又是一种结案方式

法院在审理民事案件时，应当根据需要和可能，对双方当事人进行调解，促使双方相互谅解，消除分歧，达成协议。这是与审判并列的一种处理方式。同时，当达成调解协议时，将产生终结调解程序和终结整个审判程序。调解协议书具有与民事判决通向的法律效力。因而，调解又是一种结案方式。

三、法院调解原则的适用

（一）法院调解的适用范围

法院调解原则适用的范围相当广泛：从适用的法院来看，各级人民法院在审理民事案件的过程中都可适用调解解决纠纷；从案件性质来看，一般民事纠纷都可适用调解解决；从适用程序来看，法院调解可适用于解决民事纠纷的审判程序的全过程，包括一审程序、二审程序以及审判监督程序。一审程序中无论是普通程序还是简易程序都可适用。

但是，调解原则的适用也有一定的限制。适用特别程序、督促程序、公示催告程序、破产还债程序、执行程序，以及其他依案件性质不能进行调解的民事案件，人民法院不予调解。同时，执行程序也不适用法院调解。

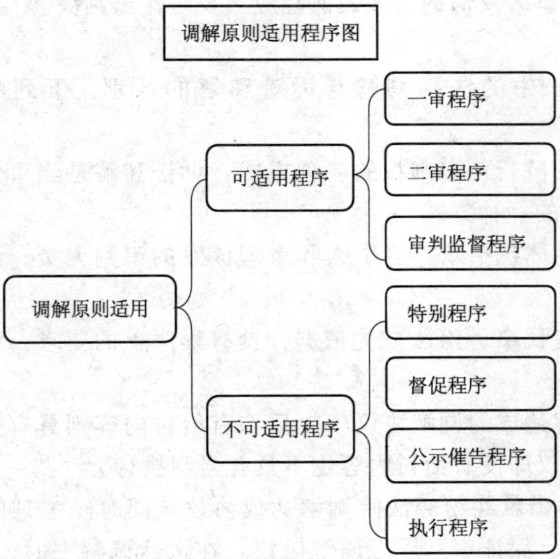

（二）法院调解的程序

首先，调解的开始。在民事审理过程中，当事人可以申请开始法院调解，也可以是法院在征得当事人同意的基础上开始调解。法院调解的时间具有灵活性，只要条件许可，审判程序开始后到判决作出前的任何阶段都可以开始调解。其次，调解的进行。调解的进行是法院审判人员主持调解、说服教育，当事人自愿协商达成调解协议的过程。在这其中，通常调解主持者是本案承办法官，不过法官也可以根据情况，邀请有关单位代表或个人协助法院进行调解。原则上，双方当事人应当出庭，特殊情况下可以经特别授权的代理人代为调解。最后，调解的结束。法院调解以调解达成协议或调解失败而终结。调解达成协议将终结整个审判程序，调解失败则继续进行审判程序。

【评注】在2012年修订《民事诉讼法》中更强化诉讼调解的适用。但是，在调解适用中，要处理好调解和审判的关系。调解与判决是法院行使审判权解决民事纠纷的两种方式。从法院调解原则变迁的过程来看，始终是围绕着调解与判决关系展开的。1991年民事诉讼法提出的“自愿合法调解”，是对调解和判决关系的正确定位。一方面，突出调解自愿，将选择权赋予当事人，这是法院调解正当性的基石；另一方面又肯定了判决在民事诉讼中的重要地位和作用。因而，在法院审判实践中，应当恪守“自愿合法调解”原则。所谓自愿包含两层意思，即程序意义上的自愿和实体意义上的自愿。程序意义上的自愿是指当事人主动申请人民法院以调解的方式解决他们之间的民事纠纷，或者同意人民法院为其做调解工作；实体意义上的自愿是指调解达成的协议必须是当事人双方互谅互让，自愿协商的结果。所谓合法也应包括两层意思，即实体意义上的合法和程序意义上的合法。实体意义上的合法是指双方当事人达成的协议必须符合法律、法规的规定；程序意义上的合法是指人民法院对当事人做调解工作，必须按照民事诉讼法，以及最高人民法院的司法解释进行。此外，还需注意以下两点：一是调解不是人民法院审理民事案件的必经程序，人民法院可不经调解，而在查明事实的前提下，直接作出判决；二是即使当事人愿意进行调解的民事案件，人民法院也不能久调不决，调解不成或调解书送达前当事人反悔的，人民法院应当及时作出判决。[①]

【司考真题】

8. 关于民事诉讼中的法院调解与诉讼和解的区别，下列哪些选项是正确的？(2009－3－84)

A. 法院调解是法院行使审判权的一种方式，诉讼和解是当事人对自己的实体权利和诉讼权利进行处分的一种方式

B. 法院调解的主体包括双方当事人和审理该案的审判人员，诉讼和解的主体只有双方当事人

C. 法院调解以《民事诉讼法》为依据，具有程序上的要求，诉讼和解没有严格的程序要求

D. 经过法院调解达成的调解协议生效后如有给付内容则具有强制执行力，经过诉讼和解达成的和解协议即使有给付内容也不具有强制执行力

9. 张某与李某的借款纠纷经法院调解达成协议，同时经王某同意并在调解协议中约定由王某提供担保，保证李某履行调解协议。在送达调解书时，张某与李某签收后，王某拒绝签收调解书。关于本案，下列哪些选项是正确的？(2008延－3－87)

A. 虽然王某拒绝签收调解书，但调解书仍发生法律效力

B. 因王某未签收调解书，调解书对王某没有约束力

C. 李某拒不履行义务时，张某可以申请执行李某的财产

D. 李某拒不履行义务时，调解书约定的条件成就时，张某可以申请执行王某的财产

【本章小结】

本章阐述了民事诉讼法基本原则的含义、功能，对民事诉讼法基本原则体系进行厘清，并具体介绍了诉讼权利义务平等原则、辩论原则、诚实信用原则、处分原则、法院调解原则。基本原则作为民事诉讼整个程序或者重要程序的指导原则，对诉讼主体的诉讼行为起到最基本的规范作用。此外，民事诉讼法各项基本原则尽管在内容上各不相

---

① 田平安．民事诉讼法原理．第四版．厦门大学出版社，2009：151.

同，但彼此之间紧密相连。在适用过程中，其中一项原则的实现，就必然要求和依靠其他有关原则的实现；其中一项原则遭到破坏，必然影响其他相关原则的贯彻执行。因此，各项基本原则之间起着相互保证的作用。只有全面贯彻执行民事诉讼法规定的各种基本原则，才能保证民事诉讼活动正常进行。

【考研重点提示】

1. 辩论原则与其他大陆法系国家的辩论主义的异同，以及我国辩论原则存在的不足。

2. 什么是诚实信用原则？它在民事诉讼中有何意义？

3. 如何理解处分原则？处分原则在民事诉讼法中如何适用？

4. 法院调解原则在民事诉讼法中的地位。

【知识拓展文献】

1. 张卫平：《诉讼构架与程式》，清华大学出版社 2000 年版。

2. 肖建国：《民事诉讼程序价值论》，中国人民大学出版社 2000 年版。

3. 姜世明：《民事诉讼法基础论》，元照出版公司 2006 年版。

4. 廖中洪："民事诉讼基本原则立法体例之比较研究"，《法学评论》2002 年第 6 期。

5. 唐力："论民事诉讼中诚实信用原则之确立"，《首都师范大学学报（社会科学版）》2006 年第 6 期。

【司考真题与解析答案】

1. B。解析：开庭审理是当事人集中行使辩论权的基本途径，是辩论原则的直接体现，因此，未经开庭审理即作出判决，是对辩论原则的直接违反。

2. C。解析：因为诉讼中原告、被告及第三人的实际诉讼地位不同，有些诉讼权利只是相对的，因而诉讼权利平等原则并不完全意味着当事人拥有相同的诉讼权利，所以 A 项错误。处分原则是保障当事人处分实体权利与程序权利的自由，但该自由并非绝对的，法院有权对非法处分进行干预，因此 B 项错误。民事执行程序的功能在于实现生效法律文书确立的权利义务，因而执行机关无权对执行依据进行改变。调解必然要对民事实体权利、义务进行某种改变，所以 D 项错误。民事诉讼过程中，起诉与答辩是原告与被告最初的答辩和交锋，是辩论原则的体现，因此 C 项正确。

3. B、D。解析：辩论原则贯穿整个诉讼过程，不仅指法庭辩论，一审程序中开庭审理的法庭调查，一审的起诉与答辩也是辩论权的表现形式，且在二审程序、再审程序中当事人都有辩论权。所以 A 项错误。辩论权行使的主体是诉讼当事人，不包括证人，所以 C 项错误。辩论的表现形式多样，既包括口头也包括书面形式，所以 B 项正确。督促程序是非诉程序，在整个程序过程中，没有双方当事人对质，只是依据债权人申请，法院行使审查后直接发出支付令，因此不适用于辩论原则。故 D 项正确。

4. ABCD。解析：本题考查的是法院审判权与当事人处分权适用范围问题。在民事诉讼法中，对于当事人可以协商确定的事项有明确规定，如协议管辖。本题四个选项，都非当事人可以协商确定的事项。

5. B。解析：本案中原告从民事法律关系的角度可以提出利息的主张，但其在诉讼请求中没有提出该主张，这是原告处分权的体现。原告不提出利息的主张并不违反法律规定，法院无需干涉。而法院却强行就利息部分作出了判决，违反了处分原则。法院的做法可以说是违反了“不告不理”原则。从辩论、平等原则的概念可知，本案中并不涉及这两个原则。

6. AB。解析：本题考查的是处分原则在当事人制度与诉讼代理人制度中的体现。

7. B。解析：处分原则允许当事人处分自己的实体权利和程序权利。不过，当事人对程序权利的处分，必须有法律的明确授权。本案所涉及的四个选项中，只有 B 选项符合法律规定。

8. ABCD。

9. ACD。解析：案外人提供担保调解书生效问题较为特殊。根据最高人民法院《关于人民法院民事调解工作若干问题的规定》第 11 条规定，调解协议约定一方提供担保或者案外人同意为当事人提供担保的，人民法院应当准许。案外人提供担保的，人民法院制作调解书应当列明担保人，并将调解书送交担保人。担保人不签收调解书的，不影响调解书生效。所以，选项 ACD 正确。

【本章案例剖析 1】

本案在当年引起了强烈反响，对后来知识产权审判实践具有重要的指导意义。本案三级法院三次审理的关键在于对“陷阱取证”的认识。从三次判决结果来看，其主要集中在“陷阱取证”是否违法并加以认定，而更深层次而言，“陷阱取证”问题涉及是否违反诚实信用原则。本案中，对于该取证行为是否违反诚实信用原则，可以从以下三个方面考量：一是取证行为是否违反公正原则；二是取证行为是否适当；三是是否会扰乱市场经济秩序。从本案情况而言，原告北大方正取证行为并未损害他人及社会利益，北大虚构单位购买产品行为，与被告侵犯知识产权而言，仍在合理、合法范围之内，不能以此认定为违反诚实信用原则；三是该取证行为对于弥补知识产权领域取证难、维护诚信的产权市场具有重要意义。因而，本案不违反诚实信用原则，最高人民法院的裁判结果值得肯定。不过，三级法院三次审理产生不同的结果，由此可知诚实信用原则的模糊性对理解和适用带来难题，需要法官根据具体案情，考虑到当时的社会环境、衡量不同的社会利益价值，最终做出是否违反诚实信用原则的判断。

【本章案例剖析 2】

本案中乙公司免除甲公司债务 1 万元及相关利息，体现了处分原则。处分原则在民事诉讼中的确立，是由民事案件的性质所决定的。民事案件一般都是源自于民事实体权利义务的冲突和争议，其只涉及权利义务相关的特定主体，权利主体有权根据自己的意愿处分自己的权利。原告乙公司在起诉时要求 5 万元及利息，后更改诉讼请求，同意被告还 4 万元，是对其实体权利和诉讼权利的处分。对此，法院应当受到原告处分权的约束，判决被告赔偿 4 万元。被告提起上诉也体现了被告一方在行使其诉讼权利。本案中一审法院判决被告甲公司返还 4 万元，并应被告上诉启动二审程序都是依据处分原则对当事人合法行使处分权行为的尊重和保障。

第三章

民事审判的基本制度

本章知识结构图

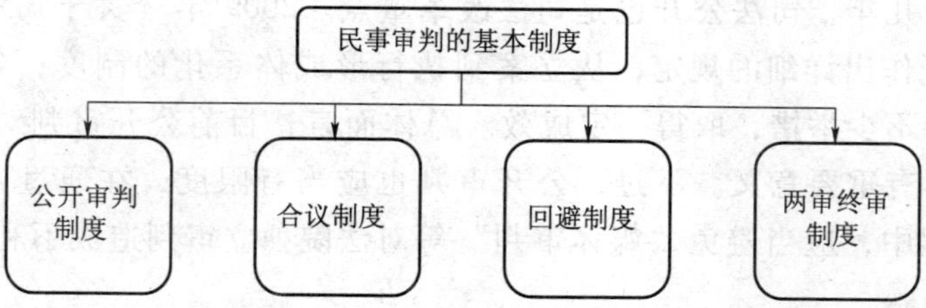

民事审判的基本制度，是指法院在审理民事案件过程中必须遵循的基本操作规则。尽管主要是规范法院的审判行为，但与当事人权益具有密切的关系，是保障当事人合法权益的要求。我国审判的基本制度包括公开制度、合议制度、回避制度和两审终审制度。这些制度反映了诉讼活动的特点和基本规律，存在于我国的三大诉讼中，因而既是民事诉讼的基本制度，也是刑事诉讼和行政诉讼的基本制度。我们在此从民事诉讼角度说明这些制度。

第一节　公开审判制度

公开审判制度，是指除法律明确规定例外情况，法院审理案件和宣告判决一律公开进行的制度。公开审判制度是现代民事诉讼的基本制度，体现的是司法民主、诉讼公正的价值追求，为各国和地区的民事诉讼法所普遍采纳。

一、公开审判制度的内容

根据《民事诉讼法》、1999年的最高人民法院《关于严格执行公开审判制度的若干规定》和2009年《关于司法公开的六项规定》的相关规定，公开审判制度的内容主要包括：1. 立案公开；2. 庭审公开；3. 文书公开。

以上公开内容既包括将法院审判活动向社会的开放，也包括将整个诉讼过程和诉讼资料向当事人公开。因而，可以说我国目前的公开审理制度，已经兼具有了形式意义和实质意义双重含义的公开。[①] 不过，以上主要是从规范层面的判断，公开审判的全面实现还需要司法实践中对有关规则的贯彻落实。

二、未遵守公开审判制度的法律后果

我国民事诉讼法中并未规定违反公开审判制度的法律后果，而是在司法解释中作出规定。根据最高人民法院《关于严格执行公开审判制度的若干规定》，凡应当依法公开审理的案件没有公开审理的，应当按下列规定处理：（1）当事人提起上诉的，第二审人民法院应当裁定撤销原判决，发回重审；（2）当事人申请再审的，人民法院可以决定再审；人民检察院按照审判监督程序提起抗诉的，人民法院应当决定再审。以上发回重审或者决定再审的案件应当依法公开审理。不过，这里的未公开主要是形式意义上的未公开，即庭审程序未向社会公开。

【评注】公开审判是现代民事诉讼的基本要求，体现的是对司法民主、诉讼公正的价值追求。最近几年，司法公开也是司法改革重点。2009 年《关于司法公开的六项规定》对司法公开作出详细的规定，从立案到执行形成体系化的制度，各地法院也在司法公开方面出台不少举措，取得一定成效。总体而言，目前公开审判对当事人知情权、参与权的保障具有重要意义。不过，公开审判也应当有限度，在通过“公开实现对法院监督”的过程中，应当避免“媒体审判”等对法院独立审判造成不利影响。

三、公开审理制度的例外情形

公开审判是民事审判必须遵守的基本要求，但是，并非所有的民事案件都必须公开审理。根据《民事诉讼法》第 134 条规定和最高人民法院《关于严格执行公开审判制度的若干规定》的相关规定，不适用公开审理的情形可以分为绝对不公开审理和相对不公开审理两类：

1. 绝对不公开审理。绝对不公开审理包括两种情形：一是涉及国家秘密的案件，即法院审理的民事案件涉及国家安全和利益的秘密事项，包括军事、经济、科技等方面的秘密。在此情况下，保守国家秘密比对当事人公开审判的程序保障更为重要。二是涉及个人隐私的案件。保护个人隐私是现代各国都普遍重视的问题。对涉及个人隐私的案件不公开审理也是个人隐私保护在诉讼中体现。

2. 相对不公开审理。相对不公开审理案件包括离婚案件和涉及商业秘密的案件。对此类案件，首先要求当事人申请不公开审理，然后法院审查决定是否公开审理。

对于不公开审理的案件，应当当庭宣布不公开审理的理由。但是，这里的不公开仅指审理过程的不公开，其判决结果必须公开宣告。

【司考真题】

1. 关于民事诉讼中的公开审理制度，下列哪一选项是错误的？（2007－3－35，单）

A. 公开审判制度是指法院审理民事案件，除法律规定的情况外，审判过程及结果

---

① 有学者指出，形式意义上的公开主要是审理程序向社会的公开；实质意义上的公开是指诉讼程序和诉讼资料向当事人的公开。详见王福华．民事审判公开制度的双重含义．当代法学，1999（2）．

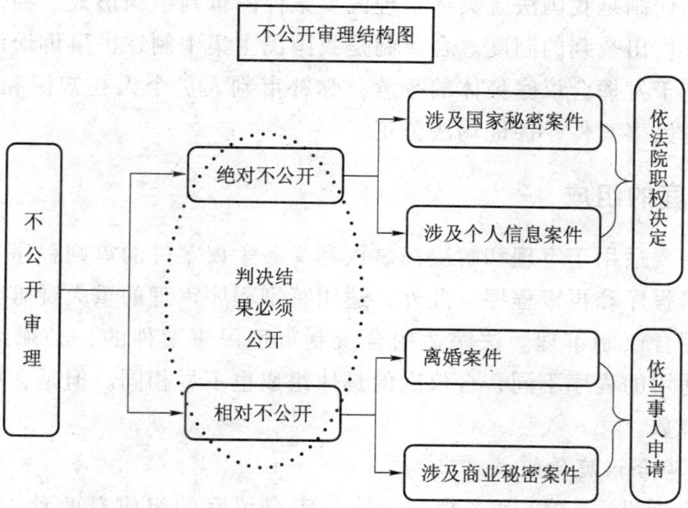

应当向群众、社会公开

B. 公开审判是指法院审理案件和宣告判决一律公开进行的制度

C. 涉及国家秘密的案件，属于法定不公开审理的案件

D. 离婚案件，属于当事人申请不公开审理，法院决定可以不公开审理的案件

2. 李大民（男）与张小丽（女）于1998年登记结婚。1999年张小丽由于做生意亏损、夫妻感情恶化等原因，患精神病，丧失民事行为能力。2000年2月，李大民向某市河海区人民法院提起诉讼，请求判决与张小丽离婚。张小丽的母亲马雨霞作为张小丽的法定代理人参加了诉讼。关于案件的审理是否公开，下列何种说法是正确的？(2005－3－97，任)

A. 依法只能公开审理

B. 依法只能不公开审理

C. 如果马雨霞申请不公开审理，可以不公开审理

D. 由双方协商决定是否公开审理

3. 下列有关民事诉讼中实行公开审判的表述哪些是不正确的？(2003－3－79，多)

A. 案件的审理、合议庭的评议、判决的宣告应当公开

B. 对于涉及国家秘密的案件不公开审理，但宣判要公开

C. 对于涉及个人隐私的案件，人民法院应当根据当事人申请不公开设立

D. 离婚案件只能不公开审理

第二节　合议制度

一、合议制度的含义

合议制度，是指由三名以上审判人员共同组成合议庭，代表法院行使审判权，对案件进行审判的制度。

合议制和独任制是我国法院具体审理民事案件的审判组织形式。独任制是由一名法官对案件审理并作出裁判的制度。合议制是我国民主集中制在民事诉讼活动中的具体运用，该制度有利于发挥合议庭集体的智慧，弥补审判人员个人在知识和能力上的不足，有利于正确处理民事案件，保证司法公正。

二、合议庭的组成

合议制度主要适用于审理和解决民事权利义务争议案件的审判程序，包括第一审普通程序、第二审程序和再审程序。此外，适用特别程序审理的重大疑难案件和选民资格案件也应当适用合议制审理。法院适用合议制审理民事案件的，必须组成合议庭。但是，不同审级适用的程序不同，合议庭的具体组成也不尽相同。但是，所有合议庭的组成人数必须是单数。

（一）第一审合议庭的组成

根据《民事诉讼法》第39条规定，第一审合议庭的组成有两种：一是由审判员、陪审员共同组成的合议庭；二是由审判员组成合议庭。在有陪审员参加的合议庭，陪审员除不能担任审判长外，在执行陪审职务时享有与审判员相同的权利义务。具体如何组成合议庭，由法院根据具体案情决定。

对于第二审发回重审的案件，原审法院应当按照第一审程序另行组成合议庭，原合议庭的成员不得参加新的合议庭。

（二）第二审合议庭的组成

根据《民事诉讼法》第40条第1款规定，第二审合议庭由审判员组成合议庭，陪审员不能参加。这主要是因为，第二审作为上诉审，除了对当事人之间的民事争议进行审理，还要对一审法院审判活动进行监督，因而对审判人员知识的专业化要求更高。此外，二审作为终审程序，审理上也应当更为慎重。因此，民事诉讼法规定第二审的合议庭完全由法官组成。

（三）再审合议庭的组成

根据《民事诉讼法》第40条第3款规定，原来是第一审的，按照第一审程序另行组成合议庭；原来是第二审或者是上级法院提审的，按照第二审程序另行组成合议庭。再审合议庭必须另行组成合议庭，原来独任制或合议庭法官或陪审员，不得作为再审合议庭成员。按照第一审程序再审的，法院可以根据具体案情，决定是否吸收陪审员参加合议庭。

（四）选民资格案件和特别程序审理的重大疑难案件合议庭组成

根据《民事诉讼法》第177条，对于选民资格案件或者重大、疑难的案件，必须由审判员组成合议庭审理。陪审员不能参加此类案件的审理。

【司考真题】4. 根据我国民事诉讼法和相关司法解释的规定，下列关于审判组织的哪一表述是错误的？（2006-3-37，单）

A. 第二审程序中只能由审判员组成合议庭

B. 二审法院裁定发回重审的案件，原审法院可以由审判员与陪审员共同组成合议庭

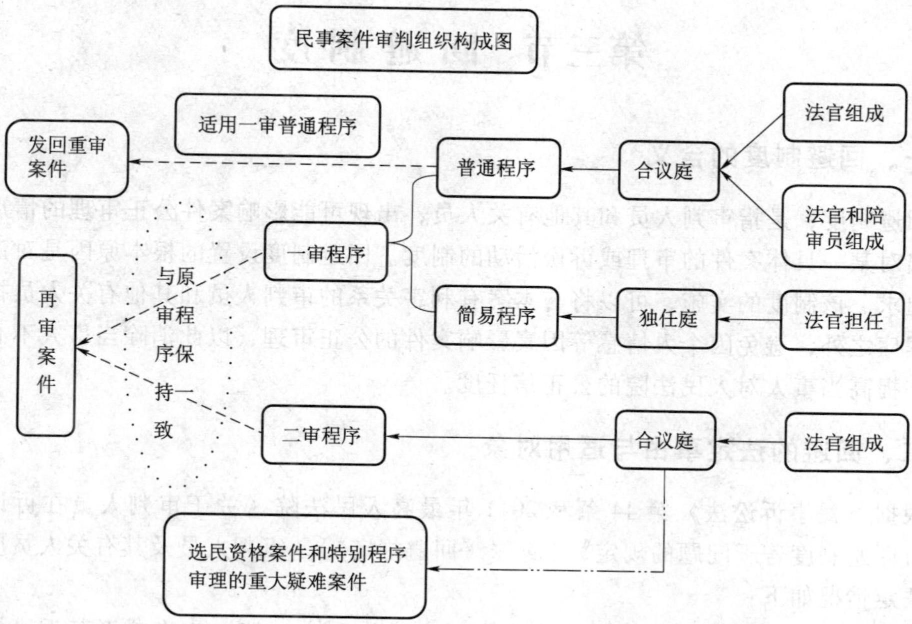

C. 法院适用特别程序，只能采用独任制

D. 独任制只适用于基层法院及其派出法庭

5. 关于合议庭评议案件，下列哪一表述是正确的？(2010－3－38，单)

A. 审判长意见与多数意见不同的，以其意见为准判决

B. 陪审员意见得到支持、形成多数的，可按该意见判决

C. 合议庭意见存在分歧的，也可提交院长审查决定

D. 审判人员的不同意见均须写入笔录

6. 根据《民事诉讼法》和相关司法解释，关于中级人民法院，下列哪一表述是正确的？(2011－3－39，单)

A. 既可受理一审涉外案件，也可受理一审非涉外案件

B. 审理案件组成合议庭时，均不可邀请陪审员参加

C. 审理案件均须以开庭审理的方式进行

D. 对案件所作出的判决均为生效判决

7. 根据我国《民事诉讼法》和相关司法解释的规定，下列关于审判组织的哪些表述是正确的？(2008－3－83，多)

A. 再审程序中只能由审判员组成合议庭

B. 二审法院裁定发回重审的案件，原审法院应当组成合议庭进行审理

C. 法院适用特别程序审理案件，陪审员不参加案件的合议庭

D. 中级法院作为一审法院时，合议庭可以由审判员与陪审员共同组成，作为二审法院时，合议庭则一律由审判员组成

第三节 回避制度

一、回避制度的含义

回避制度，是指审判人员和其他有关人员，出现可能影响案件公正审理的情形，依法退出对某一具体案件的审理或诉讼活动的制度。回避制度设置的根本原因是对诉讼公正的追求。该制度的实施，可以将与本案有利害关系的审判人员和其他有关人员排除在审理程序之外，避免因个人情感等因素影响案件的公正审理，以此消除当事人不必要的疑虑，提高当事人对人民法院的公正信任度。

二、回避的法定事由与适用对象

根据《民事诉讼法》第44条和2011年最高人民法院《关于审判人员在诉讼活动中执行回避制度若干问题的规定》（简称《回避规定》），审判人员及其有关人员应当回避的法定情况如下：

（1）是本案的当事人或者与当事人有近亲属关系的；（2）本人或者其近亲属与本案有利害关系的；（3）担任过本案的证人、翻译人员、鉴定人、勘验人、诉讼代理人、辩护人的；（4）与本案的诉讼代理人、辩护人有夫妻、父母、子女或者兄弟姐妹关系的；（5）与本案当事人之间存在其他利害关系，可能影响案件公正审理的。

但在诉讼过程中会出现因审判人员特定行为而引发的回避，这可称为因特定行为的回避。《回避规定》第2条对此作出详细的规定：即当事人及其法定代理人发现审判人员违反规定，具有下列情形之一的，有权申请其回避：（1）私下会见本案一方当事人及其诉讼代理人、辩护人的；（2）为本案当事人推荐、介绍诉讼代理人、辩护人，或者为律师、其他人员介绍办理该案件的；（3）索取、接受本案当事人及其受托人的财物、其他利益，或者要求当事人及其受托人报销费用的；（4）接受本案当事人及其受托人的宴请，或者参加由其支付费用的各项活动的；（5）向本案当事人及其受托人借款，借用交通工具、通讯工具或者其他物品，或者索取、接受当事人及其受托人在购买商品、装修住房以及其他方面给予的好处的；（6）有其他不正当行为，可能影响案件公正审理的。

此外，《回避规定》第3条规定，凡在一个审判程序中参与过本案审判工作的审判人员，不得再参与该案其他程序的审判。但是，经过第二审程序发回重审的案件，在一审法院作出裁判后又进入第二审程序的，原第二审程序中合议庭组成人员不受本条规定的限制。

三、回避的方式与程序

民事诉讼中，回避的方式有两种：一是自行回避，即是指审判人员及有关人员在遇到法律规定的回避情形时，应当主动要求回避。审判人员应当回避，本人没有自行回避，当事人及其法定代理人也没有申请其回避的，院长或者审判委员会应当决定其回避。该类回避主要适用于《民事诉讼法》第 45 条和最高人民法院《回避规定》第 1 条规定的因特定关系回避情形。二是申请回避，即当事人发现审判人员及其他有关人员具有法律规定的回避情形存在时，依法申请他们回避。该类回避既适用于《民事诉讼法》第 44 条、最高人民法院《回避规定》第 1 条规定的回避情形，也适用于《回避规定》第 2 条规定的因特定行为回避情形。

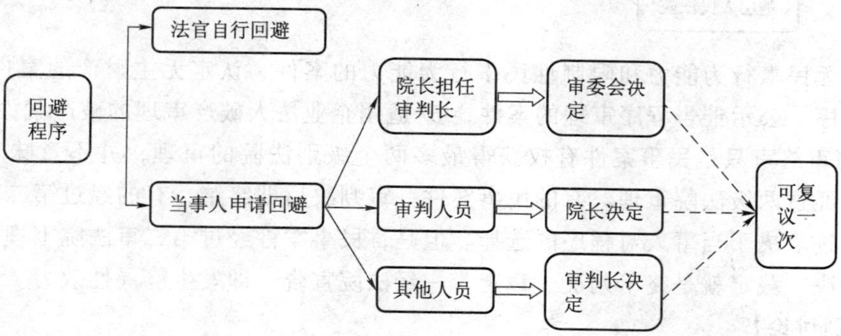

【**司考真题**】8. 关于回避，下列哪一说法是正确的？（2010 - 3 - 37，单）

A. 当事人申请担任审判长的审判人员回避的，应由审委会决定

B. 当事人申请陪审员回避的，应由审判长决定

C. 法院驳回当事人的回避申请，当事人不服而申请复议，复议期间被申请回避人不停止参加本案的审理工作。

D. 如当事人申请法院翻译人员回避，可由合议庭决定

第四节　两审终审制度

一、两审终审制度的确立

两审终审制是我国的基本审级制度，指的是一起民事案件经过两级人民法院的审判就宣告总结的制度。

二、两审终审制度的内容

根据民事诉讼法以及相关司法解释的规定，我国两审终审制的内容包括：

1. 根据人民组织法规定，我国人民法院分为四级：基层人民法院、中级人民法院、高级人民法院和最高人民法院。四级人民法院都有权审理一审民事案件，只是根据标的额、案件复杂程度等进行管辖上的分工。最高人民法院审理的一审民事案件实行一审终审。

2. 通过一审程序包括普通程序、简易程序审理（除《民事诉讼法》第 162 条规定的小额程序外）的民事争议案件，双方当事人都有权向上级人民法院提起上诉。但是，以下案件实行一审终审：① 最高人民法院审理的一审案件；② 适用简易程序中小额诉讼程序的案件；③ 适用特别程序审理的选民资格案件、宣告失踪和宣告死亡的案件、

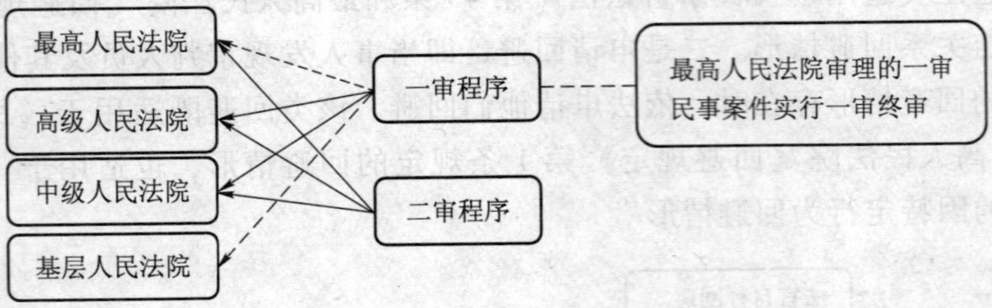

认定公民无民事行为能力和限制性民事行为能力的案件、认定无主财产的案件；④适用督促程序、公示催告程序审理的案件；⑤适用企业法人破产审理的破产案件。

3. 两审终审只是民事案件有权获得最多两个级别法院的审理，并不意味着每起案件都必须经过两级法院审理。有的民事案件一审判决后即终结，有的经过第二审判决后才终结，这取决于当事人对程序的选择。但是，民事案件经过第二审法院审理后，法院作出的判决、裁定就是终审判决、裁定，一经法院宣告，即发生终局性效力。

【案例讨论】

张某与王某系夫妻，因感情不和张某向人民法院提起离婚诉讼。一审法院经审理，认为夫妻感情未破裂，判决不准予离婚。张某不服提出上诉。二审法院经审理认为，张某与王某感情已经破裂，因此判决双方离婚，并对财产分割与子女抚养一并作出判决。

思考：关于二审法院的判决，违反了《民事诉讼法》的哪些基本原则或制度？

4. 对于生效的判决、裁定，如果发现存在法定的再审事由，可以通过审判监督程序启动再审程序。但是，特别程序及其他非诉程序的案件的判决不适用再审程序，当事人对已经发生法律效力的解除婚姻关系的判决不得申请再审。再审程序不是独立于一审、二审之外的独立程序，而是对两审终审的补救。因而，不能将再审程序理解为三审制。

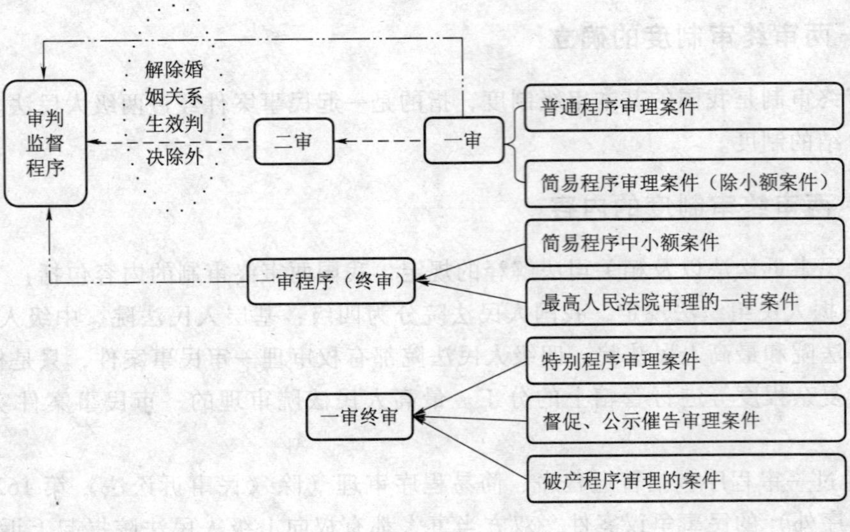

【本章小结】

民事审判基本制度是对民事诉讼活动中一些重大问题作出基本的规定，体现了民事诉讼活动的基本要求，是法院审理民事案件必须遵循的基本操作规程，对构筑民事审判的基本方式起重要作用的制度，如公开审判制度、审级制度等。民事诉讼基本制度的建立具有重要意义，它可以保障法院正确行使审判权，保障民事诉讼基本原则得以贯彻落实，保护诉讼参与人的合法权益。根据民事诉讼法的规定，民事审判的基本制度包括公开审判制度、合议制度、回避制度和两审终审制度。

【考研重点提示】

1. 司法独立与舆论监督之间的关系

2. 我国两审终审制度是否合理？该如何完善？

【本章相关司法解释】

1. 2011 年《最高人民法院关于审判人员在诉讼活动中执行回避制度若干问题的规定》

2. 2011 年《最高人民法院关于对配偶子女从事律师职业的法院领导干部和审判执行岗位法官实行任职回避的规定（试行）》

3. 2009 年《最高人民法院关于司法公开的六项规定》

4. 2004 年《最高人民法院关于人民法院民事调解工作若干问题的规定》

5. 1999 年《最高人民法院关于严格执行公开审判制度的若干规定》

【知识拓展文献】

1. 田平安主编：《民事诉讼法原理》（第四版），厦门大学出版社 2009 年版。

2. 章武生等：《司法现代化与民事诉讼制度的建构》，法律出版社 2000 年版。

3. 傅郁林："审级制度的建构原理——以民事程序视角的比较分析"，《中国社会科学》2002 年第 4 期。

【司考真题答案与解析】

1. B。解析：B 选项说法过于绝对，公开审判指的是除法律明确规定例外情况，法院审理案件和宣告判决一律公开进行的制度。

2. C。解析：本题考查的是不公开审理的情形。根据民事诉讼法的规定，离婚案件和涉及商业秘密的案件，当事人申请不公开审理的，可以不公开审理。所以，C 项正确。

3. ACD。解析：本题考查的是公开审判制度的具体内容。从审判过程来讲，公开审判是指审理、宣判活动要公开，而评议活动不公开。所以 A 项错误，B 项正确。其次，涉及国家秘密和个人隐私的案件属于应当不公开的法定情形，所以 C 项错误。离婚案件、涉及商业秘密的案件，属于相对不公开范畴，根据当事人申请，法院决定是否公开审理。所以 D 项错误。

4. C。解析：根据《民事诉讼法》第 161 条规定，依照特别程序审理的案件，实行一审终审。选民资格案件或者重大、疑难的案件，由审判员组成合议庭审理；其他案件由审判员一人独任审理。

5. D。解析：A 选项错误。根据民事诉讼法规定，法院合议庭评议案件，实行少数服从多数原则，合议庭成员享有平等的权利。B 选项有文字游戏之嫌，法条原文说的是少数服从多数，按照多数意见处理。此处说按照意见判决，其实该意见就是多数意见，这样说实质上 B 项也说得过去。但是，本题为单选题，与 D 选项相比，D 项说法忠于原文，D 项最合适答案。C 选项错误。根据规定，在合议庭意见存在分歧的情况下，应按多数人的意见为准判决，不必将案件提交院长审查决定。但如果案件属于重大、疑难案件，依照规定程序报请院长提交审判委员会讨论决定。

6. A。

7. BCD。本题考查的是合议庭适用范围与合议庭的构成。

8. B。解析：A 选项错误。审判人员的回避，由院长决定。因而，审判长、审判员、陪审员的回避，都应当由院长决定。C 选项错误。被申请回避的人员在人民法院作出是否回避的决定前，应当暂停参加本案的工作，但案件需要采取紧急措施的除外。D 选项错误。书记员、翻译人员、鉴定人等回避的，由审判长决定。

【本章案例剖析】

根据《民事诉讼意见》第 185 条的规定可知，一审判决不准离婚的案件，上诉后，二审法院认为应当判决离婚的，可以根据当事人自愿原则，与子女抚养、财产问题一并调解，调解不成的，发回重审。我国法律之所以这么规定，主要是基于以下两个方面的原因：一方面，如果在二审判决中直接对子女抚养、财产分割问题作出实体处理，将剥夺当事人就两项问题申请上一级法院审理的权利，是对两审终审制度的违反。另一方面，由于当事人所提出的诉讼请求是要求判决离婚，并不涉及财产分割和子女抚养问题，当事人也没有对这两项问题发表自己的权利主张和意见，并且由于法院的质证认证、法庭辩论等程序均是围绕支持和反驳当事人诉讼请求的相关事实和证据展开，在这些程序中也就不可能对这两项问题有所涉及，在这种情况下，如果在二审判决中直接对子女抚养、财产分割问题作出实体处理，将直接影响到当事人对这两项问题处分权和决定权的依法行使，法院就这两项问题的判决内容更不是直接来源于当事人之间的辩论，这是对处分原则和辩论原则的违反。因此，如果二审法院在判决离婚的同时直接对财产分割与子女抚养一定作出判决不仅违反了两审终审制度，也违反了处分原则和辩论原则。

第二编

诉讼主体与客体篇

第四章

管　　辖

第一节　法院主管与管辖

一、民事诉讼主管

（一）民事诉讼主管的概念

民事诉讼主管，是法院对民事案件予以受理的权限范围。民事诉讼主管主要解决法院与其他国家机关、社会组织在受理民事纠纷中的分工和权限划分问题。

（二）民事诉讼主管的范围

一般认为，我国民事诉讼受案范围主要包括以下几类：1. 民法调整的财产关系和人身关系发生纠纷的案件。2. 婚姻法调整的婚姻家庭关系发生纠纷的案件。3. 商法调整的商事关系发生纠纷的案件。4. 经济法调整的部分经济关系发生纠纷的案件。5. 劳动法调整的部分劳动关系发生纠纷的案件 6. 法律规定由法院运用民事诉讼法解决的其他案件，主要包括选民资格案件、宣告失踪案件、宣告死亡案件、认定公民无民事行为能力或限制民事行为能力案件、认定财产无主案件、企业破产案件、确认调解协议案件、实现担保物权案件等。上述案件中，前五类为民事权益争议案件，第六类为非讼案件和选民资格案件。

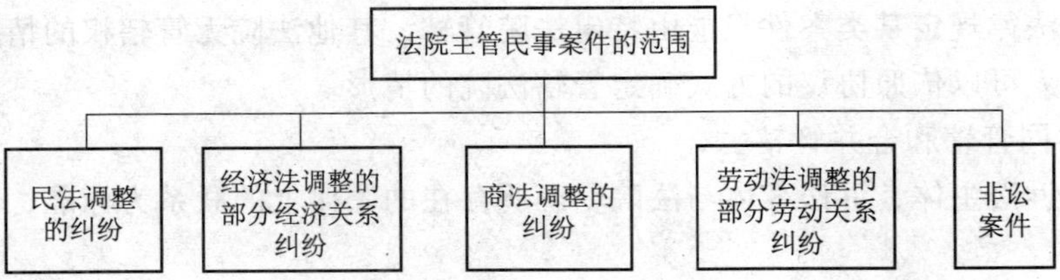

二、民事诉讼管辖

（一）管辖的概念

所谓民事诉讼管辖，是指确定人民法院系统内部不同级别的人民法院之间和同一级别的人民法院之间受理第一审民事案件的分工和权限。

（二）管辖和主管的关系

管辖和主管之间既有联系又有区别：

1. 管辖和主管之间的区别：

（1）解决的问题不同。主管主要解决法院与其他国家机关、社会组织在受理民事纠纷中的分工和权限划分问题；而管辖解决的是人民法院系统内部不同级别的人民法院之间和同一级别的人民法院之间受理第一审民事案件的分工和权限。前者涉及的是法院和法院外其他部门之间的权限分工，后者涉及的是法院系统内部的权限划分。主管解决对外关系，管辖解决对内关系。①

（2）确定的时间先后不同。纠纷发生之后，首先需确定案件的主管问题，然后才会确定案件的管辖问题。即主管的确定在先，管辖的确定在后。

2. 管辖和主管之间的联系

（1）主管是确定管辖的前提和基础；只有首先确定了某个特定案件属于人民法院主管后，才有必要通过管辖将该案件进一步落实到具体特定的法院审理。

（2）管辖是对主管的体现和落实，及确定由哪个具体的法院来审理。

总之，没有主管就无法确定管辖，没有管辖，主管的确定就丧失其意义。

（三）管辖的分类

1. 管辖在法律上的分类

根据我国《民诉法》第一编第二章的规定，在法律上将管辖分为级别管辖、地域管辖、移送管辖和指定管辖。其中地域管辖又分为一般地域管辖、特殊地域管辖、协议管辖和专属管辖。

2. 管辖在理论上的分类

（1）法定管辖和裁定管辖

依管辖是由法律直接规定还是由人民法院裁定确定为标准，可以将管辖分为法定管辖和裁定管辖。凡是由法律直接规定的管辖为法定管辖，如地域管辖、级别管辖。裁定管辖是指法院以裁定方式确定的管辖，如移送管辖和指定管辖。

（2）专属管辖和协议管辖

依管辖能否允许当事人协商变更为标准，可以将管辖分为专属管辖和协议管辖。专属管辖是指法律规定某类案件只能由特定法院管辖，其他法院无管辖权的情况。协议管辖是指当事人可以依照协议的方式确定管辖法院的情形。

（3）共同管辖和合并管辖

这是以诉讼主体、诉讼客体与法院辖区所存在的法律上的联系为标准，对管辖所作的一种分类。

共同管辖是指两个或两个以上法院对同一案件都有管辖权的情况。比如，因合同纠纷提起的诉讼，由被告住所地或合同履行地人民法院管辖。

合并管辖，又称牵连管辖，是指对某个案件有管辖权的人民法院，可以一并审理与该案有牵连的其他案件的情形。

---

① 田平安，李浩．民事诉讼法学．北京：高等教育出版社，2007：95.

管辖分类的图示如下：

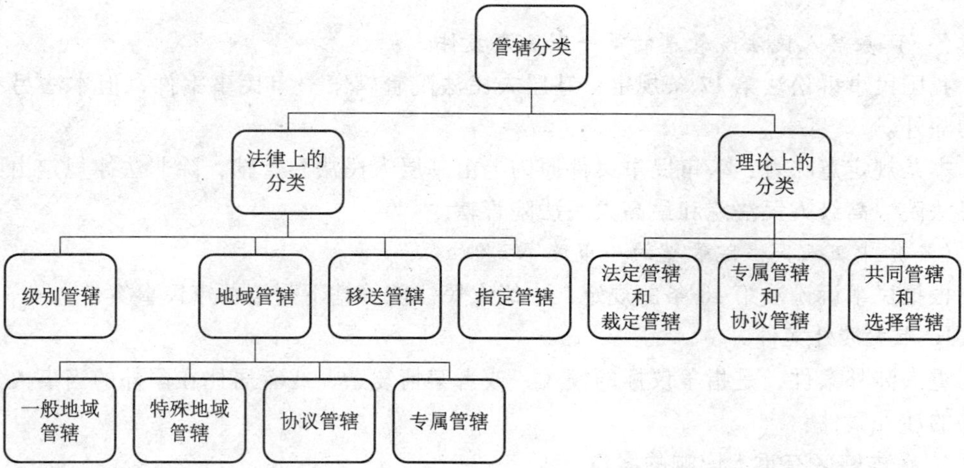

第二节　级别管辖

一、级别管辖的概念和确定标准

（一）级别管辖的概念

所谓级别管辖，是关于确定上下级人民法院之间受理第一审民事案件的分工和权限。

当事人将案件起诉到法院，涉及向哪个法院起诉时，首先应当确定法院的级别管辖，级别管辖是人民法院之间的垂直分工。

（二）级别管辖的确定标准

级别管辖的确定应遵循如下标准：

1. 案件的性质

如重大涉外案件、专利案件、海事海商案件由中级人民法院管辖。

2. 案件的繁简程度。

将简单的案件交由级别低的法院管辖，将复杂的案件交由级别较高的人民法院管辖。

3. 案件的影响范围

指案件涉及面的大小，案件处理结果对社会的影响范围。

4. 案件争议标的金额的大小

世界上其他国家的司法实践中，多将案件争议标的金额作为划分管辖的标准。我国在最高人民法院的司法解释中也体现了此种确定级别管辖的标准。[①]

① 可以参见最高人民法院关于适用《中华人民共和国民事诉讼法》若干问题的意见中第3条和最高人民法院关于调整高级人民法院和中级人民法院管辖第一审民商事案件标准的通知中的具体内容。

二、各级人民法院管辖的第一审民事案件

（一）基层人民法院管辖的第一审民事案件

我国民事诉讼法第17条规定：基层人民法院管辖第一审民事案件，但本法另有规定的除外。

本条规定意味着，一审民事案件原则上由基层人民法院管辖，除非法律规定由中级人民法院、高级人民法院和最高人民法院管辖。

（二）中级人民法院管辖的一审民事案件

根据民事诉讼法第18条的规定，中级人民法院管辖下列第一审民事案件：

1. 重大涉外案件

重大涉外案件，是指争议标的额大，或者案情复杂，或者居住在国外的当事人人数众多的涉外案件。

2. 在本辖区有重大影响的案件

指案件本身及处理结果的影响，覆盖和影响了中级人民法院辖区，由中级人民法院作为一审法院对案件进行审理较为合适。

3. 最高人民法院确定由中级人民法院管辖的案件

（1）海事、海商案件。由作为中级法院的海事法院管辖，海事法院与普通中级人民法院同级。我国在上海、天津、广州、武汉、大连、青岛、海口、厦门等口岸城市均设有海事法院。

（2）专利纠纷案件。专利纠纷案件的第一审一般由最高人民法院确定的省、自治区、直辖市人民政府所在地的市中级人民法院，青岛、大连、重庆市中级人民法院以及各经济特区中级人民法院管辖。

（3）著作权纠纷案件。著作权纠纷案件一般由中级人民法院管辖。

【相关司法解释】需要注意的是，最高人民法院发布的《关于调整地方各级人民法院管辖第一审知识产权民事案件标准的通知》要求，中级人民法院管辖诉讼标的额在2亿元以下的第一审知识产权民事案件，以及诉讼标的额在1亿元以下且当事人一方住所地不在其辖区的第一审知识产权案件，但经最高人民法院指定具有一般知识产权民事案件管辖权的基层人民法院管辖的案件除外。①

（4）重大的涉港澳台案件。这类案件的管辖比照重大涉外案件的要求来确定。

（5）诉讼标的金额大或诉讼单纯属省、自治区、直辖市以上的经济纠纷案件。诉讼标的金额大小根据各地的经济发展程度不同也有所不同。

（6）证券虚假陈述民事赔偿案件，由省、直辖市、自治区人民政府所在的市、计划单列市和经济特区中级人民法院管辖。

（7）涉及驰名商标认定的民事纠纷案件。2009年1月5日最高人民法院下发《关于涉及驰名商标认定的民事纠纷案件管辖问题的通知》法［2009］1号文件。该文件规定，从本通知下发之日起，涉及驰名商标认定的民事纠纷案件，由省、自治区人民政府

---

① 参见最高人民法院《关于调整地方各级人民法院管辖第一审知识产权民事案件标准的通知》

所在地的市、计划单列市中级人民法院管辖。其他中级人民法院管辖此类案件，需报经最高人民法院批准，未经批准的中级人民法院不再受理此类案件。

（8）公司强制清算案件。根据最高人民法院印发《关于审理公司强制清算案件工作座谈会纪要》的通知，对于公司强制清算案件的管辖应当分别从地域管辖和级别管辖两个角度确定。关于级别管辖，强制清算案件既可以由初级人民法院管辖，也可以由中级人民法院管辖，中级人民法院主要管辖地区、地级市以上的公司登记机关核准登记公司的公司强制清算案件。地域管辖法院应为公司住所地的人民法院，即公司主要办事机构所在地法院；公司主要办事机构所在地不明确、存在争议的，由公司注册登记地人民法院管辖。

（9）垄断民事纠纷案件。根据 2012 年 1 月 30 日《最高人民法院关于审理因垄断行为引发的民事纠纷案件应用法律若干问题的规定》，垄断民事纠纷案件，是指因垄断行为受到损失以及因合同内容、行业协会的章程等违反反垄断法而发生争议的自然人、法人或者其他组织，向人民法院提起的民事诉讼案件。第一审垄断民事纠纷案件，由省、自治区、直辖市人民政府所在地的市、计划单列市中级人民法院以及最高人民法院指定的中级人民法院管辖。经最高人民法院批准，基层人民法院可以管辖第一审垄断民事纠纷案件。

（三）高级人民法院管辖的第一审民事案件

根据我国民事诉讼法第 19 条规定，高级人民法院管辖在本辖区有重大影响的第一审民事案件。关于“重大影响”，诉讼标的额是一个重要的参考因素。

（四）最高人民法院管辖的第一审民事案件

根据民事诉讼法第 20 条的规定，最高人民法院管辖下列第一审民事案件：

1. 在全国有重大影响的案件。在全国范围内有重大影响的案件，由最高人民法院作为一审法院审理，能够保证审判质量。

2. 认为应当由本院审理的案件。赋予最高人民法院一定的管辖裁量权，体现了管辖确定的灵活性原则，也有助于应对特殊类型案件的管辖确定问题，从而更好地解决纠纷。

我国人民法院级别管辖的图示如下：

最高人民法院管辖的第一审民事案件	在全国有重大影响的案件
	认为应当由本院审理的案件
高级人民法院管辖的第一审民事案件	在本辖区有重大影响的案件
中级人民法院管辖的第一审民事案件	重大涉外案件
	在本辖区有重大影响的案件
	最高人民法院确定由中级人民法院管辖的案件
初级人民法院管辖的第一审民事案件	基层人民法院审理第一审民事案件，法律规定的除外

第三节 地域管辖

一、地域管辖的概念

地域管辖，又称土地管辖、区域管辖，是根据人民法院的辖区和民事案件的隶属关系，来确定同级人民法院之间在各自的区域内受理第一审民事案件的分工和权限。

二、确定地域管辖的标准

确定地域管辖的标准主要有两个：

1. 诉讼当事人所在地尤其是被告住所地与法院辖区之间的联系。按照此标准确定的管辖叫做一般地域管辖。

2. 诉讼标的、诉讼标的物、法律事实与法院辖区之间的联系。按照此标准确定的管辖叫做特殊地域管辖。

三、一般地域管辖

一般地域管辖又称普通管辖或一般管辖，是指以当事人所在地与法院辖区的关系来确定管辖法院。即当事人在哪个法院辖区，案件就由哪个法院管辖。

一般地域管辖的确立规则：以原告就被告为原则，以被告就原告为例外。

（一）“原告就被告”为原则——由被告所在地人民法院管辖

对公民提起的民事诉讼，由被告住所地人民法院管辖；被告住所地与经常居住地不一致的，由经常居住地人民法院管辖。对法人或者其他组织提起的民事诉讼，由被告住所地人民法院管辖。同一诉讼的几个被告住所地、经常居住地在两个以上法院辖区的，各法院都有管辖权。

【相关司法解释】公民的住所地是指公民的户籍所在地，法人的住所地是指法人的主要营业地或者主要办事机构所在地。公民的经常居住地是指公民离开住所地至起诉时已连续居住一年以上的地方。但公民住院就医的地方除外。[①]

“原告就被告”原则的特殊情形：

《民诉法适用意见》和《合同法解释一》对“原告就被告”的原则还作了以下补充规定：（1）双方均被注销城镇户口的，由被告居住地的人民法院管辖；（2）双方当事人都被监禁或被劳动教养的，由被告原住所地人民法院管辖。被告被监禁或被劳动教养1年以上的，由被告被监禁地或被劳动教养地法院管辖；（3）离婚诉讼双方都是军人的，由被告住所地或被告所在团级以上单位驻地的法院管辖；（4）夫妻双方离开住所地超过1年，一方起诉离婚的案件，由被告经常居住地法院管辖；（5）不服指定监护或变更监护关系的案件，由被监护人住所地人民法院管辖；（6）对没有办事机构的公民合伙、合伙型联营体提起的诉讼，由被告注册登记地法院管辖。没有注册登记，几

---

① 最高人民法院关于适用《中华人民共和国民事诉讼法》若干问题的意见第4、5条。

个被告又不在同一辖区的，被告住所地法院都有管辖权。(7) 债权人依据合同法第73条、74条规定提起代理权、撤销权诉讼的，由被告住所地法院管辖。

(二)"被告就原告"原则为例外——由原告所在地人民法院管辖

当坚持"原告就被告"原则造成起诉的不方便或不可能时，则实施相反的规则——"被告就原告"，即原告在哪个法院的辖区，案件就由该法院管辖。

1.《民事诉讼法》第22条规定：下列民事诉讼，由原告住所地人民法院管辖；原告住所地与经常居住地不一致的，由原告经常居住地人民法院管辖：

(1) 对不在中国领域内居住的人提起的有关身份关系的诉讼；

(2) 对下落不明或者宣告失踪的人提起的有关身份关系的诉讼；

(3) 对被劳动教养的人提起诉讼；

(4) 对被采取强制性教育措施（原为劳动教养）的人提起的诉讼。

2."被告就原告"原则的特殊情形

【相关司法解释】民事诉讼法的《适用意见》也规定了5种被告就原告的例外情况：

(1) 被告一方被注销城镇户口，由原告所在地人民法院管辖。

(2) 追索赡养费案件的几个被告住所地不在同一辖区的，可以由原告住所地人民法院管辖。

(3) 非军人对军人提起的离婚诉讼，如果军人一方为非文职军人，由原告住所地人民法院管辖。

(4) 夫妻一方离开住所地超过一年，另一方起诉离婚的案件，由原告住所地人民法院管辖。

(5) 夫妻双方离开住所地超过一年，一方起诉离婚的案件，由被告经常居住地人民法院管辖；没有经常居住地的，由原告起诉时居住地的人民法院管辖。

四、特殊地域管辖

特殊地域管辖，又称特别管辖或特殊管辖，是以诉讼标的物所在地或引起民事法律关系发生、变更或消灭的法律事实所在地为标准，来确定管辖法院。

(一) 一般合同纠纷的地域管辖

一般合同纠纷确定管辖的一般原则：因合同纠纷提起的诉讼，由被告住所地或者合同履行地人民法院管辖。

合同履行地是指当事人实现权利或履行义务的地点，主要指合同标的物交付地。如果履行地点不明确，给付货币的，在接受货币一方所在地履行；交付不动产的，在不动产所在地履行；其他标的，在履行义务一方所在地履行。

(二) 保险合同纠纷的地域管辖

保险合同纠纷，由被告住所地或者保险标的物所在地管辖。

【相关司法解释】如果保险标的物是运输工具或运输中的货物，应由被告住所地或者运输工具登记注册地、运输目的地、保险事故发生地的人民法院管辖。[①]

（三）票据纠纷诉讼的地域管辖

因票据纠纷提起的诉讼，由票据支付地或被告住所地人民法院管辖。

【相关司法解释】票据支付地，是指票据上载明的付款地。如未载明付款地，则以票据付款人的住所地或主营业所所在地为票据付款地。[②]

（四）公司诉讼管辖

因公司设立、确认股东资格、分配利润、解散等纠纷提起的诉讼，由公司住所地人民法院管辖。

【评注】公司诉讼管辖是2012年民诉法修正新增加的内容。

1. 立法背景和原因

公司作为企业法人是市场经济的主要主体之一，随着市场经济的发展及2005年公司法的修订，赋予公司法律关系主体广泛的诉权，有关公司的纠纷也日益增多。此前，有关公司设立、确认股东资格、分配利润、解散等纠纷提起的诉讼，一般适用普通的地域管辖，也就是由被告住所地人民法院管辖。在司法实践中，人民法院在处理这类案件时，通常需要调阅公司的注册登记资料以及其他与争议有关的档案资料、公司的财务会计资料、公司会议决议，有的案件还需要等待公司股东会、董事会的决议意见等。如果公司作为被告，由公司住所地人民法院管辖，问题不大。在公司作为原告的情形下，如果被告在外地，案件由被告住所地的人民法院管辖，该人民法院在审理案件时，需要到公司住所地调阅有关资料，可能不便利。因此，为了方便诉讼，提高诉讼效率，有必要将公司设立、确认股东资格、分配利润、解散等纠纷案件，交由公司住所地的人民法院管辖。[③]

2. 本条的适用范围或适用情形：

（1）因公司设立产生的纠纷。

（2）因确认股东资格产生的纠纷

（3）因分配利润产生的纠纷。

（4）因公司解散产生的纠纷。

3. 公司以其主要办事机构所在地为住所

（1）公司的主要办事机构所在地应当与公司注册地相区别。

一般情况下，公司的注册地与公司的主要办事机构所在地是一致的，但在有些情况下，公司在境外注册，而主要营业地设在中国，根据我国法律的规定，该公司的住所地在我国境内。

（2）公司的主要办事机构所在地也要与公司的经营场所相区别。

经营场所是公司进行业务活动所必需的一切场地，是公司进行经营的必要条件。公

---

① 最高人民法院关于适用《中华人民共和国民事诉讼法》若干问题的意见第25条。

② 最高人民法院关于适用《中华人民共和国民事诉讼法》若干问题的意见第26条。

③ 全国人大常委会法制工作委员会民法室．2012年民事诉讼法修改决定条文释解．北京：中国法制出版社，2012：27.

司经营场所除公司住所外，还包括住所之外的各种固定地点和设施，如生产场地、销售网点等，设有分支机构的公司还包括公司分支机构所在地。而住所则是公司经营管理及业务活动的核心机构所在地。①

（五）运输合同纠纷的一般地域管辖

因铁路、公路、水上、航空运输和联合运输合同纠纷提起的诉讼，由运输始发地、目的地或者被告住所地人民法院管辖。水上运输或水陆联合运输合同纠纷，由海事法院管辖。铁路运输合同纠纷，由铁路运输法院管辖。其他运输合同纠纷，由始发地、目的地或被告住所地人民法院管辖。

（六）侵权纠纷的一般地域管辖

因侵权纠纷提起的诉讼，由侵权行为地或被告住所地人民法院管辖。

【相关司法解释】侵权行为地，包括侵权行为实施地和侵权结果发生地。②

如果侵权行为实施地和侵权结果发生地不一致的，那么侵权行为实施地、侵权结果发生地及被告住所地三个法院均有管辖权。

1. 因产品质量不合格造成他人财产、人身损害提起的诉讼，产品制造地、产品销售地、侵权行为地和被告住所地人民法院都有管辖权。③

2. 网络著作权侵权纠纷案件由侵权行为地和被告住所地人民法院管辖。侵权行为地包括实施被诉侵权行为的网络服务器、计算机终端等设备所在地。对难以确定侵权行为地和被告住所地的，原告发现侵权内容的计算机终端等设备所在地可以视为侵权行为地。④

3. 涉及域名的侵权纠纷案件，由侵权行为地和被告住所地的中级人民法院管辖。对难以确定侵权行为地和被告住所地的，原告发现该域名的计算机终端等设备所在地可以视为侵权行为地。⑤

4. 因侵犯专利行为提起的诉讼，由侵权行为地或被告住所地人民法院管辖。侵权行为地包括：被控侵犯发明、实用新型专利权的产品的制造、使用、许诺销售、销售、进口等行为的实施地；专利方法使用行为的实施地，依照该专利方法直接获得的产品的使用、许诺销售、销售、进口等行为的实施地；外观设计专利产品的制造、销售、进口等行为的实施地；假冒他人专利的行为实施地。上述侵权行为的侵权结果发生地。

原告仅对侵权产品制造者提起诉讼，未起诉销售者，侵权产品制造地与销售地不一致的，制造地人民法院有管辖权；以制造者与销售者为共同被告起诉的，销售地人民法院有管辖权。

---

① 全国人大常委会法制工作委员会民法室．2012年民事诉讼法修改决定条文释解．北京：中国法制出版社，2012：31．

② 最高人民法院关于适用《中华人民共和国民事诉讼法》若干问题的意见第28条。

③ 最高人民法院关于适用《中华人民共和国民事诉讼法》若干问题的意见第29条。

④ 最高人民法院《关于修改〈最高人民法院关于审理涉及计算机网络著作权纠纷案件适用法律若干问题的解释〉的决定》第1条（2006年）。

⑤ 最高人民法院《关于审理涉及计算机网络域名民事纠纷案件适用法律若干问题的解释》第2条（2001年）。

销售者是制造者分支机构，原告在销售地起诉侵权产品制造者制造、销售行为的，销售地人民法院有管辖权。[①]

5. 因侵犯注册商标专用权行为提起的民事诉讼，由商标法第十三条、第五十二条所规定侵权行为的实施地、侵权商品的储藏地或者查封扣押地、被告住所地人民法院管辖。

前款规定的侵权商品的储藏地，是指大量或者经常性储存、隐匿侵权商品所在地；查封扣押地，是指海关、工商等行政机关依法查封、扣押侵权商品所在地。[②]

6. 因侵犯著作权行为提起的民事诉讼，由著作权法第46条、第47条所规定侵权行为的实施地、侵权复制品储藏地或者查封扣押地、被告住所地人民法院管辖。

前款规定的侵权复制品储藏地，是指大量或者经营性储存、隐匿侵权复制品所在地；查封扣押地，是指海关、版权、工商等行政机关依法查封、扣押侵权复制品所在地。

对涉及不同侵权行为实施地的多个被告提起的共同诉讼，原告可以选择其中一个被告的侵权行为实施地人民法院管辖；仅对其中某一被告提起的诉讼，该被告侵权行为实施地的人民法院有管辖权。[③]

（六）交通事故损害赔偿纠纷

因铁路、公路、水上和航空事故损害赔偿提起的诉讼，由事故发生地或者车辆、船舶最先到达地、航空器最先降落地或者被告住所地人民法院管辖。

（七）海损事故损害赔偿纠纷

因船舶碰撞或其他海事损害事故请求损害赔偿提起的诉讼，由碰撞发生地、碰撞船舶最先到达地、加害船舶被扣留地或者被告住所地人民法院管辖。

（八）海难救助费用纠纷

因海难救助费用提起的诉讼，由救助地或被救助船舶最先到达地人民法院管辖。

（九）共同海损分担纠纷

因共同海损提起的诉讼，由船舶最先到达地、共同海损理算地或航程终止地的人民法院管辖。

共同海损，是指船舶在海上运输途中遭遇自然灾害、意外事故或其他特殊风险时，为了摆脱险情而采取一定的挽救措施所造成的特殊损失或支出的额外费用。共同海损应由受益各方合理分摊，因共同海损分担比例发生争议引起的诉讼，由海事法院管辖。

五、专属管辖

专属管辖，是指法律强制规定某些案件只能由特定的法院管辖，其他法院无管辖权，当事人也不得协议变更管辖法院。

根据我国《民事诉讼法》第33条的规定，专属管辖的案件有：

（1）因不动产纠纷提起的诉讼，由不动产所在地人民法院管辖；

---

① 最高人民法院《关于审理专利纠纷案件适用法律问题的若干规定》，第5、6条（2013年修订）。

② 最高人民法院《关于审理商标民事纠纷案件适用法律若干问题的解释》第6条（2002年）。

③ 最高人民法院《关于审理著作权民事纠纷案件适用法律若干问题的解释》第4、5条（2002年）。

（2）因港口作业中发生纠纷提起的诉讼，由港口所在地人民法院管辖；

（3）因继承遗产纠纷提起的诉讼，由被继承人死亡时住所地或者主要遗产所在地人民法院管辖。

专属管辖图示如下：

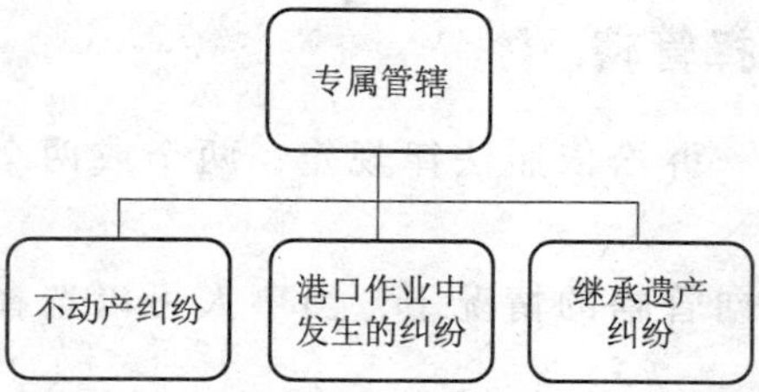

【案例讨论】A 县的某甲在 E 县住院就医时死亡，某甲生前仅在 B 县拥有房产。某甲有一子某乙住 C 县，有一女某丙住 D 县。某乙与某丙因分割房产发生争议，遂起诉某丙分割该房产。

问题：如果本案的级别管辖为基层人民法院，那么应如何确定本案的地域管辖法院？

六、协议管辖

（一）协议管辖的概念

协议管辖，又称为合意管辖或约定管辖、意定管辖，是指双方当事人在纠纷发生前或纠纷发生后，以明示或默示的方式约定管辖法院。

《民事诉讼法》第 34 条规定：合同或者其他财产权益纠纷的当事人可以书面协议选择被告住所地、合同履行地、合同签订地、原告住所地、标的物所在地等与争议有实际联系的地点的人民法院管辖，但不得违反本法对级别管辖和专属管辖的规定。

（二）协议管辖的适用条件

协议管辖的适用条件包括以下情形：

（1）协议管辖只适用于第一审合同纠纷案件和其他财产权益纠纷案件；

（2）协议管辖只适用于一审案件，不适用于二审和再审案件；

（3）协议管辖只能在被告住所地、合同履行地、合同签订地、原告住所地、标的物所在地人民法院范围内选择管辖法院；

（4）协议管辖不得违反级别管辖和专属管辖规定；

（5）协议管辖的形式包括书面协议管辖和默示协议管辖。前者指当事人签订书面的管辖协议。后者指原告向无管辖权的法院起诉后，法院受理后被告不对管辖权提出异议并应诉答辩，推断双方当事人均同意由该人民法院管辖。

【背景资料】2012 年新修订的民诉法和原法（2007 年）相比较协议管辖的修改点：

1. 在适用范围上，在原有“合同纠纷”的基础上，增加了“其他财产权益纠纷”。

2. 在选择管辖法院的连接点上，在原有的“被告住所地、合同履行地、合同签订地、原告住所地、标的物所在地”的基础上，增加规定“等与争议有实际联系的地点”，扩大了连接点，也就是扩大了当事人可以协议选择管辖法院的范围。

这样修改后，原民诉法第 242 条关于涉外民事诉讼协议管辖的规定，与国内民事诉讼协议管辖内容一致，因此，修改本条的同时，删去了原民诉法第 242 条，也就是说，在涉外民事诉讼中，合同或者其他财产权益纠纷的当事人可以依据本条的规定，协议选择有关的管辖法院。

八、共同管辖和选择管辖

共同管辖，是指对同一诉讼依照法律规定，两个或两个以上的人民法院都有管辖权。

选择管辖，则是在共同管辖的情况下，当事人可以选择其中一个人民法院提起诉讼。

我国《民事诉讼法》第 35 条规定：两个以上人民法院都有管辖权的诉讼，原告可以向其中一个人民法院起诉；原告向两个以上有管辖权的人民法院起诉的，由最先立案的人民法院管辖。

第四节　裁定管辖

人民法院以裁定的方式确定案件的管辖，称为裁定管辖，包括移送管辖、指定管辖和管辖权的转移。

一、移送管辖

（一）移送管辖的含义和条件

所谓移送管辖，是指法院受理案件后，发现其无管辖权，依法将案件移送有管辖权的法院审理。

移送管辖须满足以下条件：

（1）法院已经受理案件。

（2）受理案件的法院无管辖权。

（3）接受移送案件的法院有管辖权。

（4）不属于禁止移送管辖的案件。

【相关司法解释】

根据《最高人民法院关于适用〈中华人民共和国民事诉讼法〉若干问题的意见》第 33 条规定：两个以上人民法院都有管辖权的诉讼，先立案的人民法院不得将案件移送给另一个有管辖权的人民法院。人民法院在立案前发现其他有管辖权的人民法院已先立案的，不得重复立案，立案后发现其他有管辖权的人民法院已先立案的，裁定将案件移送给先立案的人民法院。

最高人民法院关于适用《中华人民共和国民事诉讼法》若干问题的意见第 35 条规定：有管辖权的人民法院受理案件后，不得以行政区域变更为由，将案件移送给变更后有管辖权的人民法院。判决后的上诉案件和依审判监督程序提审的案件，由原审人民法院的上级人民法院进行审判；第二审人民法院发回重审或者上级人民法院指令再审的案件，由原审人民法院重审或者再审。

（二）禁止移送管辖的案件

1. 两个以上人民法院都有管辖权的诉讼，先立案的人民法院不得将案件移送给另一个有管辖权的人民法院，即由先立案的法院行使管辖权。

2. 受移送的人民法院认为受移送的案件依照规定不属于本院管辖的，应当报请上级人民法院指定管辖，不得再自行移送。

3. 有管辖权的人民法院受理案件后，不得以行政区域变更为由，将案件移送给变更后有管辖权的人民法院。

二、指定管辖

指定管辖，是指上级法院以裁定方式，指定下级法院对某一案件行使管辖权。

指定管辖的案件包括三类：

（1）受移送的人民法院认为自己对移送来的案件无管辖权的，应当报请上级法院指定管辖。

（2）有管辖权的法院因特殊原因不能行使管辖权。比如法院全体审判人员均须回避；有管辖权的人民法院所在地发生了严重的自然灾害。

（3）管辖权发生争议，经双方协商未能解决争议。

指定管辖按照下列程序进行：

（1）先由双方协商解决。

（2）协商不成时，停止对案件的实体审理，报请其共同上级法院指定管辖。

（3）争议未解决前，任何一方法院不得对案件作出判决；抢先作出判决的，上级人民法院应以违反程序为由，撤销其判决，将案件移送或指定其他人民法院审理或提审。

（4）上级法院指定管辖后，书面通知报送的法院和被指定的法院。报送的法院接到通知后，应及时告知当事人。

三、管辖权转移

管辖权转移，是指经上级法院决定或者同意，将某个案件的管辖权在上下级法院之间转移。

管辖权转移的情形：

（一）下级法院转移到上级法院

上级法院有权审理下级法院管辖的第一审民事案件。

下级法院对它所管辖的第一审民事案件，认为需要由上级法院审理的，可以报请上级法院审理。

（二）上级法院转移到下级法院

上级法院可以把本院管辖的第一审民事案件交下级法院审理，但应当报请其上级人民法院批准。且该下级人民法院不得再交由其下级人民法院审理。

对于应由上级人民法院管辖的第一审民事案件，下级人民法院不得报请上级人民法院交其审理。

【评注】关于管辖权转移中的下交管辖的规定是2012年民事诉讼法修改的内容之一。

1. 新旧法比较，所修改的内容体现在：

将原法中关于管辖权转移的“上交下”案件，增加了限制性条件：一是“确有必要”，二是增加报批程序——应当报请其上级人民法院批准。

2. 修法的考虑。在修改民诉法的过程中，有几种不同的意见。有的意见提出，从法律规定的逻辑上看，级别管辖已经规定了上级人民法院应当管辖的案件，既然案件属于“在本辖区有重大影响的案件”，又可以将该案交下级人民法院审理，在法理上是讲不通的。从司法实践中看，有的上级人民法院为了使案件的一审、二审都处在本院辖区范围内，将本应当由本院管辖的一些第一审民事案件交下级人民法院审理，严重影响当事人的审级利益，对民事法规定的级别管辖制度也带来冲击。为了保障当事人的诉权和级别管辖制度，应当删除管辖中的“上交下”制度。但也有人提出，不能删除管辖中的“上交下”制度，理由在于：原则上，上级人民法院不宜将本院管辖的民事案件交由下级人民法院审理，但由于民事案件的复杂性，有些案件由中级人民法院审理，不利于法院查清案件事实，既不利于法院对案件的审理，也不利于当事人参加诉讼，比如那些群体性的案件，案情复杂，涉及面广，由上级人民法院集中下移，有利于案件协调处理，统一尺度，提高效率。若删去“上交下”制度，最高人民法院将无法律依据做出司法解释，因此保留该制度确有必要。但为了防止实践中个别法院滥用该制度，应当对上级人民法院“可以”下移管辖的情形进行必要的限制。①

3. 如何理解新法38条中的“确有必要”？

关于“确有必要”如何理解，需等待最高人民法院的司法解释进一步细化。在司法实践中，主要指破产案件中的衍生的诉讼案件，涉及金融系统性风险或者群体性纠纷等第一审民事案件。

4. 从下交管辖的程序上，增加报批程序，即将本院管辖的第一审民事案件交下级人民法院审理的，应当报请其上级人民法院批准。如中级人民法院欲将其管辖的第一审民事案件交基层人民法院审理，应当在下交前，报请省（自治区、直辖市）高级人民法院批准。高级人民法院经审查认为，中级人民法院下交管辖确有必要的，可以准许。不属于“确有必要”的情形，不予准许下交，还由中级法院审理。

第五节　管辖异议与管辖恒定

一、管辖异议

管辖异议，是指法院受理案件后，当事人依法提出该法院对本案无管辖权的主张和意见。管辖异议是当事人享有的一项诉讼权利。

---

① 全国人大常委会法制工作委员会民法室．2012年民事诉讼法修改决定条文释解．中国法制出版社，2012：36.

（一）提出管辖异议的条件

（1）法院已受理案件。

（2）管辖权异议只能对第一审法院提出。

（3）异议的主体为本案当事人。

（4）异议应在提交答辩状期间提出。

（二）管辖异议的裁定

受诉人民法院收到当事人提出的管辖权异议后，应当认真进行审查，必要时召集双方当事人进行听证。对当事人提出的管辖权异议，区别情况作出不同的处理：

1. 当事人就地域管辖提出异议。经审查，异议成立的，受诉法院依照裁定将案件移送有管辖权的人民法院处理；异议不成立的，裁定驳回。当事人对裁定不服的，可以在裁定书送达之日起 10 日内向上一级人民法院提出上诉。当事人未提出上诉或上诉被驳回的，受诉法院应通知双方当事人参加诉讼。

2. 当事人就级别管辖提出异议。级别管辖是上下级法院之间就一审案件审理方面的分工。受诉法院审查后认为确无管辖权的，应当将案件移送有管辖权的人民法院，并告知双方当事人，但不做裁定。受诉法院拒不移送，当事人向上级法院反映并就此提出异议的，如情况属实确有必要移送的，上级法院应当通知受诉法院将案件移送有管辖权的人民法院；对受诉法院拒不移送且作出实体判决的，上级法院应当以程序违法为由撤销受诉法院的判决，并将案件交由有管辖权的人民法院审理。

3. 当事人在答辩期内以双方自愿达成书面仲裁协议应向仲裁机构申请仲裁为由提出管辖权异议，受诉法院应当依法进行审查。如果仲裁条款、仲裁协议有效，人民法院对该案无管辖权，当事人提出的异议成立，受诉法院依法应当裁定驳回原告的起诉，告知当事人向仲裁机构申请仲裁；如果仲裁条款、仲裁协议无效、失效或者内容不明确无法执行的，只要符合本法第 119 条规定的受理条件，受诉法院就应裁定驳回对管辖权提出的异议。①

【评注】管辖异议和应诉管辖是 2012 年民事诉讼法修订的内容之一。

1. 修改后的民诉法第 127 条规定：人民法院受理案件后，当事人对管辖权有异议的，应当在提交答辩状期间提出。人民法院对当事人提出的异议，应当审查。异议成立的，裁定将案件移送有管辖权的人民法院；异议不成立的，裁定驳回。

当事人未提出管辖异议，并应诉答辩的，视为受诉人民法院有管辖权，但违反级别管辖和专属管辖规定的除外。

2. 比较新旧法律规定，主要体现为编排体例发生变化。

原来关于管辖权异议的规定，是放在 2007 年民诉法第二章管辖中的第三节移送管辖和指定管辖内容中；而新法第 127 条第二款的应诉管辖的规定，原先是放在 2007 民诉的第四编涉外民诉程序的特别规定的第 243 条。现将管辖异议和应诉管辖归为一条二款放入新法中的第十二章“第一审普通程序”中的“审理前的准备”中

① 全国人大常委会法制工作委员会民法室. 2012 年民事诉讼法修改决定条文释解. 中国法制出版社，2012：33，34.

的第 127 条。

3. 修法的考虑：

（1）从整个民事诉讼结构看管辖异议的提出一般是在被告提出答辩状阶段，且主要涉及对当事人异议事项的审查而非法院之间管辖权的分配，因此放入第十二章“第一审普通程序”中的“审理前的准备”更合适。

（2）有关应诉管辖的内容，不应仅仅适用于涉外民事案件的审理，应当作为一项基本的制度在第一审普通程序中加以规定。①

4. 应诉管辖

应诉管辖，学理上也称为默示或拟制的合意管辖。将应诉管辖的适用范围由原来的涉外民事案件扩大到非涉外民事案件，不仅为当事人减少讼累，也为法院管辖赋予正当的法律依据，节省司法资源，体现公正与效率。

根据本条规定，当事人如果在答辩期间未提出管辖异议并应诉答辩的，视为受诉人民法院有管辖权，但违反级别管辖和专属管辖的除外。对于被告的“应诉答辩”，应该包括被告出庭、被告就实体内容进行答辩和陈述、被告提出反诉等活动中未提出对管辖权的异议。

二、管辖恒定

（一）含义

所谓管辖恒定，是指原告起诉时，若受诉法院依照民诉法的规定享有对本案的管辖权，则此后不论确定管辖的事实在诉讼中发生何种变化，均不影响受诉法院对本案所享有的管辖权。②

（二）管辖恒定的分类

管辖恒定包括级别管辖恒定和地域管辖恒定。

级别管辖恒定是指级别管辖按照起诉时的诉讼标的额确定后，不因为诉讼过程中标的额增加或减少而变动。比如当事人在诉讼过程中增加了诉讼请求或为了故意规避有关级别管辖而变动诉讼标的的情况。前者不变动，后者视情况确定。

地域管辖恒定是指地域管辖按照起诉时的标准确定后，不因诉讼过程中确定管辖的因素的变动而改变。比如不受当事人住所地、经常居住地的变更或影响，也不受行政区域变更的影响。

---

① 全国人大常委会法制工作委员会民法室．2012 年民事诉讼法修改决定条文释解．中国法制出版社，2012：32.

② 江伟，肖建国．民事诉讼法．北京：中国人民大学出版社，2013：90.

第五章

民事诉讼主体之当事人

本章知识结构图

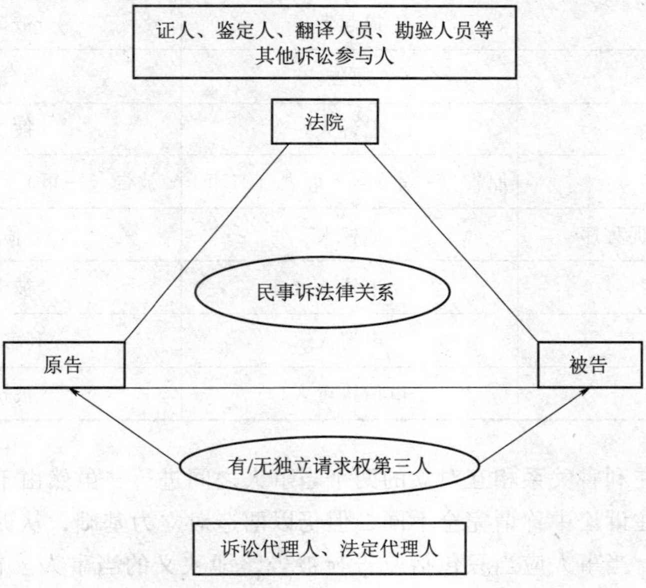

第一节 当事人概述

一、当事人概念

民事诉讼的当事人，是指因民事权利义务发生争议，以自己的名义要求法院行使民事裁判权的人以及相对人，其中主动向法院实施起诉行为的主体为原告，而被动应诉的为被告。民事诉讼原则上即使被告不同意诉讼，仍被要求应诉，学理上将之称为应诉强制或应诉义务。

二、当事人称谓

民事诉讼是在相互对立的双方当事人之间进行，但当事人的称谓依审级或诉讼种类的不同而有所不同：在第一审普通程序和简易程序中，称为原告和被告；在第二审程序中，称为上诉人和被上诉人，其中既包括一审的原告和被告，也包括有独立请求权的第三人和被人民法院判决承担民事责任的无独立请求权的第三人。在特别程序中，称为申请人、债务人等。在审判监督程序中，若适用第一审程序审理，分别称为原审原告、原审被告、原审第三人；若适用第二审程序审理，则分别称为原审上诉人、原审被上诉人、原审第三人；在执行程序中，则称为申请人和被申请人（或申请执行人和被执行人）；在公示催告程序中，被称为申请人和利害关系人；在督促程序和企业法人破产还债程序中，被称为申请人和被申请人。

表格 1　　　　当事人称谓

	提起者	被提起者
一审程序	原告	被告
二审程序	上诉人	被上诉人
再审程序	原告（一审）、上诉人（二审）	被告（一审）、被上诉人（二审）
民事保全、督促程序	债权人	债务人
特别程序	申请人	被申请人
公示催告程序	申请人	利害关系人
执行程序	申请执行人	被执行人

民事诉讼是在利害关系相互对立的两个当事人之间进行，虽然由于审级和诉讼程序的不同，当事人在诉讼中称谓完全不同，但仍以两造对立为基础，从诉讼中直接对抗的当事人结构来讲，当事人应当只包括原告与被告，即狭义的当事人。在通常的诉讼中，要求法院行使民事裁判权对发生争议的民事法律关系进行裁判的人称为原告，而基于原告的起诉行为，被动应诉的诉讼相对人称为被告。与狭义的当事人相对的概念是广义的当事人，即除了原告与被告之外，还包括共同诉讼人、有独立请求权的第三人以及诉讼代表人。当事人称谓的不同，一方面表明了他所处的诉讼程序和阶段的不同，另一方面也表明了他因所处诉讼程序和阶段不同而具有不同的诉讼地位以及与此相应的诉讼权利和义务。

三、双方当事人对立原则

双方当事人对立构造原则是指任何争讼程序中，必须现实地存在处于两造对立地位的当事人，此是诉讼成立的必要条件，即该民事诉讼讼争程序“对立的双方当事人”的结构从原告起诉起至法院裁判确定时止，必须始终存在。

【案例1】 甲、乙两人私自将丁的不动产变卖而处分给丙，不动产的所有人丁诉请法院判决确认甲、丙之间的买卖合同无效。诉讼过程中，丁发现尚有乙未参加诉讼，遂申请法院追加乙为被告，并向法院提出追加诉状，乙收到诉状后，未经审理即因故身亡。此时，诉讼程序如何进行？

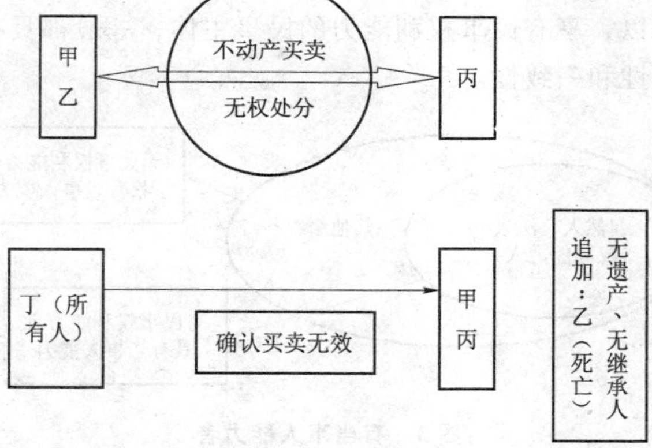

【案例2】 甲、乙两人为父子，因为家产纠纷诉至法院，父甲一审败诉后，不服提起上诉，但上诉以后父甲死亡，继承人正是子乙。该案如何处理？

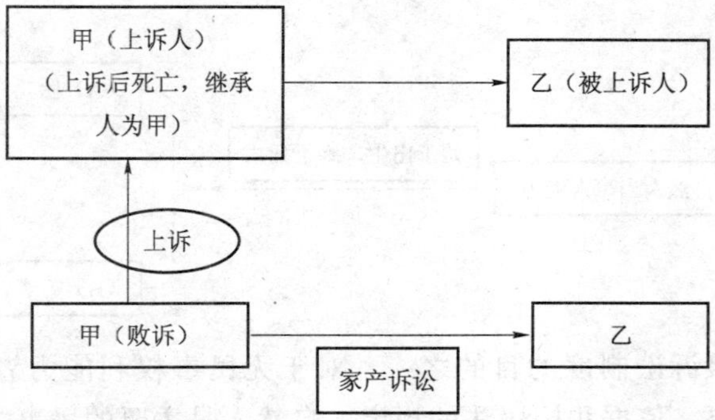

第二节 当事人资格控制

一、诉讼主体一般资格：当事人权利能力

（一）当事人能力概念

当事人能力，又称为诉讼权利能力或诉讼法上的权利能力，是指成为诉讼法律关系主体，享有民事诉讼权利和民事诉讼义务所必需的一般资格。该概念所要解决的问题是“谁可以成为当事人”。只有具备这种资格，当民事权益受到侵害或者与他人发生争议时，民事主体才有资格以自己的名义起诉。当事人能力概念是一个择选当事人的道具性概念，即将那种“纵使法院对其作出本案判决，也不能有效且妥当地解决纠纷”之人从当事人中剔除出去，一旦确定当事人是上述这种人，法院将就此终结审理，以避免

进行无谓的本案审理及裁判。[1] 当事人能力是诉讼要件之一，如果起诉人、应诉人不具备这一能力，法院将驳回起诉。

（二）当事人能力与民事权利能力的关系

当事人能力与民事权利能力二者之间存在对应的关系，民事主体没有当事人能力，法院就无从对其行使审判权。如果有当事人能力而没有民事权利能力，判决的利益或不利益将无从归属。所以，享有民事权利能力的民事主体，一般都具有当事人能力。两者之间具有一定的关联性和一致性。

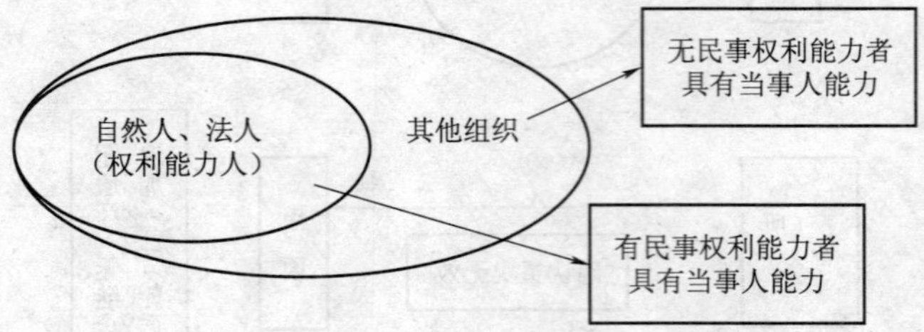

图 3　有当事人能力者

（三）当事人能力判断标准

1. 具有民事权利能力者：自然人与法人

（1）自然人

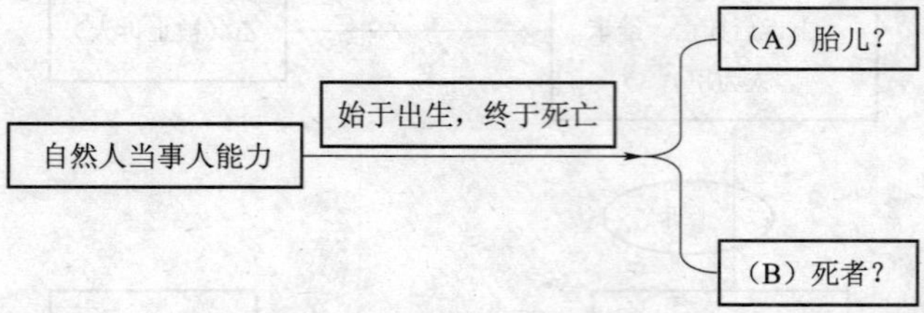

保护私权是民事诉讼制度的目的之一，对于无民事权利能力者，因其不得享受权利，自无保护的必要。依据我国民法的规定，自然人是主要的民事主体之一，凡自然人皆有民事权利能力，其民事权利能力始于出生，终于死亡，因此，在诉讼法上凡属自然人，皆有当事人能力。自然人在民事活动中与他人发生纠纷，都可以作为原告起诉或作为被告应诉，该种诉讼资格始于出生，终于死亡。如果在起诉前当事人已经死亡的，如该人起诉或对之的起诉，均属于欠缺诉讼要件，法院应当以裁定驳回原告的起诉。如起诉后，当事人死亡而丧失当事人能力的，则应依第 150 条的规定中止诉讼程序，由其继承人、遗产管理人或其他依据法律享有续行诉讼程序的人承担诉讼。

【案例讨论 4】甲女怀孕已经八个月，某日，甲女之夫乙不幸在一场车祸中丧生。乙在十八年前曾有外遇，而与丙女生下一子丁，此时丁现身主张其为乙之唯一继承人，随即将乙生前放置于丁住处的大量遗产占为己有，并否认甲女胎儿有任何的继承权。甲女不甘，遂向法院提起诉讼。

---

① ［日］新堂幸司．新民事诉讼法．林剑锋，译．北京：法律出版社，2008：98－99.

思考：1. 本案应以谁为原告？

2. 假设诉讼进行中，甲女流产，该案如何处理？

3. 假设诉讼进行中，胎儿出生，该案如何处理？

4. 假设本案判决确定后胎儿出生而为死产，该案如何处理？

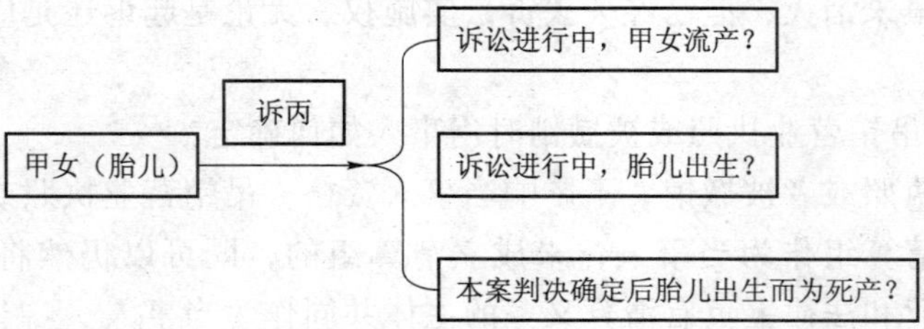

自然人死亡后，其民事权利能力虽然消灭，不再具有民事主体资格，但某些具有人身性质的权利却仍然有保护的必要，如死者的名誉权，死者著作权中的署名权、修改权、保护作品完整权。由于自然人的民事权利能力终于死亡，死者不能再作为诉讼当事人。在需要提起诉讼时，由死者的近亲属作为当事人。①

【司考真题】 1. 甲被生前工作单位申报为革命烈士，某报对甲的事迹进行了宣传。乙四处散布言论贬损甲。对乙的行为，谁可以向法院提起精神损害赔偿诉讼？（2005－3－46，单）

A. 甲生前的工作单位

B. 甲的子女

C. 宣传甲事迹的某报社

D. 批准甲为烈士的某省政府

2. 根据我国民事诉讼法的规定，下列哪些人有资格作为民事诉讼的当事人？（　　）（1998－2－53，多）

A. 精神病患者及10周岁以下的儿童

B. 年满10周岁但未满16周岁的儿童

C. 年满16周岁且有劳动收入的公民

D. 年满18周岁且智力正常的公民

（2）法人

根据我国《民法通则》第36条第2款规定：法人的民事权利能力和民事行为能力，从法人成立时产生，到法人终止时消灭。因此，无论是企业法人、机关法人、事业单位法人还是社会团体法人，在实体法上有权利能力，在诉讼法上即有当事人能力。法人作为当事人，由其法定代表人进行诉讼。法定代表人一般是指法人的正职负责人，如工厂的厂长，公司的董事长等。在没有正职负责人的情况下，则由主持工作的副职负责人担任法定代表人。诉讼过程中，法定代表人发生更换，则由新的法定代表人继续进行诉讼。法定代表人更换不影响诉讼主体的同一性，因而，原法定代表人更换前实施的诉

① 最高法院1990年1月20日《关于侵权人死亡其父母作为监护人能否作为诉讼主体的复函》。

讼行为对新法定代表人有效。

【实务研讨】

【A】法人与清算组织的关系

企业法人的消灭需要先对其债权债务进行清算，然后办理注销登记。进入清算程序后，法人的资格虽未消灭，但已经失去诉讼实施权，无论是起诉还是应诉，都应当由清算组作为当事人。

【B】企业被吊销营业执照或被撤销时当事人如何确定？

企业被吊销执照或者被撤销，不影响当事人资格。吊销营业执照或被撤销后成立清算组的，应当以清算组作为当事人；未成立清算组的，既可以仍然将该企业作为当事人，也可以由企业和法律上负有清算义务的主体共同作为当事人。

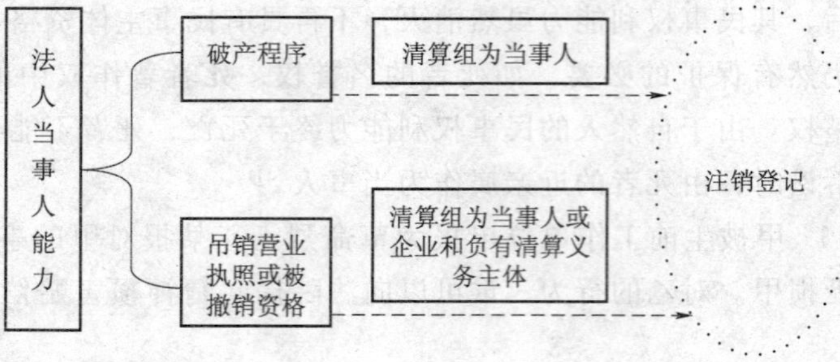

【案例讨论】

甲公司以乙公司侵害其商标专用权为由向法院提起诉讼，案件审理过程中，甲公司被其他债权人申请破产，并被法院宣告进入破产程序，此时，受理商标侵权案的法院以原告已丧失诉讼主体资格为由裁定驳回起诉。

问：法院该做法是否正确？

2. 非民事权利能力者：其他组织

一般认为，其他组织作为当事人须具备下列条件：(1) 有自己的名称；(2) 设有一定的组织结构、代表人或者管理人；(3) 有相对独立的财产。其他组织虽然无民事权利能力，但是在社会生活中，其他组织以自己的名义从事经济活动已成为社会普遍存在的现象，并由此产生各种各样的民事纠纷，民事诉讼法着眼于诉讼上的便利和纠纷的解决，为了方便起诉和应诉，赋予设有负责人的其他组织当事人能力，使其在发生纠纷时能够成为民事诉讼的当事人。需要注意的是，其他组织尽管能够以自己的名义参与民事活动，但他们并不能够独立承担民事责任，其民事责任仍然要由组织的成员来承担或者由法人来承担。

【司法解释】

根据《民诉法意见》第40条规定，具有民事诉讼权利能力的其他组织包括：

有当事人资格的其他组织

名　称	条　件
私营独资企业	依法成立 领取营业执照
合伙型联营企业	同上

续表

名 称	条 件
法人分支机构	同上
中外合作经营企业、外商独资企业	同上
社会团体	民政部门核准、登记、领取社会团体登记证
乡镇、街道、村办企业	核准、登记、领取营业执照
中国人民银行、各专业银行分支机构	
中国人民保险公司分支机构	

【司考提示】

1. 领取营业执照的个体工商户，则以营业执照上登记的业主为当事人；

2. 个人合伙，无论是否起有字号，都不能作为诉讼当事人，而应以全体合伙人在诉讼中为共同诉讼人，注意区别有一定组织机构的合伙企业。(《民诉意见》第40条)

3. 中国人民银行、各专业银行和中国人民保险公司设在各地的分支机构具有当事人能力，但是不具有分支机构条件的下属机构不具有当事人能力，如各营业网点的储蓄所。

【司考真题】

3. 依据我国现行法律的规定及相关诉讼理论，关于当事人诉讼权利能力，下列哪一选项是正确的？(2008 延 -3-48，单)

A. 民事诉讼权利能力都是以民事权利能力为基础的

B. 民事诉讼权利能力都是以民事行为能力为基础的

C. 具有民事诉讼权利能力者在实体上就具有民事权利能力

D. 具有民事诉讼权利能力者在实体上不一定就具有民事权利能力

4. 陈辉因其存于中国工商银行A县支行曲塘储蓄所的5万元存款被人冒领，欲诉诸法院。请帮他确定本案以谁为被告？(2000 卷二，单，13)

A. 曲塘储蓄所　　B. 曲塘储蓄所、A县支行

C. A县支行　　D. 中国工商银行总行

5. 甲公司董事会作出一项决议，部分股东认为该决议违反公司章程，欲通过诉讼请求法院撤销董事会的决议。这些股东应当如何提起诉讼？(2006-3-43，单)

A. 以股东会名义起诉公司　　B. 以公司名义起诉董事会

C. 以股东名义起诉董事会　　D. 以股东名义起诉公司

6. 根据我国民事诉讼法的规定，下列哪些人有资格作为民事诉讼的当事人？(　　)(1998-2-53，多)

A. 精神病患者及10周岁以下的儿童

B. 年满10周岁但未满16周岁的儿童

C. 年满16周岁且有劳动收入的公民

D. 年满18周岁且智力正常的公民

7. 甲乙丙三人合伙开办电脑修理店，店名为“一通电脑行”，依法登记。甲负责对外执行合伙事务。顾客丁进店送修电脑时，被该店修理人员戊的工具碰伤。丁拟向法院起诉。关于本案被告的确定，下列哪一选项是正确的？（　　）（2010－3－40，单）

A. “一通电脑行”为被告

B. 甲为被告

C. 甲乙丙三人为共同被告，并注明“一通电脑行”字号

D. 甲乙丙戊四人为共同被告

（四）当事人能力的调查及其欠缺的效果

民事诉讼两造对立的基本结构，决定了当事人能力为诉讼成立要件之一，此项要件在诉讼系属中必须继续存在。无论诉讼程序进行到何种阶段，法院应随时以职权调查，如果当事人一方于全部诉讼程序始终无当事人能力的，即应以其诉不合法，以裁定驳回。如果诉讼进行中当事人丧失当事人能力的，例如公民死亡或法人合并而消灭，应当裁定中止诉讼程序，先使其继承人、遗产管理人或合并后之法人承受诉讼程序，不得以当事人能力有欠缺终结诉讼。只有在当事人死亡如绝对无人承受诉讼，或其诉讼标的之法律关系不得继承的，才能以裁定终结诉讼。

二、实施诉讼行为之一般资格：民事诉讼行为能力

（一）诉讼行为能力

民事诉讼行为能力，又称诉讼能力，是指当事人可以通过亲自实施诉讼行为，行使诉讼权利和承担诉讼义务的诉讼法上的资格。有诉讼权利能力的主体不一定具有诉讼行为能力。具有诉讼权利能力的当事人，要亲自进行民事诉讼活动，还必须具有诉讼行为能力。没有诉讼行为能力的人，只能通过法定代理人或其委托的诉讼代理人代理进行诉讼活动。

（二）民事诉讼行为能力与民事行为能力的关系

两者从立法的旨趣上来讲都是相同的，即都是为了保护能力欠缺的主体，但是民事诉讼法为保护当事人能为充分之主张与防御，创设的诉讼能力制度，仅分为有诉讼能力与无诉讼能力两种，并无民法上的限制民事行为行为能力人。即只有民法上的完全民事行为能力人才具有民事诉讼行为能力，而无民事行为能力人与限制行为能力人均不具有诉讼行为能力。

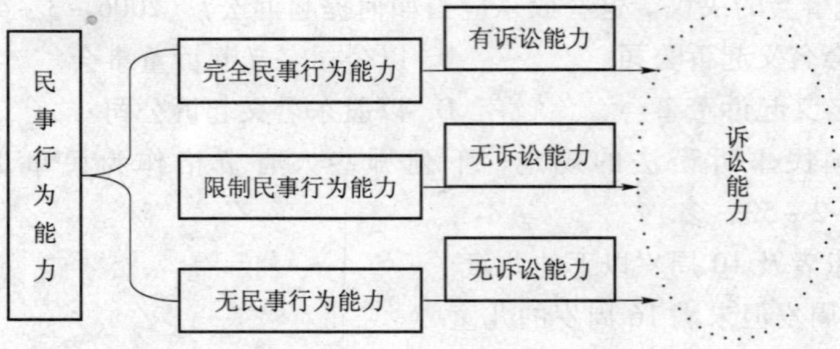

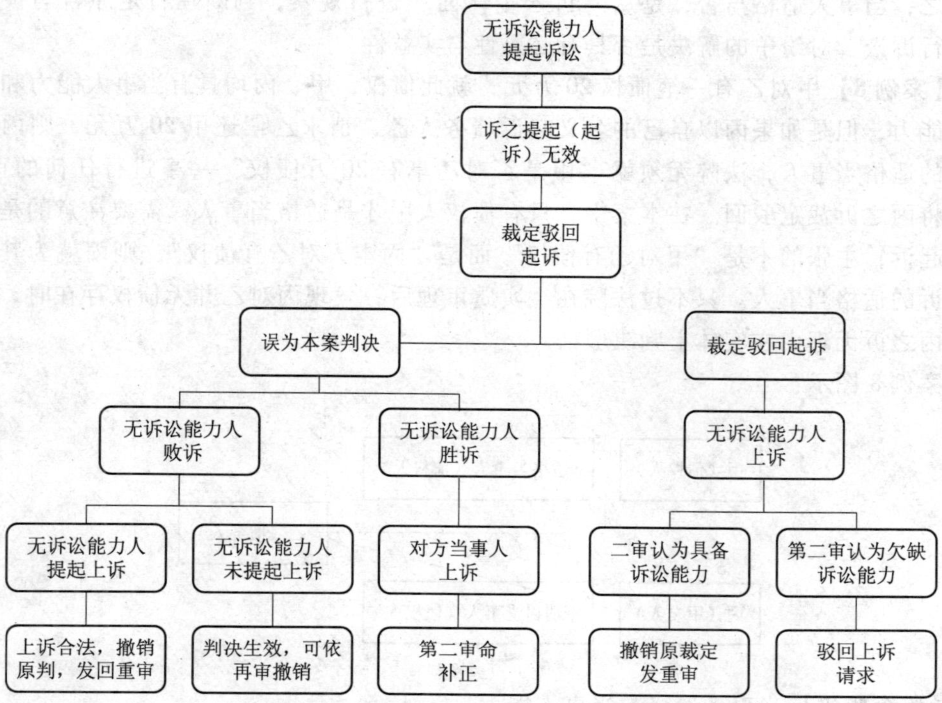

图　无诉讼能力人提起诉讼的处理体系图

【案例讨论 6】

甲起诉时未满 18 周岁，法院受理案件时未发现甲未成年，通知甲参加审前准备程序，待开庭时，甲已成年。

问：(1) 甲在准备程序中实施的交换证据、自认等行为是否有效？

(2) 如果至开庭时，甲仍未成年，法院应当如何处置？

【案例讨论 7】

甲死亡，遗有妻子乙和未成年子女丙、丁，乙并怀孕在身。甲之好友为其组成了治丧委员会，戊为主任委员，己为执行委员。己以治丧委员会名义办理丧事，欠殡仪馆一万元，丧事完毕后并未清偿。

思考：下列情形下诉讼是否合法或实体法上有无理由。

1. 殡仪馆对乙、丙、丁以及胎儿提起请求清偿一万元的债务之诉。

2. 殡仪馆对戊和已提起请求清偿一万元的债务之诉。

四、接受本案判决之资格：当事人适格

(一) 当事人适格的概念

当事人适格，又称为正当当事人，是指在具体的诉讼中，享有诉讼实施权，得以当事人的地位实施诉讼，请求法院为本案判决的资格。

当事人适格概念的核心，在于判断为了使纠纷能够有效且适当地获得解决而应在何人之间进行诉讼？以“何人”为当事人下本案判决，对纷争的解决才是必要而有实益。

换言之，当事人适格与否，是从“诉讼主体面”进行观察，判断在特定原告与被告之间进行诉讼，对纷争的解决是否具有必要性与实益性。

【案例 8】甲对乙有一笔债权 20 万元，就此债权，甲、丙均具有当事人能力和诉讼行为能力，但是如果丙以自己的名义起诉债务人乙，请求乙偿还甲 20 万元，则丙不是本案的适格当事人，法院无须就“甲是否对乙享有 20 万债权”一事进行任何的审理，即可将丙之诉裁定驳回。在本案中，只有债权人甲才是适格当事人。需要注意的是，如果丙起诉，主张的不是“甲对乙有债权”而是“丙本人对乙有债权”，则丙就为其所提起之诉的适格当事人。只不过法院在经实质审理后，发现丙对乙并无债权存在时，法院将以丙之诉无理由在实体上判决驳回。

案例 8 图示：

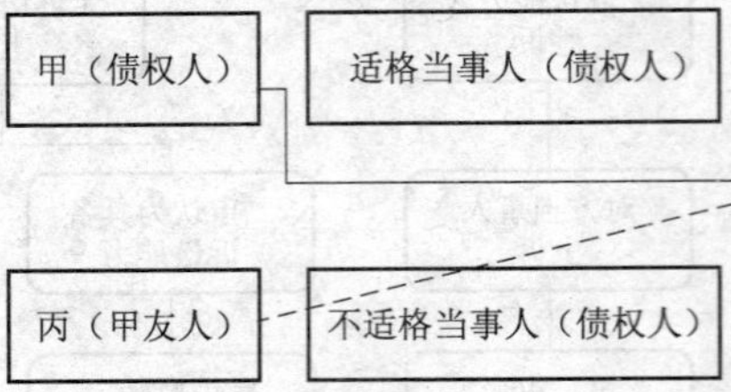

【概念辨析】当事人适格与当事人能力

二者差异的重点在于，当事人能力与作为诉讼标的的权利或法律关系无关，而是一种抽象的、一般性的资格，此项能力的有无，一般由当事人本身的属性决定，某一主体只有具备此资格，才能成为诉讼法上各种权利义务的归属主体；相对而言，当事人适格的概念则是对应于特定的诉讼标的，从与作为诉讼标的的具体权利或法律关系的关联中予以考察的主体资格，是具体的、个别的。换言之，在某一具体的诉讼中，该项资格有无，由当事人与具体诉讼的诉讼标的的关系决定。只有适格当事人实施诉讼权能，才能有效地彻底解决纠纷。

表格 1　　当事人适格与当事人能力区别

	当事人适格	当事人能力
目的不同	在具体个案中，判断该人为当事人对纠纷的解决是否适切和具有实益性。	得为民事诉讼法上当事人的资格
性质不同	诉讼法上权利保护要件	诉讼成立要件
标准不同	就具体诉讼个案中判断，法律无明确规定	立法做统一、划一的设定

（二）当事人适格一般判断标准

1. 一般原则：诉讼标的法律关系主体或实体权利归属主体为适格当事人。

2. 给付之诉：主张有“诉讼标的法律关系”的权利者，为原告适格，而被原告主张负有义务者，即具有被告适格。

3. 确认之诉：对诉讼标的有确认利益者为适格当事人。

确认之诉是就诉讼标的之法律关系或权利是否存在的确认，因此，该种诉的类型当事人适格的判断标准，是确认利益。所谓对诉讼标的有确认利益，是指因作为诉讼标的的法律关系之存否不明确，致使原告在私法上的地位有受侵害的危险，有以判决及时、有效除去的必要性。

举例而言，【案例 9】债务人乙，意图使债权人甲的债权得不到清偿，串通丙，成立多个虚伪债权。乙与丙为串通成立的债权债务主体，甲非为该债权法律关系的主体，但甲诉请确认乙与丙之间的债权债务关系不存在，也为适格当事人。

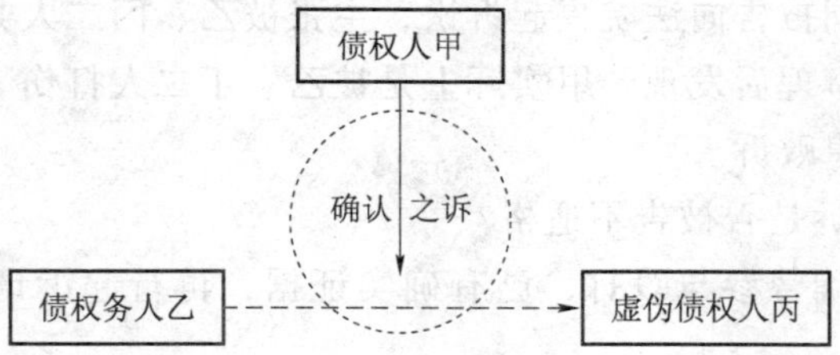

4. 形成之诉：依法律规定，若法律无规定，则依形成法律关系主体及法理决定。

问：若甲、乙均以丙为被告起诉主张返还所偷之物，则何人具有原告适格？

（三）当事人适格扩张：诉讼担当

诉讼担当是指第三人替代系争法律关系的主体，以自己的名义进行诉讼，且其所受判决的效力也及于该诉讼标的的法律关系主体。诉讼担当最大的特征在于，诉讼标的法律关系归属主体与诉讼上有诉讼实施权的主体发生分离。在此种意义上，可以说实体权利义务的主体未必是诉讼上之当事人。

诉讼担当人不同于诉讼代理人，因为诉讼代理人是以当事人（被代理人）的名义进行诉讼，而诉讼担当人则是以自己的名义进行诉讼，而非被担当人的名义。

诉讼担当在学说上，依诉讼实施权授予他人的原因，可分为法定诉讼担当与意定诉讼担当两种类型，前者担当的基础是法律规定，而后者担当的基础是当事人的意思，即权利义务主体将诉讼实施权授权于他人，由该被授权人以自己的名义对授权人的权利义务展开诉讼。

表格 2　　　　法定诉讼担当之类型与效果简表

	当事人型：为诉讼担当者本身利益或其所代表之人利益	第三人型：为实体权利义务归属主体利益
法定诉讼担当（依诉讼担当人进行诉讼的目的）	代位诉讼之债权人	破产清算组、破产管理人
	撤销权诉讼之债权人	遗嘱执行人
	不动产强制管理之管理人	遗产管理人
	回复共有物之对外请求权	失踪人之财产管理人
	不可分债权之对外请求权	保护胎儿继承利益之母亲、保护死者名誉权/著作权利益的近亲属

续表

	当事人型：为诉讼担当者本身利益或其所代表之人利益	第三人型：为实体权利义务归属主体利益
诉讼担当之效果	实质当事人不得于诉讼结束后，再行起诉	
	实质当事人受判决效力约束	
	实质当事人非当事人，可作为证人或无独立请求权第三人参加诉讼	

【案例讨论 11】

甲以乙、丙为共同被告向法院提起诉讼，主张被乙、丙二人共同殴伤，诉请乙、丙二人赔偿损害。法院审理后发现，甲实际上是被乙、丁二人打伤。故就丙赔偿部分，以被告不适格为由，判甲败诉。

问：1. 甲对丙之诉是否被告不适格？

2. 甲主张丙当时确曾参与殴打，已有确实证据，再行起诉请求丙赔偿，法院应如何裁判？

【司考真题】

8. 非实体权利义务主体成为民事诉讼当事人须有法律的特别规定。下列哪些主体依法可以成为民事诉讼当事人？（2003－3－72，多）

A. 公司清算过程中的清算组织

B. 失踪人的财产代管人

C. 遗产管理人或遗嘱执行人

D. 为保护死者名誉权而提起诉讼的死者的近亲属

9. 关于当事人适格的表述，下列哪一选项是错误的？（2008－3－44，单）

A. 当事人诉讼权利能力是作为抽象的诉讼当事人的资格，它与具体的诉讼没有直接的联系；当事人适格是作为具体的诉讼当事人资格，是针对具体的诉讼而言的

B. 一般来讲，应当以当事人是否是所争议的民事法律关系的主体，作为判断当事人适格标准，但在某些例外情况下，非民事法律关系或民事权利主体，也可以作为适格当事人

C. 清算组织、遗产管理人、遗嘱执行人是适格的当事人，原因在于根据权利主体意思或法律规定对他人的民事法律关系享有管理权

D. 检察院就生效民事判决提起抗诉，抗诉的检察院是适格的当事人

10. 关于当事人能力与当事人适格的概念，下列哪些表述是正确的？（2012－3－81，多）

A. 当事人能力又称当事人诉讼权利能力，当事人适格又称正当当事人

B. 有当事人能力的人一定是适格当事人

C. 适格当事人一定具有当事人能力

D. 当事人能力与当事人适格均由法律明确加以规定

第三节　当事人的变更

当事人变更，是指在诉讼过程中，原来的当事人变更为新当事人的一种诉讼活动。当事人变更分为法定的当事人变更和任意的当事人变更两种类型。

一、诉讼承担：法定的当事人变更

诉讼承担也被称为诉讼权利义务承担，是指在诉讼进行过程中，因发生了法定事由，一方当事人将其诉讼权利义务转移给案外人，由该案外人作为当事人继续诉讼。究其实质，诉讼承担是当事人地位的承担。

诉讼承担是根据法律的规定发生的当事人变动，因此，这种情形可称之为法定的当事人变更。根据法律规定，发生诉讼承担的事由主要有以下几种：

1. 在诉讼过程中，非人身关系诉讼的当事人死亡。

2. 法人或其他组织分立、合并。

3. 作为诉讼当事人的法人或者其他组织解散、依法被撤销或宣告破产。

诉讼承担的法律后果是：承担诉讼的新当事人继续原当事人已经开始的诉讼，诉讼程序继续进行而不是重新开始，原当事人所进行的一切诉讼行为，对新当事人都发生效力。

二、非正当当事人更换：任意的当事人变更

非正当当事人更换是指在诉讼过程中，人民法院将不适格当事人更换为适格当事人的制度。

我国现行《民事诉讼法》没有关于当事人更换的规定，但无论理论的研究中还是司法实践中都承认当事人变更的必要性。通常的处理方法是：

原告不适格的，人民法院通知更换原告，原告不愿退出诉讼的，判决驳回原告的诉讼请求；如果诉讼外的适格原告不愿意参加诉讼的，法院应当裁定终结诉讼。

被告不适格的，人民法院应通知更换，原告不同意更换被告的，应判决驳回其诉讼请求；更换被告后，适格的被告应当参加诉讼，如果经人民法院两次传唤，无正当理由拒不到庭的，可以依法拘传或缺席判决。

总之，法院更换当事人应当受控诉方（原告）的处分权的制约。如果控诉人没有申请或者没有同意，法院就不能强行更换当事人，否则，就会违背处分原则的精神。更换当事人的后果是：更换当事人后，诉讼应当重新开始，原当事人的诉讼行为对更换后的当事人不发生效力。

【司考真题】

11. 三合公司诉两江公司合同纠纷一案，经法院审理后判决两江公司败诉。此后，两江公司与海大公司合并成立了大江公司。在对两江公司财务进行审核时，发现了一份对前述案件事实认定极为重要的证据。关于该案的再审，下列哪一说法是正确的？（　　）（2011－3－45，单）

A. 应当由两江公司申请再审并参加诉讼

B. 应当由海大公司申请再审并参加诉讼

C. 应当由大江公司申请再审并参加诉讼

D. 应当由两江公司申请再审，但必须由大江公司参加诉讼

12. 2010 年 7 月，甲公司不服 A 市 B 区法院对其与乙公司买卖合同纠纷的判决，上诉至 A 市中级法院，A 市中级法院经审理维持原判决。2011 年 3 月，甲公司与丙公司合并为丁公司。之后，丁公司法律顾问在复查原甲公司的相关材料时，发现上述案件具备申请再审的法定事由。关于该案件的再审，下列哪一说法是正确的？（2012－3－45，单）

A. 应由甲公司向法院申请再审

B. 应由甲公司与丙公司共同向法院申请再审

C. 应由丁公司向法院申请再审

D. 应由丁公司以案外人身份向法院申请再审

13. 关于当事人能力和正当当事人的表述，下列哪一选项是正确的？（2013－3－38，单）

A. 一般而言，应以当事人是否对诉讼标的有确认利益，作为判断当事人适格与否的标准

B. 一般而言，诉讼标的的主体即是本案的正当当事人

C. 未成年人均不具有诉讼行为能力

D. 破产企业清算组对破产企业财产享有管理权，可以该企业的名义起诉或应诉

【本章小结】

当事人是民事诉讼主体之一，当事人的概念经历了从实体当事人到程序当事人的演变。当事人能力、当事人诉讼行为能力、程序当事人以及当事人适格等概念是当事人理论的基本知识，须重点掌握，并理解相关概念之间的区别与联系。通常情况下，系争的民事法律关系主体为适格当事人，仅在特殊情形下，非民事法律关系主体才能成为案件的当事人，即诉讼担当。如果出现起诉时确定的程序当事人并非本案的正当当事人的情况，需要进行当事人变更，让更有利于纠纷解决的适格当事人参加诉讼。当事人在诉讼过程中亲自实施诉讼行为进行诉讼攻击与防御，必须要有诉讼行为能力，若当事人能力欠缺而进行诉讼时，则应由法定代理人补足。

【考研重点提示】

1. 如何理解当事人适格的判断标准？

2. 试述当事人能力、程序当事人、当事人适格的联系与区别。

3. 如何理解当事人能力与民事权利能力的关系？

4. 确定当事人有何意义？

【知识拓展文献】

1. 肖建华：《民事诉讼当事人研究》，中国政法大学出版社 2005 年版。

2. ［日］高桥宏志：《民事诉讼制度与理论的深层分析》，林剑锋译，法律出版社 2003 年版

3. 王甲乙等：《当事人适格之扩张与界限》，载《民事诉讼法研讨（六）》，台北：民事诉讼法研究基金会1997年版，第3－96页。

【参考答案与解析】

1. B。解析：根据《最高人民法院关于确定民事侵权精神损害赔偿责任若干问题的解释》第3条，自然人死亡后，其近亲属因下列侵权行为遭受精神痛苦的，向人民法院起诉请求赔偿精神损害的，人民法院应当依法予以处理：（一）以侮辱、诽谤、贬损、丑化或者违反社会公共利益、社会公德的其他方式，侵害死者姓名、肖像、名誉、荣誉；（二）非法披露、利用死者隐私，或者以违反社会公共利益、社会公德的其他方式侵害死者隐私；（三）非法利用、损害遗体、遗骨，或者以违反社会公共利益、社会公德的其他方式侵害遗体、遗骨。因此，对乙贬损革命烈士甲的侵权行为，能够提起精神损害赔偿诉讼的适格当事人是甲的近亲属。选项B是正确选项。选项A、C、D不符合《最高人民法院关于确定民事侵权精神损害赔偿责任若干问题的解释》第三条的规定，是错误选项。

2. ABCD。解析：该题是一道考查当事人诉讼权利能力的理论型试题，凡是有诉讼权利能力的人就有资格成为民事诉讼的当事人。

3. B. 选项A错误，其他组织没有民事权利能力，当时有民事诉讼权利能力；选项B，错误，诉讼权利能力与民事行为能力无关，如精神病人与未成年人，虽不具有民事行为能力，但都具有诉讼权利能力；选项C，错误，其他组织为反例。

4. C。正确解答本题的关键在于对民事诉讼中可以独立作为当事人的其他组织的理解，根据最高人民法院《若干意见》第40条规定，本题中，涉及中国工商银行A县支行曲塘储蓄所，因此，A县支行是可以独立作为当事人的其他组织的。

5. D，该题的关键有两点：一是哪些主体具有当事人能力。二是正确区分股东直接诉讼与股东派生诉讼。本案是股东为维护自身利益而提起的股东直接诉讼，原告应当是股东，被告应当是对其造成损害的公司。所以，D为正确选项。而A选项中股东会不具有当事人能力而不能作为原告起诉；C选项中董事会不能作为被告应诉。

此外，根据《公司法》第22条第2款规定，股东会或者股东大会、董事会的会议召集程序、表决方式违反法律、行政法规或者公司章程，或者决议内容违反公司章程的，股东可以自决议作出之日起六十日内，请求人民法院撤销。因此股东可以以自己的名义起诉要求撤销董事会决议。董事会是公司的执行机关，不具有诉讼主体资格，因此股东起诉时应该以公司为被告。因此本题选D是正确的。

6. ABCD。该题是一道考查当事人诉讼权利能力的理论型试题，凡是有诉讼权利能力的人就有资格成为民事诉讼的当事人。注意区分诉讼权利能力不同于受年龄与智力状况影响的诉讼行为能力。

7. C。本题关键在于“一通电脑行”究竟是个人合伙还是合伙企业。二者区别在于，合伙企业必须以书面协议方式成立；有合伙人交付出资形成合伙独立的财产；有一定的组织机构；领取营业执照。对于合伙企业，根据《民诉意见》第40条的规定，应当以合伙企业作为当事人。但是，本题中，甲乙丙三人合伙开办“一通电脑行”，除了有三个合伙人及经过登记外，没有其他关于合伙成立方面的内容，完全不具备合伙企业要求的条件，应认为是更具有临时性成立要求的个人合伙，因此，根据《民诉意见》第47条规定，个人合伙的全体合伙人在诉讼中为共同诉讼人。个人合伙有依法核准登记的字号的，应在法律文书中注明登记的字号。全体合伙人可以推选代表人；被推选的代表人，应由全体合伙人出具推选书。据此可知，本题应以甲乙丙三人为共同被告，并注明“一通电脑行”字号。

8. ABCD。在民事诉讼中，实体权利义务主体均可以作为诉讼中的当事人，但是，为了诉讼得便利，特殊的非实体权利义务主体也可以作为民事诉讼当事人，主要包括：清算组织、失踪人的财产代管人、遗产管理人或遗嘱执行人、为保护死者名誉权等提起诉讼的死者近亲属、其他组织。

9. D. 在再审程序中，检察院参加诉讼是基于国家所赋予的对民事案件的检察监督权，同时也只是派员出席法庭，与案件本身没有实际关联性，法律也没有规定其可以成为再审程序中的当事人。

10. AC。

11. C. 根据《民诉意见》第50条规定，企业法人合并的，因合并前民事活动发生的纠纷，以分立后的企业为共同诉讼人。本题中，合并前的两江公司与三合公司发生了民事纠纷，此后，两江公司与海大公司合并成立了大江公司，因此，如果再审应当由合并后的大江公司作为当事人。《审监程序解释》第41条规定，民事再审案件当事人死亡或终止的，其权利义务承受人可以申请再审并参加再审诉讼。

12. C。

13. B。一般而言，对于确认之诉而言，应以当事人是否对诉讼标的有确认利益，作为判断当事人适格与否的标准，对于给付之诉当事人是否适格的标准是其是否为争议法律关系的主体；形成之诉的基础一般以法律的规定为标准。故A项错误；根据《民法通则》第十一条第二款规定：“16周岁以上不满18周岁的公民，以自己的劳动收入为主要生活来源的，视为完全民事行为能力人。”因此，在此种情况下，当事人虽然是未成年人，但是已具有诉讼行为能力，故C错；破产企业清算组对破产企业财产享有管理权，因此，应当以该破产清算组的名义起诉或应诉，此种情形，为法定的诉讼担当。

【本章案例剖析】

【案例剖析1】诉讼过程中被告乙死亡，当事人能力即行丧失，无对立的当事人，法院应当裁定中止丁与乙之间的诉讼程序，该诉讼中止的裁定效力不及于甲、丙之间的诉讼程序，丁与甲、丙之间的诉讼仍继续进行。法院中止诉讼程序，应当查明乙是否有遗产或者其他应当承担义务的人，或者等待继承人表明是否参加诉讼。如果被告乙没有遗产、也没有应当承担义务的人或者法定继承人在中止诉讼满六个月内不参加诉讼的，应以诉不合法为由裁定驳回丁对乙的诉请，终结诉讼程序。该裁判的法理依据是乙丧失了当事人能力，丁的追加起诉由于欠缺诉讼要件而变得不合法。参见《民事诉讼法》第136条、第137条；《最高人民法院关于上诉人在第二审人民法院审理期间死亡如何处理问题的批复》（1991年2月11日［90］民他字第43号）

【案例剖析2】该案不同于案例1之处在于，该案中，乙已经上诉，而且法院已经受理了上诉人的诉讼，因此，不能按照案例1的处理方法，以起诉时欠缺当事人能力为由，通过驳回起诉的方式，终结诉讼程序。但是，当事人一方已经死亡，除对方当事人之外，再无其他合法继承人，则其所提起的上诉，自因无对立当事人而不能存续，应裁定终结诉讼程序，毋用裁判。

【案例剖析3】

（一）诸说中，表示说及规范分类说所立标准明确，且诉讼前阶段确仅能依起诉状而决定诉讼当事人及书状送达对象，故以此二说较为可行。本例中，起诉状记载原告为X1，被告为Y2，故原则上应以X1及Y2为诉讼当事人，法院应向Y2送达起诉状。

（二）法院向Y2送达起诉状后，开庭时始终由Y1出庭答辩，且纷争亦的确发生于X1、X2与Y1间，Y1是以当事人之意思参与诉讼并享有程序保障，故从评价规范之观点，应认Y1为诉讼当事人，法院判明Y1假借Y2名义应讯后，得将被告由Y2改列为Y1，并阐明令X1更正声明为请求Y1赔偿，而毋庸由X1另行起诉向Y1求偿，以维诉讼经济、程序安定及X1之时效利益等。

（三）X1于起诉状自列为原告，请求Y2赔偿X2五十万元，此主张是基于X2对Y2的侵权损害赔偿请求权主张为诉讼标的，又X2虽是胎儿，但是根据我国《民法通则》，并未赋予胎儿民事主体资格，对于其可享受之利益，X2无当事人能力，若X1之真意乃在以法定诉讼担当人之身份请求Y2赔偿X2五十万元，经法院阐明后，X1得可请求Y2给付X2五十万元。

【案例剖析4】

1. 本案应以甲女为原告。

自然人的民事权利能力开始于出生，出生前的胎儿尚未成为法律上的人，胎儿本身不具有民事权利能力，但是法律为了保护胎儿的某种特殊的利益，在立法上也做了一些特殊的规定，当这些特殊的利益受到侵害的时候，由其母亲行使诉讼实施权，通过法定诉讼担当制度，以自己的名义，提起或参加诉讼。

2. 法院应当驳回原告之诉。

胎儿享有的胎儿财产利益，是以将来非死产为限。本案原告进行诉讼的基础是其对该未出生胎儿所享有的胎儿保留份的财产利益的管理权，如果甲女在诉讼过程中流产，甲女诉请保护的胎儿保留份利益也就没有了诉讼保护的必要。甲女也就失去了维护该胎儿利益的原告资格，该种情况下，法院应当以当事人能力欠缺为由驳回原告的起诉。

3. 出生的胎儿变更为当事人，更正当事人姓名，其父母为新生儿的法定代理人，代理新生儿实施诉讼。如果胎儿出生为双胞胎或多胞胎，则更正当事人为二人或多人。

胎儿出生，获得独立的生命体，获得民事权利能力，也就具有了诉讼权利能力，所以被告对原来胎儿保留份利益的侵害也是对现在新生儿继承权的侵害，所以，该新生儿应作为原告，其母亲为法定代理人代理其实施诉讼行为。

4. 判决不发生效力

如果胎儿为死产，那么因诉讼而得的利益，将溯及既往地丧失。按照我国《继承法》第28条的规定："胎儿出生时是死体的，保留的份额按法定继承办理"，因此，该种情况下，判决所确定的利益归属在实体法上无法实现。裁判不发生法律上的效力。

【案例剖析5】

甲公司在诉讼过程中被宣告破产，但是其民事主体资格并未因此而消灭，法院以此为理由驳回甲公司的起诉是不正确的。该案应当中止诉讼，而由破产清算组承担诉讼。

【案例剖析6】

甲在准备程序中实施的诉讼行为无效，但开庭审理时，甲已成年，具备了诉讼能力，如果对其在准备程序中实施的行为予以追认，就应当认为有效。如直至开庭时甲仍未成年，法院应通知甲的法定代理人参加诉讼。甲在准备程序实施的诉讼行为亦不能产生效力。（提示：我国民诉法并未规定无诉讼能力人实施的诉讼行为能够因法定代理人的追认而补正，从法解释学的角度来讲，可采用由法院命令限期补正的方法）

【案例剖析7】

1. 殡仪馆对乙、未成年子女丙、丁之诉在实体法上无理由。殡仪馆起诉乙之胎儿，诉不合法。

本案中，乙、丙、丁为甲之法定继承人，自继承开始时即承受被继承人财产上的一切权利义务。因此，殡仪馆以其为被告，在诉讼要件上并无问题，但是该一万元之债务，并非甲生前的负债，并且与殡仪馆缔结丧葬服务合同的，并非乙、丙、丁，而是甲之好友己以治丧委员会的名义与殡仪馆订立合同。因此，殡仪馆诉请乙、丙、丁清偿一万元债务，在实体法上无理由。

在我国法上，胎儿并无当事人能力，仅在继承过程中，其继承保留份利益受到侵害时，由其母亲作为诉讼担当人，进行诉讼。因此，殡仪馆对无当事人能力之人提起诉讼，为诉不合法，应裁定驳回起诉。

2. 殡仪馆对戊的起诉无实体法上之理由，对己起诉为正确。

据我国《民诉意见》只有符合一定条件的非法人组织，才具有当事人能力，本案中，治丧委员会并非法人，仅仅是为办理丧事的临时性的组织，并无独立财产和存在的继续性，因此，并无当事人能力。此时，债权人应以直接与其发生交易行为的自然人为被告，戊虽然为治丧委员会主任委员，但没有与其直接发生交易行为，而是己以治丧委员会的名义与殡仪馆进行交易。因此，本案殡仪馆以戊为被告在诉讼要件上并没有问题，但是戊在实体法上并不负有清偿债务的义务，法院应以诉无理由驳回其诉讼请求。

己为治丧委员会执行委员，以治丧委员会的名义与殡仪馆进行交易，但是治丧委员会并非为实体法上的权利义务主体，在诉讼上也没有当事人能力，因此，此一交易行为的实体法上的权利义务应归属于己。殡仪馆以己为被告提起诉讼，在实体法上有理由。

【案例剖析11】

1. 甲对丙之诉被告适格

在给付之诉中，就争议的给付法律关系而言，主张自己有给付请求权的人，即有原告适格，被主张在系争法律关系中，负有给付义务的人即有被告适格。然而，是否为给付受领权人，以及是否为给付义务人，有待本案审理的结果才能知道。因此，对作为本案判决之前提要件的当事人适格的判断，是以原告起诉时，主张的事实作为判断标准，只要是原告主张的系争法律关系主体，就为适格当事人，而并非以法院判决的结果加以判断。

本案中，原告甲起诉主张被告丙应负担损害赔偿责任，若法院查明丙从未有侵权行为，此时应认为原告甲对于乙并无请求权，法院应以诉无理由判决驳回原告之诉，而非以当事人不适格。

2. 甲对丙的另行起诉，法院应进行实体上的判决

前法院就丙部分与被告不适格为由判决甲败诉。此种判决驳回，属于诉讼判决，并非为对二者间实体法律关系进行实质审理后作出的实体判决，因此，没有既判力。诉讼合法要件若具备，法院应进一步进行实体上的判决。

第六章

当事人之诉讼代理

第一节　诉讼代理人概述

一、诉讼上代理人的概念和特征

诉讼代理人，是指根据法律规定或当事人的委托，以当事人的名义，代理当事人进行民事诉讼的人。具体而言，诉讼代理人具有以下几个特征：

1. 以被代理人的名义实施诉讼行为。民事诉讼发生在双方当事人之间，诉讼代理人参与诉讼的目的是维护所代理的当事人的利益，辅助当事人进行诉讼；

2. 具有诉讼能力。代理人若欠缺诉讼能力，则无法实施有效的诉讼行为，也就无法履行代理当事人实施诉讼行为的职责；

3. 在代理权限范围内实施诉讼行为。诉讼代理人的行为受到代理权限的限制，超越代理权限范围，代理行为是无效行为，不能产生诉讼上的效果；

4. 诉讼代理行为的法律后果由被代理人承担。但是如果诉讼代理人实施了妨害民事诉讼的行为，由于该行为非代理权内的行为，因此，应由诉讼代理人承担由此产生的诉讼法上的后果。如诉讼代理人实施了伪造、毁灭重要证据行为，妨碍了人民法院审理案件的，则应由该诉讼代理人承担因其实施的妨害民事诉讼行为引起的法律后果。

二、诉讼上代理人的分类

分类依据：代理权限的获得方式

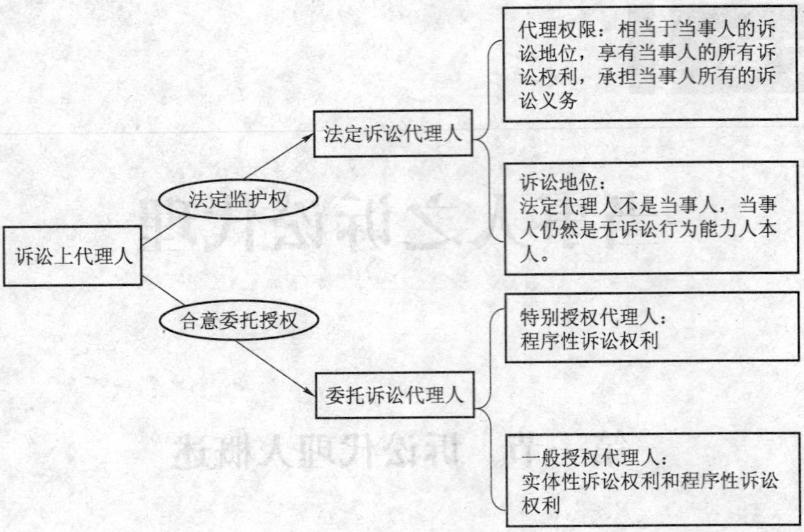

诉讼上代理人的种类

第二节　法定代理人

一、法定诉讼代理人的概念及确定

法定代理人是指，依据法律规定获得代理权，代理无诉讼能力的当事人实施诉讼行为的人。

特征：

(1) 法定代理人代理权的取得，不是基于当事人的委托，而是根据法律的直接规定。如《民诉法》第57条规定，无诉讼行为能力人由他的监护人作为法定代理人代为诉讼。

(2) 被代理人只限于无民事行为能力或限制民事行为能力人。

法定诉讼代理人的被代理人，只限于无民事行为能力的人或限制民事行为能力的人。法定代理人的范围一般与其监护人范围一致。代理权限的取得具体包括两方面：一是依据实体法律规定取得监护权，如父母基于子女出生而取得监护权，基于婚姻关系，配偶一方取得对丧失行为能力对方的监护权等；二是依据《民事诉讼法》第57条规定，享有监护权的人取得无诉讼行为能力人的法定代理权。

通常情况下，无诉讼行为能力的当事人的法定诉讼代理人从以下几个方面确定：

A. 无诉讼行为能力的当事人的监护人是他的法定代理人。

B. 多位监护人之间互相推诿，由人民法院指定其中一人代为诉讼。

C. 事先没有确定监护人的，可由有资格的人协商，协商不成，由法院指定

二、法定诉讼代理人的代理权限

法定诉讼代理是一种全权代理。法定代理人无须被代理人的授权即可自由处分诉讼权利和实体权利。

【司考提示】

1. 法定诉讼代理人的代理权限涵盖了被代理人的所有权利和义务，但是在诉讼过程中，被代理的无诉讼行为能力的人是当事人，其监护人作为法定代理人代为实施诉讼行为。

2. 追索抚养费案件，法定代理人死亡并不会导致诉讼终结。法院应当裁定中止诉讼，等待确立新的法定代理人。

三、法定诉讼代理权的消灭

法定诉讼代理人的诉讼代理权来源于其监护人的身份，是监护权的权能之一。被监护人的民事争议发生前，诉讼代理权便存在于监护权之中，发生争议需要诉讼时，监护人即可行使此权利。

法定诉讼代理人的代理权因监护权的消灭而消灭。

1. 无诉讼行为能力的被代理人具有或恢复了诉讼行为能力；
2. 法定诉讼代理人本人丧失了诉讼行为能力；
3. 基于收养或婚姻关系而发生的监护权，因收养或婚姻关系被解除，而导致法定诉讼代理权消灭；
4. 法定诉讼代理人或被代理人死亡；
5. 诉讼结束；
6. 其他导致法定诉讼代理权消灭的情况。

在诉讼过程中，如果法定诉讼代理人的监护权消灭，应当及时将法定诉讼代理权消灭的事实告知法院，并退出诉讼。但在被监护人死亡的情况下，如果法定代理人不知其死亡，而继续实施诉讼行为，则应当认为诉讼行为依然有效。如果为了被监护人的继承人的利益需要继续进行诉讼的，也应当允许原来的法定诉讼代理人继续进行诉讼。

第三节 委托诉讼代理人

一、委托诉讼代理人的概念

委托诉讼代理人是指，受诉讼当事人或法定代理人的委托，以当事人的名义代为实施诉讼行为的人。

特征：

1. 诉讼代理权的发生是基于当事人的委托；
2. 诉讼代理的权限范围和代理事项由被代理人决定；

3. 委托诉讼代理人必须是具有诉讼行为能力的人。

二、代理权的产生

委托诉讼代理权是基于当事人、法定代表人、法定代理人的授权委托而产生。

委托诉讼代理人的范围

委托诉讼代理人的范围

可作代理人主体	不可作代理人主体
1. 律师，基层法律服务工作者　2. 当事人的近亲属或工作人员　3. 当事人所在社区、单位以及有关社会团体推荐的公民	1. 无民事行为能力人　2. 限制民事行为能力人　3. 可能损害被代理人利益的人　4. 人民法院认为不宜作诉讼代理人的人。

（一）委托诉讼代理人的法定程序

（1）开庭审理前向法院提交授权委托书。当事人必须在开庭审理前向人民法院递交由当事人签名或者盖章的授权委托书。

（2）授权委托书必须记明委托事项和权限。代为承认、放弃、变更诉讼请求，进行和解，提起反诉或者上诉，必须由委托人的特别授权。

（3）侨居在国外中国公民从国外寄交或者托交的授权委托书："一馆二转三证明"

侨居在国外的中华人民共和国公民从国外寄交或者托交的授权委托书，必须经中华人民共和国驻该国的使领馆证明；没有使领馆的，由与中华人民共和国有外交关系的第三国驻该国的使领馆证明，再转由中华人民共和国驻该第三国使领馆证明，或者由当地的爱国华侨团体证明。

无住所的外国人授权委托书：公证 + 认证 或者条约规定。

（二）委托诉讼代理权限

委托诉讼代理人只能在被代理人授权的范围内实施诉讼代理行为。依据当事人授权范围不同可分为一般代理和特别代理。

一般代理是指，代理人只能代理当事人实施程序性或与实体权利关系不太密切的一般性诉讼权利，如申请回避、提出管辖权异议、申请复议、陈述案情、提供证据、进行质证和辩论等。

特别代理指被代理人对涉及自己的实体权利的处分事项专门、明确地授予诉讼代理人特别权限。即代理人除了可以实施一般性的诉讼权利之外，还可以代为承认、放弃或变更诉讼请求、进行和解、提起反诉或者上诉。在诉讼过程中，如果是特别代理授权，则在授权委托书中必须明确特别授权的范围（代为承认、放弃、变更诉讼请求，进行和解，提起反诉或者上诉）。

【司考提示：全权代理问题】

如果授权委托书中仅写全权代理而无具体授权，只能理解为一般代理，诉讼代理人无权代为承认、放弃、变更诉讼请求，进行和解，提起反诉或者上诉。

（三）委托诉讼代理权的消灭

委托代理权基于当事人的授权委托而产生，当授权委托合同关系消失时，委托代理权即随之消灭。

代理权消灭具体情形包括：（1）诉讼终结；（2）诉讼代理人辞去委托或被代理人解除委托；（3）诉讼代理人死亡或者丧失诉讼行为能力；（4）作为被代理人的法人解散等。当事人委托代理人后，本人可以出庭参加诉讼，也可以不再出庭参加诉讼。

【司考提示】

离婚案件代理的例外：（1）在离婚诉讼中，即使有委托诉讼代理人，本人仍然需要出庭诉讼。（2）如果确因特殊情况不能出庭的，必须要向法院提交书面意见。（3）本人不能表达意思，不需要出庭诉讼，但他的法定代理人应当到庭。

【概念辨析】诉讼担当与诉讼上代理人

	第三人之诉讼担当	诉讼上之代理人
概念	第三人为实质利益归属主体，即通常是适格当事人争议的诉讼标的权利或法律关系归属者。第三人在诉讼上处于适格当事人的地位。	以当事人的名义，表示其为当事人的代理人，由其代当事人实施诉讼行为。
种类	法定的诉讼担当 任意的诉讼担当	法定诉讼代理人 委托诉讼代理人
旨趣	即使非权利义务的归属主体，如第三人对该权利义务关系有管理处分权，赋予该第三人有诉讼实施权，对其判决，达到解决纷争的目的（法定的诉讼担当）； 依当事人的意思，使担当人有诉讼实施权，为被担当人而为当事人，并判决效力及于被担当人，对担当人及被担当人言，俱属便宜。（任意的诉讼担当）	补足诉讼能力之欠缺，藉以保护无诉讼能力的当事人。（法定代理人） 即使具备诉讼能力，亦得使他人积极的代己从事诉讼活动，藉以扩大自己的活动，以补自己时间及诉讼知识的不足。（诉讼代理人）
共通点	关于他人的权利关系，例外地得实施诉讼行为。	
相异点	是本案当事人（形式的当事人）	仅为本案当事人的代理人

【司考真题】

1. 关于法定诉讼代理人，下列哪些认识是正确的？（2011－3－82，多）

A. 代理权的取得不是根据其所代理的当事人的委托授权

B. 在诉讼中可以按照自己的意志代理被代理人实施所有诉讼行为

C. 在诉讼中死亡的，产生与当事人死亡同样的法律后果

D. 所代理的当事人在诉讼中取得行为能力的，法定诉讼代理人则自动转化为委托代理人

2. 关于民事诉讼中的法定代理人，下列哪些选项是正确的？（2007－3－86，多）

A. 法定代理人的被代理人都是无诉讼行为能力或限制行为能力的人

B. 法定代理人与诉讼当事人在诉讼上具有相同的诉讼地位

C. 法定代理人在诉讼中所实施的行为和发生的诉讼事件的法律后果与当事人所实施的行为和发生的诉讼事件的法律后果相同

D. 法定代理人与当事人都属于诉讼参加人的范畴

3. 郑某因与某公司发生合同纠纷，委托马律师全权代理诉讼，但未作具体的授权。此种情况下，马律师在诉讼中有权实施下列哪一行为？（2004－3－37，单）

A. 提出管辖权异议　　B. 提起反诉

C. 提起上诉　　D. 部分变更诉讼请求

4. 在民事诉讼中，下列何种人可以作为委托代理人？（2004－3－47，单）

A. 受过刑事处罚的人

B. 限制行为能力的人

C. 可能损害被代理人利益的人

D. 人民法院认为不宜作诉讼代理人的人

5. 下列关于民事诉讼中的法定代理人与委托代理人的表述，哪些是正确的？（2004－3－73，多）

A. 委托代理人的诉讼权利不可能多于法定代理人

B. 法定代理人可以是委托代理人的委托人

C. 法定代理人的被代理人是无诉讼行为能力的当事人

D. 委托代理人的被代理人是有诉讼行为能力的当事人

6. 某市法院受理了中国人郭某与外国人珍妮的离婚诉讼，郭某委托黄律师作为代理人，授权委托书中仅写明代理范围为“全权代理”。关于委托代理的表述，下列哪一选项是正确的？（2013－3－42）

A. 郭某已经委托了代理人，可以不出庭参加诉讼

B. 法院可以向黄律师送达诉讼文书，其签收行为有效

C. 黄律师可以代为放弃诉讼请求

D. 如果珍妮要委托代理人代为诉讼，必须委托中国公民

【参考答案与解析】

1. AB。考点法定代理人。法定代理人，是指根据法律规定，代理无诉讼行为能力的当事人进行诉讼活动的人。因此，A 正确。法定代理人的权限无须被代理人的授权，可自由处分被代理人的一般性诉讼权利和涉及实体利益的特殊诉讼权利，故 B 正确。尽管法定诉讼代理人具有类似当事人的诉讼地位，但他们与当事人仍存在区别。如果法定代理人死亡，则应根据《民法通则》第 16、17 条的规定，重新确定法定代理人。故 C 错。根据《民法通则》第 70 条的规定，被代理人取得或者恢复民事行为能力的，法

定代理终止。法定代理终止后是否委托代理人则由当事人的意思决定，如果当事人选择委托代理人进行诉讼，此种情况下应是当事人自愿选择的委托代理人而不是法定诉讼代理人自动转化为委托代理人。因此，选项D错误。

2. AD。在我国，法定诉讼代理人是为补充无民事行为能力的人或限制行为能力的人在诉讼行为能力的欠缺而设置的，因此A正确。但法定代理人毕竟不是被代理人本人，尽管法定代理人具有类似当事人的诉讼权利，但他们与当事人仍然存在区别，因此，BC选项错误。另外，根据民事诉讼法的规定，诉讼参加人包括当事人和诉讼代理人，法定代理人是诉讼代理人的一种，因此D正确。因此，本题正确答案是AD。

3. A。考点是委托诉讼代理人的代理权限。《最高人民法院关于适用〈中华人民共和国民事诉讼法〉若干问题的意见》第69条专门规定，授权委托书仅写“全权代理”而无具体授权的，诉讼代理人无权代为承认、放弃、变更诉讼请求，进行和解，提起反诉或者上诉。正确的授权方法是明确地写明授予何种涉及实体权利的处分权限。

4. A。考点委托诉讼代理人的范围。根据《民事诉讼法》第58条的规定，当事人、法定代理人可以委托一至二人作为诉讼代理人。律师、基层法律服务工作者；当事人的近亲属或者工作人员；当事人所在社区、单位以及有关社会团体推荐的公民都可以被委托为诉讼代理人。但根据《最高人民法院关于适用〈中华人民共和国民事诉讼法〉若干问题的意见》第68条的规定，无民事行为能力人、限制民事行为能力人或者可能损害被代理人利益的人以及人民法院认为不宜作诉讼代理人的人，不能作为诉讼代理人。

5. ABCD。法定诉讼代理人是指根据法律规定，代理无诉讼行为能力的当事人进行民事活动的人。委托诉讼代理人具有以下特点：① 诉讼代理权的发生是基于当事人、法定代表人或法定代理人的委托；② 诉讼代理的权限范围和代理事项由被代理人决定；③ 委托诉讼代理人必须是具有诉讼行为能力的人。

6. B。考点：离婚诉讼的代理与全权代理的代理授权范围。如果授权委托书中仅写全权代理而无具体授权，只能理解为一般代理，诉讼代理人无权代为承认、放弃、变更诉讼请求，进行和解，提起反诉或者上诉。C错，B正确；根据《民事诉法》第六十二条规定，离婚案件有诉讼代理人的，本人除不能表达意志的以外，仍应出庭；确因特殊情况无法出庭的，必须向人民法院提交书面意见。因此，离婚案件委托了诉讼代理人的，原则上本人还要出庭。对于因特殊情况不能出庭的，当事人必须要有是否同意离婚的书面意见提交给人民法院。因此，A错；外国人、无国籍人、外国企业和组织可以亲自在我国人民法院起诉或者应诉，进行民事诉讼活动，也可以委托他人代为进行。但是需要委托律师代理诉讼的，必须委托中华人民共和国的律师。但是，委托中国律师，不排斥外国当事人委托其本国公民或者其他国家的公民作为诉讼代理人，不排斥外国驻华使领馆官员，受本国公民的委托，以个人名义担任该国当事人的诉讼代理人，也不排斥外国当事人委托中国公民作为诉讼代理人。因此，D错。

第七章

多数当事人

第一节 共同诉讼

一、共同诉讼概述

（一）共同诉讼的概念

共同诉讼是指当事人一方或双方为两人或两人以上的诉讼。共同起诉和应诉的人，称为共同诉讼人。

【司考提示】共同诉讼中的共同诉讼人并不是与原告（上诉人）、被告（被上诉人）和诉讼第三人并列的一种当事人地位，而是一种当事人组成形式，专指共同诉讼中为复数的当事人。他们要么是原告（上诉人）的合并，要么是被告（被上诉人）的合并。此外，一方没有复数的具有当事人能力的人，则不是共同诉讼人，如多数人集合而形成的社团作为当事人时，其当事人仍然为单一。人们之所以要设立共同诉讼的形式，是因为复数当事人参加审理可以节省当事人和法院的时间、劳力和费用，并且能够避免法院在同一案件的处理上作出相互矛盾的判决。

（二）共同诉讼的特点

1. 当事人一方或者双方为两人以上的多数人诉讼

基本形态的诉讼是由单一的当事人（原告被告各一个）和单一的诉讼标的构成的，原告与被告之间相互对立。共同诉讼中，在原告与被告对立的情况下，一方或双方当事人在两人或两人以上，因此，它相对于一个原告对一个被告单独进行的诉讼来说，为多数人诉讼。

2. 诉的合并的一种形式——诉的主体合并

共同诉讼，是将一方或双方为二人以上的诉讼主体纳入到一个诉讼程序中，因而是诉的主体的合并，人民法院合并审理。

（三）共同诉讼的种类

我国立法上是以共同诉讼人之间对诉讼标的的关系为标准，将共同诉讼分为必要的共同诉讼和普通的共同诉讼。

二、必要共同诉讼

必要共同诉讼，是指当事人一方或者双方为两人以上，其诉讼标的是同一的，必须由法院合并审理的共同诉讼。共同诉讼人在所争议的实体法律关系中具有共同的权利或义务，从而使得共同诉讼成为不可分之诉，人民法院必须合并审理和合一判决。

（一）我国法律规定的必要共同诉讼情形

根据最高人民法院《民诉法适用意见》及其他有关法律和司法解释的相关规定，引起必要共同诉讼的情形包括以下几种：

1. 挂靠关系中的挂靠者与被挂靠者作为共同诉讼人。这种情形中，无论挂靠者是个体工商户还是个人合伙或者是私营企业，都必须是以被挂靠者的名义从事生产经营活动，这样产生纠纷时，挂靠者和被挂靠者才能作为共同诉讼人参与诉讼。

2. 个体工商户在诉讼中，营业执照上登记的业主与实际经营者不一致时，以登记的业主和实际经营者为共同诉讼人。

3. 个人合伙的全体合伙人在诉讼中为共同诉讼人。在这种情形中需要注意的是，与合伙组织的具体区别，因为一旦形成合伙组织，则应当以该合伙组织为当事人。区别个人合伙与合伙组织的关键在于三点：其一，合伙组织是否依法成立取得营业执照；其二，合伙人签订合伙协议后，是否各自出资形成合伙组织的独立财产；其三，合伙组织是否有一定的组织机构。例如，甲、乙和丙三人签订合伙协议，约定开一家天祥电脑配件店。三人各自出资 15 万元作为天祥电脑配件店的资产，并在电脑城附近租赁一间门面房作为经营场所。天祥电脑配件店在经营过程中拖欠甲厂家的货款，为此发生争议。此时，如果供货的厂家提起诉讼，则应当以天祥电脑店为被告，而不应以甲、乙和丙为共同被告。

4. 企业法人分立的，因分立前的民事活动发生的纠纷，以分立后的法人为共同诉讼人。

5. 借用业务介绍信、合同专用章、盖章的空白合同书或银行账号的，出借单位与借用人为共同诉讼人。

6. 因连带责任保证合同纠纷提起的诉讼，如果债权向保证人和债务人一并主张权利的，债务人与保证人为共同诉讼人。例如，甲公司在从乙银行贷款时，丙公司以其房产为甲公司提供担保，承担连带保证责任。如果甲公司不能归还到期贷款，乙银行可以直接以甲公司与丙公司为共同被告提起诉讼。

7. 继承关系中未一同起诉的其他继承人应当作为共同原告。

8. 代理关系中的被代理人和代理人承担连带责任的，为共同诉讼人。

9. 共有财产关系。即共有财产权受到他人侵害，部分共有权人起诉的，其他共有权人应当列为共同诉讼人。

（三）必要共同诉讼人的追加

在一审诉讼过程中，如果发现共同进行诉讼的当事人没有参加诉讼，人民法院应当依照民事诉讼法第 119 条的规定，通知其参加；当事人也可以向人民法院申请追加。人民法院对当事人提出的申请，应当进行审查，申请无理的，裁定驳回，申请有理的，书面通知被追加的当事人参加诉讼。被追加的共同诉讼人可能是原告也可能是被告。

只要遗漏了必要共同诉讼人，在一审程序中发现，可直接予以追加；在二审程序或者审判监督程序中发现，为了保障当事人的程序利益则可以根据当事人自愿原则进行调解，调解不成，则裁定撤销原判决，发回原审人民法院重审。这里的原审人民法院指原来的第一审人民法院。

（四）必要共同诉讼人的关系

必要共同诉讼人的关系包括两种：一是外部关系，即必要共同诉讼人与对方当事人之间的关系。在外部关系问题上，共同诉讼人处于共同的权利义务关系状态，一致对外。二是内部关系，即共同诉讼人之间的关系，主要体现在其中一人的诉讼行为对他人的效力问题。对此，《民事诉讼法》第 53 条第 2 款规定，共同诉讼的一方当事人对诉讼标的有共同权利义务的，其中一人的诉讼行为经其他共同诉讼人承认，对其他共同诉讼人发生效力。例如，甲与乙共同购买的一个设备租赁给丙后，因丙不正当操作而弄坏，甲与乙以丙为被告向人民法院起诉，要求丙赔偿修好该机器所需要的 5 万元，在诉讼进行过程中，甲鉴于与丙的关系，决定放弃对丙的诉讼请求。此时，如果乙同意，则该放弃诉讼请求的行为对乙同样有效。但是一审判决后，共同诉讼中的一人对判决不服提起上诉的，如果上诉后为不可分之诉时，其效力不管其他共同诉讼人是否承认，其上诉行为的效力都及于共同诉讼人。

三、普通共同诉讼

（一）普通共同诉讼的概念

普通共同诉讼，是指当事人一方或者双方为二人以上，其诉讼标的是同一种类，人民法院认为可以合并审理，而且当事人也同意合并审理的诉讼。所谓诉讼标的是同一种类，是指各个共同诉讼人与对方当事人争议的法律关系的性质相同，即复数当事人各自享有的权利或承担的义务属于同一类型。司法实践中构成诉讼标的同种类的情形主要有三种：一是基于同类事实或法律上的同类原因形成同种类诉讼标的；二是基于同一事实或法律上的原因形成的同种类诉讼标的；三是基于数人对同一权利义务的确认形成的同种类诉讼标的。[①]

普通共同诉讼实际上是单独诉讼的合并形态，共同诉讼人与对方当事人之间争议的法律关系有两个以上，且共同诉讼人之间没有共同的权利或义务。人民法院对于有共同争议或涉及同一法律问题的几个诉予以合并审理与裁判，将多个诉的主体予以合并，在一个诉讼程序中，统一解决事实上有关联的案件，是为了免重复审理有共通争点的问题和避免裁判矛盾。

（二）普通共同诉讼的构成要件

1. 存在两个以上属于同一种类的诉讼标的。普通共同诉讼属于诉讼标的的合并，

---

① 张卫平．民事诉讼法．北京：法律出版社，2004：153.

并因为诉讼标的的合并导致了诉讼主体的合并。

2. 人民法院对合并审理的各个案件都享有管辖权，并且这些案件都适用同一诉讼程序。

3. 符合合并审理的目的，可以实现诉讼经济。

4. 法院认为可以合并审理，当事人也同意合并审理。

（三）普通共同诉讼与必要共同诉讼的比较

普通共同诉讼和必要共同诉讼至少一方当事人为复数，法院都是通过同一诉讼程序合并审理多数当事人之间的民事争议，但是两者还有以下几点区别：

1. 普通共同诉讼的诉讼标的是同种类的，而必要共同诉讼的诉讼标的是同一的。

2. 普通共同诉讼中共同诉讼人与对方当事人之间存在着两个以上的诉讼请求，法院对于各共同诉讼人提出的诉讼请求是分别审理确定的；而必要共同诉讼中共同诉讼人与对方当事人之间只存在一个共同的诉讼请求，法院对共同诉讼人的诉讼请求是合一审理裁判的。

3. 普通共同诉讼是一种可分之诉，如果其中一人不同意合并审理，则可以单独提起诉讼；而必要共同诉讼是不可分之诉。

（四）普通共同诉讼人的内部关系——独立性

在普通诉讼中，各共同诉讼人之间并无特别的关系，而是各自独立地与对方当事人实施诉讼，相互之间并不具有协助或限制的关系。具体表现为以下几个方面：

1. 共同诉讼人之间的关系具有独立性。普通共同诉讼人处于各自独立的状态，普通共同诉讼人之一人实施的诉讼行为或者对方当事人对该行为实施的诉讼行为，只对该双方之间的诉讼有效，并不影响其他共同诉讼人的诉讼。即个人的诉讼行为仅对行为人自己有效，对其他共同诉讼人不发生任何法律效力。

2. 特殊情形独立。如普通共同诉讼人一人出现诉讼中止、未按时参与庭审等特殊现象，不影响其他共同诉讼人诉讼活动的继续进行。

3. 人民法院对普通共同诉讼人诉讼请求及其相应证据的审查应当分别进行，并可以根据审查的结果，对普通共同诉讼的不同当事人作出实体结果完全不同的裁判。

【司考真题】

1. 关于必要共同诉讼与普通共同诉讼的区别，下列哪些选项是正确的？（2007－3－87）

A. 必要共同诉讼的诉讼标的是共同的，普通共同诉讼的诉讼标的是同种类的

B. 必要共同诉讼的诉讼标的只有一个，普通共同诉讼的诉讼标的有若干个

C. 必要共同诉讼的诉讼请求只有一个，普通共同诉讼的诉讼请求有若干个

D. 必要共同诉讼中共同诉讼人的诉讼行为必须一致，普通共同诉讼中共同诉讼人的诉讼行为不需要一致

2. 甲向大恒银行借款100万元，乙承担连带保证责任，甲到期未能归还借款，大恒银行向法院起诉甲乙二人，要求其履行债务。关于诉的合并和共同诉讼的判断，下列哪些选项是正确的？（2013－3－77）

A. 本案属于诉的主体的合并　　B. 本案属于诉的客体的合并
C. 本案属于必要共同诉讼　　D. 本案属于普通共同诉讼

第二节 民事诉讼代表人

一、代表人诉讼的概念

代表人诉讼是指一方或双方当事人人数众多时，由众多的当事人推选出代表人代表本方全体当事人进行诉讼，维护本方全体当事人的利益，代表人所为诉讼行为对本方全体当事人发生效力的诉讼制度。

【概念辨析】诉讼代理人与诉讼代表人的区别

比较内容	诉讼代理人	诉讼代表人
产生依据	法律规定或者授权委托	在人数确定的代表人诉讼中，由当事人推选；在人数不确定的代表人诉讼中，由当事人推选、与法院协商或者由法院指定
与诉讼标的利害关系	与诉讼标的没有利害关系	与诉讼标的有利害关系
诉讼行为的后果	由被代理人承担	既及于代表人本人，也及于被代表的当事人
参加诉讼目的	维护被代理人的合法利益	维护本人及其所代表的当事人的合法利益
诉讼地位	不具有当事人的诉讼地位	具有当事人的诉讼地位

二、民事诉讼代表人的条件

民事诉讼代表人需具备以下条件：

（一）诉讼代表人应当是共同诉讼人。

（二）诉讼代表人应具备诉讼行为能力，能够忠实地维护被代表人的利益。在代表人诉讼过程中，法院负责监督，及时制止代表人侵害被代表人利益的行为。

（三）诉讼代表人一般应具有与进行该诉讼相应的能力。代表人在代表人诉讼中，不仅维护个人利益，而且还要维护其他众多当事人的利益。代表人正确理智地实施诉讼行为，是保障其他当事人接受裁判的重要因素。

总之，符合以上三个条件，代表人才能成为代表人诉讼的正当代表人。判断代表人是否正当，应由法院依职权决定。代表人不符合代表人的条件，法院有权要求更换代表人，被代表人拒绝更换，法院可裁定驳回起诉或裁定不予受理。

三、代表人的选任程序

（一）代表人选任的意义。我国代表人诉讼是依任意诉讼担当做为理论基础，代表人行使他人诉讼权利的正当性，主要来源于被代表人的授权。代表人选任程序就是通过选任代表人的过程，将诉讼实施权授予代表人。选任的形式主要有：① 全体“当事人”推选 B；② 部分“当事人”推选；③ 法院提出人选与“当事人”协商；④ 法院在提起诉讼的“当事人”中指定代表人。

（二）人数确定的代表人诉讼的选任。人数确定的代表人的选任，主要通过全体或部分“当事人”的推选，“当事人”推选不出的，在必要共同诉讼的情形下，可由“当事人”亲自参加诉讼，与代表人组成共同诉讼；在普通共同诉讼的情况下，“当事人”可另行起诉。在人数不是很多的普通共同诉讼中，诉讼成员未推选出代表人，原则上也可以直接参与诉讼。

（三）人数不确定的代表人诉讼的选任。依最高人民法院《若干问题的意见》第 61 条规定，代表人可依顺序采用三种方式产生：当事人推选——人民法院提出人选与当事人商定——人民法院指定。人数不确定的情况下，诉讼代表人的产生需经过三个阶段：1. 发布公告。通过公告的方式说明案件情况和诉讼请求，通知权利人在一定期间内向法院登记。公告期根据具体案件的情况确定，但不少于三十日。2. 登记。在公告期间内，认为自已拥有权利的人，向发布公告的管辖法院进行登记，证明自己与对方当事人之间存在的法律关系和所受到的损害，以便法院确定权利人的基本情况，证明不了的不予登记。权利人登记的行为具有两种法律效果：一是获得推选诉讼代表人或被推选为诉讼代表人的资格；二是人民法院对本案的裁决对已经登记的权利人有拘束力，即权利人除了享有判决所规定的权利外，不得再向人民法院就本案提起诉讼。对于没有登记的权利人在诉讼时效内提起诉讼，人民法院认定其请求成立的，裁定适用人民法院已经做出的判决、裁定，不再按照普通程序进行审理。3. 确定诉讼代表人。向人民法院起诉或向人民法院登记的权利人可以通过推选的方式确定诉讼代表人；推选不出的，人民法院可以与起诉和登记的权利人共同商定诉讼代表人；协商不成的，人民法院可以在起诉的当事人中指定诉讼代表人。

四、诉讼代表人的法律地位

诉讼代表人在诉讼中扮演两种角色，因而居于特殊的双重地位：一方面，他与案件有直接利害关系，是本案当事人之一，另一方面，他又代表着人数众多的当事人，成为维护一方利益的代表者，作为当事人，他理应享有当事人的一切诉讼标利，它包括实体处分权。但作为代表人，其行为必须符合被代表人的利益，为了防止诉讼代表人和他人恶意串通损害当事人的合法权益，在立法时特别限制代表人的实体权利。

五、裁判的效力

人民法院所作出的裁判，对于人数确定的代表人诉讼而言，对诉讼代表人及其代表的在法院登记权利的当事人有效；对人数不确定代表人诉讼而言，其执行效力只能直接及于本案当事人（包括起诉的当事人、登记的当事人及其相对方当事人）。对于未参加登记的权利人，他们只有预决的效力。因此，未参加登记的权利人不能直接申请执行人民法院对人数不确定代表人诉讼所作的判决、裁定。如果他在诉讼时效期间内提起诉讼，人民法院认定其请求成立的，基于对诉讼经济的考虑，人民法院应当裁定适用已作出的判决、裁定，而无需对案件另行作出判决、裁定，更不能作出与原判决、裁定相抵触的判决、裁定。

【考研真题】

一、简述民事诉讼原告和被告各自的特征及在审判实践中确定原、被告应当注意的问题。

二、在审判实践中，怎样将必要共同诉讼中的共同原告和共同被告分别与有独立请求权的第三人和无独立请求权的第三人区别开？

三、试论我国无独立请求权第三人制度的弊端及其改进。

【案例讨论 1】共同诉讼与诉讼代表人

【基本案情】陈某去世后，其亲属将死者骨灰存放在青山殡仪馆，每年交寄存费用十元。死者陈某的亲属除其弟陈甲外还有其妻王女，其子陈胜，其父母老陈、老刘，其兄陈乙，其妹陈丙。每年死者祭日之时上述人员均到殡仪馆去寄托哀思。1999 年，死者亲属去祭拜时，被殡仪馆人员告知骨灰已经丢失，致使者亲属异常痛苦。经多方寻找无效，2000 年 12 月陈甲向人民法院提起诉讼，认为殡仪馆丢失其亲属骨灰，给其造成的极大痛苦，要求殡仪馆进行赔偿。人民法院受理了本案，经审理认为殡仪馆工作人员过失致使原告之兄的骨灰遗失，给原告造成痛苦，殡仪馆应当赔偿。经法院主持调解，双方自愿达成了调解协议：由殡仪馆赔偿陈甲 1500 元，陈甲同意撤回起诉。人民法院裁定准予陈甲撤回起诉。

【问题】

（1）陈甲是否具有诉讼主体资格？

（2）人民法院是否应当通知陈某的其他近亲属参加诉讼？如果应当通知，陈某的近亲属们的诉讼地位如何？

（3）假设陈某的近亲属都参加诉讼，他们可否采取代表人诉讼的方式？

（4）人民法院的结案方式是否正确？

【司考真题】

3. 某企业使用霉变面粉加工馒头，潜在受害人不可确定。甲、乙、丙、丁等 20 多名受害者提起损害赔偿诉讼，但未能推选出诉讼代表人。法院建议由甲、乙作为诉讼代表人，但丙、丁等人反对。关于本案，下列哪一选项是正确的？（2011 - 3 - 48）

A. 丙、丁等人作为诉讼代表人参加诉讼

B. 丙、丁等人推选代表人参加诉讼

C. 诉讼代表人由法院指定

D. 在丙、丁等人不认可诉讼代表人情况下，本案裁判对丙、丁等人没有约束力

4. A 厂生产的一批酱油由于香精投放过多，对人体有损害。报纸披露此消息后，购买过该批酱油的消费者纷纷起诉 A 厂，要求赔偿损失。甲和乙被推选为诉讼代表人参加诉讼。下列哪一选项是正确的？（2008 - 3 - 48）

A. 甲和乙因故不能参加诉讼，法院可以指定另一名当事人为诉讼代表人代表当事人进行诉讼。

B. 甲因病不能参加诉讼，可以委托一至两人作为诉讼代理人，而无需征得被代表的当事人的同意。

C. 甲和乙可以自行决定变更诉讼请求，但事后应当及时告知其他当事人。

D. 甲和乙经超过半数原告方当事人同意，可以和 A 厂签订和解协议。

第三节　民事诉讼第三人

一、民事诉讼第三人的概述

对于已经开始的诉讼，案外人以该诉讼的原告、被告为被告提出一个独立的诉讼请求，或者由该诉讼中的原告或被告引进后主张独立的利益，或者为了自己的利益，辅助该诉讼一方当事人进行辩论的人，称为民事诉讼第三人。民事诉讼第三人制度在我国民事诉讼法上分为两类：一类是有独立请求权的第三人，一类是无独立请求权的第三人。

二、有独立请求权的民事诉讼第三人

有独立请求权第三人是在他人已开始的诉讼中就诉讼标的的全部或一部提出独立的诉讼请求，从而加入已经开始的诉讼中的第三人。

【概念辨析】 有独立请求权的第三人诉讼与必要共同诉讼

有独立请求权的第三人与必要共同原告具有某些共性，他们基于各自主张的请求权，在诉讼中都处于原告地位（有独立请求权的第三人的实质性诉讼地位也是原告），都主动请求司法保护。但是按照传统的理论观点认为有独立请求权的第三人与必要共同诉讼人具有如下区别：①

1. 争议的诉讼标的不同。必要共同诉讼人争议的诉讼标的是共同的，或者共同享有权利，或者共同承担义务。有独立请求权的第三人提起的诉讼，其诉讼标的与本诉的诉讼标的并不是共同的，他同本诉当事人的任何一方都不具有共同的权利、义务。

2. 争议的对象不同。必要共同诉讼人在诉讼中，只能同另一方当事人发生争议。有独立请求权的第三人在参加之诉中，同本诉的双方当事人都有争议，他必须以本诉的双方当事人作为他的被告，既不站在本诉的原告一边，也不站在本诉的被告一边。

3. 参加诉讼的方式不同。必要共同诉讼是不可分之诉，未参加诉讼的其他必要共同诉讼人，法院应通知其参加诉讼；有独立请求权的第三人利用本诉提起的参加之诉，是同本诉相异的另一个诉讼，二者虽有联系，毕竟是可以分开的。第三人有权以起诉的方式参与本诉，要求法院共同审理，也可以另行起诉，法院无权强制其参加诉讼。

4. 诉讼地位不同。必要共同诉讼人在诉讼中的地位，既可能处于原告地位，也可能处于被告地位。有独立请求权的第三人参加之诉中，只能处于原告的地位。

5. 诉讼行为的效力不同。必要共同诉讼人中一人的诉讼行为，只有经全体承认，才能对全体发生效力，但对第三人不发生效力。有独立请求权的第三人有权独立行使诉

① 柴发邦．民事诉讼法学新编．北京：法律出版社，1992：175－176.

讼权利，承担诉讼义务，他的诉讼行为对本诉双方当事人不发生效力。

可见，在司法实践中，鉴别有独立请求权第三人与必要共同诉讼人的标准有两个：一是原告的诉讼请求是否排斥第三人的权利。二是第三人的诉讼请求是否有别于原告的诉讼请求。独立性是有独立请求权第三人诉讼地位的重要特点。有独立请求权的第三人在诉讼中具有独立的诉讼主体资格。独立为一方主体，同原告和被告相对抗。有独立请求权第三人参加诉讼后，即出现"三足鼎立"的诉讼格局。

三、无独立请求权的民事诉讼第三人

（一）无独立请求权的民事诉讼第三人概念

根据我国《民事诉讼法》第56条第2款的规定，无独立请求权第三人是对当事人双方的诉讼标的虽然没有独立的请求权，但是案件处理结果同他有法律上的利害关系，可以申请参加诉讼或者由人民法院通知他参加诉讼的人。

（二）无独立请求权的民事诉讼第三人参加诉讼的程序

1. 参加诉讼的时间

无独立请求权的民事诉讼第三人参加诉讼的时间与有独立请求权的民事诉讼第三人参加诉讼的时间相同，即他们都只能在他人之间的诉讼开始以后作出终局裁判以前参加诉讼。

2. 参加诉讼的方式

按照我国《民事诉讼法》第56条第2款的规定，无独立请求权第三人参加诉讼的方式有两种，即本人"申请参加"和人民法院"通知参加"。所谓"申请参加"，是指案外人以口头或书面的方式，主动向法院提出申请，要求以无独立请求权第三人身份参加诉讼的一种方式；所谓"通知参加"是指法院发出通知书，责令案外人以无独立请求权第三人的身份参加诉讼。

（三）无独立请求权第三人的诉讼地位

无独立请求权的第三人在诉讼中对本诉当事人所提出的诉讼请求没有处分权，但是他仍有自己独立的诉讼地位。这种独立的诉讼地位主要有两个特征：

1. 无独立请求权的第三人对本诉一方当事人的依附性。

2. 无独立请求权的第三人在诉讼中具有相对独立的诉讼地位。

（四）无独立请求权第三人的法定排除

最高人民法院《关于在经济审判工作中严格执行〈中华人民共和国民事诉讼法〉的若干规定》中，就不得作为无独立请求权第三人通知参加诉讼的情形作了具体规定。1. 受诉人民法院对原被告双方争议的诉讼标的无直接和不负有返还或者赔偿义务的人，以及与原告或被告约定仲裁或有约定管辖的案外人，或者专属管辖案件的一方当事人，均不得作为无独立请求权的第三人通知其参加诉讼。2. 人民法院在审理产品质量纠纷中，对原被告之间法律关系以外的人，证据已证明其已经提供了合同约定或者符合法律规定的产品的，或者案件中的当事人未在规定的质量异议期内提出异议的，或者作为收货方已经认可该产品质量的人，不得作为无独立请求权的第三人通知其参加诉讼。3. 人民法院对已经履行了义务，或者依法取得一方当事人的财产，并支付了相应对价的原被告之间法律关系以外的人，不得作为无独立请求权的第三人通知其参加诉讼。以上这些规定对实践中如何运用无独立请求权的第三人制度，有效遏制地方保护主义，具有极为重要的意义。

【案例讨论2】柴石泽诉宜阳县文化局、第三人王振芳房屋买卖合同纠纷案

【基本案情】原告柴石泽诉称：2002年10月，原、被告签订协议书一份，由原告承建被告所属会堂内综合楼工程。在此期间，被告借原告89 200元，2004年11月，双方达成协议，以被告所有的位于宜阳县文化路南段临街独立东小楼一层的两间门面房，每间4万元卖给原告，抵作借款。2008年7月，双方又达成协议，约定与此两间门面房相连的一间门面房，作价5万元卖给原告，抵作欠原告的借款89 200元和工程保证金21 590元。原告需再交3万元，三间门面房都卖给原告。2009年7月16日，原告依约向被告交纳了购房款3万元。被告收到款项后，不配合原告办理房屋所有权过户登记。现要求确认双方房屋买卖合同行为成立、有效；确认该三间门面房归原告所有；要求被告交付房产，并协助办理房产手续。

被告宜阳县文化局辩称：（1）2002年原告和石汉明共同对宜阳县文化局会堂进行开发，由于原告能力不足，便将工程分包给了三个人开发。期间原告和石汉明使用已作废的公司公章，向他人出售房屋。因房屋没有建成，购房人向公安机关举报。公安机关以诈骗罪对石汉明立案查处。公安机关为追回受害人购房款，经协商，将双方争议的三间门面房以14万元的价格买给了王振芳，王振芳委托郭少选于2007年1月8日给公安机关支付了14万元。（2）原告2009年7月16日交付的3万元购房款属实，但不是购买这三间门面房的款。因这三间门面房原告与王振芳之间有争议，待法院对这三间门面房确权后按现行市场房屋价格给文化局交付房款后，再给所有人出具手续。（3）按会堂开发合同规定，原告应将开发的5间门面房交归文化局。现除三间有争议的门面房外，另两间门面房还没有交归文化局，因此，原告没有资格起诉，请求法院判决原告交归另两间门面房给文化局。庭审中被告宜阳县文化局明确表示不提起反诉。

第三人王振芳述称：原告和石汉明在共同开发宜阳县文化局会堂期间，使用已注销的公司印章，向他人出售房屋，因房屋没有建成，购房人向公安机关举报，公安机关以诈骗罪对石汉明立案侦查。经公安机关和文化局协商，将宜阳县文化路南段临街独立东小楼一层的三间门面房以14万元的价格卖给了我，2007年1月8日，我委托郭少选支付了购房款。被告借原告89 200元，原告诉称以房抵款，出示原文化局办公室主任张曼灿书写的证据无效。因这三间门面房我已占有使用了18个月，从刑事案件上说是赃物，从民事案件上说，原告已丧失了所有权。请求法院确认第三人与宜阳县文化局的房屋买卖行为成立有效，文化路南段临街独立东小楼一层的三间门面房为第三人所有。

原告为支持其诉讼请求，向法院提交了以下证据：（1）2002年10月9日原告与被告签订的协议书、2004年6月7日原告与被告签订的补充协议和2004年6月18日原告与张曼卿签订的协议书。用以证明原告承建被告所属会堂内综合楼工程，后将工程交于张曼卿投资承建。（2）2004年11月20日原宜阳县文化局办公室主任张曼灿、工作人员张石坡与原告签署的情况说明。用以证明被告借原告89 200元，被告决定将位于宜阳县文化路南段临街独立东小楼一层的两间门面房，每间4万元卖给原告，抵作借款。

(3) 被告原办公室主任张曼灿和被告原工作人员张石坡书写的情况说明各一份。用以证明被告以房抵借款，将被告所有的两间门面房卖给原告的事实的真实性。(4) 2009年7月29日被告前任局长高绍祥出具的情况说明。用以证明双方已达成三间门面房的买卖协议。(5) 2009年7月16日原告交付购房款3万元的收到条。用以证明原告已全部付清购房款，被告确认了双方的房屋买卖行为。(6) 2006年6月26日，原、被告签订的协议一份。用以证明双方争议的是文化路南段临街独立东小楼一层的三间门面房。(7) 2007年11月2日王振芳给公安机关出具的情况说明、2009年12月18日宜阳县公安局经侦队出具的情况说明和2009年7月13日文化局给宜阳县政府的情况说明。用以证明王振芳是替石汉明向宜阳县公安局经侦队退赔的购房款，不存在王振芳购买这三间门面房的事实。

被告没有向法院出示证据证明自己的答辩主张。

第三人向法院出具了以下证据：(1) 2009年12月18日宜阳县公安局经侦队出具的情况说明一份和2007年1月8日郭少选向宜阳县公安局经侦队交款14万元的收条一份。用以证明该14万元系购房款。(2) 2004年7月16日张曼卿、王振芳、樊有民三人签订的协议书一份。用以证明双方争议的房屋是第三人所建。

被告宜阳县文化局提出了以下质证意见：对原告提供的证据1、2的真实性无异议。对证据3说不清。对证据4，认为高绍祥离任局长后写的情况说明不能证明房屋的买卖行为。对证据5没有异议，但认为原告交纳的购房款不是购买本案争议的房屋。对证据6、7没有异议。对法院依法调取的证据没有异议。

第三人王振芳提出了以下质证意见：对原告提交的证据1没有异议，对证据2认为没有双方人员按印，其内容只是意向，不是事实。对证据3、4认为没有按印，其内容未指明是本案争议的房屋。对证据5认为原告交纳的购房款不是购买本案争议的房屋。对证据6、7认为不能证明原告的主张，文化局给宜阳县政府的情况说明与本案无关。对法院依法调取的证据没有异议。

原告对第三人提交的证据的真实性没有异议，但认为第三人向公安机关交纳的钱是石汉明的退赃款，而不是购房款。

经过庭审质证，对双方提交的证据作如下分析与认定：对原告提交的证据1的真实性予以采信。对原告提交的2、3、4、5组证据，因均有当事人的签名和文化局的盖章认可，又有法院对当事人的询问笔录相互印证，其真实性应予认定。证明了被告欠原告款项，被告上届领导班子决定将位于宜阳县文化路南段临街独立东小楼一层的三间门面房卖给原告抵作欠款。被告对原告提交的3万元购房款收条认为不是购买双方争议的房屋，因没有提供相关证据证明，其辩解不予采纳。第三人认为当事人没有在证据上按印，3万元购房款收条不是购买双方争议的房屋而不予认可，其辩解与事实不符，也没有提供相关证据证明，不予采纳。对原告提交的证据6、7，因被告和第三人没有提出异议，应予采信。证明了双方争议的三间门面房系原告开发，第三人承建，产权属文化局。第三人向公安机关交纳的14万元系犯罪嫌疑人石汉明退赔他人的购房款。第三人认为向公安机关交纳的14万元系购买双方争议的三间门面房的房款，因与宜阳县公安局经侦队出具的情况说明不符，不予采纳。对第三人提交的证据，因原、被告没有异议，其真实性予以采信。但不能证明是第三人交付的购房款。

经审理查明：2002 年 10 月 9 日，原告经石汉明介绍与被告签订协议一份，约定由原告投资承建被告会堂综合楼工程。楼房建成后，一楼为商业用房，78% 归被告所有，其余的 22% 和二楼以上住宅用房归原告所有。2004 年 6 月 7 日双方签订了补充协议，被告将其下属的豫剧团和曲剧团地域交于原告一并开发建设。2004 年 6 月 18 日，原告将工程交于张曼卿投资承建，并与张曼卿签订了协议。约定待工程完工后，张曼卿应分得南排东门面房 3 间，二楼以上住宅楼全部归张曼卿所有。2004 年 7 月 16 日，张曼卿、王振芳、樊有民三人签订协议，共同投资承建该工程。协议约定三人共同开发，其权利、义务、责任按柴石泽与张曼卿签订的协议执行，按照柴石泽与张曼卿签订的协议书中，张曼卿所得的南排东三间门面房每人一间。其中文化路南段临街独立东小楼工程由第三人王振芳承建。该工程 2006 年年底完工，2007 年 10 月经宜阳县建设局验收，但没有出具验收报告，二楼以上住宅用房已由王振芳对外销售。文化路南段临街独立东小楼一层的三间门面房的所有权系宜阳县文化局所有，由王振芳对外出租。

2004 年 11 月 10 日被告宜阳县文化局决定将文化路南段临街独立东小楼的二间门面房以每间 4 万元的价格抵给原告，以偿还其欠原告的借款，并委托张曼灿、张石坡与原告签订了《情况说明》一份。载明：文化局 2002 年至今共借柴石泽人民币 89 200 元。现决定将文化局曲剧团（文化路南面东）的门面房二间，每间 4 万元归柴石泽所有。正式协议等局办公会后再行签订。2008 年 7 月宜阳县文化局召开办公会，决定以借原告的 89 200 元抵作房款，让柴石泽再交 5 万元，将文化路南段临街独立东小楼的三间门面房全部交归原告所有。后经协商，文化局将其账上欠原告的工程保证金 21 590 元，抵作房款，原告再交纳 3 万元即可。2009 年 7 月 16 日原告向宜阳县文化局交纳了 3 万元，宜阳县文化局给原告出具了收到条，载明：今收到三门峡柴石泽 3 万元（系购房款）。后原告要求被告协助办理房权证时，被告以该三间门面房没有移交，且与其他开发商存在纠纷为由拒绝。原告即向宜阳县有关部门反映，经协调未果，遂诉入法院。

另查明：原告承揽宜阳县文化局会堂综合楼工程的介绍人石汉明，在 2005 年 1 月将第三人承包建造的文化路南段临街独立东小楼的三间门面房预售给了购房人季晓朋，2006 年 1 月使用已注销的印章与季晓朋签订了购房协议，并先后收取了季晓朋 14 万元房款。后季晓朋得知是石汉明行骗，于 2006 年 10 月 30 日向宜阳县公安局举报。宜阳县公安局经侦大队遂立案侦查。2007 年 1 月 8 日第三人王振芳委托郭少选将石汉明收取季晓朋购房款 14 万元交于宜阳县公安局经侦大队，经侦大队给郭少选出具了收条，载明：今收到郭少选交来石汉明案件涉案款（门面房转让款）14 万元。宜阳县公安局经侦大队给法院出具的情况说明，明确了该 14 万元是为受害人追回的损失，系石汉明委托郭少选送交经侦大队，不存在宜阳县公安局经侦大队将房屋出让给王振芳之事。2007 年 12 月 28 日宜阳县公安局以石汉明涉嫌合同诈骗罪将其移送宜阳县检察院审查起诉，2008 年 1 月 18 日宜阳县检察院书面建议公安机关报捕石汉明。公安机关已将石汉明上网追逃。

【问题】1. 柴石泽诉宜阳县文化局，那么王振芳参加诉讼，其在该诉讼中的诉讼地位为何？

2. 简要分析本案，王振芳诉求可否得到法院支持？

【司考真题】

5. 甲为有独立请求权第三人，乙为无独立请求权第三人，关于甲、乙诉讼权利和义务，下列哪一说法是正确的？（2010－3－41）

A. 甲只能以起诉的方式参加诉讼，乙以申请或经法院通知的方式参加诉讼

B. 甲具有当事人的诉讼地位，乙不具有当事人的诉讼地位

C. 甲的诉讼行为可对本诉的当事人发生效力，乙的诉讼行为对本诉的当事人不发生效力

D. 任何情况下，甲有上诉权，而乙无上诉权

6. 张某将邻居李某和李某的父亲打伤，李某以张某为被告向法院提起诉讼。在法院受理该案时，李某的父亲也向法院起诉，对张某提出索赔请求。法院受理了李某父亲的起诉，在征得当事人同意的情况下决定将上述两案并案审理。在本案中，李某的父亲居于什么诉讼地位？（2008－3－42）

A. 必要共同诉讼的共同原告

B. 有独立请求权的第三人

C. 普通共同诉讼的共同原告

D. 无独立请求权的第三人

7. 关于无独立请求权第三人，下列哪些说法是错误的？（2011－3－80）

A. 无独立请求权第三人在诉讼中有自己独立的诉讼地位

B. 无独立请求权第三人有权提出管辖异议

C. 一审判决没有判决无独立请求权第三人承担民事责任的，无独立请求权的第三人不可以作为上诉人或被上诉人

D. 无独立请求权第三人有权申请参加诉讼和参加案件的调解活动，与案件原、被告达成调解协议

8. 李某和张某到华美购物中心采购结婚物品。张某因购物中心打蜡地板太滑而摔倒，致使左臂骨折，住院治疗花费了大量医疗费，婚期也因而推迟。当时，购物中心负责地板打蜡的郑某目睹事情的发生经过。受害人认为购物中心存在过错，于是，起诉要求其赔偿经济损失以及精神损害赔偿。关于本案诉讼参与人，下列哪些选项是正确的？（2008－3－84）

A. 李某、张某应为本案的共同原告

B. 李某、郑某可以作为本案的证人

C. 华美购物中心为本案的被告

D. 华美购物中心与郑某为本案共同被告

9. 甲在丽都酒店就餐，顾客乙因地板湿滑不慎滑倒，将热汤洒到甲身上，甲被烫伤。甲拟向法院提起诉讼。关于本案当事人的确定，下列哪一说法是正确的？（2010－3－46）

A. 甲起诉丽都酒店，乙是第三人

B. 甲起诉乙，丽都酒店是第三人

C. 甲起诉，只能以乙或丽都酒店为单一被告

D. 甲起诉丽都酒店，乙是共同被告

10. 甲与乙对一古董所有权发生争议诉至法院。诉讼过程中，丙声称古董属自己所有，主张对古董的所有权。下列哪一说法是正确的？（2009－3－39）

A. 如丙没有起诉，法院可以依职权主动追加其作为有独立请求权第三人

B. 如丙起诉后认为受案法院无管辖权，可以提出管辖权异议

C. 甲如丙起诉后经法院传票传唤，无正当理由拒不到庭，应当视为撤诉

D. 如丙起诉后，甲与乙达成协议经法院同意而撤诉，应当驳回丙的起诉

【参考答案与解析】

【案例剖析1】

（1）陈甲在本案中具有诉讼主体资格。这涉及当事人的条件问题。一般来说，死者的近亲属是与死者关系最亲密的人，死者死亡对他们的精神打击最大，他们是和本案有直接利害关系的人，因此类案件的诉讼主体应当限定在近亲属范围内。法律上没有规定此类案件只能由近亲属中的哪些人提起，或者限定起诉的顺序，因此应当认为全部的近亲属都有提起诉讼的权利。本案中陈甲是死者的弟弟，属于死者的近亲属范围，应当认为由其提起诉讼并无不当。因此，陈甲在本案中具有诉讼主体资格。

（2）人民法院应当通知陈某的其他近亲属参加诉讼。陈某的近亲属应当以原告身份参加诉讼。陈某的其他近亲属也同样因为死者骨灰的遗失遭受精神打击，是本案的直接利害关系人，他们与陈甲之间的权利义务关系是共同的，属于必要的共同诉讼。因此，人民法院应当通知死者的其他近亲属参加诉讼。他们应当同样取得原告的诉讼地位。

（3）如果陈某的近亲属都参加诉讼，他们不可以采取代表人诉讼的方式。

（4）人民法院的结案方式是不正确的。本案的调解是在人民法院主持之下进行的，并且由双方当事人达成了调解协议，这不属于案外和解，是诉讼内的调解。所以人民法院应当以调解方式结案，而不应当以裁定准予撤诉的方式结案。

【案例剖析2】

1. 本案中王振芳请求法院确认其与宜阳县文化局的房屋买卖行为成立有效，文化路南段临街独立东小楼一层的三间门面房为其所有，因此，王振芳参加诉讼是以对原被告系争的诉讼标的主张独立的所有权为基础的，因此，应为有独立请求权第三人。

2. 本案中，宜阳县文化局以办公会的形式作出了决定，将文化路南段临街独立东小楼的三间门面房抵给原告以偿还其借款，且委托其工作人员与原告签订了《情况说明》，双方虽没有签订书面合同，但原告已按照被告的决定，将下欠的购房款交于被告，被告已接受，原告已履行了购买房屋的付款义务，双方的房屋买卖合同成立。被告没有将房屋交付原告，属违约行为，应承担相应的民事责任。故原告要求确认双方的房屋买卖合同成立、要求被告交付房屋并协助办理房产手续，理由正当，法院应予支持。

因该三间门面房的实际占有人系第三人王振芳，应由被告宜阳县文化局和第三人王振芳共同将该三间门面房交付原告。被告辩称待三间门面房确权后，按现行市场房屋价

格交付房款后，再给所有人出具有关手续，此辩解不符合双方约定和诚实信用原则，法院不应采纳。

第三人以郭少选向宜阳县公安局经侦大队交纳 14 万元涉案款并占有该房为由，要求确认购买宜阳县文化路南段临街独立东小楼的三间门面房的买卖行为成立有效，该门面房归第三人所有，因未提供证据证明双方存在房屋买卖合同关系，被告亦不承认与第三人存在房屋买卖合同关系，故其请求不予支持。

【司考真题】

1. AB。本题难度最大的是选项 B 和选项 C。考生应当注意的是，必要共同诉讼中只存在一个共有的民事法律关系，所以必要共同诉讼只有一个诉讼标的。而普通共同诉讼中存在多个同种类的民事法律关系，所以普通共同诉讼存在多个诉讼标的。很多考生根据必要共同诉讼只有一个诉讼标的，推出必要共同诉讼也只有一个诉讼请求，根据普通共同诉讼有若干个诉讼标的，推出普通共同诉讼有若干个诉讼请求，这种认识是错误的。应当注意的是，诉讼请求与诉讼标的之间并不存在一一对应关系，一个诉讼标的可能会对应多个诉讼请求。诉讼请求的多少主要取决于当事人请求法院裁判的对象的多少。

2. AC。本案的诉讼标的为借款法律关系，甲与乙基于连带责任保证关系，对大恒银行的借款承担连带清偿责任。因此，为必要共同诉讼。本案实际上是大恒与甲的诉讼以及大恒与乙的诉讼的合并，但是二者的诉讼标的是同一的，即借款法律关系，因此，本案仅仅是主体的合并，而不是诉讼客体合并。

3. C。考点：诉讼代表人的确定、代表人诉讼的裁判效力。

4. B。《民事诉讼法》第 54 条规定，当事人一方人数众多的共同诉讼，可以由当事人推选代表人进行诉讼。代表人的诉讼行为对其所代表的当事人发生效力，但代表人变更、放弃诉讼请求或者承认对方当事人的诉讼请求，进行和解，必须经被代表的当事人同意。由此可见，诉讼代表人产生的方式是由当事人推选，法院不能参与商定或者直接指定。因此，选项 A 关于甲和乙因故不能参加诉讼，法院可以指定另一名当事人为诉讼代表人代表当事人进行诉讼的说法是错误的。

根据《民事诉讼意见》第 62 条的规定，《民事诉讼法》第 54 条和第 55 条规定的代表人为 2 至 5 人，每位代表人可以委托 1 至 2 人作为诉讼代理人。结合本题，甲和乙被推选为本案的诉讼代表人参加诉讼，无需征得被代表的当事人的同意即可委托 L 至 2 人作为诉讼代理人参加诉讼。因此，选项 B 正确。

根据《民事诉讼法》第 54 条的规定可知，诉讼代表人的诉讼行为通常对其所代表的当事人发生效力，但代表人变更、放弃诉讼请求或者承认对方当事人的诉讼请求，进行和解，必须经被代表的当事人同意。因此，本题中诉讼请求的变更以及与 A 厂进行和解均应当经过被代表的当事人同意，而不能事后告知其他当事人或是仅经过超过半数的原告方当事人同意。选项 CD 均为错误。

5. A。考点：第三人的参诉方式、诉讼地位、诉讼行为的效力及上诉权

6. C。考点：必要共同诉讼人、普通共同诉讼人、有独立请求权的第三人、无独立请求权的第三人。本题中，张某将李某和李某的父亲打伤，李某可以向张某起诉提出赔

偿请求，李某的父亲也可以向张某起诉提出赔偿请求。也就是说，李某的父亲对诉讼标的有独立的请求权。由于无独立请求权的第三人对诉讼标的没有独立的请求权，因此，李某的父亲不是无独立请求权的第三人。选项 D 是错误的。有独立请求权的第三人的重要特征在于，其既不同意诉讼中原告的主张，也不同意诉讼中被告的主张。在本题中，李某的主张与李某父亲的主张是相互独立的，也就是说，李某父亲的主张与李某所提主张没有关系。因此，李某的父亲不是有独立请求权的第三人。选项 B 是错误的。李某与张某之间以及李某的父亲与张某之间其实是两个民事法律关系，有两个诉讼标的，是可分的。因此，李某的父亲应当是普通共同诉讼的共同原告，而不是必要共同诉讼的共同原告。A 项错误，C 项正确。

7. BC。考点：无独立请求权的第三人。无独立请求权第三人，在参诉地位上是诉讼中的原告和被告之外独立的当事人，与原告和被告不存在依附关系。

8. BC。考点为诉讼参与人的确定。根据《民事诉讼法》第 119 条第①项的规定，原告是与本案有直接利害关系的公民、法人和其他组织。在本题中，张某因购物中心打蜡地板太滑摔倒，致使左臂骨折，权益受到侵害，同时张某认为购物中心存在过错，遂起诉要求其赔偿经济损失以及精神损害赔偿。可见，张某与本案有直接利害关系，是本案的原告。而李某在本案中的权利并未受到购物中心的侵害，与本案没有直接的利害关系，不能成为本案的原告。然而，由于李某是与张某一起到购物中心采购物品，其应当是目睹了整个事情发生的经过。因此，李某可以作为本案的证人。同理，郑某也目睹了事情的发生经过。因此，郑某也可以作为本案的证人。选项 A 错误，选项 B 正确。由于华美购物中心打蜡地板太滑致使张某骨折，购物中心自然应当是本案的被告。现在涉及需要判断负责地板打蜡的购物中心工作人员郑某是否应当是本案的被告的问题。《民事诉讼意见》第 42 条和《侵权责任法》第 34 条第 1 款规定，用人单位的工作人员因执行工作任务造成他人损害的，由用人单位承担侵权责任。在本题中，无论张某受到的侵害是否是由于购物中心负责地板打蜡的郑某存在过错所造成的，郑某的该行为属于职务行为，本案的被告应当是郑某所在单位华美购物中心，而不能是郑某。如果郑某存在过错，也只能是由华美购物中心事后进行追偿。选项 C 正确，选项 D 错误。

9. D。在本案中，甲被烫伤是由顾客乙造成的，但乙之所以致使甲被烫伤是由于丽都酒店地板湿滑不慎滑倒，因此，作为公共场所管理者的丽都酒店实际上并未尽到应有的安全保障义务，在顾客乙对甲承担侵权责任的同时，丽都酒店应承担相应的补充赔偿责任。由于丽都酒店是在乙承担侵权责任的基础上承担补充赔偿责任，只有将两诉的审理合并进行，才能在二被告间合理地确定赔偿责任的分担问题，因此，本案为不可分之诉，丽都酒店和乙应为共同被告。选项 D 正确，选项 ABC 均为错误。

10. C。考点是有独立请求权的第三人。在甲乙之间因一古董而发生的所有权纠纷诉讼过程中，丙提出自己对作为诉讼标的物的古董享有所有权。显然，丙既不同意原告一方的主张，也不同意被告一方的主张，且丙对诉讼标的有独立的请求权，因此，丙应为有独立请求权的第三人。有独立请求权的第三人有权以本诉的原告、被告作为被告提起诉讼而参加诉讼，法院不能依职权追加其作为有独立请求权的第三人。因此，选项 A 错误。

有独立请求权的第三人无权提出管辖权异议。选项 B 错误。

《民事诉讼意见》第 159 条规定，有独立请求权的第三人经人民法院传票传唤，无正当理由拒不到庭的，或者未经法庭许可中途退庭的，可以对该第三人比照《民事诉讼法》第 143 条的规定，按撤诉处理。可见，如丙起诉后，经法院传票传唤，无正当理由拒不到庭，应当视为撤诉。因此，选项 C 正确。

有独立请求权的第三人参加诉讼后，原告申请撤诉，人民法院在准许原告撤诉后，有独立请求权的第三人作为另案原告，原案原告、被告作为另案被告，诉讼另行进行。可见，如丙起诉后，甲与乙达成协议经法院同意而撤诉的，丙应作为另案原告，原案原告、被告作为另案被告，诉讼另行进行，而不是应驳回丙的起诉。因此，选项 D 错误。

第八章

诉讼客体篇

第一节　诉之概念与类型

一、诉的概说和特征

诉是当事人向法院所作的一种要式诉讼行为，即就一定的民事纠纷要求法院作出利己裁判的司法保护请求。

诉作为当事人请求司法保护的一种意思表示，为法院行使审判权，处理民事案件提供了根据。诉的基本特征是：1. 诉只能向法院提出。2. 诉形成的根本原因在于双方当事人之间发生了民事纠纷。3. 诉的主体只能是当事人。4. 诉是一种司法保护请求。

二、诉之种类

根据当事人诉讼请求的目的和内容分类可将诉分为确认之诉、给付之诉与变更之诉。

（一）给付之诉

所谓给付之诉，是指一方当事人请求法院判令对方当事人向自己履行一定给付义务的诉。

给付之诉成立的基础是原告对被告享有特定的给付请求权。

按照给付的内容，给付包括货币或实物的交付，如请求还款之诉、返还财产之诉。也包括被告向原告履行所要求的行为，修缮房屋之诉等。

给付之诉以请求履行义务的时间，分为现在给付之诉和将来给付之诉。按照给付的内容不同，可以分为实物给付之诉和行为给付之诉。

给付之诉具有两个基本特点：

一是当事人提起给付之诉的目的，在于请求法院判令对方当事人履行一定的民事义务。

二是给付之诉具有执行性，即法院作出的给付判决生效后，负有义务的当事人必须按照法院的要求履行义务，否则法院将强制执行。

【司考真题】

1. 下列哪一种民事诉讼请求属于给付之诉？（2004－3－36）

A. 甲起诉请求乙停止损害其名誉

B. 丙起诉丁请求撤销二人之间的房屋买卖合同

C. 男方起诉前妻，请求将二人之子判归前妻抚养

D. 王某起诉李某，请求解除收养关系

2. 关于诉的种类的表述，下列哪些选项是正确的？（2008－3－86）

A. 甲公司以乙公司违约为由，诉至法院要求解除合同，属于变更之诉

B. 甲公司以乙公司的履行不符合约定为由，诉至法院要求乙公司继续履行，属于给付之诉

C. 甲向法院起诉乙，要求返还借款 1 000 元，乙称自己根本没有向甲借过钱，该诉讼属于确认之诉

D. 甲公司起诉乙公司，要求乙公司立即停止施工或采取有效措施降低噪音，属于变更之诉

（二）确认之诉

确认之诉是指当事人向法院提出的要求确认某种法律关系存在或者不存在的诉。其中，当事人请求法院确认存在某种法律关系的诉，称为积极的确认之诉。而当事人请求法院确认不存在某种法律关系的诉，称为消极的确认之诉。

【概念辨析】给付之诉与确认之诉

前者具有执行性，后者不具有执行性。给付之诉与确认之诉也有一定的联系。首先，这两种诉可以在同一案件中并存。例如，原告请求法院确认其与被告之间存在夫妻关系，同时又请求法院判令被告给付扶养费。其次，法院对确认之诉作出的肯定判决，对将来可能提起的与此有联系的给付之诉具有预决性。例如，法院将甲、乙双方争议的房屋判决归甲所有，以后甲向乙提起交付租金之诉或者腾房之诉时，即可以原来的确认判决为依据、而不必再去查明房屋产权的归属。

确认之诉是围绕法律关系存在与否进行的，具有下列特点：

第一，当事人之间的法律关系具有现实意义；

第二，双方当事人之间就该法律关系是否存在发生争议；

第三，请求法院确认法律关系是否存在。

（三）变更之诉

变更之诉，也称为形成之诉，是指当事人向法院提出的改变或者消灭现存的某种法律关系的请求。

变更之诉的目的系利用法院之判决，将存在之法律状态变更为另一新法律状态。原告之胜诉判决称为形成判决。

形成之诉在实体法上的权利基础是形成权，即人们关于形成权的纠纷，形成了形成之诉。形成权是指当事人一方可以以自己的行为，使法律关系发生变动的权利，形成权的主要特征在于：权利人可以以自己的意思表示行使形成权，使法律关系发生、变更或终止。形成权按其作用有三种：有能使法律关系发生的形成权，如本人对无权代理人代

理行为的承认权；有能使法律关系发生变更的形成权，如选择之债的选择权；有能使法律关系终止的形成权，如撤销权、抵销权。

变更之诉也是围绕法律关系进行的，但具有以下不同于确认之诉的特点：

第一，当事人之间无争议地现实存在某种法律关系，如夫妻关系、合同关系等；

第二，双方当事人就法律关系是否应当变更或者消灭发生争议；

第三，变更判决生效之前，原法律关系不变；变更判决生效后，原法律关系即变更或者消灭。

【司考真题】

3. 甲的邻居乙买来建筑材料，准备在房后建一杂物间，甲认为会挡住自己出入的通道，坚决反对。乙不听。甲向法院起诉，请求法院禁止乙的行为。该诉讼属于哪类诉？（2007－3－41）

A. 确认之诉　　B. 形成之诉

C. 给付之诉　　D. 变更之诉

【司考提示】

诉之种类只能按照当事人的诉讼请求判断。

掌握诉的种类与要素应注意以下几点：

1. 变更之诉与给付之诉是否包含确认之诉取决于当事人之间对法律关系的存在与否是否提出确认的诉讼请求。

2. 判断个案中诉的种类一定以当事人的诉讼请求为依据。

3. 确认之诉与变更之诉是围绕法律关系本身进行的，不涉及具体的实体权利义务，因此，不存在诉讼标的物，诉讼标的物只存在于给付之诉。

4.《关于婚姻法的司法解释（二）》第2条：人民法院受理申请宣告婚姻无效案件后，经审查属无效婚姻的，应当依法作出宣告婚姻无效的判决。原告申请撤诉的，不予准予。

第3条：人民法院受理离婚案件后，经审查属无效婚姻的，应当将婚姻无效的情形告知当事人，并依法作出宣告婚姻无效的判决。

第4条：审理无效婚姻案件，涉及财产分割和子女抚养的，应当对婚姻的效力的认定和其他纠纷的处理分别制作裁判文书。确认婚姻效力的判决不得上诉，作出就生效；其他部分的判决可以上诉。

第二节 诉之要素

诉的要素，是指构成一个独立之诉的基本因素，它是诉的不可缺少的组成部分。诉的要素通常包括诉的主体、诉的标的与诉的理由。

一、诉的主体——当事人

当事人是诉的主体，任何一个诉均有提起诉讼的一方与被诉的一方。当事人是否适格，是法院审理案件时首先要解决的问题。即使诉的其余要素均相同，但只要当事人不同，就可以成为新的诉。

二、诉的理由

所谓诉的理由，是指使当事人提出的诉讼请求得以成立的根据，包括事实根据和法律根据。其中，事实根据包括案件事实和证据事实，法律根据包括程序法律根据和实体法律根据。诉的理由所回答的是当事人提起诉讼和进行诉讼因为什么。

如在甲某诉乙某，要求其赔偿因被乙某饲养的狗咬伤而造成的经济损失 2 100 元钱的诉讼中，咬伤甲某的狗是乙某饲养的，2 100 元钱是甲某为治疗被狗咬伤而支付的，这些事实就构成该侵权之诉的事实理由；

而《民法通则》对饲养动物人因其饲养动物给他人造成损害应承担民事责任的规定即构成该侵权之诉的法律理由。

三、诉的标的

（一）概念

诉讼标的是指当事人之间发生争执并要求法院作出裁判的民事权利义务关系。诉讼标的是诉的客体，是法院裁判的对象。当事人是因民事权利义务产生争议才到法院进行诉讼的，所以，当事人争执的特定的民事权利义务便成为法院裁判的对象。

诉具有不同的类型，在不同类型的诉中，诉讼标的也有所不同。

给付之诉的诉讼标的是原告要求被告履行给付义务的请求所基于的原告与被告之间的实体法律关系；

确认之诉的诉讼标的是原告请求法院确认他与被告之间存在或者不存在某一实体法律关系；

变更之诉的诉讼标的则是原告请求法院变更或消灭与被告之间存在的某种法律关系。

诉讼标的 ⟶ 诉讼理由 ⟶ 诉讼请求 ⟶ 诉讼标的物（给付之诉）
↘ 无诉讼标的物

诉讼易混概念示意图

（二）诉讼标的的功能

诉讼标的在民事诉讼的许多方面都发生作用与影响：

1. 诉讼标的对起诉的影响。（1）对确定诉讼请求的影响。没有诉讼标的，也就谈不上什么诉讼请求。（2）对重复起诉或再次起诉的影响。诉讼标的是判断前诉与后诉是否是同一个诉的根据，从而确定当事人是否是重复起诉或再次起诉。

2. 诉讼标的对法院审理和裁判的影响。（1）诉讼标的确定了法院对案件的审理范围和裁判的范围。（2）诉讼标的决定了法院判决既判力作用的客观范围。原告起诉之诉讼标的，如于终局判决中经法院判决确定者，当事人不得就同一诉讼标的，另行提起新诉讼。

3. 确定双方当事人进行攻击防御的对象、范围。原告于起诉时虽得自由确定其诉讼标的，但于诉状送达被告后，原则上原告不得任意变更或追加他诉。原告之诉有无变更或追加，应视其诉讼标的有无变更或追加相异之诉讼标的而定。诉讼标的对当事人胜诉权和诉讼结果的影响主要是在诉讼竞合的情况下产生。在诉讼竞合的情况下，在同一法律事实或法律权利义务关系受两个以上的法律或法规规范时，就有可能出现在同样的情况下，适用某一法律或法规进行诉讼，就可能胜诉，而适用另一个法律或法规进行诉讼就可能败诉的情况。

【案例讨论 1】

甲与乙发生口角，乙当众将甲房屋的门窗砸坏。甲起诉要求乙赔偿因此而遭受的财产损失 1 200 元。在本案中，诉讼标的是什么？诉讼标的物是什么？诉讼请求又是什么？如果法院审理后，判决认定甲的诉讼请求成立。判决生效后，甲认为自己不仅财产上受到损失，而且乙当众砸坏门窗的行为侵犯其人格尊严，致使其精神上也受到损害，于是又向法院起诉，要求乙赔偿因该侵权行为导致的精神损害。人民法院能否受理甲的起诉？为什么？

【司考真题】

4. 刘某习惯每晚将垃圾袋放在家门口，邻居王某认为会招引苍蝇并影响自己出入家门。王某为此与刘某多次交涉未果，遂向法院提起诉讼，要求刘某不得将垃圾袋放在家门口，以保证自家的正常通行和维护环境卫生。关于本案的诉讼标的，下列哪一选项是正确的？（2009 - 3 - 37）

A. 王某要求刘某不得将垃圾袋放在家门口的请求

B. 王某要求法院保障自家正常通行的请求

C. 王某要求刘某维护环境卫生的请求

D. 王某和刘某之间的相邻关系

5. 甲因乙久拖房租不付，向法院起诉，要求乙支付半年房租 6 000 元。在案件开庭审理前，甲提出书面材料，表示时间已过去 1 个月，乙应将房租增至 7 000 元。关于法院对甲增加房租的要求的处理，下列哪一选项是正确的？（2011 - 3 - 37）

A. 作为新的诉讼受理，合并审理。

B. 作为诉讼标的变更，另案审理

C. 作为诉讼请求增加，继续审理

D. 不予受理，告知以甲可另行起诉

6. 乙租住甲的房屋，甲起诉乙支付拖欠的房租。在诉讼中，甲放弃乙支付房租的请求，但要求法院判令解除与乙的房屋租赁合同。下列关于本案的哪种说法是正确的？（2006 - 3 - 41）

A. 甲的主张是诉讼标的的变更　　B. 甲的主张是诉讼请求的变更

C. 甲的主张是诉的理由的变更　　D. 甲的主张是原因事实的变更

7. 关于诉的分类的表述，下列哪一选项是正确的？（2013 - 3 - 37）

A. 孙某向法院申请确认其妻无民事行为能力，属于确认之诉

B. 周某向法院申请宣告自己与吴某的婚姻无效，属于变更之诉

C. 张某在与王某协议离婚后，又向法院起诉，主张离婚损害赔偿，属于给付之诉

D. 赵某代理女儿向法院诉请前妻将抚养费从每月 1 000 元增加为 2 000 元，属于给付之诉

第三节 反 诉

一、反诉的概念

反诉，是指在诉讼程序进行中，本诉被告针对本诉原告向法院提出的独立的反请求。

例如，甲某基于房屋租赁合同要求承租人乙某向其支付所拖欠的租金6 000元，在诉讼进行过程中，乙某提出自己为甲某修缮房屋花费1万元，因此，要求甲某支付自己修缮房屋所花费的1万元，这一请求即为反诉。

提起反诉，是被告的一项诉讼权利。民事诉讼法规定反诉制度的目的，一方面在于通过法院对本诉与反诉的合并审理，利用同一诉讼程序解决相关联的纠纷，以提高诉讼效率；另一方面则是为了避免因分别审理而造成的裁判相抵触。

二、反诉构成要件

1. 当事人的同一性与特定性。须由本诉的被告向本诉的原告提出。反诉与本诉当事人同一性的特征决定了只有本诉的被告才能够向本诉的原告提出反诉。如果不是本诉的被告，如无独立请求权的第三人，则无权提出反诉。

【司考真题】8. 刘某夫妻与杨某是大学同学，关系甚密。后来刘某与杨某在生意中发生纠纷，刘某起诉至法院，要求杨某给付货款4 000元。法院受理后依法开庭审理，在审理中杨某提出刘某的妻子曾向其借款5 000元，至今未还，要求刘某夫妻用货款抵债并偿还其余1 000元。法院对此应如何处理？（2003－3－30）

A. 将杨某的请求作为反诉与原诉讼合并审理

B. 中止给付货款的诉讼

C. 追加刘某的妻子为第三人

D. 告知被告杨某另行起诉

2. 诉讼请求的独立性。反诉是本诉被告利用已开始的诉讼程序向原告提出的反请求，这种反请求尽管与原告的诉讼请求有密切的关系，但它本身具有独立性。

表现为：不因本诉的消灭而消灭。反诉提出后，即使本诉的诉讼请求被放弃或撤回也不影响反诉的存在，法院仍然要对反诉的诉讼请求进行审理并作出裁判。

3. 诉讼目的具有对抗性。被告提出反诉，目的在于抵消或吞并原告提起的诉，使原告的诉讼目的无法全部实现或部分实现。如上述案件中，乙某提出反诉的目的在于吞并甲某的6 000元诉讼请求。

4. 反诉请求与本诉具有一定的牵连性。

所谓存在牵连关系，是指两者存在法律上或事实上的联系。

这种牵连性通常表现为两个方面：

（1）反诉与本诉请求是基于同一个法律关系而产生的目的相对抗的不同的实体请求。

如原告提出请求交付买卖标的物的本诉，被告则提出请求支付价款或者请求确认买卖合同无效的反诉；

（2）反诉与本诉是基于相牵连的不同法律关系而产生的目的相对抗的不同的实体请求。

后者如原告基于所有权请求被告交付所占有的动产，被告则反诉请求法院确认他对该动产享有的质权。

反诉与本诉存在牵连关系，才有合并审理的必要

5. 反诉时间的特定性

即反诉原则上应当在一审中提出。根据最高人民法院《关于民事诉讼证据的若干规定》（以下简称《证据规定》）第 34 条的规定，当事人提出反诉，应当在举证期限届满前提出。如果当事人在二审程序中提出反诉，人民法院则可以根据当事人自愿原则进行调解；如果调解不成，则就反诉部分告知当事人另行起诉。

6. 反诉与本诉适用的程序具有同一性

反诉须与本诉适用同一种诉讼程序，方能利用本诉的诉讼程序合并审理。适用简易程序而反诉应适用普通程序，则难以将两诉合并，反诉也就没有意义了

7. 须向受理本诉的法院提出，且受诉法院对反诉有管辖权

反诉是在本诉进行中提起的，并且要利用本诉的诉讼程序一并进行审理，因此反诉只能向受理本诉的法院提出。管辖权是法院对特定诉讼行使审判权的前提，故受诉法院须对反诉具有管辖权。

【司考真题】

9. 2003 年 8 月，设立于同一行政区域内的甲公司向乙公司订购了 40 台电脑，协议约定乙公司于 2004 年 1 月 31 日之前交货，甲公司于 2004 年 3 月 15 日之前付清货款。乙公司按期向甲公司交付了 40 台电脑，但甲公司只在 2004 年 3 月向乙公司交付了 29 台电脑款，其余 11 台电脑款一直未付。2005 年 1 月，乙公司起诉，要求甲公司支付余款及其利息，法院受理了此案。甲公司认为乙公司的电脑质量不合格，准备提起反诉。关于提起反诉的解答，下列哪些选项是正确的？（2007－3－88）

A. 甲公司的反诉在主体、管辖和牵连关系上都是符合反诉条件的

B. 该反诉应该在答辩期届满之前提出

C. 反诉所需要交纳的受理费较通常的起诉减半收取

D. 该反诉已经超过了诉讼时效，法院应依法裁定不予受理

10. 甲公司起诉要求乙公司交付货物。被告乙公司向法院主张合同无效，应由原告甲公司承担合同无效的法律责任。关于本案被告乙公司主张的性质，下列哪一说法是正确的？（2009－3－36）

A. 该主张构成了反诉　　B. 该主张是一种反驳

C. 该主张仅仅是一种事实主张　　D. 该主张是一种证据

二、法院对反诉的审理

1. 在一审过程中：只能在举证期限届满前提出，可以合并审理。

2. 在二审过程中提出反诉请求的：先调解，调解不成的，告知当事人另行起诉。

3. 再审中提出反诉：如果再审是二审，则按照二审处理反诉的方式处理；如果一审再审，反诉驳回，只能另行起诉。

【司考真题】

11. 关于反诉，下列哪些表述是正确的？（2013-3-80，多）

A. 反诉的原告只能是本诉的被告

B. 反诉与本诉必须适用同一种诉讼程序

C. 反诉必须在答辩期届满前提出

D. 反诉与本诉之间须存在牵连关系，因此必须源于同一法律关系

12. 甲诉乙的合同纠纷案件，经一审、二审法院的审理，甲胜诉。乙申请再审，法院经审查决定再审。再审过程中，乙提出反诉。对此，法院应如何处理？（2005-3-39）

A. 将乙的反诉与甲提出的本诉合并审理

B. 裁定驳回乙的反诉

C. 判决驳回乙的反诉

D. 就反诉进行调解，调解不成的，告知乙另行起诉

【案例讨论2】

2012年9月20日，市机电公司与加工公司签订一份设备加工合同，约定市机电公司为加工公司生产一套设备，设备款为500万元。2012年10月30日，经设备质量检验，符合合同约定的标准，加工公司接受并支付了450万元设备款，还差50万元未付。市机电公司多次索要该笔货款，但加工公司迟迟不予答复。为此，市机电公司向人民法院起诉，要求加工公司及时支付所拖欠的设备款。经过审理，一审法院判决加工公司败诉，应当支付所拖欠的设备款50万元。加工公司不服，向二审法院上诉。在二审审理期间，加工公司提出在市机电公司为其生产设备期间，曾借用自己价值30万元的贵重金属原材料，要求法院确认这一关系，并判决从自己所拖欠设备款中扣除原材料钱30万元。请问：

一是在本案中存在哪几个诉？属于哪一种类的诉？其诉的标的是什么？

二是加工公司提出的在所欠设备款中扣除原材料钱30万元的要求能否形成反诉？二审法院应当如何处理？

【参考答案与解析】

1. A。给付之诉的核心在于权利人请求人民法院责令义务人履行一定的义务。选项A中的甲请求乙不为行为，属于消极行为给付之诉；选项B中丙的请求实际上是消灭合同关系，属于变更之诉；选项C中男方的请求本质在于改变其子的抚养关系，属于变更之诉；选项D中王某的请求为解除法律关系，属于变更之诉。

2. 答案：AB　解析：① 本案属于变更之诉，因为其诉讼请求是要求消灭双方之间的合同法律关系。

② 本案属于给付之诉，因为其诉讼请求是要求对方履行一定义务。

③ 本案属于给付之诉，因为其诉讼请求是要求返还借款，即履行某项义务。本题容易混淆为确认之诉（确认借款合同是否存在），但一定要注意诉的分类标准是诉讼请求，而非其他。

④ 本案属于给付之诉，因为其诉讼请求是履行某项义务，其中立即停止施工，是不作为的给付之诉；采取有效措施降低噪音属于作为的给付之诉。

3. C

4. 答案：D　解析：本题考核诉讼标的。

诉讼标的是指当事人之间发生争执并要求法院作出裁判的民事权利义务关系。本题中ABC项都属于诉讼请求，只有D项是“权利义务关系”，即诉讼标的。因此，本题的正确答案是D。

5. 答案：C「考点〕诉、诉讼标的、诉讼请求

本案中的诉讼标的一直都是甲乙之间的债权债务关系而没有变更；诉的理由，即当事人提出诉讼请求所依据的事实与法律依据，本案中的事实依据是乙拖欠甲房租不付的事实，法律依据是《合同法》规定的债务人的合同履行义务，也就是说，当事人提出诉讼请求所依据的事实与法律依据均没有变更。由此可知，本案中诉的主体、诉的标的及诉的理由都没有变更，所以本案中只有一个诉而没有新的诉讼，关于合并审理的情形，我国《民事诉讼法》第126条规定，原告增加诉讼请求，被告提出反诉，第三人提出与本案有关的诉讼请求，可以合并审理。由于本题中没有新的诉讼，选项A将甲增加房租的要求作为新的诉讼合并审理的做法错误。因此，选项A错误。

本案中的诉讼标的一直都是甲乙之间的债权债务关系而没有变更，所以选项B将甲增加房租的要求作为诉讼标的的变更而另案审理的做法错误。因此，选项B错误。

诉讼请求是指当事人基于争议的实体权利义务关系向人民法院提出的具体实体要求。本题中，乙应将房租增至7 000元的要求是基于甲乙之间的债权债务关系向人民法院提出的具体要求，属于诉讼请求的增加，法院应当继续审理而不是不予受理。因此，选项C正确，选项D错误。

6. 答案：B。解析：本题中，甲、乙因租赁合同发生争议，甲放弃要求乙支付房租的请求，要求法院判令解除与乙的房屋租赁合同。在这个过程中，诉讼标的一直是租赁合同纠纷，诉讼理由、原因、事实一直是乙拖欠房租，故诉讼标的、诉的理由和原因事实都没有变更，而仅变更了诉讼请求，因此选B是正确的。

7. C。选项A中确认其妻无民事行为能力的行为不是诉，并没有通过法院向对方当事人提出某种请求，而是对一种事实进行确认的非诉行为；B选项应为确认之诉，周某诉请法院确认其与吴某的婚姻关系无效；C选项中张某向法院起诉的目的是诉请被告王某给付离婚损害赔偿费，故为给付之诉；选项D，是将已经存在一个持久的，按月给付的债务变更为另外一个债务，法律关系的权利义务内容发生了变化，因此是一种变更之诉。该变更之诉是基于法律的特殊规定，当事人基于特定的事实通过法院变更当事人之间的权利义务关系。

8. 答案：D　法院应告知乙就甲的妻子借款一事另行起诉，因为乙的请求不是针对甲提出，故不构成反诉。

9. AC

10. A

11. AB。考点为反诉的构成要件。反诉主体具有特定性，因此A选项正确；反诉

与本诉管辖与诉讼程序具有同一性，因此，B项正确；根据《证据规定》）第34条的规定，当事人提出反诉，应当在举证期限届满前提出，C错；反诉与本诉的牵连还包括事实基础的牵连，因此，D项错误。

12. D

【案例剖析1】在本案中，诉讼标的是甲与乙之间发生争议并请求人民法院确定的侵权法律关系。因为本案中涉及甲与乙之间的具体的损害赔偿民事权利义务问题，而该实体权利义务指向的对象是被砸坏的门窗，故本案的诉讼标的物就是这些门窗。本案的诉讼请求是甲要求乙赔偿财产损失1 200元。

如果人民法院对该侵权纠纷案件作出判决后，甲又以同一侵权事实就侵权诉讼中没有提出的精神损害赔偿请求另行向人民法院起诉请求赔偿精神损害，根据《最高人民法院关于确定民事侵权精神损害赔偿责任若干问题的解释》第6条的规定："当事人在侵权诉讼中没有提出赔偿精神损害的诉讼请求，诉讼终结后又基于同一侵权事实另行起诉请求赔偿精神损害的，人民法院不予受理。

【案例剖析2】

我们要准确分析这类案例，需要首先分析案情所涉及的法律关系。在本案中，存在以下法律关系：其一，市机电公司与加工公司之间的设备加工合同；其二，市机电公司借用加工公司价值30万元的贵重金属原材料的借用关系。

（1）在本案中，存在三个诉。具体包括：第一，市机电公司基于合同要求加工公司支付所拖欠设备款的诉；该诉属于给付之诉；其诉的标的是市机电公司与加工公司基于该合同而发生争议的，并请求人民法院确认的加工公司是否应向设备公司支付所拖欠的50万元设备款的权利义务关系。第二，加工公司要求法院确认其与市设备公司之间存在借用价值30万元的贵重金属原材料关系的诉；该诉属于确认之诉；其诉的标的是市设备公司与加工公司之间发生争议的，是否存在为生产该设备而借用价值30万元贵重金属原材料的关系。第三，加工公司提出的要求法院从自己所拖欠设备款中扣除市设备公司所使用贵重金属原材料的30万元的诉；该诉属于给付之诉；其诉的标的是加工公司与市机电公司之间发生争议的，请求法院确认的市机电公司应否履行返还为生产设备所使用的贵重金属原材料款的权利义务关系。

（2）加工公司提出的在所欠设备款中扣除贵重金属原材料钱30万元的要求能够形成反诉，因为该请求符合反诉主体特定、目的对抗、请求独立等形成反诉的要求。二审法院对于加工公司的反诉请求可以在自愿、合法的基础上进行调解，调解不成的，只能告知加工公司就反诉部分向有管辖权的人民法院另行起诉，而不得将反诉与就本诉的上诉部分一并直接作出二审判决，这样会剥夺当事人就反诉部分的上诉权。

第三编

证据与证明

第九章

民事证据

本章知识结构图

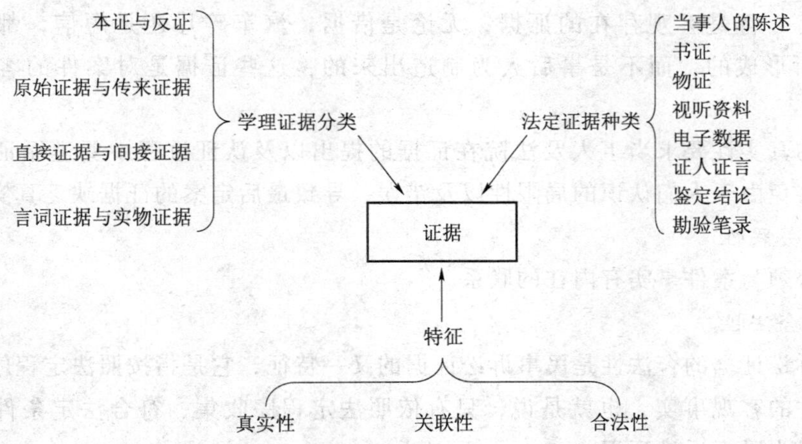

第一节　民事诉讼证据概述

一、民事诉讼证据的概念

民事诉讼证据是指能够证明民事诉讼案件事实的一切根据和方法。在民事诉讼中，证据是查明案件事实作为裁决的根据。

二、民事诉讼证据的特征

学界一般认为，证据的特征主要有三方面，这三方面构成了证据的基本属性，即：证据的真实性、关联性以及合法性。

（一）真实性

证据的真实性又可以称为证据的客观性，它是证据诸特征中最基本、最本质的特征。民事诉讼证据的客观性具有三层含义，第一，它存在的形式是客观的，外表表现为客观存在的实体，这种实体独立于人的主观意志之外；第二，民事诉讼证据反映的内容

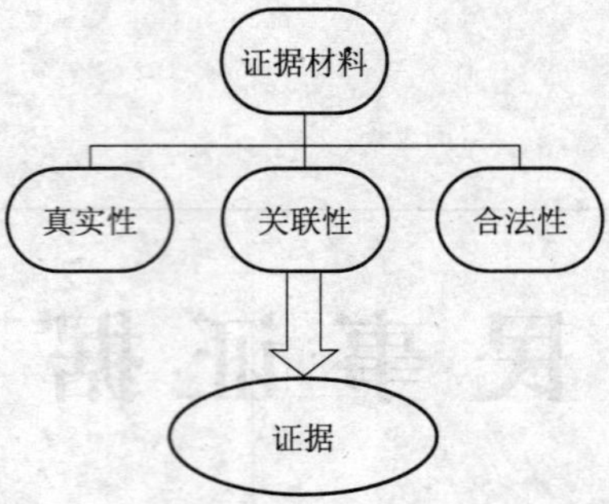

源于案件本身，因此它具有真实性；第三，作为民事诉讼证据的内容与案件的待证事实之间的联系是客观的。[①] 该特征的根据在于，民事案件在形成的过程中所产生的一切痕迹、物件以及其他相关资料，都是客观存在的，是真实的，是不以人的主观意志为转移的。比如，借贷纠纷中的借据、交通事故中遗留在现场的汽车碎片、侮辱人格的短信等等，都是客观存在的证据，无论是借据、汽车碎片还是短信，都是案件历时过程中所形成的，而不是事后人为制造出来的，这些证据是对案件的客观反映和真实描述。

证据的真实性要求当事人及法院在证据的提出以及认证过程中要遵循证据的客观性，尽量避免由于人们认识的局限性以及错误，导致最后定案的证据缺乏真实性。

（二）关联性

证据必须与案件事实有内在的联系。

（三）合法性

民事诉讼证据的合法性是民事诉讼证据的又一特征，它是指按照法定程序收集、符合法定条件的客观事实，也就是说，只有依照法定程序收集、符合法定条件的证据材料，才能成为民事诉讼证据。

民事诉讼证据的合法性包括以下含义：第一，形式的合法性，即证据的具体形态必须符合法律制度所规定的形式，其具体又包含两种情形，第一种情形，符合证据法律制度所要求的证据的种类，在我国，根据《民事诉讼法》第 63 条的规定，证据的种类包括当事人的陈述、书证、物证、视听资料、电子数据、证人证言、鉴定意见、勘验笔录等八种，因而，证据必须以这八种形态之一呈现，才是符合法律规定的证据，才具备证据的合法性特征。第二种情形，即符合其他法律比如实体法律制度对于证据形式的特殊要求，只有符合这些法律要求的证据，才具备合法性特征。第二，程序的合法性，即民事诉讼证据的收集、取得和认定的程序必须符合法律的规定，第二种含义具体又包含两层意思，第一层，只有依照法定程序调查、收集和提交的证明材料才能成为证据。第二层意思，证明材料转化为诉讼证据的程序要符合法律规定，典型比如必须经过法律规定的质证程序，才能认定证据，未经质证，任何证明材料都不能成为法院认定事实的根据。

---

① 田平安．民事诉讼法原理．厦门大学出版社，2009：209.

【案例讨论 1】

老方创作的纪实小说以某县吴村的村支书为原型，其中描写了村支书与村霸吴三（以吴某为原型）斗智斗勇的场面。小说发表后，吴某认为小说将自己作为村霸进行刻画，侵犯其名誉权，遂起诉老方要求赔偿经济损失 2 万元并赔礼道歉。一审过程中，被告老方提出了当地镇党委处理吴某相关问题的决定（档案材料）作为证据，该材料是党委在写小说前就提供给老方的加盖公章的证明材料，证明小说的描写有事实根据。一审法官认为，虽然有相关档案材料，但党委并未同意可以据此创作小说，该材料不能作为证据。问：法官否定老方提出的档案材料具备证据资格是否正确？

第二节 民事诉讼证据的种类

我国法定证据种类相较而言，一直较为详细，2012《民事诉讼法》修改后，增加了一种证据种类，目前，我国民事诉讼证据的种类一共有八种，根据《民事诉讼法》第 63 条的规定，包括：当事人的陈述、书证、物证、视听资料、电子数据、证人证言、鉴定意见、勘验笔录等八种形式。

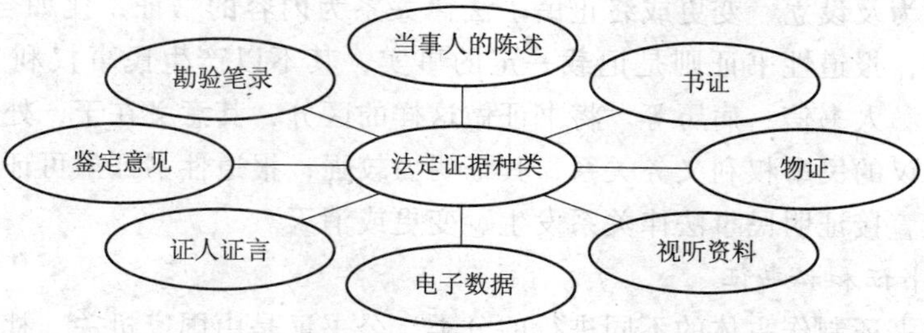

一、当事人的陈述

当事人的陈述，是指当事人就案件事实向法院所作的陈述。当事人所陈述的内容只是案件事实，并不包括诉讼请求、诉讼标的以及适用法律等。当事人的陈述在修法以后作为民事诉讼证据种类的第一类，有其特殊含义。当事人是案件的直接参与者，对其中的权利义务关系的产生、变更、消灭以及纠纷发生的真实情况一般最为了解，且最为全面，而当事人的陈述作为言词证据的一种，能够最为直接地、全面地、生动形象地呈现案件事实，当事人对于案件事实所作的陈述将有助于法院了解案件事实的真相，进而作出裁判，所以，当事人的陈述是民事诉讼证据的重要种类之一。

当事人的陈述有以下特点：第一是真实性。当事人一般是案件的亲历者，他们对案件的真实情况最为了解，了解得也最为全面，而且能够用形象生动的言词叙述出来，使得这一证据形式相当易于接受。第二则是虚假性。当事人是案件的亲历者，进而参与到诉讼当中，但诉讼的结果一般与其有着直接利害关系，他们是争议民事法律关系的主体，因而在诉讼中，他们往往出于利己动机，夸大对自己有利的陈述，而忽略或回避对自己不利的陈述，甚至于为了胜诉而作出虚假陈述。因而，这一正一反两方面的特性，决定了当事人的陈述将是十分重要的证据形式，但在证据审查的过程中，应当全面分析，结合其他证据加以判断，对于符合事实真相的当事人的陈述，将予以认定，否则将予以排除。

二、书证

所谓书证，是指以书面文字、符号、图形等所记载的内容或表达的含义，而非外在形态、包装等来证明案件事实的证据。常见的书证比如合同书、遗嘱、信函、授权委托书等等。

书证具有以下特征：第一，书证并不是以其存在而是用文字符号记录和表达一定思想内容的物品。第二，书证和言词证据一样，同样具有生动性、全面性的特点，书证往往能够直接证明当事人之间的权利义务关系，证明力较高。第三，书证易于保存，但也易于伪造，尤其是纸质类文书，更容易弄虚作假。所以，往往配合书证的将是一系列的笔迹鉴定工作，来辨别真伪。

书证种类繁多，可以按照一定的标准进行分类，常见的分类如下：

（一）处分性书证和报道性书证

根据书证内容的不同，可以分为处分性书证和报道性书证。处分性书证以记载一定的民事法律行为及设立、变更或终止民事法律关系为内容的书证，比如合同书、遗嘱、授权委托书等；报道性书证则是记载一定的事实，其不以产生民事权利义务关系为内容，如日记、私人书信、病历等。将书证做这样的区分，其意义在于，处分性书证能够直接证明有争议的民事权利义务关系，其证明力较强；报道性书证虽可证明一定的案件事实，但不能直接证明民事法律关系发生、变更或消灭。

（二）公书证和私书证

这是根据书证制作主体的不同进行的分类。公书证是由国家机关、社会团体、法人或者其他组织依照一定的程序或格式，在自己职权范围内制作的各种文书，如法院的裁判文书、房屋产权证书、公证机关的公证书等。私书证则是指公文书以外的其他文书。根据《关于民事诉讼证据的若干规定》第 77 条第 1 项的规定："国家机关、社会团体依职权制作的公文书证的证明力一般大于其他书证"，公书证的证明力一般强于私书证，因为公书证依照一定的程序制作，有一定格式，且制作主体有一定的行政职权，所以易于判断真伪，相反，私书证则不易判断真伪。

（三）特别书证和一般书证

根据书证的制作程序是否需要经过特定的程序或采取特定的形式，可将书证分为特别书证和一般书证。特别书证是指必须采取某种特定的形式或履行特定的手续才能形成的书证比如法院裁判文书、格式合同、结婚证等；一般书证是指不需要经过特定的程序就可以形成的书证，比如非格式合同、借据、日记等。对比观之，特别书证形成程序严格，内容完善，其证明力一般较高于一般书证。

三、物证

物证具有以下特征：第一，物证直观性较强。物证以实体物的特征、属性及存在形态来证明案件事实，其以这些特征来证明案件，直观性较强，直观性较强所以其说服力也一般较强。第二，物证可靠性较强。物证以物品的外观形态来证明案件事实，只要其不是伪造或被篡改的，一般不会受主观因素的影响，能够忠实还原案件本质。第三，物证稳定性较强，物证一旦形成，在短时间内一般不易发生变化。第四，物证一般不能直接证明案件客观情况。物证被形象地比喻为"不会说话的证据"、"哑巴证据"，因为物证是靠其外部特征、属性、存在形态来证明案件，不能直接证明案件客观情况，而需要借助于其他证据加以说明，所以物证往往是间接证据。比如现场遗留的打人的木棍，其虽然血迹斑斑、外部特征明显，但无法直接证明施害人用木棍打了被害人，还需要其他的诸如证人证言等证据来加以证明。

四、视听资料

视听资料是指以录音、录像等设备所存储的信息来证明案件真实情况的资料。视听资料是一类比较特殊的证据，之所以特殊，是由于它和现代科技发展紧密相联。视听资料与传统证据相比，其特点在于：第一，信息容量大，内容丰富。第二，易于保存。由于视听资料载体不大，体积小、重量轻，易于保存，而且携带方便。第三，具有较大的准确性和真实性。视听资料一般能够准确还原案件的真实情况，准确性较高，证明力较强，一般能够直接证明案件真实情况，但由于运用高科技，也较易于伪造和篡改。因而《民事诉讼法》第 71 条规定："人民法院对视听资料，应当辨别真伪，并结合本案的其他证据，审查确定能否作为认定事实的依据。"

【立法背景】

将视听资料作为一种独立的证据种类，是我国在 1982 年《民事诉讼法（试行)》中确立的，其后的民事诉讼法一直保留该证据种类，并被《刑事诉讼法》和《行政诉讼法》所吸收，成为三大诉讼法共有的证据种类。在 2012 年《民事诉讼法》修订以前，电子计算机存储的数据一般也被归于视听资料的范畴，但修法之后，电子数据成为了独立的证据种类，因而视听资料的范围仅限于录音、录像资料，而不再包含电子数据。

五、电子数据

电子数据即电子证据，是指以电子、电磁、光学等形式或类似形式存储在计算机中的信息作为证明案件事实的证据资料，既包括计算机程序及其所处理的信息，也包括其他应用专门技术设备检测得到的信息资料。电子数据这一证据种类是 2012《民事诉讼法》新增加的证据种类，在该种证据种类独立以前，一般归属于视听资料，但视听资料这一载体显然不能全部以及准确概括电子数据，造成了诸多不便，因而，新法将电子数据予以独立。电子数据除了包括电子数据交换、电子邮件、电报、电传和传真以外，还包括网上聊天记录、网络博客、手机短信、电子签名和域名等。

六、证人证言

所谓证人，是指了解案件事实，并出庭作证或向法院提供证词的人。而证人出庭所作的陈述或者提供的书面证言，即是证人证言。

证人证言具有以下特征：第一，证人与客观存在的案件事实形成的联系是特定的，是他人不可替代的。第二，证人证言的真实性容易受到多种因素的影响。

《民事诉讼法》第 72 条规定："凡是知道案件情况的单位和个人，都有义务出庭作证。有关单位的负责人应当支持证人作证。不能正确表达意思的人，不能作证。"能否成为证人，关键在于其是否知悉案情，而不以其是否具有民事行为能力作为条件。只要证人其年龄、智力状况或者精神状况与待证事实相符，且能够正确表达意思，都可以成为证人。

证人出庭作证，一般通过口述的方式进行，并接受当事人及法官的询问。而根据《民事诉讼法》第 73 条的规定："经人民法院通知，证人应当出庭作证。有下列情形之一的，经人民法院许可，可以通过书面证言、视听传输技术或者视听资料等方式作证：（一）因健康原因不能出庭的；（二）因路途遥远，交通不便不能出庭的；（三）因自然灾害等不可抗力不能出庭的；（四）其他有正当理由不能出庭的。"在这些情形下，证人可以不出庭而用其他方式提供证人证言，此时，虽然借助于纸张、视频等手段，但这些证据仍旧属于证人证言，而非书证或者视听资料。

同时，《民事诉讼法》第 74 条规定了证人作证的必要补偿："证人因履行出庭作证义务而支出的交通、住宿、就餐等必要费用以及误工损失，由败诉一方当事人负担。当事人申请证人作证的，由该当事人先行垫付；当事人没有申请，人民法院通知证人作证的，由人民法院先行垫付。"

【立法背景】

2012《民事诉讼法》证人证言的相关法条，吸收了相关司法解释的合理成果，加以改进后形成立法。新法还将原法的"不能正确表达意志的人，不能作证"，修改为"不能正确表达意思的人，不能作证"，这更为科学，扩大了不能作证的证人的范围，比如虽然并非精神病人，但囿于文化、智力状况等限制，不能通过口述、手写等方式合理表达出自己的意思，也将不能成为证人而提供证人证言。

七、鉴定意见

鉴定人运用自己的专门知识和技能，根据所提供的案件材料，对案件中的专门性问题进行分析、判断、鉴别后作出的书面意见，称为鉴定意见。常见的鉴定比如医学鉴定、文书鉴定、会计鉴定、技术鉴定、产品质量鉴定、行为能力鉴定等。

鉴定意见具有以下特征：第一，权威性。鉴定意见是由具有专门知识和专业技能的单位或个人，运用科学技术知识对案件事实作出的分析，判断、鉴别，与一般人的认识和判断比起来，鉴定意见具有更高的权威性。第二，专门性。鉴定意见是对案件涉及的专门性问题作出的分析、判断、鉴别，而不是对于一般性问题作出的判断。而且不同的鉴定由不同的具有专门性知识的专家作出，以确保其权威。第三，客观性。作出鉴定意见必须以案件材料作为基础，而且只对案件涉及的事实问题作出分析、判断、鉴别，对于案件涉及的其他问题，鉴定人不能作出相关意见。

经过长期的鉴定体制修正，我国鉴定体制已经实现了由职权鉴定主义向当事人鉴定主义的转变，新修改的《民事诉讼法》第 76 条规定："当事人可以就查明事实的专门性问题向人民法院申请鉴定。当事人申请鉴定的，由双方当事人协商确定具备资格的鉴定人；协商不成的，由人民法院指定。当事人未申请鉴定，人民法院对专门性问题认为需要鉴定的，应当委托具备资格的鉴定人进行鉴定。”第 78 条规定：“当事人对鉴定意见有异议或者人民法院认为鉴定人有必要出庭的，鉴定人应当出庭作证。经人民法院通知，鉴定人拒不出庭作证的，鉴定意见不得作为认定事实的依据。”同时，为了达到破除一名鉴定人“主导”整个局面的境地，《民事诉讼法》第 79 条规定：“当事人可以申请人民法院通知有专门知识的人出庭，就鉴定人作出的鉴定意见或者专业问题提出意见。”这些有专门知识的人称为专家辅助人，其存在的目的就是“制约”和“监督”鉴定人，以使得案件的专门性问题更加清晰。

【立法背景】

2012 年修法之前，鉴定意见还称为鉴定结论，这个称谓容易被误解为不可推翻或质疑的结论，因此，2012 年 3 月 14 日全国人大通过的《刑事诉讼法》修改决定中将鉴定结论修改为鉴定意见，其后的民事诉讼法修改，也作了相同的修正。

【评注】

鉴定意见在理论上属于专家证据的一种形式。英美法系和大陆法系国家基于法律传统的差异，对专家证据采取不同的方式。英美法系国家并不采取法庭委托鉴定人出具鉴定意见的方式，专家证据主要体现为专家证人。专家证人属于证人，在作证规则上，专家证人与普通证人并无区别，适用统一的证人规则，通过双方当事人各自聘请的专家证人的陈述以及交叉询问，帮助法官形成对涉及专门问题的心证。大陆法系国家的专家证据一般以通过鉴定的证据方法形成鉴定意见为主要形式。在大陆法系国家，鉴定人是法官的科学辅助人，这决定了鉴定人在当事人之间具有中立地位。大陆法系主要国家对于鉴定人均强调是根据法官的命令或者指令协助法院对有关证据问题加以判断，我国对专家证据的做法与大陆法系国家一致，只有人民法院委托的鉴定人出具鉴定意见的诉讼活动，才是民事诉讼法上的鉴定。

八、勘验笔录

勘验笔录是法院指派的人员对与争议有关的现场、物品进行勘测、调查、检验时，对勘验过程和结果所作的客观记录。其主要包括现场勘验笔录、物证勘验笔录、人身检查笔录等。勘验笔录既是一种独立的证据种类，也是一种固定和保存证据的方法。

勘验笔录必须在法庭出示或宣读、当事人有权询问并提出意见，并可要求重新勘验。勘验过程中，虽然可能采取拍照、摄像、书写、电子存储等方式来制作勘验笔录，但却不属于书证、证人证言或视听资料、电子数据等证据种类。

【本章小结】

民事诉讼证据，是指在民事诉讼中，能够证明案件真实情况的客观事实。只要能证明案件真实情况的一切事实，都是证据。对于证据的概念一般作广义理解，即包含了未经过最终认证的证据材料。证据的特征包括真实性、关联性和合法性，只有具备了这三个特征，才具备证据能力，即证据资格。证据在学理上的分类称为证据的分类，包括本证与反证、直接证据与间接证据、原始证据与传来证据、言词证据与实物证据等；证据在法律上的划分称为证据的种类，包括当事人的陈述、书证、物证、视听资料、电子数据、证人证言、鉴定意见和勘验笔录，其中电子数据是新修民事诉讼法加入的新的证据种类。

【考研重点提示】

1. 如何理解证据的三个特征。

2. 直接证据与间接证据的联系与区别是什么？

3. 论述民事非法证据排除。

4. 论电子数据。

【知识拓展文献】

1. 李学灯：《证据法比较研究》，五南图书出版公司 1992 年版。

2. 占善刚：《民事证据法研究》，武汉大学出版社 2009 年版。

3. 蒋铁初：《明清民事证据制度研究》，中国人民公安大学出版社 2008 年版。

【参考答案与解析】

1. 答案：D。解析：本题考核自认的相关知识点。所谓自认，是指一方当事人对另一方当事人主张的案件事实予以承认。如果有充分证据证明当事人承认行为是在受胁迫、重大误解的情况下作出的，且与事实不符的，该承认是没有约束力的。因此，A 项正确。《最高人民法院关于民事诉讼证据的若干规定》第 8 条第 1 款规定，诉讼过程中，一方当事人对另一方当事人陈述的案件事实明确表示承认的，另一方当事人无需举证。但涉及身分关系的案件除外。据此可知，自认制度适用案件的范围是有限的，涉及身份关系的案件不能适用自认制度。因此，B 项正确。《最高人民法院关于民事诉讼证据的若干规定》第 67 条规定，在诉讼中，当事人为达成调解协议或者和解的目的作出妥协所涉及的对案件事实的认可，不得在其后的诉讼中作为对其不利的证据。据此可知，在调解中的让步是当事人为了更好地解决纠纷，在不承认对方主张事实的情况作出的让步，而非完全的无条件的承认对方主张事实的行为，该种情况下的让步不构成诉讼上的自认。因此，C 项正确。《最高人民法院关于民事诉讼证据的若干规定》第 8 条第 3 款规定，当事人委托代理人参加诉讼的，代理人的承认视为当事人的承认。但未经特别授权的代理人对事实的承认直接导致承认对方诉讼请求的除外；当事人在场但对其代理人的承认不作否认表示的，视为当事人的承认。据此可知，在一般授权的情况下，如果当事人在场，且对其代理人的承认不作否定表示的，代理人的承认视为当事人的承认，即承认有效。因此，D 项错误。

【案例剖析 1】

不正确。证据要具备证据资格必须同时具有真实性、关联性和合法性。老方提出的档案材料是党委出具的处理决定，不是老方自行编造的材料，而且能够为人们感知，其具备真实性、客观性；老方提出的档案材料能够证明小说对吴某的描写是有事实根据的，而小说对吴某的描写是属实还是凭空捏造将是判断是否侵权的重要事实，所以该档案材料与本案事实有关联性；结合本案看，该档案材料无论形式还是取得途径，也都是合法的。因此，该证据符合证据的三个特征，具备证据资格。

【案例剖析 2】

根据证据与待证事实之间的关系，在学理上可将证据分为直接证据和间接证据。所谓直接证据，是指能够单独地、直接地证明案件主要事实的证据，单独指涉不需要其他证据就可以独立证明案件主要事实，直接则指涉不需要靠间接推理即可达到证明的目的；所谓间接证据，是指不能单独、直接地证明案件主要事实，但能和其他证据结合起来，共同证明案件主要事实的证据。根据这样的定义，能够直接证明被告打伤原告的证据当属于直接证据，包括：原告陈述自己被被告打伤、原告邻居乙看到被告和原告在屋里扭打、原告打电话求救的报警记录。其余证据均属于间接证据。

【案例剖析3】

该鉴定意见属于证据反驳，其针对的对象为借据这一证据，而非本案的案件事实，因而，该鉴定意见对于本案的事实，既不是直接证据也不是间接证据，但如果在确认签名真假与否的中间确认之诉中，该鉴定意见为直接证据。

第十章

民事诉讼证明

本章知识结构图

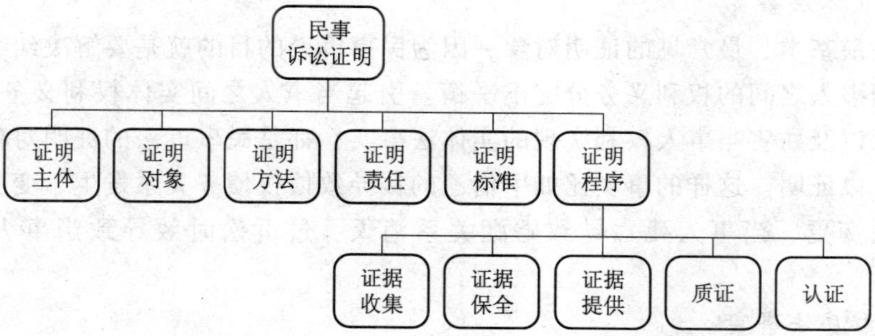

第一节 民事诉讼证明概述

一、民事诉讼证明的概念及特征

鉴于对传统民事诉讼证明概念的反思，我们认为民事诉讼的证明是民事诉讼中负有证明责任的当事人依照法律的规定，运用证据证明自己主张的事实存在，并使审判人员形成有利于自己的内心确信的活动。①

民事诉讼证明有以下特征：第一，民事诉讼证明的主体是当事人。第二，民事诉讼证明是一种包含多重价值判断的认识过程。第三，民事诉讼证明是一种他向证明。第四，民事诉讼证明具有严格的程序。

民事诉讼证明的要素一般包括证明主体、证明对象、证明方法、证明责任、证明标准和证明程序。证明主体即负责运用证据完成证明活动的人，与其相对的是接受证明的主体。证明主体是运用证据说明案件事实，并使特定的人员接受其主张的人，是能动的主体；而接受证明的主体是对证明主体提供的证据、论证的过程进行审查、判断，并最

① 田平安．民事诉讼法原理．厦门大学出版社，2009：224．

终决定当事人提出的事实主张能否成立的人，是被动的主体。[①] 很显然，在民事诉讼证明中，当事人是证明的主体，而法官是接受证明的主体。而证明方法是指证明主体论证证明对象所必须借助或者依赖的材料，在证据法定语境下，证明方法也就是民事诉讼证据。关于证明对象等其他要素将在随后章节中阐述。

第二节 证明对象

一、证明对象的概念和范围

证明对象又称为待证事实，是指民事诉讼中需要证明主体运用证据证明的案件事实。

在民事诉讼中，证明对象一般包括以下几方面：

（一）实体法事实

这也是最基本、最常见的证明对象，因为民事诉讼的目的就是要解决纠纷，而纠纷则是源于当事人之间的权利义务分配不平衡。引起当事人之间实体权利义务关系发生、变更、消灭以及妨害当事人权利实现的实体法事实，都是民事诉讼的证明对象，都必须借助证据予以证明。这样的事实比如甲借乙的钱导致债权债务关系发生、变更监护人导致监护关系变更、当事人死亡导致婚姻关系消灭、过诉讼时效导致当事人丧失胜诉权等。

（二）程序法事实

程序法事实和实体法事实相对，是指由民事诉讼法规定的，能够引起民事诉讼法律关系发生、变更或者消灭的事实。比如当事人是否适格、法院主管和管辖的事实、法官回避事实等。程序法事实对于民事诉讼程序的开始、进行、中止和终止有着重要意义，其也是证明对象之一。

（三）证据事实

证明材料只有具备证据力才能具有证据资格，才能成为证据，因而，证据材料自身也存在是否具备证据力的问题，当事人若对证明材料是否具备证据力产生争议时，证明材料也就成为了证明对象。“证据必须查证属实，才能成为认定事实的依据”，因而，证明对象的范围也包括了证据材料是否具备证据力的问题，即证据事实。

（四）外国法和地方性规范、习惯

“法官知法”，因而，法律本身并不属于证明对象，因为法官知法，法律无需证明，但这里的“法”是有范围的，一般仅限于全国范围内的法律法规，对于外国法律规范、地方性规范以及习惯，并没有要求法官必须知晓，因而，当事人主张适用外国法、地方性规范或习惯时，需要提出证明材料证明这些法律规范的存在，此时，外国法、地方性规范以及习惯就成为了证明对象。而当地习惯一般指一些特别经验法则，比如根据当地习惯，“一车”指东风大卡车，而不是指自行车或者皮卡车，则必须提供证据予以

① 江伟．证据法学．北京：法律出版社，2004：39.

证明。

二、免予证明的事实

免予证明的事实，即无需证明的事实，在民事诉讼中，有些事实尽管对当事人的权利义务将产生实质影响，且当事人对该事实有争议，但由于法律的规定，这些事实无需证明，这些事实一般包括以下种类：

（一）众所周知的事实

（二）自然规律及定理

（三）推定的事实

推定的事实，是指根据法律规定或者已知事实和日常生活经验法则，能够推定出的另一事实。根据推定的基础不同，可分为法律推定和事实推定。

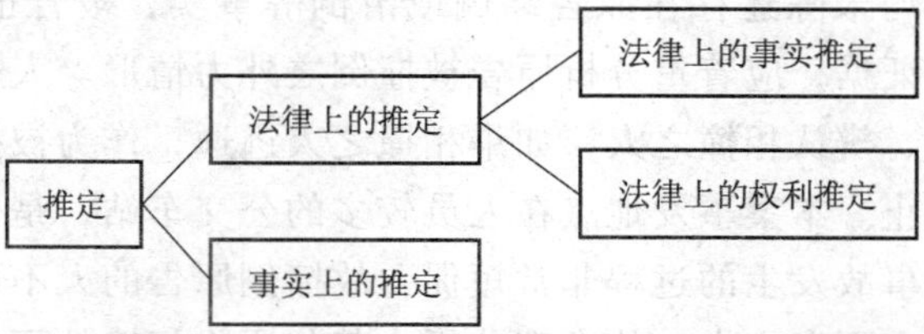

（四）预决的事实

（五）已被有效公证文书证明的事实

（六）自认的事实

这一类免予证明的事实很特殊，极大程度上体现了当事人处分权的行使。在民事诉讼中，一方当事人承认对方当事人主张的对自己不利的事实，称为自认。表现为两种方式：一是一方当事人对另一方当事人陈述的案件事实明确表示承认；一是对一方当事人陈述的事实，另一方当事人既未表示承认也未表示否认，经审判人员充分说明并询问后，其仍不明确表示肯定或否定。

自认有两个例外：一是如果当事人在法庭辩论终结前撤回自认并经对方当事人同意，或者有充分证据证明其自认行为是在受胁迫或者重大误解情况下作出且与事实不符的，不适用自认，对方当事人仍然必须证明该事实，该事实成为证明对象；一是身份关系的证明不适用自认。

一方当事人免证的情形：

- ① 免证
  - ① 一方当事人对另一方当事人陈述的案件事实明确表示承认（身份除外）
  - ② 一方既未承认也未否认，经审判人员充分说明并询问后，仍不明确表示
  - ③ 经特别授权的代理人的承认
- ② 不免→法庭辩论终结前撤回承认
  - ① 对方当事人同意
  - ② 其在受胁迫或重大误解的情况下作出的

【概念辨析】

自认不同于认诺，自认的对象是对方主张案件事实，而认诺的对象是诉讼请求，因而认诺也叫对诉讼请求的承认，承认的是对方提出的诉讼请求。自认并不必然导致自

认的一方当事人败诉，因为其在自认的同时还可提出其他事实进行抗辩，而认诺则是对诉讼请求的承认，这将直接导致法院作出对认诺方不理的判决。比如，原告起诉被告欠款未还，被告如果承认欠款，但主张已经还了，那么被告对于欠款这一事实的承认就是自认，而如果被告承认欠款而且未还，则是承认了原告的诉讼请求，构成认诺。

【实务探讨】

2006 年 11 月 20 日，南京男子彭宇在公共汽车站将倒地的老太太扶起并协助送其去医院检查，不料查出严重受伤后，老太太一口咬定是彭宇将其撞倒，要其承担数万元医疗费。被拒绝后，老人向鼓楼区法院起诉，要求彭宇赔偿各项损失 13 万多元。2007 年 9 月 5 日，南京市鼓楼区法院对彭宇案做出了一审判决，称"根据日常生活经验分析，原告倒地的原因除了被他人的外力因素撞倒之外，还有绊倒或滑倒等自身原因情形，但双方在庭审中均未陈述存在原告绊倒或滑倒等事实，被告也未对此提供反证证明，故根据本案现有证据，应着重分析原告被撞倒之外力情形。人被外力撞倒后，一般首先会确定外力来源、辨认相撞之人，如果相撞之人逃逸，作为被撞倒之人的第一反应是呼救并请人帮忙阻止。本案事发地点在人员较多的公交车站，是公共场所，事发时间在视线较好的上午，事故发生的过程非常短促，故撞倒原告的人不可能轻易逃逸。根据被告自认，其是第一个下车之人，从常理分析，其与原告相撞的可能性较大。如果被告是见义勇为做好事，更符合实际的做法应是抓住撞倒原告的人，而不仅仅是好心相扶；如果被告是做好事，根据社会情理，在原告的家人到达后，其完全可以在言明事实经过并让原告的家人将原告送往医院，然后自行离开，但被告未作此等选择，其行为显然与情理相悖。"判决彭宇补偿原告 40% 的损失，即 45 876 元，10 日内给付。试分析法官这样的推定是否合适？

很显然，法官是运用经验法则来作出事实推定，但依据本身的经验法则就相当牵强，站不住脚，并不是唯一结论，因而该判决一出，舆论哗然，就因为法官的这番推定，基于不正当的经验法则。

【司考真题】1. 关于自认的说法，下列哪一选项是错误的？（2009－3－42，单）

A. 自认的事实允许用相反的证据加以推翻

B. 身份关系诉讼中不涉及身份关系的案件事实可以适用自认

C. 调解中的让步不构成诉讼上的自认

D. 当事人一般授权的委托代理人一律不得进行自认

第三节　证明责任

一、证明责任概述

（一）证明责任的概念与含义

所谓证明责任，是指法院在对案件的主要事实穷尽所有证据调查方法依然无法得到内心确信，从而导致待证事实处于真伪不明状态时，而作出的要求一方当事人承担不利后果的一种制度。

证明责任是“行为意义上的证明责任”和“结果意义上的证明责任”的统一。

二、我国证明责任分配的规则

（一）证明责任分配的一般规则

《关于民事诉讼证据的若干规定》明确了我国民事诉讼中证明责任分配的一般规则，该规定第 2 条规定：“当事人对自己提出的诉讼请求所依据的事实或者反驳对方诉讼请求所依据的事实负有责任提供证据加以证明；没有证据或者证据不足以证明当事人的事实主张的，由负有举证责任的当事人承担不利后果”。该条成功地将证明责任明确为一种客观责任。同时，将主张规定为事实主张，排除了权利主张，更显科学性。很多学者将此款作为证明责任分配的一般原则，即“谁主张谁举证”。

（二）合同纠纷和劳动争议案件证明责任分配规则

《关于民事诉讼证据的若干规定》关于证明责任分配最积极的部分当属关于合同案件和劳动争议案件证明责任的规定，特别是合同案件，证明责任的分配直截了当，力求全面、概括。《关于民事诉讼证据的若干规定》第 5 条规定：“在合同纠纷案件中，主张合同关系成立并生效的一方当事人对合同订立和生效的事实承担举证责任；主张合同关系变更、解除、终止、撤销的一方当事人对引起合同关系变动的事实承担举证责任。对合同是否履行发生争议的，由负有履行义务的当事人承担举证责任。对代理权发生争议的，由主张有代理权一方当事人承担举证责任。”关于合同案件证明责任的分配既考虑了法律要件分类说同时又兼顾了举证的难易。

《关于民事诉讼证据的若干规定》第 6 条规定：“在劳动争议纠纷案件中，因用人单位作出开除、除名、辞退、解除劳动合同、减少劳动报酬、计算劳动者工作年限等决定而发生劳动争议的，由用人单位负举证责任”。此条关于劳动争议案件的证明责任分配也考虑了法律要件分类说的相关内容。

- ① 合同纠纷
  - ① 主张合同关系成立并生效的
    - 订立的事实
    - 生效的事实
  - ② 主张合同变更、解除、终止、撤销的→引起合同变更的事实
  - ③ 合同是否履行→负有履行义务的一方
  - ④ 代理权争议→主张有代理权的一方
- ② 劳动争议（用人单位举证）
  - ① 开除、除名、辞退、解除劳动合同
  - ② 减少劳动报酬
  - ③ 计算劳动者工作年限

（三）侵权纠纷案件证明责任分配规则

《关于民事诉讼证据的若干规定》第 4 条规定了八类侵权纠纷的证明责任分配：

（1）因新产品制造方法发明专利引起的专利侵权诉讼，由制造同样产品的单位或者个人对其产品制造方法不同于专利方法承担举证责任；

（2）高度危险作业致人损害的侵权诉讼，由加害人就受害人故意造成损害的事实承担举证责任；

（3）因环境污染引起的损害赔偿诉讼，由加害人就法律规定的免责事由及其行为与损害结果之间不存在因果关系承担举证责任；

（4）建筑物或者其他设施以及建筑物上的搁置物、悬挂物发生倒塌、脱落、坠落致人损害的侵权诉讼，由所有人或者管理人对其无过错承担举证责任；

（5）饲养动物致人损害的侵权诉讼，由动物饲养人或者管理人就受害人有过错或者第三人有过错承担举证责任；

（6）因缺陷产品致人损害的侵权诉讼，由产品的生产者就法律规定的免责事由承担举证责任；

（7）因共同危险行为致人损害的侵权诉讼，由实施危险行为的人就其行为与损害结果之间不存在因果关系承担举证责任；

（8）因医疗行为引起的侵权诉讼，由医疗机构就医疗行为与损害结果之间不存在因果关系及不存在医疗过错承担举证责任。

值得注意的是，2009年通过的《侵权责任法》从实体法角度对几类侵权纠纷的证明责任分配作了特别规定，由于这是一部侵权类法律，因而不可能直接对哪一方主体承担证明责任这样的诉讼法的规范进行立法，其只是通过承担责任主体作出规定，但也足以影响证明责任的分配。其中，对于环境污染、高度危险作业、饲养动物等引起的侵权诉讼，《侵权责任法》的相关规定和《关于民事诉讼证据的若干规定》第4条的规定基本一致，但医疗行为引起的侵权诉讼则有所区别。《侵权责任法》第54条规定："患者在诊疗活动中受到损害，医疗机构及其医务人员有过错的，由医疗机构承担赔偿责任。"第58条规定："患者有损害，因下列情形之一的，推定医疗机构有过错：（1）违反法律、行政法规、规章以及其他有关诊疗规范的规定；（2）隐匿或者拒绝提供与纠纷有关的病历资料；（3）伪造、篡改或者销毁病历资料。"

【司考真题】1. 王某承包了20亩鱼塘。某日，王某发现鱼塘里的鱼大量死亡，王某认为鱼的死亡是因为附近的腾达化工厂排污引起，遂起诉腾达化工厂请求赔偿。腾达化工厂辩称，根本没有向王某的鱼塘进行排污。关于化工厂是否向鱼塘排污的事实举证责任，下列哪一选项是正确的？（2008－3－33，单）

A. 根据"谁主张、谁举证"的原则，应当由主张存在污染事实的王某负举证责任

B. 根据"谁主张、谁举证"的原则，应当由主张自己没有排污行为的腾达化工厂负举证责任

C. 根据"举证责任倒置"的规则，应当由腾达化工厂负举证责任

D. 根据本证与反证的分类，应当由腾达化工厂负举证责任

2. 赵某与江某路经一栋居民楼时，六楼黄某家阳台上的花盆坠落砸中赵某，致其重伤，共花费医疗费3万元。赵某将黄某告至法院要求赔偿，而黄某否认赵某受伤系自家花盆坠落所致。对此争议事实的举证责任，下列哪一选项是正确的？（2008－3－45，单）

A. 赵某　　B. 黄某　　C. 赵某和黄某　　D. 赵某和江某

3. 甲路过乙家门口，被乙叠放在门口的砖头砸伤，甲起诉要求乙赔偿。关于本案的证明责任分配，下列哪一说法是错误的？（2012－3－37，单）

A. 乙叠放砖头倒塌的事实，由原告甲承担证明责任

B. 甲受损害的事实，由原告甲承担证明责任

C. 甲所受损害是由于乙叠放砖头倒塌砸伤的事实，由原告甲承担证明责任

D. 乙有主观过错的事实，由原告甲承担证明责任

4. 甲与同事丙路过一居民楼时，三楼乙家阳台上的花盆坠落，砸在甲的头上，致其脑震荡，共花费医疗费1万元。甲以乙为被告诉至法院要求赔偿，而乙否认甲受伤系自家花盆坠落所致。对这一争议事实，应由谁承担举证责任？（2003－3－21，单）

A. 甲承担举证责任　　B. 甲、乙均应承担举证责任

C. 乙承担举证责任　　D. 丙作为证人承担举证责任

【案例讨论1】

方某是甲厂工人，在2006年12月15日出差时不慎摔伤，住院治疗两个多月，花费若干。甲厂认为方某受伤后不适宜从事本厂工作，于2007年4月9日解除了与方某的劳动合同。方某于2007年11月27日向人民法院起诉，要求甲厂继续履行劳动合同，并支付医疗费、营养费、住院期间少发的工资等共计6万元。

问：诉讼中，方某与甲厂分别应当对哪些事实承担证明责任？

第四节　证明标准

一、证明标准概说

所谓证明标准，是指在诉讼中负有证明责任的主体对案件事实加以证明所要达到的程度。证明标准以证明责任的存在为基础，是落实证明责任的重要标准。没有证明责任就没有证明标准，没有证明标准，证明责任也就无法落实。

二、民事诉讼的证明标准

我国民事诉讼司法解释确立了法律真实的证明观念，也确立了高度盖然性的证明标准。

最高人民法院《关于民事诉讼证据的若干规定》第73条，确定了高度盖然性这一标准，即："双方当事人对同一事实分别举出相反的证据，但都没有足够的依据否定对方证据的，人民法院应当结合案件情况，判断一方提供证据的证明力是否明显大于另一方提供证据的证明力，并对证明力较大的证据予以确认。因证据的证明力无法判断导致争议事实难以认定的，人民法院应当依据举证责任分配的规则作出裁判。"

所谓法律真实，是指裁判人员运用证据认定的案件事实达到了法律所规定的视为真实的标准。最高人民法院《证据规定》第63条："人民法院应当以证据能够证明的案件事实为依据依法作出裁判。"这一规定明确了"法律真实"的证明要求。

第五节 证明程序

民事诉讼的证明程序，可以分为证据的收集、证据的提供、证据的调查和证据的认定四个环节，而在这四个程序中，当事人及法院要进行多项民事诉讼行为，包括收集证据、证据保全、提供证据、质证、认定证据等活动，其中更是由各种证据规则来进行调整。

一、证据的收集

（一）当事人及其代理人收集证据

1991 年民事诉讼法出台后，当事人成为了证据收集最重要的主体，当事人需要按照根据自己的主张来收集相应的证据，除非依法由法院收集或者由当事人及其诉讼代理人申请法院调查收集的证据以外，都应当由当事人自行收集。在委托了诉讼代理人之后，当事人可以委托诉讼代理人收集证据，这样既可以增强证据收集的针对性，还可以提高证据收集的效率。

（二）法院收集证据

人民法院调查收集的证据主要包括以下两类：1. 当事人及其诉讼代理人因客观愿意不能自行收集的证据。具体包括：（1）申请调查收集的证据属于国家有关部门保存并须人民法院依职权调取的档案材料；（2）涉及国家秘密、商业秘密、个人隐私的材料；（3）当事人及其诉讼代理人确因客观原因不能自行收集的其他材料。2. 人民法院认为审理案件需要的证据，具体包括：（1）涉及可能有损国家利益、社会公共利益或者他人合法权益的事实；（2）涉及依职权追加当事人、中止诉讼、终结诉讼、回避等与实体争议无关的程序事项。

当事人及其诉讼代理人申请人民法院调查收集证据，应当提交书面申请。申请书应当载明被调查人的姓名或者单位名称、住所地等基本情况、所要调查收集的证据的内容、需要由人民法院调查收集证据的原因及其要证明的事实。

对于当事人及其诉讼代理人因客观愿意不能自行收集的证据，只有经当事人及其诉讼代理人申请，人民法院才能调查收集。当事人及其诉讼代理人申请人民法院调查收集证据，不得迟于举证期限届满前七日。人民法院对当事人及其诉讼代理人的申请不予准许的，应当向当事人或其诉讼代理人送达通知书。当事人及其诉讼代理人可以在收到通知书的次日起三日内向受理申请的人民法院书面申请复议一次。人民法院应当在收到复议申请之日起五日内作出答复。对于人民法院认为审理案件需要的证据，人民法院可以不经当事人申请，依职权主动调查收集。

5. 关于法院依职权调查事项的范围，下列哪些选项是正确的？（2012 - 3 - 83，多）

A. 本院是否享有对起诉至本院案件的管辖权

B. 委托诉讼代理人的代理权限范围

C. 当事人是否具有诉讼权利能力

D. 合议庭成员是否存在回避的法定事由

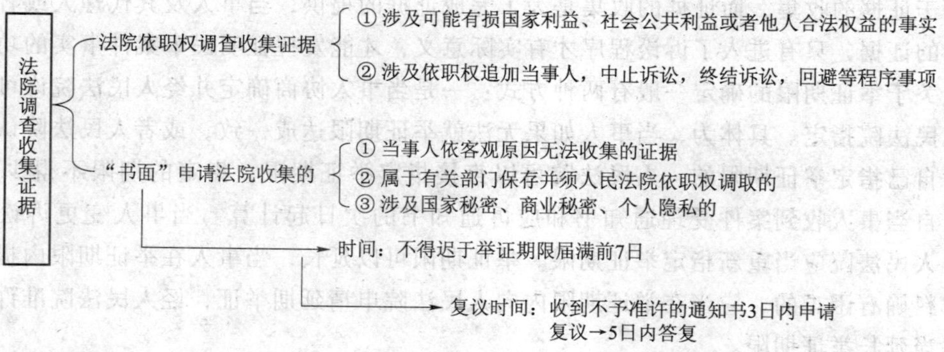

【案例讨论 2】

王某向法院起诉其朋友陈某向其借款 5 万元，如今还款日期已过半年，陈某没有还款，王某提供的证据有借条一份、陈某发到王某手机上的短信，内容是要求原告宽限还款日期 1 个月。法院要求王某提供证据证明该条短信系陈某所发，王某去通信公司查询陈某的短信发送记录，通信公司答复必须本人持身份证才可查询，于是王某申请法院调取证据，法院取证过程中，通信公司依然拒绝。

问：1. 手机短信能否作为证据使用？

2. 通信公司拒绝原告王某和法院取证的行为是否合法？

二、证据保全

证据保全是指法院在诉讼进行过程中或者在诉讼开示前，在证据有可能灭失或者以后难以取得的情况下，根据当事人或者利害关系人的申请或者依职权对证据进行的调查与固定的行为。

《民事诉讼法》第 81 条规定了诉讼过程中和诉讼前或者仲裁前的证据保全的两种情形，具体为：第一，在证据可能灭失或者以后难以取得的情况下，当事人可以在诉讼过程中向人民法院申请保全证据，人民法院也可以主动采取保全措施。第二，因情况紧急，在证据可能灭失或者以后难以取得的情况下，利害关系人可以在提起诉讼或者申请仲裁前向证据所在地、被申请人住所地或者对案件有管辖权的人民法院申请保全证据。

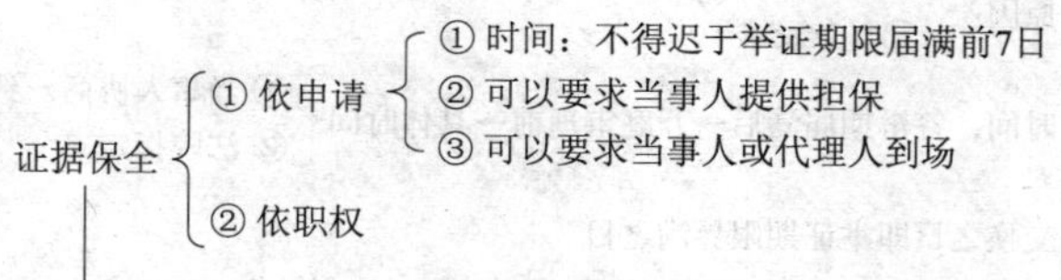

三、举证时限

证据的提供又称为举证，是指当事人将所收集的证据提交给法院的活动。举证必须依赖于证据的收集，而证据的收集是为了完成证据的提供，当事人及其代理人或者法院收集的证据，只有进入了诉讼程序才有实际意义，才能发挥证明民事案件事实的功能。

关于举证期限的确定一般有两种方式：一是当事人协商确定并经人民法院许可；一是人民法院指定。具体为，当事人如果无法就举证期限达成一致，或者人民法院认为应当由自己指定举证期限的，人民法院可以直接指定举证期限，指定的期限不得少于30日，自当事人收到案件受理通知书和应诉通知书的次日起计算。当事人变更诉讼请求的，人民法院应当重新指定举证期限。举证期限可以延长，当事人在举证期限内提交证据材料确有困难的，应当在举证期限内向人民法院申请延期举证，经人民法院准许，可以适当延长举证期限。

关于逾期举证的后果，《民事诉讼法》第65条规定："当事人逾期提供证据的，人民法院应当责令其说明理由；拒不说明理由或者理由不成立的，人民法院根据不同情形可以不予采纳该证据，或者采纳该证据但予以训诫、罚款。"

当事人在开庭前对于证据还可以进行证据交换，证据交换与向法院提交证据不同，证据交换是在当事人之间进行的，其意义在于明确诉讼争点，有利于当事人有针对性地进行诉讼活动，在证据交换中确定的证据，可以不再质证而直接作为认定事实的依据。

- 举证时限
  - ① 举证通知书的送达时间：送达受理通知书和应诉通知书的同时
  - ② 举证期限 →逾期→法院不组织质证（除非对方同意质证）
    - ① 协商一致且法院认可
    - ② 法院指定≥30日
  - ③ 当事人
    - 增加
    - 变更
    - 反诉→在举证期限届满前提出→但是当事人主张的法律关系的性质或民事行为的效力与人民法院根据案件的事实作出的认定不一致，不受该期限限制→当事人可以变更诉求，法院应重新指定举证期限
  - ④ 延期举证
    - ① 次数：没有限制
    - ② 批准：本级法院
    - ③ 原因：提交证据确有困难

- 证据交换
  - ① 开始：依申请
  - ② 原因：
    - ①证据较多
    - ②复杂疑难
  - ③ 时间：答辩期届满后→开庭审理前→具体时间
    - ① 当事人协商一致且法院认可
    - ② 法院指定
  - ④ 交换之日即举证期限界满之日
  - ⑤ 交换次数≤2，但 {重大疑难、案情特别复杂} 除外

【立法背景】

《关于民事诉讼证据的若干规定》第34条创设的在举证期限内不及时提供证据将导致"证据失权"，法院不予质证的规定，自从出台以来，就饱受理论以及实务界的诟病。国外的相关立法例，就大多没有如此严苛的证据失权的规定，而我国既没有实行律

师强制代理，国民的普遍证据意识还不充分的情况下，就过分超前的实行证据失权，这无疑是不契合实际的。因而，该条文在实践中，采用的法院寥寥无几，甚至于在2008年12月，最高人民法院出台了关于适用《关于民事诉讼证据的若干规定》中有关举证时限规定的通知，通知中规定“举证期限届满后，针对某一特定事实或特定证据或者基于特定原因，人民法院可以根据案件的具体情况，酌情指定当事人提供证据或者反证的期限，该期限不受‘不得少于三十日’的限制”，根据此规定，举证期限届满仍然可以再次指定举证期限，这也就变相地排除了举证期限的适用。有鉴于此，2012修正案做了一个折衷的处理，改动较大，其第65条明确规定，“当事人逾期提供证据的，人民法院应当责令其说明理由；拒不说明理由或者理由不成立的，人民法院根据不同情形可以不予采纳该证据，或者采纳该证据但予以训诫、罚款”。这就将证据失权作为逾期不举证的后果之一，而非唯一。

6. 关于举证时限和证据交换的表述，下列哪一选项是正确的？（ ）（2009-3-41，单）

A. 证据交换可以依当事人的申请而进行，也可以由法院依职权决定而实施

B. 民事诉讼案件在开庭审理前，法院必须组织进行证据交换

C. 当事人在举证期限内提交证据确有困难的，可以在举证期限届满之后申请延长，但只能申请延长一次

D. 当事人在举证期限内未向法院提交证据材料的，在法庭审理过程中无权再提交证据

四、质证

（一）质证的概念及意义

质证是指在开庭审理过程中，双方当事人就提出的证据进行辨认和质对，并就证据的证据力和证明力进行辩论的活动。质证的过程，也就是法院对证据的证据力和证明力进行审查的过程。当事人及其代理人或者法院收集并提供到法庭上的证据，都将在此环节中展示并接受辩论，根据约束性辩论主义的要求，法官作出裁判的证据都应当在质证环节中确定，未经质证的证据，不能作为认定案件事实的依据，质证环节对于法院和当事人而言，意义重大。

（二）质证的主体及对象

质证的主体是当事人，因为纠纷解决涉及当事人双方的利益，只有当事人才会对证据提出质疑、辩论和对质。质证的主体具体包括原告、被告以及第三人，法院和法官并不是质证的主体。

当事人质证的对象是证据，也就是证据材料、证明材料，无论是当事人及其代理人收集的还是法院调查收集的证据，都要经过质证。但如果是在庭前证据交换过程中已被双方当事人认可、无争议的证据，可以不经质证而直接认定。

（三）质证的方式和顺序

质证一般应当在开庭审理时公开进行，但涉及国家秘密、商业秘密和个人隐私或者法律规定的其他应当保密的证据，不得在开庭时公开质证。对书证、物证、视听资料进

行质证时，当事人有权要求出示证据的原件或者原物。但例外情况是：出示原件或者原物确有困难并经法院准许出示复制件或者复制品的；原件或者原物已不存在，但有证据证明复制件、复制品与原件或原物一致的。

《关于民事诉讼证据的若干规定》第51条规定了质证的顺序，具体为：1. 原告出示证据，被告、第三人与原告进行质证；2. 被告出示证据，原告、第三人与被告进行质证；3. 第三人出示证据，原告、被告与第三人进行质证。人民法院依照当事人申请调查收集的证据，作为提出申请的一方当事人提供的证据。人民法院依照职权调查收集的证据应当在庭审时出示，听取当事人意见，并可就调查收集该证据的情况予以说明。

质证
- ① 公开质证（两个以上的诉求，逐个出示证据）→不需质证
  - ① 当事人在证据交换时认可的
  - ② 法院依职权收集的证据
- ② 不公开质证
  - ① 国家秘密
  - ② 商业秘密
  - ③ 个人隐私
  - ④ 法律规定的其他应当保密的证据

五、认定证据

（一）认定证据的概念

认定证据又叫证据认定、认证，它是证明程序的最后环节，即经过质证的证据，是否具有证据力而成为定案依据，以及这些证据具备多大的证明力以证明案件，都需要法院最终作出结论，这样的过程就是认定证据的过程。

（二）认定证据的规则

审判人员应当依照法定程序，全面、客观地审核证据，依据法律的规定，遵循法官职业道德，运用逻辑推理和日常生活经验，对证据有无证明力和证明力大小独立进行判断，并公开判断的理由和结果。

具体而言，法官在认定证据时既要对各个证据逐项审查与判断，根据不同的证据种类适用不同的证据规则，还要对证据进行综合审查与判断，明确这些证据之间是否矛盾、是否能够互相印证，形成证据链等。

此外，关于证据力和证明力，《关于民事诉讼证据的若干规定》还规定了一些特殊规则，比如第69条规定了不能单独作为认定案件事实的依据：1. 未成年人所作的与其年龄和智力状况不相当的证言；2. 与一方当事人或者其代理人有利害关系的证人出具的证言；3. 存有疑点的视听资料；4. 无法与原件、原物核对的复印件、复制品；5. 无正当理由未出庭作证的证人证言。

第70条规定了证明力的一些规则：一方当事人提出的下列证据，对方当事人提出异议但没有足以反驳的相反证据的，人民法院应当确认其证明力：1. 书证原件或者与书证原件核对无误的复印件、照片、副本、节录本；2. 物证原物或者与物证原物核对无误的复制件、照片、录像资料等；3. 有其他证据佐证并以合法手段取得的、无疑点的视听资料或者与视听资料核对无误的复制件；4. 一方当事人申请人民法院依照法定程序制作的对物证或者现场的勘验笔录。

第77条也是对证明力规则的规定：人民法院就数个证据对同一事实的证明力，可以依照下列原则认定：1. 国家机关、社会团体依职权制作的公文书证的证明力一般大于其他书证；2. 物证、档案、鉴定结论、勘验笔录或者经过公证、登记的书证，其证明力一般大于其他书证、视听资料和证人证言；3. 原始证据的证明力一般大于传来证据；4. 直接证据的证明力一般大于间接证据；5. 证人提供的对与其有亲属或者其他密切关系的当事人有利的证言，其证明力一般小于其他证人证言。

- 认证
  - ① 不能做为证据的
    - ① 侵害他人合法权益的方式收集的证据
    - ② 违反法律禁止性规定的方法取得的证据
    - ③ 为达成调解或和解协议而妥协认可的案件事实，不得在其他诉讼中作为对其不利的证据
  - ② 不能单独作为认定案件事实的证据
    - ① 未成年人的与其年龄和智力状况不相当的证言
    - ② 与一方当事人或代理人有利害关系的证人出具的证言
    - ③ 存有疑点的视听资料
    - ④ 无法与原件、原物核对的复印件、复制品
    - ⑤ 无正当理由未出庭作证的证人证言
  - ③ 对方有异议但没有足够的证据反驳的证据
    - ① 书证原件或与原物核对无误的其他形式
    - ② 物证原件或与原物核对无误的其他形式
    - ③ 有佐证的{合法手段、无疑点}的视听资料或核对无误的复制件
    - ④ 法院依申请按法定程序所作的勘验笔录
  - ④ 数个证据的证明力问题
    - ① 国家机关、社会团体依职权制作的公文书证＞其他书证（一般）
    - ② 物证、档案、鉴定结论，勘验笔录或者经过公证、登记的书证＞一般书证
    - ③ 原始证据＞传来证据（不是绝对的）
    - ④ 直接证据＞间接证据（不是绝对的）
    - ⑤ 对一方有利的证言＜其他证言

【案例讨论3】

宏达广告公司起诉建业地产公司不履行他们之间达成的广告合同，提供的一份证据是宏达公司董事长张某通过私人关系请来其好朋友，建业地产公司人事科的科长孙某，邀请建业地产公司广告部主任文某一起吃饭，在酒桌上，张某询问了文某关于广告合同的系列事情，并趁文某不注意，偷偷录音。

问：该录音的证明力如何？

【本章小结】

民事诉讼的证明是民事诉讼中负有证明责任的当事人依照法律的规定，运用证据证明自己主张的事实存在，并使审判人员形成有利于自己的内心确信的活动。民事诉讼证明的要素一般包括证明主体、证明对象、证明方法、证明责任、证明标准和证明程序。其中证明责任和证明标准理论性很强，需要重点把握。所谓证明责任，是指法院在对案件的主要事实穷尽所有证据调查方法依然无法得到内心确信，从而导致待证事实处于真伪不明状态时，而作出的要求一方当事人承担不利后果的一种制度，这就是客观意义的证明责任，也是证明责任的本质含义。所谓证明标准，是指在诉讼中负有证明责任的主体对案件事实加以证明所要达到的程度。民事诉讼的证明标准应当低于刑事诉讼，应采

高度盖然性的证明标准。民事诉讼的证明程序，可以分为证据的收集、证据的提供、证据的调查和证据的认定四个环节，而在这四个程序中，当事人及法院要进行多项民事诉讼行为，包括收集证据、证据保全、提供证据、质证、认定证据等活动，其中更是由各种证据规则来进行调整。

【考研重点提示】

1. 如何理解证明责任的含义？

2. 论述民事诉讼的证明标准？

3. 论述证据保全。

4. 论质证。

【知识拓展文献】

1. 李学灯：《证据法比较研究》，五南图书出版公司 1992 年版。

2. 占善刚：《民事证据法研究》，武汉大学出版社 2009 年版。

3. 许士宦：《证据收集与纷争解决》，新学林出版股份有限公司 2005 年版。

4. 姜世明：《举证责任与真实义务》，新学林出版股份有限公司 2006 年版。

【司考真题答案与解析】

1. 答案 A。解析：在环境污染致人损害的案件中，对于免责事由以及行为与损害结果之间不存在因果关系的举证责任，是由加害人来承担的，而对于排污的事实和受损的事实，则应该由受害人承担举证责任，所以本题正确答案是 A.

2. 答案 A。解析：《最高人民法院关于民事诉讼证据的若干规定》第 2 条规定，当事人对自己提出的诉讼请求所依据的事实或者反驳对方诉讼请求所依据的事实有责任提供证据加以证明。第 4 条规定，建筑物或者其他设施以及建筑物上的搁置物、悬挂物发生倒塌、脱落、坠落致人损害的侵权诉讼，由所有人或者管理人对其无过错承担举证责任。本题中，黄某家阳台上的花盆属于建筑物上的搁置物，其坠落致人损害的侵权诉讼，根据规定，所有人黄某只是对自己无过错承担举证责任，而赵某主张的事实应当由赵某承担举证责任，因此本题的正确答案是 A.

3. 答案 D。《证据规定》第 2 条规定，当事人对自己提出的诉讼请求所依据的事实或者反驳对方诉讼请求所依据的事实有责任提供证据加以证明。没有证据或者证据不足以证明当事人的事实主张的，由负有举证责任的当事人承担不利后果。本题中，乙叠放砖头倒塌、甲受损害、乙放砖头倒塌与甲受损害之间的因果关系都是甲提出诉讼请求应当证明的，故甲承担证明责任，乙主观是否有过错是乙进行主张所应当证明的，故 D 选项错误，当选。

4. 答案 A。解析：建筑物或者其他设施以及建筑物上的搁置物、悬挂物发生倒塌、脱落、坠落致人损害的侵权诉讼，由所有人或者管理人对其无过错承担举证责任”，本题主要考查的是甲的伤害到底是不是由乙的花盆坠落导致的，对于该争议事实就要由原告方甲来证明了，只是对于花盆坠落是否存在过错才由乙来举证。本案中，丙是证人，证人并不承担举证责任，故选 A。

5. 答案：ABCD。《证据规定》第十五条规定，人民法院认为审理案件需要的证据是指以下情形：（一）涉及可能有损国家利益、社会公共利益或者他人合法权益的事实；（二）涉及依职权追加当事人、中止诉讼、终结诉讼、回避等与实体争议无关的程序事项。人民法院依职权调查的事项涉及非单纯个人私益事项，故 ABCD 选项说法均正确。

6. 答案：A　解析：本题考核举证时限和证据交换的相关知识点。《最高人民法院关于民事诉讼证据的若干规定》第 37 条规定，经当事人申请，人民法院可以组织当事人在开庭审理前交换证据。人民法院对于证据较多或者复杂疑难的案件，应当组织当事人在答辩期届满后、开庭审理前交换证据。根据上述规定可知，证据交换可以依当事人申请而进行，也可以由法院依职权决定而实施。因此，A 项正确。根据《最高人民法院关于民事诉讼证据的若干规定》第 37 条第 1 款规定，经当事人申请的，法院可以组织当事人在开庭审理前交换证据，而非是应当或必须在开庭审理前组织证据交换。另外，《最高人民法院关于民事诉讼证据的若干规定》第 38 条规定，交换证据的时间可以由当事人协商一致并经人民法院认可，也可以由人民法院指定。人民法院组织当事人交换证据的，交换证据之日举证期限届满。当事人申请延期举证经人民法院准许的，证据交换日相应顺延。因此，B 项说法错误。《最高人民法院关于民事诉讼证据的若干规定》第 36 条规定，当事人在举证期限内提交证据材料确有困难的，应当在举证期限内向人民法院申请延期举证，经人民法院准许，可以适当延长举证期限。当事人在延长的举证期限内提交证据材料仍有困难的，可以再次提出延期申请，是否准许由人民法院决定。据此可知，申请延期举证的次数并不限于 1 次，只是从第二次开始，是否准许由法院决定。因此，C 项错误。《民事诉讼法》第 125 条第 1 款规定，当事人在法庭上可以提出新的证据。《最高人民法院关于民事诉讼证据的若干规定》第 41 条第（一）项规定，一审程序中的新的证据包括：当事人在一审举证期限届满后新发现的证据；当事人确因客观原因无法在举证期限内提供，经人民法院准许，在延长的期限内仍无法提供的证据。据此可知，当事人在举证期限内未向法院提交证据材料的，如果该证据材料属于法定的“新证据”的话，仍然可以在法庭审理过程中提出。因此，D 项错误。

【案例剖析 1】

根据“谁主张谁举证”的证明责任分配的一般规则，以及《关于民事证据的若干规定》第 6 条的规定：“在劳动争议纠纷案件中，因用人单位作出开除、除名、辞退、解除劳动合同、减少劳动报酬、计算劳动者工作年限等决定而发生劳动争议的，由用人单位负举证责任。”

因此，方某应当对以下事实承担证明责任：其与甲厂存在劳动合同关系的事实；其受伤属于工伤的事实；各项损失的事实；甲厂未支付完全工资的事实。

甲厂应当对以下事实承担证明责任：公司有权解除劳动合同的事实；公司有权减少方某住院期间工资报酬的事实。

【案例剖析 2】

1. 2012 年《民事诉讼法》规定了新的证据种类，即电子数据，因而手机短信当归属于电子数据这一证据种类，可以作为证据使用。

2. 通信公司拒绝王某的请求是正确的，因为陈某的短信内容属于其个人隐私，不得随意泄露给他人。但通信公司拒绝法院调查取证的作法是错误的，根据《民事诉讼法》第67条之规定："人民法院有权向有关单位和个人调查取证，有关单位和个人不得拒绝。"因而，法院作为公权力机关依职权调查取证，通信公司应当配合，如若不配合，法院可以根据《民事诉讼法》第114条的规定，以妨害民事诉讼对相关单位的责任人进行处罚。

【案例剖析3】

本案暂且不讨论该录音是否具备证据资格，假设其已经具备了证据资格，拥有了证据力，接下来即是探讨该证据的证明力的问题。申言之，除了法律有明确规定之外，证据的证明力大小一般由法官根据逻辑推理和日常经验得出，证明力的大小取决于关联性之强弱和真实性之高低。本案中，张某请客的目的是使文某站在自己的立场陈述，而且是在酒桌上，因而文某难免受到诱导性询问以及碍于面子而导致内容失真，如果缺乏其他的实质性证据，该录音不能单独认定案件事实。

第四编

诉讼程序篇

第十一章

第一审普通程序

本章知识结构图

- 一审普通程序
  - 起诉和受理
  - 审理前的准备
  - 开庭审理的一般情形
    - 庭前准备
    - 法庭调查
    - 法庭辩论
    - 评议和判决
  - 开庭审理的特殊情形
    - 延期审理
    - 撤诉与缺席判决
    - 诉讼中止与诉讼终结

第一节　普通程序的启动

一、普通程序的特点

民事诉讼中的程序可分为诉讼程序和非讼程序，诉讼程序包括第一审普通程序、简易程序、第二审程序和审判监督程序，其中，第一审普通程序又简称普通程序，是人民法院第一次解决民事实体权益争议的诉讼程序，也是人民法院审理第一审民事案件通常所用的最基本的审判程序，民事诉讼法的基本原则和基本制度在普通程序中有集中体现。和其他程序相比较，普通程序具有以下的基本特征：

（一）内容的完整性

内容的完整性，是指在程序的内容和结构上，普通程序是民事诉讼法规定最完备、最详细的一种诉讼程序，具体包括：起诉与受理、审理前的准备、开庭审理，以及审理过程中可能出现的特殊情形的处置等内容，普通程序的各阶段之间首尾相衔、严谨周密，构成一套完整的体系。

（二）适用的广泛性

人民法院审理第一审民事争议案件，除法律明确规定，以及当事人选择适用简易程序外，都必须适用第一审普通程序。简易程序和二审程序在法律没有明确规定的情形下，参照适用普通程序的有关规定，在简易程序审理中，人民法院发现不宜适用简易程序的情况，可以转为普通程序进行审理，二审发回重审和审判监督程序必须适用普通程序进行审理。

二、起诉

（一）起诉的概念

起诉，是指公民、法人和其他组织认为自己的民事权益受到侵犯，或发生民事争议时，依法向法院提起诉讼，请求法院予以司法保护的诉讼行为。为防止公民、法人和其他组织滥用诉权，我国民事诉讼法规定了起诉必须符合法定的条件，这包括实质条件和形式条件。

（二）起诉的实质条件

根据我国《民事诉讼法》第119条规定，起诉必须符合下列条件：

1. 原告是与本案有直接利害关系的公民、法人和其他组织。
2. 有明确的被告。
3. 有具体的诉讼请求和事实、理由。
4. 属于人民法院受理民事诉讼的范围和受诉人民法院管辖。

（二）起诉的形式条件

当事人起诉除具备实质要件外，还要具备一定的形式要件。依据《民事诉讼法》第120条的规定，起诉应当向人民法院递交起诉状，并按照被告人数提出副本。书写起诉状确有困难的，可以口头起诉，由人民法院记入笔录，并告知对方当事人，这是起诉的基本形式要件。在起诉的两种方式中，以书面起诉为主，以口头起诉为辅。

【立法背景】当事人的基本情况详略有别

本次修改民事诉讼法将起诉状中原来当事人的基本情况分为原告和被告两种情形，并根据时代的发展增加了“联系方式”。从法条的表述可见，原告只需提供被告的基本信息，不需联系方式，被告的详细信息要求被告在答辩状中列明，这减轻了原告起诉的负担，降低了起诉的门槛，符合常识常理常情。起诉状中列明当事人的基本情况，有助于人民法院审查核实双方当事人的诉讼主体资格，这是法院作出裁判的前提。

三、受理

受理，是指人民法院接受原告起诉后，经审查符合立案的条件予以审理的诉讼行为。原告的起诉行为并不能必然引起法院的立案，接受不等于受理。原告的起诉符合法定的实体条件和程序条件，法院才会受理，否则做出不予受理的裁定，在受理后发现不符合立案条件的，法院会作出驳回起诉的裁定。

【司考提示】人民法院不予受理的情形

根据民事诉讼法第124条的规定和相关司法解释，人民法院对下列起诉，应当不予受理。

1. 依照行政诉讼法的规定，属于行政诉讼受案范围的，告知原告提起行政诉讼。如当事人对行政裁决不服的，只能提起行政诉讼。

2. 依照法律规定，双方当事人达成书面仲裁协议申请仲裁，不得向人民法院起诉的，告知原告向仲裁机构申请仲裁。但以下两种情形法院应当受理：（1）仲裁协议无效；（2）对方在法院首次开庭前未提出有仲裁协议，并应诉答辩的，视为该法院对本案享有管辖权。

3. 依照法律规定，应当由其他机关处理的争议，告知原告向有关机关申请解决。如公务员对调资、奖惩不服的，只能寻求行政内部救济。

4. 立案前发现没有管辖权，告知原告向有管辖权法院起诉，原告坚持起诉的，裁定不予受理；立案后发现本院没有管辖权的，应当将案件移送有管辖权的人民法院。

5. 对判决、裁定、调解书已经发生法律效力的案件，当事人又起诉的，告知原告申请再审，但人民法院准许撤诉的裁定除外。对于本条，新法有两处改动，一是增加了调解书的申请再审，二是将原来的申诉改为申请再审。撤诉是原告行使处分权的一种诉讼行为，在法院准许撤诉时，原告视同未起诉，可以基于同一事实、理由再次起诉。

6. 依照法律规定，在一定期限内不得起诉的案件，在不得起诉的期限内起诉的，不予受理。立法对当事人诉权的行使设置一定的限制，目的在于保护对方当事人。如《婚姻法》第34条规定，“女方在怀孕期间、分娩后1年内或中止妊娠后6个月内，男方不得提出离婚”。

7. 判决不准离婚和调解和好的离婚案件，判决、调解维持收养关系的案件，没有新情况、新理由，原告在六个月内又起诉的，不予受理。原告撤诉或者按照撤诉处理的离婚案件，没有新情况、新理由，6个月内又起诉的，不予受理。身份关系的案件涉及家庭内部人员的情感纠纷，而情感具有一定的不稳定性，立法规定6个月的诉权限制，目的在于给当事人一定的缓冲期，以维护家庭关系的和谐与稳定，也避免讼累，减轻法院负担。

8. 在婚姻关系存续期间，当事人不起诉离婚而单独要求过错方赔偿精神损害赔偿的，人民法院不予受理。

9. 法人或者其他组织以人格权利遭受侵害为由，向人民法院起诉请求赔偿精神损害的，人民法院不予受理。当事人在侵权诉讼中没有提出赔偿精神损害的诉讼请求，诉讼终结后又基于同一侵权事实另行起诉请求赔偿精神损害的，人民法院不予受理。《最高人民法院关于确定民事侵权精神损害赔偿责任若干问题的解释》（2001）

【概念比较】不予受理、驳回起诉和驳回诉讼请求

比较内容	不予受理	驳回起诉	驳回诉讼请求
解决问题的性质	程序问题	程序问题	实体问题
适用文书	书面裁定	书面裁定	判决
适用阶段	审查起诉阶段	受理案件后	受理案件后
适用组织	立案庭	审判庭	审判庭
适用条件	不符合受理条件	不符合受理条件， 不包括法院没有管辖权	符合受理条件但 诉讼请求不能被支持

续表

比较内容	不予受理	驳回起诉	驳回诉讼请求
上诉期	10 日	10 日	15 日
再次起诉	可再诉	可再诉	不能再诉

（二）受理的法律后果

1. 诉讼系属已定。（1）就法院而言，受诉人民法院对该案取得了审判权，并排除其他法院对本案的管辖权。同时，法院负有审判之职责，法院不能对已经受理的案件拒绝作出裁判，法官也没有拒绝裁判的权力。在有些国家，法律还明确规定了法官拒绝审判的法律后果。例如，法国民法典第 4 条规定："法官借口法律无规定、规定不明确或不完备而拒绝审判者，得以拒绝审判罪追诉之。"因为司法的重要目的就是保障当事人诉权的实现与消弭社会纠纷。（2）就当事人而言，利害关系人取得了本案诉讼当事人的地位。起诉书上的"原告"和"被告"正式成为本案中的原告和被告，享有当事人的诉讼权利并承担相应的诉讼义务。

2. 诉讼时效中断。人民法院受理原告的起诉，诉讼时效中断。从中断时起，诉讼时效重新开始计算。

【司考真题】

1. 甲乙发生口角，乙将甲房屋的门窗砸坏。甲起诉要求乙赔偿财产损失，法院审理后，判决认定甲的诉讼请求成立。判决生效后，甲认为自己不仅财产上受到损失，精神上也受到损害，于是又向法院起诉，要求乙赔偿因该侵权行为导致的精神损害。关于本案，以下何种观点是正确的？（2003 - 3 - 27，单）

A. 精神损害应当予以赔偿，人民法院对甲的起诉应当受理

B. 甲未在前诉中主张精神损害赔偿，判决生效后又基于同一侵权事实起诉精神损害赔偿，人民法院不应当受理

C. 对于该起诉是否受理，要区分受害人甲是否在诉前意识到精神损害的存在。如果没有意识到，就可以向法院起诉；如果已经意识到，但当时没有请求的，人民法院不应当受理

D. 在前诉中没有提出精神损害赔偿请求，但声明保留的，人民法院对关于精神损害的起诉应予受理

2. 下列哪些案件人民法院应当受理？（2004 - 3 - 72，多）

A. 林某曾与李某同居 3 年，二人分手时产生纠纷，林某起诉李某，要求赔偿"青春费"5 万元

B. 甲诉乙离婚，法院于 2004 年 3 月判决不准离婚；2004 年 7 月乙起诉甲，请求离婚

C. 陈某下落不明 3 年，其丈夫不申请宣告失踪，直接起诉离婚

D. 甲村民想承包本村鱼塘，故起诉乙村民，请求判决解除乙村民与本村的鱼塘承包合同

3. 对于下列哪些起诉，法院应当裁定不予受理或裁定驳回起诉？（2005－3－76，多）

A. 甲起诉乙支付拖欠的货款3万元，但已超过诉讼时效

B. 甲公司起诉乙公司支付房租20万，但乙公司已被吊销营业执照

C. 甲起诉乙离婚，诉讼过程中撤诉，两个月后甲再次起诉离婚，但没有提出新情况、新理由

D. 甲、乙曾同居数年，乙曾经书面允诺送甲一辆价值10万元以上的汽车，但一直未履行承诺，甲起诉乙请求给付汽车

4. 根据我国民事诉讼法及相关司法解释的规定，法院作出的判决、裁定已经发生法律效力的案件，当事人起诉，法院应予受理的有哪些？（2007－3－85，多）

A. 判决不准离婚，没有新情况、新理由，原告在6个月内起诉的

B. 原告撤诉后，没有新情况、新理由，原告又起诉的

C. 已过诉讼时效、法院判决驳回诉讼请求的

D. 追索赡养费案件的判决生效后，有新情况、新理由，当事人起诉要求增加赡养费的

5. 下列哪一选项不是民事起诉状的法定内容？（2009－3－44，单）

A. 双方当事人的基本情况　　B. 案由

C. 诉讼请求和所依据的事实与理由　D. 证据和证据来源，证人姓名与住所

6. 章某作为马某的债权人，对马某的债务人林某提起代位权诉讼。马某作为第三人对章某的债权提出异议。经法院审查，异议成立。人民法院应当如何处理？（2004－3－39，单）

A. 裁定驳回章某起诉　　B. 判决驳回章某起诉

C. 裁定对章某起诉不予受理　　D. 继续审理，作出判决

第二节　审理前的准备

根据《民事诉讼法》第125条至第133条的规定，审理前的准备工作主要有以下内容：

一、在法定期间内及时送达诉讼文书

诉讼文书是民事诉讼过程中经常使用的书面文件。审前准备阶段常见的诉讼文书有起诉状、答辩状和各种通知书。人民法院受理案件后，应在立案后5日内将起诉状副本发送被告。被告应当在收到之日起十五日内提出答辩状。

当事人对管辖权有异议的，应当在提交答辩状期间提出。人民法院对当事人提出的异议，应当审查。异议成立的，裁定将案件移送有管辖权的人民法院；异议不成立的，裁定驳回。当事人未提出管辖异议，并应诉答辩的，视为受诉人民法院有管辖权，但违反级别管辖和专属管辖规定的除外。

二、告知当事人的诉讼权利义务以及合议庭组成人员

人民法院对决定受理的案件，应当在受理案件通知书和应诉通知书中向当事人告知有关的诉讼权利义务，或者口头告知。程序参与权是当事人享有的首要的程序权，而保障参与权的行使，必然首先保障当事人的知情权，知情权又是参与权的前提。知情，对当事人而言，是权利，对于法院而言，告知当事人的诉讼权利义务则是其职责，也是法院行事释明义务的重要体现。告知的方式有两种：一是以书面的方式告知，即在受理案件通知书和应诉通知书中载明当事人有关的诉讼权利义务，二是口头告知。法院在送达案件受理通知书和应诉通知书的同时，还应向当事人送达举证通知书。举证通知书中应当载明举证责任的分配原则与要求，可以向人民法院申请调查取证的情形，以及人民法院根据案情指定的举证期限及逾期提供证据的法律后果。

三、对受理的案件进行分流

根据《民事诉讼法》第 133 条的规定，人民法院对受理的案件，分别情形予以处理：

1. 当事人没有争议，符合督促程序规定条件的，可以转入督促程序。督促程序是快捷催债程序，为了快速化解纠纷，新法加强了普通程序和督促程序的衔接。

2. 开庭前可以调解的，采取调解方式及时解决纠纷。调解不仅贯彻于一审、二审和再审程序始终，而且适用于整个的审判过程中，审判过程中的调解包括先行调解、开庭前调解和庭审后的调解，本条是对开庭前调解的规定，有利于及时解决纠纷。

3. 根据案件情况，确定适用简易程序或者普通程序。审前明确案件适用的程序类型，进行程序分流，有利于法院针对性地审理案件。

4. 需要开庭审理的，通过要求当事人交换证据等方式，明确争议焦点。进行证据交换，不仅可以明确争执焦点，提高庭审效率，还可以使当事人明晰胜败可能性，为和解、调解奠定基础，达到审前化解纠纷的目的。为此，《证据规定》对证据交换的主体、时间和次数都有明确的规定。

【立法背景】审前程序案件分流

第 133 条是民事诉讼法修改新增加的内容。我国原有民事诉讼中的审前程序有两个特点，一是功能的单一性——为庭审做准备；二是法院的职权化倾向明显，缺少当事人的参与，这造成审前程序并没有发挥应有的作用。本次修法改变了以庭审为中心的纠纷解决机制，法院在审前根据案件的性质进行分流处理，并在时机成熟时行使审判权，使部分审判权审前化，司法资源配置审前化，彰显了审前程序化解纠纷和分流案件功能，强化了审前程序的独立价值，也有利于提高庭审质量和效率，节省司法资源。

第三节 开庭审理

一、开庭审理的概念

开庭审理，是指人民法院在当事人和所有诉讼参与人的参加下，全面审查认定案件事实，并依法作出裁判或调解的活动。开庭审理既是人民法院行使国家审判权的重要阶段，又是当事人行使诉权的重要阶段，也是诉讼参与人行使诉讼权利履行诉讼义务最集中的场合。开庭审理的任务是审查、核实案件的证据的真伪性及证明力，查明案件真实情况，分清责任是非，正确适用法律，依法作出裁判。

开庭审理是法院审理第一审民事争议案件的必经阶段，无论是公开审理还是不公开审理，都必须开庭审理，即使不公开审理的案件也要公开宣判。在不公开的开庭审理中，当事人必须出庭，只是开庭不面向社会，禁止群众旁听和新闻记者采访。开庭审理分为以下的步骤：庭审准备、宣布开庭、法庭调查、法庭辩论、合议庭评议和宣告判决。

二、开庭审理的程序

（一）庭审准备

庭审准备是审前准备的纵深发展，是衔接审前准备与开庭审理的一个阶段，庭审准备主要完成以下三项工作：（1）确定开庭审理的方式，是公开的开庭审理还是不公开的开庭审理。人民法院对于公开开庭审理的案件，应当在开庭3日前发布公告，公告当事人的姓名、案由及开庭的时间和地点。公告可以在人民法院的公告栏内张贴，巡回审判的也可以在审判地公告。（2）确定开庭审理的地点，是本院审理，还是巡回就地审理。（3）确定开庭审理的日期。开庭审理日期应当定在答辩期届满、举证期限届满、交换证据期日结束并做好必要准备工作后。当事人明确表示不提交答辩状，或者在答辩期届满前已经答辩，或者同意在答辩期届满期间开庭的，人民法院也可以在答辩期届满前开庭审理。（4）传唤当事人、通知其他诉讼参与人出庭。人民法院按照普通程序审理案件，应当在开庭3日前用传票传唤当事人。对诉讼代理人、证人、鉴定人、勘验人、翻译人员应当用通知书通知其到庭。当事人或其他诉讼参与人在外地的，应留有必要的在途时间。（5）宣布开庭。本阶段主要是由书记员和审判长来主持。首先，应由书记员查明当事人和其他诉讼参与人是否到庭，并将结果向审判长报告合，宣布法庭纪律。其次，由审判长宣布开庭，核对当事人，宣布案由，宣布审判人员、书记员名单，告知当事人有关的诉讼权利义务，询问当事人是否提出回避申请。

（二）法庭调查

法庭调查，是指审判人员在法庭上对案件事实、证据进行全面审查、核实的诉讼活动。法庭调查是庭审的重要环节，是对案件进行实体审理的重要阶段。通过双方当事人对案件事实的陈述、举证、质证，人民法院审查、核实、认证，为查清案件事实和正确适用法律提供客观依据。

根据《民事诉讼法》第138条的规定，法庭调查按下列顺序进行：

1. 当事人陈述。

2. 告知证人的诉讼权利义务，证人作证，宣读未到庭的证人证言。

3. 出示书证、物证、视听资料和电子数据。

4. 宣读鉴定意见。

5. 宣读勘验笔录。

6. 具有专业知识的人员出庭。

（三）法庭辩论

法庭辩论是当事人、第三人及其诉讼代理人就案件事实和适用法律向法庭阐明观点、申明理由的活动。法庭辩论以辩论内容划分，有诉讼程序的辩论和适用实体法律的辩论，法庭辩论的顺序是：

1. 原告及其诉讼代理人发言。

2. 被告及其诉讼代理人答辩。

3. 第三人及其诉讼代理人发言或答辩。

4. 相互辩论。相互辩论是辩论的继续。

经过法庭调查和辩论，如果事实清楚的，审判长按照原告、被告和有独立请求权的第三人的顺序询问当事人是否愿意调解。无独立请求权的第三人需要承担义务的，在询问原告、被告之后，还应询问其是否愿意调解。

（四）合议庭评议和宣告判决

1. 合议庭评议。《民事诉讼法》第142条规定："法庭辩论终结，应当依法作出判决。判决前能够调解的，还可以进行调解，调解不成的，应当及时判决。"调解并不是开庭审理的必经程序，合议庭认为该案难以调解时，应立即进入评议室评议。评议的主要内容是：案件事实是否清楚，证据是否充分，案件如何认定，责任如何划分，适用何种法律，诉讼费用如何分担以及如何执行。评议由审判长主持。评议时实行民主集中制，少数服从多数。不同意见须记入笔录，评议笔录由书记员制作，笔录须经合议庭全体成员签名后有效。

2. 宣告判决。凡开庭审理的案件，无论是公开审理或依法不公开审理的，都必须公开宣告判决。公开宣告判决有两种形式：（1）当庭公开宣判。即在合议庭评议结束后立即宣告判决。人民法院当庭公开宣判后，应在10日内向有关人员发送判决书。（2）定期公开宣判。即在开庭审理日之后的某个日期公开宣告判决。定期宣判日与开庭审理日最长间隔时间法无规定。从立法精神推论此间隔时间不宜太长。凡定期宣判的，宣判完毕即发给民事判决书。定期宣判时，当事人拒不签收判决书、裁定书的，应视为送达，并在宣判笔录中记明。宣告离婚判决时，除告知当事人上诉权利、上诉期限和上诉审法院外，还须告知双方当事人在判决书生效前不得另行结婚。公众可以查阅发生法律效力的判决书、裁定书，但涉及国家秘密、商业秘密和个人隐私的内容除外。

三、开庭审理中的其他问题

1. 延期审理。延期审理，是指在遇有法定事由时，使人民法院已经确定的开庭期日或者正在进行的开庭审理，无法继续进行，而顺延至另一个期日进行审理的制度。根据《民事诉讼法》第146条的规定，有下列情形之一的，人民法院可以延期开庭审理：必须到庭的当事人和其他诉讼参与人有正当理由没有到庭的；当事人临时提出回避申请的；需要通知新的证人到庭，调取新的证据，重新鉴定、勘验，或者需要补充调查的；其他应当延期的情形。是否延期审理，由人民法院根据案件的具体情形来决定，这是一条授权性规范。法院决定延期审理的，可以当庭决定下次开庭审理的期日，也可以另行通知。

2. 巡回审理。在现代民主法治社会，由人民法院的审判庭审理案件已成为常态。为了体现“两便原则”，为了贯彻“司法为民”的宗旨，人民法院审理民事案件，根据需要也可以进行巡回审理，就地办案。巡回就地审理是我国民事审判工作的优良传统，除有利于诉权和审判权行使，还可以实现民事诉讼法规定的法制宣传教育的任务。

3. 合并审理。在案件受理后，法庭辩论结束前，原告增加诉讼请求，被告提出反诉，第三人提出与本案有关的诉讼请求，可以合并审理的，人民法院应当合并审理。在二审中，原告增加诉讼请求，被告提出反诉，第三人提出与本案有关的诉讼请求，二审法院先进行调解，调解不成则告知另行起诉。

4. 当事人庭审诉讼权利。根据《民事诉讼法》第139条的规定，当事人在法庭上可以提出新的证据。当事人经法庭许可，可以向证人、鉴定人、勘验人发问。当事人要求重新进行调查、鉴定或者勘验的，是否准许，由人民法院决定。

5. 法庭笔录。笔录应客观、全面、准确地记录开庭主体、开庭地点、开庭时间、开庭经过和开庭结果。法庭笔录应当当庭宣读，也可以告知当事人和其他诉讼参与人当庭或者在5日内阅读。当事人和其他诉讼参与人认为对自己的陈述记录有遗漏或者差错的，有权申请补正。如果不予补正，应当将申请记录在案。笔录由审判人员和书记员签名，当事人和其他诉讼参与人签名或者盖章，拒绝签名盖章的，记明情况附卷。

6. 审结期限。人民法院适用普通程序审理的案件，应当在立案之日起6个月内审结。有特殊情况需要延长的，由本院院长批准，可以延长6个月；还需要延长的，报请上级人民法院批准。根据司法解释的规定，上级人民法院可以再延长三个月。审结期限内不包括下列期限：(1) 因当事人、诉讼代理人、辩护人申请通知新的证人到庭、调取新的证据、申请重新鉴定或者勘验，法院决定延期审理一个月之内的期间；(2) 公告、鉴定的期间；(3) 审理当事人提出的管辖权异议和处理法院之间的管辖争议的期间；(3) 由有关专业机构进行审计、评估、资产清理的期间；(4) 中止诉讼至恢复审理的期间。

【司考真题】

7. 关于普通程序的重要性，下列哪些选项是正确的？(2011－3－78)

A. 普通程序是一审诉讼案件的审理程序

B. 民事诉讼法的基本原则和基本制度在普通程序中有集中体现

C. 普通程序是民事审判程序中体系最完整、内容最丰富的程序

D. 其他审判程序审理案件时遇有本程序没有特别规定的，应当适用普通程序的相关规定进行审理

8. 关于合议庭评议案件，下列哪一表述是正确的？（2010－3－38，单）

A. 审判长意见与多数意见不同的，以其意见为准判决

B. 陪审员意见得到支持、形成多数的，可按该意见判决

C. 合议庭意见存在分歧的，也可提交院长审查决定

D. 审判人员的不同意见均须写入笔录

【案例讨论1】张某于2003年10月1日向刘某借款20 000元，约定张某于2003年10月20日归还，但到期后张某拒绝归还借款，刘某于是在2004年4月2日到法院起诉，要求张某归还借款。法院收到刘某的起诉状后认为符合起诉条件，于同年4月11日立案，并通知了当事人。4月18日法院将起诉状副本发送给被告张某，但张某未提交答辩状。人民法院组成了合议庭，经认真调查，在事实核对清楚后，合议庭认为不需要开庭审理，径行判决张某归还刘某欠款20 000元及利息1 000元。

问：本案中存在哪些程序错误？

第四节　对案件审理中特殊情况的处理

一般情况下，一审普通程序会按照法定步骤进行，但是，开庭审理过程中会遇到各种特殊情况。正确处理这些特殊情况有利于开庭审理的顺利推进，这些特殊事由除前述延期审理外，还包括撤诉、缺席判决、诉讼中止、诉讼终结。

一、撤诉

（一）撤诉的概念和分类

撤诉，是指根据当事人的申请或者依据法律规定，人民法院对已经受理的诉予以撤销，从而结束已开始的诉讼程序。诉一经撤销，人民法院就对受诉案件终结审理，当事人及其他诉讼参与人也应退出诉讼。从本质上讲，撤诉是当事人对其诉讼权利的处分，这种处分行为直接对审判权产生影响。

从不同的角度，可以对撤诉进行分类：从主体上分类，可分为申请撤诉和按撤诉处理；从程序上分类，撤诉可分为一审中撤回起诉，二审中撤回上诉，再审中撤回再审申请、撤回起诉；从诉的性质分类，可分为撤回本诉和撤回反诉。

（二）申请撤诉的条件

1. 申请撤诉的主体需适格。享有撤诉权的主体包括当事人本人、法定诉讼代理人以及经当事人特别授权的委托诉讼代理人。在必要的共同诉讼中，必须取得全体共同诉讼人（共同原告或共同被告）一致的同意才能达到撤诉的效果。而在由诉讼代表人所进行的诉讼中，诉讼代表人若要行使撤诉权，必须要有被代表人的特别授予权，方能为撤诉行为。有独立请求权第三人处于原告的地位，也可以申请撤诉。

2. 申请撤诉必须以书面或者口头方式向受诉人民法院明确提出内容明确的申请。

3. 申请撤诉必须是原告的自愿行为。任何人不得强迫原告撤诉，法官也不得说服、

动员原告撤诉。

4. 原告申请撤诉的目的必须正当、合法。

5. 原告的撤诉申请必须在受诉人民法院宣判前提出。

法院在接到原告的撤诉申请后，应当从撤诉的条件上进行审查，主要从撤诉的自愿性和合法性角度进行审查，符合撤诉条件的，作出准予撤诉的裁定，否则驳回申请。可见撤诉权的行使具有相对性。

（三）按撤诉处理的情形

按撤诉处理，又称视为撤诉，是指当事人没有申请撤诉，但其行为可使人民法院推定其有撤诉的意思表示时，法院可按撤诉处理。撤诉又称为当事人消极之撤诉。

1. 原告经传票传唤，无正当理由拒不到庭，或者未经法法庭许可中途退庭的；

2. 原告为无诉讼行为能力人的，其法定代理人经传票传唤，无正当理由拒不到庭，又不委托诉讼代理人到庭的。

3. 原告或上诉人未按规定预交诉讼费用，经法院通知后仍不预交的，又没有申请缓、减、免，或者申请缓、减、免未获法院批准，但仍不交纳诉讼费用的。

4. 有独立请求权的第三人经受诉人民法院传票传唤，无正当理由拒不到庭的，或者未经庭许可中途退庭的，可以按撤诉处理。有独立请求权的第三人参加诉讼后，原告申请撤诉又获法院同意，有独立请求权的第三人作为另案原告，本诉的原、被告在另案中作为被告，诉讼另行进行。

（四）撤诉的法律效果

1. 终结诉讼程序。不论是原告申请而得到受诉人民法院裁定准许的撤诉，还是按撤诉处理，其直接的法律效果都只是导致本案诉讼程序的完结，对原告所主张的实体权利并无任何影响。

2. 视为未起诉。人民法院准予撤回起诉后，原告又以同一事实、理由再次起诉，人民法院应予受理，因为撤诉视为原告未起诉，其诉权并未消灭。

3. 诉讼费用减半征收。原告撤诉的负担诉讼费用，但减半收取。

4. 诉讼时效重新开始计算。原告起诉后，诉讼时效中断，而自人民法院裁定准予撤诉之日起，诉讼时效重新开始计算。

【三大诉讼法撤诉的比较】

民诉	① 原告撤诉或按撤诉处理后，当事人以同一诉讼请求再次起诉的，应予受理。 ② 原告撤诉或者按撤诉处理的离婚案件，没有新情况、新理由，6个月内又起诉的，不予受理。
刑诉	① 在宣告判决前，检察院要求撤回起诉的，法院应当审查检察院撤回起诉的理由，并作出是否准许的裁定。在宣判前，自诉人出于自愿撤诉的，人民法院应当准许。 ② 法院裁定准许检察院撤诉的案件，没有新的事实、证据，检察院重新起诉的，法院不予受理。除因证据不足而撤诉的以外，自诉撤诉后，就同一事实又告诉的，法院不予受理。

续表

行诉	① 原告撤诉后，又以同一事实和理由重新起诉的，法院不予受理。 ② 原告未按规定的期限预交案件受理费，又不提出缓交、减交、免交申请，或者提出申请未经批准的，按自动撤诉处理。在按撤诉处理后，原告在法定期限内再次起诉，并依法解决诉讼费预交问题的，人民法院应当予以受理。

二、缺席判决

缺席判决是与对席判决相对而言的，指一方当事人在庭审程序中缺席，法院为了避免程序的迟延和实现诉讼公正，依法经审理并作出裁判的制度。

缺席判决与对席判决在判决的形式上存在差异，但二者具有完全相同的法律效力。

三、诉讼中止

（一）诉讼中止的概念及具体适用

诉讼中止，是指在诉讼过程中，出现了法定事由，由人民法院裁定暂时停止诉讼程序的进行，待法定原因消失后，再恢复诉讼的制度。

具有下列情形之一的，人民法院应当裁定中止诉讼：（1）一方当事人死亡，需要等待继承人表明是否参加诉讼的。（2）一方当事人丧失诉讼行为能力，尚未确定法定代理人的。（3）作为一方当事人的法人或者其他组织终止，尚未确定权利义务承受人的。（4）一方当事人因不可抗拒的事由，不能参加诉讼的。（5）本案必须以另一案的审理结果为依据，而另一案尚未审结的。这是指另一案的审理结果对本案有预决性，必须待另一案确定后，本案才能进行审理。（6）其他应当中止诉讼的情形。这是一个弹性条款，由审判人员去裁量，但也不能随心所欲。如借贷案件，人民法院受理时，债务人下落不明或审理中债务人出走下落不明，经缺席审理仍难以查明借贷关系的，即可裁定中止诉讼。

（二）诉讼中止与延期审理的区别

- ① 适用范围
  - 中止适用于程序开始以后到判决做出以前
  - 延期只能适用于开庭审理阶段
- ② 适用效果
  - 中止：一切诉讼活动都应当停止
  - 延期：有关诉讼活动并不同时停止
- ③ 恢复审理
  - 中止的情形来自于诉讼外，何时恢复，法院很难左右
  - 延期来自于诉讼之中，恢复日期法院决定
- ④ 法律文书
  - 中止诉讼用裁定
  - 延期审理用决定

四、诉讼终结

（一）诉讼终结的概念及具体适用

诉讼终结，是指在诉讼程序进行中，出现法定事由而使诉讼不可能或者没有必要进行，人民法院裁定结束诉讼的一种制度设计。

具有下列情形之一的，人民法院应当裁定终结诉讼：（1）原告死亡，没有继承人，或者继承人放弃诉讼权利的。（2）被告死亡，没有遗产，也没有应当承担义务的人的。（3）离婚案件一方当事人死亡的。（4）追索赡养费、扶养费、抚育费以及解除收养关系案件的一方当事人死亡的。

撤诉以及按撤诉处理也会导致诉讼程序的结束，在我国，判决、调解和撤诉是民事诉讼的三种主要结案方式，实践中，法院特别重视调撤率，调撤率的高低成为衡量法官和法院司法能力和司法水平的重要标准。但撤诉并不属于狭义上的诉讼终结，因为撤诉后当事人还可以再次起诉，而诉讼终结后当事人不得再次起诉，法院也不得受理。

（二）诉讼终结与诉讼中止的关系

诉讼中止和诉讼终结都是法院在案件审理中对特殊情形的处理，法院作出诉讼中止、诉讼终结的裁定后即发生法律效力，当事人不得上诉，也不得申请复议。中止诉讼后不一定都要恢复诉讼程序，中止诉讼可能成为诉讼终结。诉讼终结与诉讼中止也不同。前者系永远结束，诉讼程序不再恢复；后者是暂时停止，一旦条件成熟，诉讼程序会立即恢复。延期审理和诉讼中止的适用情形中都有弹性条款的规定，诉讼终结必须符合法定的情形，不能由法官自由裁量。在财产关系的案件中，作为一方当事人的自然人死亡，其民事诉讼主体资格自然消灭，但是有关财产的争议没有得到解决，需要等待是否有愿意承担诉讼权利义务的继承人参加诉讼，这会引起诉讼中止；在身份关系的案件，一方当事人死亡则直接导致诉讼终结。

【司考真题】

9. 甲与乙系父子关系，甲起诉乙请求给付赡养费。法院确定开庭审理后，对甲和乙都进行了传票传唤。但法院开庭审理时，乙未到庭，也没有向法院说明理由。在这种情况下，法院如何处理？（2007－3－38，单）

A. 应延期审理　　B. 应中止诉讼

C. 可以拘传乙到庭　　D. 可以缺席判决

10. 张某将一串价值10万元的钻石项链存放在某银行对外租赁的保险柜中。该银行工作人员李某借工作之便将保险柜中的钻石盗走，案发后一直潜逃在外。张某向法院起诉，要求该银行承担民事责任。在审理中，公安机关将李某抓获归案（但无法追回赃物），并移送检察机关，检察机关准备对李某提起公诉。法院应如何处理该民事案件？（2004－3－43，单）

A. 中止此案的审理，待李某的犯罪事实查清后恢复审理

B. 终止审理，告知张某在李某的刑事诉讼中，提出附带民事诉讼请求

C. 延期审理此案，不得作出判决

D. 继续审理此案，并可作出判决

11. 甲、乙为夫妻，育有一女丙。甲向法院起诉要求与乙离婚，一审法院判决准予离婚，乙不服提起上诉。在二审中，乙因病去世。下列关于本案后续程序的哪一表述是正确的？（2006－3－38，单）

A. 因上诉人死亡无法到庭参加审理，应当视为撤回上诉

B. 法院可以根据上诉材料缺席判决

C. 法院应当通知其女儿丙参加诉讼

D. 法院应当裁定终结诉讼程序

【案例讨论 2】 2009 年 5 月，原告王某以被告李某离家出走多年，夫妻感情已彻底破裂为由向法院提起诉讼，要求与被告离婚。原告起诉后，法院经公告送达起诉状副本、开庭传票等相关法律文书。公告开庭时间为 2009 年 8 月 7 日，并用传票通知了原告。但原告因车祸住院，无法到庭参加诉讼，并申请法院延期开庭审理该案。

问：法院应当如何处理本案？是延期审理、按撤诉处理还是中止诉讼？

【案例讨论 3】 原告李小姐在 2007 年初接到一条自己在商场“透支”的短信后，误信骗子的谎言，将自己账户内的 20 万元转到两被告提供的 3 个账户。4 小时后李小姐忽然醒悟，于是报警，公安机关立即通知银行并冻结了两人的账户。但此时已有 8 万元被两被告提取，还剩 12 万元存款尚未被提取。公安机关正对被提取的款项进行侦查追缴，该案至今仍未被侦破。

问题：1. 请分析本案按照刑事诉讼和民事诉讼处理存在的问题。

2. 如果你是民庭法官，如何审理本案？

第五节 法院裁判

一、民事判决

（一）民事判决的概念和特点

民事判决，是指人民法院对民事案件审理终结后，依据事实和法律对双方当事人之间的争议所作出的具有约束力的权威性判定。判决具有权威性和稳定性，非经法定程序不得改变、撤销。民事判决具有以下的特点：（1）适用对象的特殊性。判决仅针对案件实体问题，不涉及诉讼程序问题，这是判决与裁定的本质区别。（2）适用依据的双重性。民事诉讼是实体法和程序法共同作用的“场”，法官审理民事案件既要依据民事实体法，也要依据民事诉讼法，因而，作出判决的依据具有双重性。（3）表现形式的书面性。法官代表国家行使司法权，作出最终权威性判断的形式理当是书面的，并有一定的格式要求。

（二）民事判决的种类

依据不同标准，可以对民事判决进行不同的分类。明确不同判决的特点，有助于人民法院正确地制作判决。（1）根据争议的性质，可分为诉讼判决和非讼判决；（2）根据诉的类型，可分为给付判决、确认判决和变更判决；（3）根据民事判决诉讼请求的解决范围，可分为全部判决和部分判决；（4）根据当事人双方是否出庭，可分为对席

判决和缺席判决；（5）根据诉讼程序不同，可分为一审判决、二审判决和再审判决；（6）根据案件审理的阶段，可分为终局判决与中间判决。（7）根据判决是否已经确定，分为确定判决和未确定判决。

（三）民事判决的内容

民事判决的内容，一般是指民事判决书的内容，根据《民事诉讼法》第152条的规定和审判实践经验，民事判决书应包含下列内容：（1）当事人和诉讼代理人的基本情况。（2）案由、诉讼请求、争议的事实和理由。案由是当事人诉争法律关系的性质，法律对案由进行明确规定，方便当事人进行民事诉讼，有利于规范人民法院立案、审判和司法统计。（3）判决认定的事实和理由、适用的法律和理由，这是民事判决的重点内容。（4）判决结果和诉讼费用的负担；（5）上诉期间和上诉法院。

【立法背景】判决理由

本次修法强化了判决书的说理性，（1）增加了“判决书应当写明判决结果和作出该判决的理由”。实践中，判决书中对事实的分析比较简单，对证据的可采性、证明力分析不具体，对判决理由的阐述不充分。在近年进行民事司法改革的实践中，增强裁判文书的说理性是改革的重要内容。法官充分阐述作出判决的理由，增强判决书的说理性，为法官的最终判断提供正当性支持，既防止了自由心证滥用与司法腐败，又使裁判获得当事人信服和公众认同。（2）将“适用的法律依据”修改为“适用的法律和理由”，这是因为实践中判决书中只引用适用的法条，不论证、不深入论证适用该法条的理由，缺乏对适用法律的说理性分析。公开裁判的法律理由，是司法公开和法治社会的基本要求，不仅约束了法官的裁判行为，也为当事人的行为提供预测和指引。综上，本次修改判决书的内容，强化了判决书中事实认定理由和法律适用理由，有助于实现司法公开、公正，增强了当事人对判决的可接受性，也便于上级法院的审查。

（四）民事判决的效力

民事判决的效力，是指民事判决在何时对何人、何事产生法律效力。判决效力的内容可以分为确定力、拘束力、执行力和执行力。（1）判决的确定力发生于判决确定之时，从理论上讲，判决的确定力可以分为形式上的确定力和实质上的确定力。形式上的确定力，又称判决的不可撤销性，是指确定判决所确定的案件事实及当事人之间的权利义务关系具有不可争议性，即使当事人对该判决不服，也不得通过上诉，请求法院撤销或变更该判决的效力。即判决一经确定，就处于不能用通常方法撤消或变更的状态。实质上的确定力，即判决的既判力。（2）判决的拘束力是指判决对法院、当事人和社会的拘束力。（3）判决的执行力是指义务人没有自觉履行具有给付内容的判决时，法院根据权利人的申请予以强制执行的效力。（4）判决的形成力是指判决确定后而引起法律关系发生、变更或消灭的效力，只有形成判决才有形成力。

1. 民事判决的生效时间。民事判决生效时间分为以下两种情况：（1）上诉期届满当事人未上诉的判决，因上诉期届满而生效。地方各级人民法院作出的法律允许上诉的一审判决，在上诉期内当事人没有上诉的，上诉期届满，判决即发生法律效力；（2）不能上诉的判决因宣告、送达而生效。这类判决包括中级以上人民法院所作的二审判决，最高人民法院作出的一审判决，地方各级人民法院作出的不准上诉的一审判决，如适用特别程序作出的判决和适用公示催告程序作出的除权判决。

2. 民事判决对人的效力。广义而言，民事判决对人的效力可分为对当事人、法院和社会的效力：（1）民事判决对当事人的效力。判决一经生效，除法律另有规定外，对当事人产生“一事不再理”的效力和拘束力。有时对某案的判决也会通过对该案当事人的作用，而间接影响到当事人之外的第三人，判决的这种间接作用就如同光线的反射一样，因此学者将其称之为反射效力或反射效，反射效是判决的附随效力。（2）民事判决对法院的效力。生效判决对人民法院也具有约束力，生效判决非经法定程序不得随意地撤销或变更，狭义上判决的拘束力就是指对法院自身的拘束力，称为自缚力。（3）民事判决对社会的效力。生效判决对社会的拘束力表现为，任何机关、社会团体及其他组织和个人都无权撤销或变更人民法院依法作出的生效判决，不得违反判决的有关规定，有协助执行义务的单位和个人，还应当积极协助人民法院执行生效判决，不得拒绝或者推诿。

3. 民事判决对事的效力，又称既判力。

（四）既判力

既判力，是指确定的终局判决所裁判的诉讼标的对当事人和法院的强制性适用力。既判力的拘束作用主要是针对以后的诉讼，对后诉的作用包括两个方面：（1）当事人不得在后诉中提出与前诉有既判力的判断相反的主张，后诉法院也不得作出与前诉有既判力判断相反的判决。（2）后诉法院的裁判必须以前诉法院判决的内容作为前提。既判力的范围包括客观范围、主观范围和时间范围。

1. 既判力的客观范围。既判力客观范围的原则是：对终局判决中已经确定的诉讼标的有既判力，判决理由不具有既判力。作为例外，争点效和抵消抗辩具有既判力，从程序正义看，双方当事人对判决的理由充分行使了辩论权；从实体上看，不赋予判决理由具有既判力，有失实体正义。根据我国民事诉讼法的规定，已经确定的判决在前诉中所认定的事实在后诉中具有类似证据的作用，这被称为判决的事实效力，又称判决的证明效力。

2. 既判力的主观范围。既判力不仅对某一裁判的诉讼标的有拘束力，同时对某些主体有拘束力。判决对哪些主体具有既判力就是概判力的主观范围。

3. 既判力的时间范围。既判力的时间范围是指确定判决何时对诉讼标的的判断对当事人和后诉法院有拘束力，需要注意的是，既判力的时间范围不同于判决的生效时间。法院判决是以法庭辩论终结时所认定的案件事实为基础作出的，因而既判力发生的时间应当是据以作出确定判决的口头辩论终结时，在法庭辩论终结后发生的实体争议均不受既判力的拘束，不发生既判力排斥作用的标准时以后出现的事实，在理论上统称为“新事由”。

二、民事裁定

（一）民事裁定的概念和效力

民事裁定，是指人民法院对民事审判和执行中的程序事项作出的具有法律意义的权威性判定。根据《民事诉讼法》第154条的规定，民事裁定的适用范围是：不予受理；

对管辖权有异议的；驳回起诉；保全和先予执行；准许或者不准许撤诉；中止或者终结诉讼；补正判决书中的笔误；中止或者终结执行；撤销或者不予执行仲裁裁决；不予执行公证机关赋予强制执行效力的债权文书；其他需要裁定解决的事项，如确认仲裁协议效力的裁定，再审裁定，裁定补正调解书，撤销原判、发回重审的裁定，二审和再审中撤销原判、驳回起诉的裁定，在人数不确定代表人诉讼中判决效力扩张的情形下，以裁定适用原判决。

民事裁定的效力是指民事裁定在何时对何人产生法律拘束力。民事裁定的生效时间分为两种情形：(1) 可以上诉的裁定，上诉期间届满即发生法律效力，如不予受理的裁定、管辖权异议裁定、驳回起诉的裁定、不予受理破产申请的裁定、驳回破产申请的裁定、管辖权上下转移的裁定。(2) 不可上诉的裁定，一经作出即发生法律效力，其中，有的裁定可以复议，但复议期间不停止裁定的执行，可以复议的裁定分为两种情形：一是向原审法院复议，如保全裁定、先予执行裁定；二是向上级法院复议，如执行程序中执行异议的裁定。

（二）民事裁定的形式和内容

民事裁定的形式有两种，口头形式和书面形式。民事裁定多是书面形式，准予上诉的裁定必须是书面形式，以保障当事人的上诉权。

民事裁定书由首部、正文和尾部三部分组成。首部应有人民法院的全称、裁定书标题、编号以及当事人的基本情况，正文由事实、理由和结论组成，尾部一般由审判员、书记员署名，加盖人民法院的印章，口头裁定的记入笔录。

（三）民事裁定与民事判决的关系

民事裁定和民事判决都是人民法院制作的法律文书，目的都是为了保护当事人权益和实现诉讼公正，生效之后都具有权威性。二者的区别如下表：

	民事判决	民事裁定
适用对象	实体问题	程序事项
适用时间	审判阶段	审判阶段和执行阶段
上诉范围、上诉期间	除最高人民法院、小额诉讼和非讼案件的判决外可以上诉，15 日上诉期。	可以上诉的裁定有法律的明确规定，10 日上诉期。
法律依据	实体法和程序法	程序法
表现形式	书面	书面、口头
同一案件中的数量	一个案件可有多个判决，但生效判决只有一个，一个案件可能没有判决	一个案件可有多个生效裁定
法律效力	裁定效力的稳定性弱	判决效力及于实体，稳定性强

三、民事决定

（一）民事决定的概念和效力

民事决定，是指人民法院为保证公正审理案件，维护正常诉讼秩序，正确处理法院内部工作关系，对诉讼进行中发生的某些特定事项依法作出的权威性判定。诉讼进行中发生的某些特定事项可以分为两大类：（1）对利害关系人的权利义务有实质影响的事项，如回避、强制措施，法律赋予利害关系人申请复议的权利；（2）对利害关系人的权利义务不具有实质影响，如审判组织的决定、诉讼期间顺延的决定、缓减免交诉讼费的决定，利害关系人对这些决定不得申请复议。这些特定的事项不一定都是诉讼程序中必然发生的，但与诉讼的顺利进行关系重大，如不及时处理就会妨碍诉讼活动正常进行，如回避、强制措施等，因而，民事决定适用的对象具有紧急性的特点。

（二）民事决定的形式和内容

民事决定可以采取书面形式，也可以采取口头形式，口头决定由书记员记入笔录。民事决定书一般应写明法院全称、决定书种类和案号，当事人的基本情况，决定所依据的事实、理由和决定内容，注明是否准予申请复议，并加盖人民法院印章。

（三）民事决定与民事判决、民事裁定的区别

民事判决和民事裁定都可作为法院结束案件的裁判方式，决定事项的紧急性决定了民事决定不能作为民商事案件的结案方式，但在刑事诉讼中，决定可作为结案方式，如检察院作出不起诉的决定。（1）民事决定与民事判决不同：前者针对特殊事项，后者针对案件实体问题；前者在案件审理过程中作出，后者在案件审理的最后阶段作出；前者可以口头作出，后者必须以书面方式作出。（2）民事决定与民事裁定不同：前者针对特殊事项，后者针对程序问题；前者一律不得上诉，后者在法律规定的情形下可以上诉；前者判定的事项具有紧急性，主要目的在于排除障碍，维持诉讼秩序，后者的主要作用是指挥诉讼活动，推进诉讼进程。

【司考真题】

12. 法院对于诉讼中有关情况的处理，下列哪些做法是正确的？（2010－3－85 多）

A. 甲起诉其子乙请求给付赡养费。开庭审理前，法院依法对甲、乙进行了传唤，但开庭时乙未到庭，也未向法院说明理由。法院裁定延期审理

B. 甲、乙人身损害赔偿一案，甲在前往法院的路上，胃病发作住院治疗。法院决定延期审理

C. 甲诉乙离婚案件，在案件审理中甲死亡。法院裁定按甲撤诉处理

D. 原告在诉讼中因车祸成为植物人，在原告法定代理人没有确定的期间，法院裁定中止诉讼

13. 某法院对甲乙之间的租赁合同纠纷案件作出了判决，当事人在上诉期内均未上诉。后该法院发现判决书将支付房租数额 10 000 元误写成了 1 000 元。法院对此应当如何处理？（2005－3－35 单）

A. 作出补正错误的裁定书并送达双方当事人

B. 通知收回判决书，重新制作判决书

C. 由院长提交审判委员会讨论决定重审

D. 裁定撤销判决书，重新制作

14. 对法院作出的下列哪种民事裁定、决定，当事人不可以申请复议？(2005－3－38 单)

A. 关于先予执行的裁定　　B. 关于回避问题的决定

C. 关于管辖权异议的裁定　　D. 关于罚款的决定

第六节 法院调解

一、法院调解概述

(一) 法院调解的概念

法院调解是指对于民事权益争议，在人民法院审判人员的主持下，双方当事人自愿平等地进行协商，以达成调解协议，化解矛盾和纠纷的诉讼活动。

【概念辨析】 法院调解和诉讼中当事人和解

法院调解和当事人和解二者之间既有相同点，又有很大的不同。

二者的相同点：二者都发生在诉讼过程中，都是以当事人合意的方式解决纠纷。

二者的不同点：

1. 性质不同。法院调解是人民法院的审判行为和当事人处分行为的结合，而当事人和解仅仅是当事人处分行为或行使处分权的一种表现。

2. 是否由人民法院参与不同。法院调解是在人民法院的主持下进行的，调解的启动、调解的过程及调解协议的达成都在人民法院的参与下进行。而当事人和解没有人民法院的参与，是当事人双方之间的自主协商结果。

3. 效力不同。法院调解能够产生结案的效力，而当事人之间和解并非结案的一种方式。当事人达成和解协议后，通常都是以原告撤诉的方式终结诉讼。另外，调解协议具有强制执行的效力，而当事人自己达成的和解协议不具有强制执行的效力。值得注意的是，当事人达成的和解协议可以转化为调解书，即人民法院可以根据当事人的申请依法确认和解协议并制作调解书，以调解方式结案。①

15. 关于民事诉讼中的法院调解与诉讼和解的区别，下列哪些选项是正确的？(2009－3－84 多)

A. 法院调解是法院行使审判权的一种方式，诉讼和解是当事人对自己的实体权利和诉讼权利进行处分的一种方式

B. 法院调解的主体包括双方当事人和审理该案件的审判人员，诉讼和解的主体只有双方当事人

C. 法院调解以《民事诉讼法》为依据，具有程序上的要求，诉讼和解没有严格的程序要求

---

① 江伟，肖建国．民事诉讼法．北京：中国人民大学出版社，2013：217.

D. 经过法院调解达成的调解协议生效后如有给付内容则具有强制执行力，经过诉讼和解达成的和解协议即使有给付内容也不具有强制执行力

（二）法院调解的种类

法院调解可以进行以下分类：

1. 按照所处的诉讼程序不同可以分为：第一审普通程序的调解、简易程序中的调解、第二审程序的调解和审判监督程序中的调解。

2. 按照所处的审理阶段不同可以分为：立案前的调解，立案之后移送审判业务庭之前的调解，移送审判业务庭、开庭审理前的调解，判决前的调解。

3. 公开调解和不公开调解

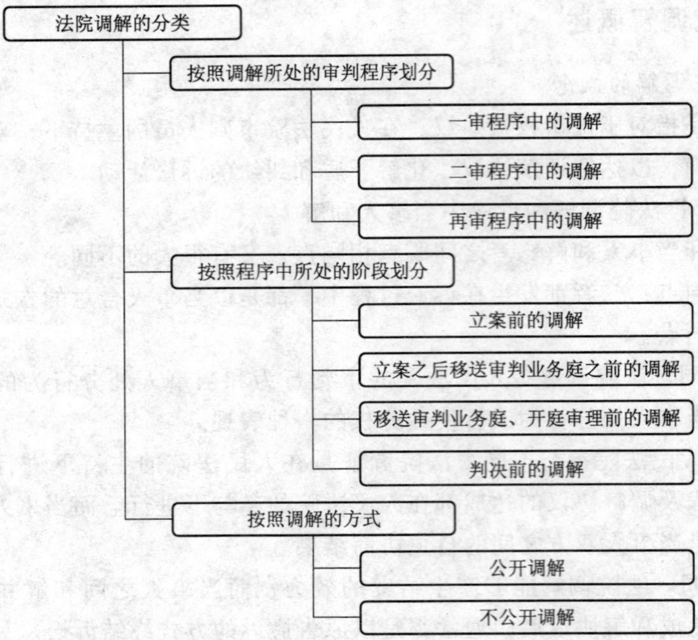

（三）法院调解的原则

第一，自愿原则

第二，查清事实、分清是非原则

第三，合法原则：指不违反法律的禁止性规定

我国《最高人民法院关于人民法院民事调解工作若干问题的规定》第12条明确规定：调解协议具有下列情形之一的，人民法院不予确认：（1）侵害国家利益、社会公共利益的；（2）侵害案外人利益的；（3）违背当事人真实意思的；（4）违反法律、行政法规禁止性规定的。

二、法院调解的程序

（一）程序的启动

法院调解程序的启动方式有三种：

1. 因当事人一方或双方共同提出调解申请而开始。

2. 人民法院依职权主动征求当事人的意见，取得当事人同意后开始。

3. 对于法律规定的特殊案件，法院依职权主动进行调解无需征得当事人的同意。比如《最高人民法院关于适用〈中华人民共和国民事诉讼法〉若干问题的意见》第 92 条规定：人民法院审理离婚案件，应当进行调解，但不应久调不决。

法院调解程序的启动方式图示如下：

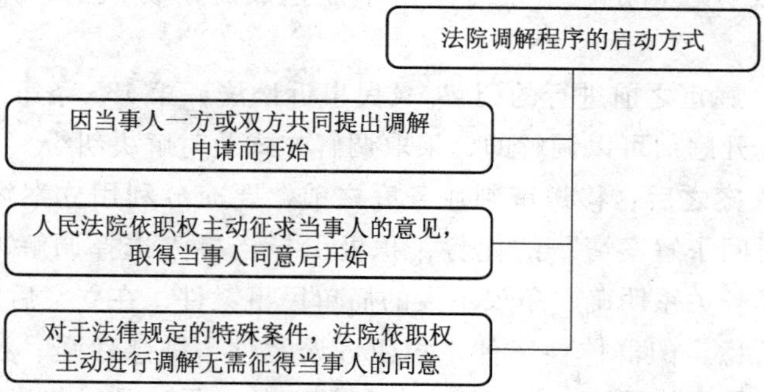

【评注】2012 年《民事诉讼法》在第 122 条新增加了先行调解的规定："当事人起诉到人民法院的民事纠纷，适宜调解的，先行调解，但当事人拒绝调解的除外"。本条规定意味着，只要人民法院认为案件适合调解的，就可以先行调解，但应当征得当事人的同意。所以民诉法第 122 条所规定的先行调解，就是第二种调解启动的方式，即人民法院依职权主动征求当事人的意见，取得当事人同意后开始。

（二）法院调解的适用范围

1. 对于有可能通过调解解决的民事案件，人民法院应当调解。

2. 不能进行调解的案件。适用特别程序、督促程序、公示催告程序、破产还债程序的案件，婚姻关系、身份关系确认案件以及其他依案件性质不能进行调解的民事案件，人民法院不予调解。①

3. 下列民事案件，人民法院在开庭审理时应当先行调解，② 不需征得当事人同意：

（1）婚姻家庭纠纷和继承纠纷；

（2）劳务合同纠纷；

（3）交通事故和工伤事故引起的权利义务关系较为明确的损害赔偿纠纷；

（4）宅基地和相邻关系纠纷；

（5）合伙协议纠纷；

（6）诉讼标的额较小的纠纷。

但是根据案件的性质和当事人的实际情况不能调解或者显然没有调解必要的除外。

4. 对于离婚案件，人民法院应当进行调解，但不应久调不决。③

---

① 参见《最高人民法院关于人民法院民事调解工作若干问题的规定》（2004 年 8 月）第 2 条。

② 《最高人民法院关于适用简易程序审理民事案件的若干规定》（2003 年 12 月）第 14 条。

③ 参见《最高人民法院关于适用〈中华人民共和国民事诉讼法〉若干问题的意见》第 92 条规定。

（三）法院调解的阶段

法院调解贯穿于民事诉讼的全过程，在一审程序、二审程序、再审程序中都可以进行调解。在审理程序中，又可以进行以下划分：

1. 立案前的调解。当事人向人民法院提起诉讼，递交起诉状或者口头起诉之后，人民法院尚未立案，根据案件具体情况，人民法院认为适宜调解的，可以先行调解。当事人不同意调解或者在商定、指定时间内不能达成调解协议的，人民法院应当及时立案。

2. 立案之后、庭审之前进行的调解。《民事诉讼法》第133条第二项规定：人民法院对受理的案件，开庭前可以调解的，采取调解方式及时解决纠纷；

（1）在案件立案之后、移送审判业务庭之前，要充分利用立案窗口“第一时间接触当事人、第一时间了解案情”的优势，积极引导当事人选择调解方式解决纠纷。对事实清楚、权利义务关系明确、争议不大的简单民事案件，在立案后应当及时调解；对可能影响社会和谐稳定的群体性案件、集团诉讼案件，敏感性强、社会广泛关注的案件，在立案后也要尽可能调解。对当事人拒绝调解的，无法及时与当事人及其委托代理人取得联系的，或者案情复杂、争议较大的案件，以及法律规定不得调解的案件，应当在立案后及时移送审理。立案阶段的调解应当坚持以效率、快捷为原则，避免案件在立案阶段积压。适用简易程序的一审民事案件，立案阶段调解期限原则上不超过立案后10日；适用普通程序的一审民事案件，立案阶段调解期限原则上不超过20日，经双方当事人同意，可以再延长10日。延长的调解期间不计入审限。[①]

（2）在案件移送审判业务庭、开庭审理前的调解。在案件移送审判业务庭、开庭审理之前，当事人同意调解的，要及时进行调解。有条件的人民法院可以探索建立专门的庭前调解组织或试行法官助理等审判辅助人员开展庭前调解工作，提高调解工作效率，减轻审判人员的工作负担。

（3）判决之前的调解。我国《民事诉讼法》第142条规定：“法庭辩论终结，应当依法作出判决。判决前能够调解的，还可以进行调解，调解不成的，应当及时判决”。可见判决之前还可以进行调解。

三、调解协议及法院调解的效力

（一）调解协议的形式

1. 调解书

2. 可以不制作调解书时的调解协议的形式——调解笔录或者将协议附卷

【司考真题】16. 某借款纠纷案二审中，双方达成调解协议，被上诉人当场将欠款付清。关于被上诉人请求二审法院制作调解书，下列哪一选项是正确的？（2009-3-45单）

A. 可以不制作调解书，因为当事人之间的权利义务已经实现

---

① 参见最高人民法院印发《关于进一步贯彻“调解优先、调判结合”工作原则的若干意见的通知》（2010年6月）。

B. 可以不制作调解书，因为本案属于法律规定可以不制作调解书的情形

C. 应当制作调解书，因为二审法院的调解结果除解决纠纷外，还具有对一审法院的判决效力发生影响的功能

D. 应当制作调解书，因为被上诉人已经提出请求，法院应当予以尊重

17. 对下列哪些案件调解达成协议的，人民法院可以不制作民事调解书？（2003－3－70 多）

A. 被告拖欠原告贷款 10 万元，双方达成协议，被告在 1 个月内付清，原告不要求被告支付拖欠期间的贷款利息

B. 赔偿案件中的被告人在国外，与原告达成赔偿协议，同意在 2 个月内赔付

C. 赡养案件中当事人双方达成协议，被告愿意每月向原告支付赡养费 200 元，原告申请撤诉

D. 收养案件中当事人双方达成协议，维持收养关系

【司考提示】调解书内容的其他规定

1. 调解协议内容超出诉讼请求的，人民法院可以准许。

2. 人民法院对于调解协议约定一方不履行协议应当承担民事责任的，应予准许。

调解协议约定一方不履行协议，另一方可以请求人民法院对案件作出裁判的条款，人民法院不予准许。

3. 调解协议约定一方提供担保或者案外人同意为当事人提供担保的，人民法院应当准许。

案外人提供担保的，人民法院制作调解书应当列明担保人，并将调解书送交担保人。担保人不签收调解书的，不影响调解书生效。

当事人或者案外人提供的担保符合担保法规定的条件时生效。

【司考真题】18. 张某与李某的借款纠纷经法院调解达成协议，同时经王某同意并在调解协议中约定由王某提供担保，保证李某履行调解协议。在送达调解书时，张某与李某签收后，王某拒绝签收调解书。关于本案，下列哪些选项是正确的？（2008－3－87 多）

A. 虽然王某拒绝签收调解书，但调解书仍发生法律效力

B. 因王某未签收调解书，调解书对王某没有约束力

C. 李某拒不履行义务时，张某可以申请执行李某的财产

D. 李某拒不履行义务时，调解书约定的条件成就时，张某可以申请执行王某的财产

19. 甲向乙借款 20 万元，后未能按期还本付息，乙诉甲还款。在诉讼中，双方达成调解协议，并由丙为该调解协议的履行提供担保。但在法院送达调解书时，丙拒不签收。关于丙拒签行为对调解书效力的影响，下列哪一选项是正确的？（2007－3－47 单）

A. 不影响调解书的效力，但其中担保的约定不产生效力

B. 不影响调解书的效力，丙不履行调解书时，乙可诉丙要求其承担担保责任

C. 调解书不发生效力，法院应当及时作出判决

D. 不影响调解书生效；调解书确定的担保条款的条件成就时，乙可以申请法院依

法执行

4. 调解协议具有下列情形之一的，人民法院不予确认：

（1）侵害国家利益、社会公共利益的；

（2）侵害案外人利益的；

（3）违背当事人真实意思的；

（4）违反法律、行政法规禁止性规定的。

5. 当事人不能对诉讼费用如何承担达成协议的，不影响调解协议的效力。人民法院可以直接决定当事人承担诉讼费用的比例，并将决定记入调解书。

6. 对调解书的内容既不享有权利又不承担义务的当事人不签收调解书的，不影响调解书的效力。

7. 当事人以民事调解书与调解协议的原意不一致为由提出异议，人民法院审查后认为异议成立的，应当根据调解协议裁定补正民事调解书的相关内容。

【司考真题】20. 甲公司诉乙公司合同纠纷一案，双方达成调解协议。法院制作调解书并送达双方当事人后，发现调解书的内容与双方达成的调解协议不一致，应当如何处理？（2006－3－46 单）

A. 应当根据调解协议，裁定补正调解书的相关内容

B. 将原调解书收回，按调解协议内容作出判决

C. 应当适用再审程序予以纠正

D. 将原调解书收回，重新制作调解书送达双方当事人

8. 当事人就部分诉讼请求达成调解协议的，人民法院可以就此先行确认并制作调解书。

当事人就主要诉讼请求达成调解协议，请求人民法院对未达成协议的诉讼请求提出处理意见并表示接受该处理结果的，人民法院的处理意见是调解协议的一部分内容，制作调解书的记入调解书。①

9. 当事人自行和解或者经调解达成协议后，请求人民法院按照和解协议或者调解协议的内容制作判决书的，人民法院不予支持。②

【司考真题】21. 人民法院审理民事案件，应当根据自愿和合法的原则进行调解。对此，下列哪些理解是错误的？（2003－3－80 多）

A. 人民法院只能在双方当事人都同意的情况下才能进行调解

B. 双方当事人达成调解协议但要求人民法院必须根据协议内容制作判决书，人民法院可以制作调解书结案

C. 人民法院审理离婚案件，应当进行调解

D. 当事人为达成调解协议对案件事实的自愿认可，在调解不成的情况下，可以作为判决认定事实的根据

10. 调解书确定的担保条款条件或者承担民事责任的条件成就时，当事人申请执行

---

① 参见《最高人民法院关于人民法院民事调解工作若干问题的规定》（2004 年 8 月）第 17 条。

② 参见《最高人民法院关于人民法院民事调解工作若干问题的规定》（2004 年 8 月）第 18 条。

的，人民法院应当依法执行。

不履行调解协议的当事人按照前款规定承担了调解书确定的民事责任后，对方当事人又要求其承担民事诉讼法第 253 条规定的迟延履行责任的，人民法院不予支持。

11. 调解书约定给付特定标的物的，调解协议达成前该物上已经存在的第三人的物权和优先权不受影响。第三人在执行过程中对执行标的物提出异议的，应当按照民事诉讼法第 227 条规定处理。

（二）法院调解的效力

1. 法院调解生效的时间

法院调解生效的时间，因调解协议的形式不同而不同：

调解书生效的时间。调解书经双方当事人签收后，即具有法律效力。一方当事人拒绝签收调解书的，调解书不发生法律效力。

调解笔录的生效时间。对不需要制作调解书的协议，应当记入笔录，由双方当事人、审判人员、书记员签名或者盖章后，即具有法律效力。

2. 法院调解的效力

法院的调解协议生效后，就会产生与生效判决同等的法律效力，具体表现在以下几个方面：

第一，使当事人之间的民事权利义务关系得到确认，纠纷得以解决，当事人不得就同一争议再行起诉。

第二，结束诉讼程序。法院调解协议生效后，诉讼程序即告终结，人民法院不得对同一案件再行审理或另行做出裁判。

第三，具有强制执行的效力。调解协议生效后，当事人应当自觉履行调解协议所确定的义务，当事人一方拒绝履行时，另一方当事人有权向人民法院申请强制执行。

【评注】2012 年新修订的民事诉讼法中增加了民事诉讼法和人民调解法相衔接的规定。人民调解法规定了对调解协议的司法确认制度，经司法确认的调解协议具有强制执行效力。为做好法律的衔接，修改后的民事诉讼法在特别程序中专节规定“确认调解协议案件”。明确规定当事人申请司法确认调解协议的程序和法律后果。民事诉讼法第 194 条规定：申请司法确认调解协议，由双方当事人依照人民调解法等法律，自调解协议生效之日起三十日内，共同向调解组织所在地基层人民法院提出。

民事诉讼法第 195 条规定：人民法院受理申请后，经审查，符合法律规定的，裁定调解协议有效，一方当事人拒绝履行或者未全部履行的，对方当事人可以向人民法院申请执行；不符合法律规定的，裁定驳回申请，当事人可以通过调解方式变更原调解协议或者达成新的调解协议，也可以向人民法院提起诉讼。

【本章小结】

第一审普通程序是人民法院审理争讼案件通常所适用的程序，具有内容的完整性和适用的广泛性。第一审普通程序集中体现了民事诉讼的基本结构，在整个民事审判程序中起着通则的作用，审理流程包括起诉、受理、审前准备、法庭调查、法庭辩论和判决。在审理过程中，立法对可能出现的特殊情形也作出明确的规定，如撤诉、缺席判决、延期审理、诉讼中止、诉讼终结等。

【考研重点提示】

1. 如何理解第一审普通程序的地位？

2. 如何完善我国的审前准备程序？

3. 简述起诉的条件和受理的程序。

4. 简述撤诉、缺席判决的适用情形。

5. 简述延期审理、诉讼中止与诉讼终结的区别和具体适用情形。

6. 简述民事判决的既判力。

【知识拓展文献】

1. 廖中洪著：《中国民事诉讼程序制度研究》，中国检察出版社2004年版。

2. 齐树洁主编：《民事审前程序》，厦门大学出版社2010年版。

3. 李浩：“强化民事第一审程序：原理、路径与方法”，《江海学刊》，2009年第5期。

4. 王亚新：“实践中的民事审判——四个中级法院民事一审程序的运作”，《现代法学》2003年第5期、第6期。

5. 赵旭东：“民事诉讼第一审的功能审视与价值体现”，《中国法学》2011年第5期。

【参考答案与解析】

1. 答案B。对判决、裁定、调解书已经发生法律效力的案件，当事人又起诉的，告知原告申请再审，但人民法院准许撤诉的裁定除外。当事人在侵权诉讼中没有提出赔偿精神损害的诉讼请求，诉讼终结后又基于同一侵权事实另行起诉请求赔偿精神损害的，人民法院不予受理。

2. 答案ABC。本题中的A项是考查重点，原告的起诉只要符合法定的条件，人民法院就应当受理。至于其诉讼请求能否获得法院的支持则另当别论，不能以实体判决要件代替立案的条件，否则立案难的问题无法解决。

3. 答案BC。当事人超过诉讼时效起诉的，人民法院应予受理。受理后，查明无中止、中断、延长事由的，判决驳回其诉讼请求；乙公司被吊销营业执照，意味着甲的起诉没有了明确的被告，不符合受理的条件；原告撤诉或者按撤诉处理的离婚案件，没有新情况、新理由，6个月内又起诉的，不予受理；选项D中所陈述的甲对乙的起诉，符合民事诉讼法规定的当事人起诉应具备的条件，法院应当受理。

4. 答案BD。本题的关键点在于B项，在民事诉讼中，原告撤诉后视同未起诉，可以基于同一事实和理由再次起诉，但是离婚案件中撤诉或按照撤诉处理的，有起诉期限、理由的限制，立法设限的目的在于使家庭关系不因情感的波动而受到影响。这和刑诉中检察院撤回公诉再次起诉不同，检察院要有新的事实和证据，这是因为两大诉讼法解决纠纷的性质不同，民事诉讼是法院运用公权力解决私权纠纷。

5. 答案B。本题考核民事起诉状的法定内容，案由是判决书的内容，而非民事起诉状的法定内容。

6. 答案A。合同法解释（一）第18条第2款规定，债务人在代位权诉讼中对债权人的债权提出异议，经审查异议成立的，人民法院应当裁定驳回债权人的起诉。

7.【答案】BCD。本题的关键是A项和B项。选项A错误，普通程序适用于除简易程序以外的其他所有民事案件的一审审理。因此，普通程序并非所有一审民事案件的审理程序，一审民事案件的审理程序除了普通程序外，还有简易程序。选项B正确，普通程序是人民法院审理民事案件的一个基本程序，而且必须开庭审理，因而，民事诉讼法的基本原则、基本制度在该程序中都有集中的体现。

8.【答案】D。本题考核合议庭评议规则。合议庭评议应当制作笔录，由合议庭成员签名，评议中的不同意见，必须如实记入笔录。《全国人民代表大会常务委员会关于完善人民陪审员制度的决定》第11条规定，人民陪审员参加合议庭审判案件，对事实认定、法律适用独立行使表决权。合议庭评议案件时，实行少数服从多数的原则。人民陪审员同合议庭其他组成人员意见分歧的，应当将其意见写入笔录，必要时，人民陪审员可以要求合议庭将案件提请院长决定是否提交审判委员会讨论决定。据此规定，在人民陪审员意见形成多数时，并不是实行少数服从多数的原则，而是将案件提交审委会决定，因为人民陪审员对法律、政策、制度等并不是很了解，因此不能简单适用少数服从多数原则。

9. 答案A。本题是考查拘传的适用条件和程序。本案中乙属于负有赡养义务的被告，对其经两次传票传唤可以拘传。但是题目中并未进行两次传票传唤。因而正确做法只能是延期审理本案，再次传唤乙，如其下次开庭仍不到庭，则对其适用拘传措施。

10. 答案D。根据《合同法》或《侵权责任法》，张某有权起诉银行承担违约或侵权责任，被告是银行，而不是李某，对李某的刑事责任追究程序并不会影响本案的审理，因而不属于诉讼中止规定的“本案必须以另一案的审理结果为依据，而另一案尚未审结的”法定情形。

11. 答案D。身份关系案件中一方当事人死亡的，诉讼终结。本题中，不能选C是因为，诉讼权利义务的承担只适用于财产案件，从常理看，女儿代替父母一方参与离婚案件也是荒谬的。

12. 答案：BD。本题的难点在AB两项。A项有两点要引起注意：其一，赡养费纠纷案件的被告必须到庭，但必须经过两次合法传唤仍不到庭，才能拘传。本选项中要对被告再次传唤，需要延期审理是正确的。其二，法院对延期审理使用的裁判方式是“决定”，而不是“裁定”。B项要明确延期审理和中止诉讼理由重合时如何处理。必须到庭的当事人和其他诉讼参与人有正当理由没有到庭的，可以延期开庭审理。甲因胃病发作住院而无法出庭应诉属于有正当理由不能到庭的情况。但胃病发作住院而无法出庭应诉同样也属于诉讼中止规定的情形，即“一方当事人因不可抗拒的事由，不能参加诉讼的”。由于不能出庭的原因发生在庭审期间，因而应当适用延期审理。

13. 答案：A。补正判决书中的笔误适用裁定，无需启动再审程序，因为再审程序的适用条件是原判决、裁定“确有错误”，“确有错误”是指事实认定、法律适用、诉讼程序方面的错误，不包括判决书中的笔误。笔误是指法律文书的误写、误算，诉讼费用漏写、误算和其他笔误。

14. 答案：C。可以上诉的裁定包括：不予受理的裁定、管辖权异议裁定、驳回起诉的裁定、不予受理破产申请的裁定、驳回破产申请的裁定、管辖权上下转移的裁定；可以向原审法院申请复议的裁定包括：财产保全的裁定、先予执行的裁定；可以向原审法院申请复议的决定包括：回避的决定、驳回证据调查申请的决定；可以向上级法院申请复议的决定包括：罚款决定、拘留决定；不能复议的决定包括：诉讼期间事项的决定、程序转换的决定、审判组织事项的决定。以上包括的真正含义是包括但不限于，如执行程序中执行异议的裁定，法律赋予了当事人、案外人向上一级人民法院申请复议的权利。

15. ABCD。

16. C。解题思路：如果是在一审中，可以不制作调解书，但在二审中，就应当考虑到二审法院的调解结果除解决纠纷外，还具有对一审法院的判决效力发生影响的功能，所以应当制作调解书。

17. 正确选项是 CD。解题思路：A、B 两个选项不属于即时履行的案件，所以不选；选择 C 选项，因为是能够即时履行的案件；选择 D 选项因为是调解维持收养关系的案件。

18. 正确选项是 ACD。解题思路：担保人不签收调解书的，不影响调解书生效，所以选 A；调解协议具有强制执行的效力，当事人一方拒绝履行时，另一方当事人有权向人民法院申请强制执行，所以选 C；担保条件成就时，根据担保法，义务人不履行义务的，债权人有权申请执行担保人的财产，所以选 D。

19. 应选 D。

20. 正确答案为 A。

21. 正确答案为 BC。AD 选项很明显不正确，可以排除；根据本节讲的知识点可知 B 项为正确。根据《民诉适用意见》第 92 条，可知 C 项为正确。

【思考 1 解析】（1）被告有正当理由没到庭的，可以延期审理；（2）被告不出庭没有正当理由的，可以缺席判决；（3）人民法院对必须到庭的被告，经两次传票传唤，无正当理由拒不到庭的，可以拘传。

【思考 2 解析】反诉虽然具有依附性，但从本质而言，它是独立之诉，法律赋予被告反诉权是诉权平等原则的重要体现。一般而言，法院对反诉与本诉合并审理，但原告撤回本诉不影响反诉存在，被告撤回反诉亦不影响法院对本诉的审理。被告提出反诉后又擅自退庭，法院对本诉中的被告应缺席判决，对其提出的反诉则按撤诉处理。

【本章案例剖析】

【案例剖析 1】本案审理中存在以下的问题：（1）法院应于收到起诉状后 7 日内立案；（2）法院向被告送达起诉状副本的时间应为立案后 5 日内；（3）一审法院审理案件必须开庭审理；（4）原告没有主张利息，法院不能超出当事人的诉讼请求作出判决。

【案例剖析 2】法院应当对本案延期审理。必须到庭的当事人和其他诉讼参与人有正当理由没有到庭的，可以延期开庭审理。该案原告因车祸住院无法到庭参加诉讼，实为客观情势使然，并非原告的本意，符合法律规定的“不能到庭参加诉讼的正当理由”。按撤诉处理的法定事由，是指原告经传票传唤，无正当理由拒不到庭或者未经法庭许可中途退庭的情形。因此，法院不能以原告因住院不能到庭为由按撤诉处理案件。一方当事人因不可抗拒的事由，不能参加诉讼的，法院可中止诉讼，原告因车祸住院既符合延期审理中的正当理由，也符合诉讼中止的不可抗拒事由，由于事由发生在案件的审理中，因而适用延期审理。

【案例剖析3】1.（1）如果本案按照刑事案件处理，而我国刑事诉讼法又没有确立缺席审判制度，附带民事诉讼将失去存在的根基。《最高人民法院关于执行〈中华人民共和国刑事诉讼法〉若干问题的解释》第117条第1项规定：“对于不属于本院管辖或者被告人不在案的，应当决定退回人民检察院。”第181条第1款规定：“在审判过程中，自诉人或者被告人患精神病或者其他严重疾病，以及案件起诉到人民法院后被告人脱逃，致使案件在较长时间内无法继续审理的，人民法院应当裁定中止审理。”在本案中，两被告的行为已经触犯了刑法，应当依法追究他们的刑事责任。但在两被告被依法抓获以前，人民检察院不能提起公诉，也不能申请没收程序，法院自然无法进行审理，附带民事诉讼也自然就无法“附带”。换言之，本案原告所主张权利的实现是以两被告到案为前提条件的，而这需要时间，甚至漫长的等待。（2）如果本案按照民事案件处理，又不符合我国民事诉讼法规定的立案条件。原告起诉必须有明确的被告。被告的姓名、性别、年龄、民族、职业、工作单位和住所都属于应当明确的范围。在本案中，两被告的信息显然是不明确的，不符合法律规定的立案条件。

第十二章

简易程序

本章知识结构图

- 简易程序
  - 简易程序的适用范围
  - 起诉与答辩
  - 审理程序
  - 简易程序调解
  - 宣判与送达
- 小额诉讼程序
  - 小额诉讼程序之法理
  - 国外对小额诉讼程序的规定
  - 我国民事诉讼法对小额诉讼程序的规定

第一节 简易程序概述

一、简易程序的含义

简易程序，是指基层人民法院及其派出法庭审理简单民事案件所适用的一种简便易行的诉讼程序。从历史的视角看，诉讼程序经历了从简单到复杂，又回归简单的循环历程，这是各国在不同的时期对公正与效率两大价值目标进行权衡考量的结果，也体现了诉讼程序类型和案件复杂程度相适应的诉讼理念。

二、简易程序的适用范围

（一）简易程序适用的主体

适用简易程序的人民法院，仅限于基层人民法院和它派出的法庭。

（二）简易程序适用的客体

1. 简单的民事案件。根据《民事诉讼法》第 157 条第 1 款的规定，适用简易程序审理的民事案件，仅限于事实清楚、权利义务关系明确、争议不大的简单民事案件。上述三个条件，是互相联系、不可分割的，三个条件必须同时具备，才能构成简单的民事案件。

2. 当事人选择适用的普通民事案件。新《民事诉讼法》第157条第2款规定："基层人民法院和它派出的法庭审理前款规定以外的民事案件，当事人双方也可以约定适用简易程序。"这一规定对于保障当事人的诉讼选择权，减轻当事人和人民法院的负担，节约司法资源具有重要意义。非简单的案件经过当事人的意思自治可以适用简易程序审理，同样，简易程序也可向普通程序进行转化，这有两种转化途径：其一，当事人的异议权。当事人一方或者双方就适用简易程序提出异议后，人民法院审查后认为异议成立的，应当将案件转入普通程序审理。其二，人民法院在审理过程中，发现案件不宜适用简易程序的，裁定转为普通程序。简易程序转入普通程序审理的民事案件，审理期限自人民法院立案的次日起开始计算。需要注意的是，由简易程序转为普通程序审理的第一审刑事案件的期限，从决定转为普通程序次日起计算。

3. 不适用简易程序的案件。(1) 起诉时被告下落不明的；(2) 发回重审的；(3) 共同诉讼中一方或者双方当事人人数众多的；(4) 法律规定应当适用特别程序、审判监督程序、督促程序、公示催告程序和企业法人破产还债程序的；(5) 人民法院认为不宜适用简易程序进行审理的，如原告提供了被告准确的送达地址，但人民法院无法向被告直接送达或者留置送达应诉通知书的。综上，简易程序并不是仅仅适用于简单民事案件，当事人的程序选择权扩大了简易程序的案件范围，但是，简易程序只适用于基层人民法院审理的第一审民事案件，二审、发回重审以及再审都不得适用简易程序。

【思考】

1. 简易程序是否只审理简单民事案件？
2. 法院适用简易程序是否需经当事人同意？
3. 一方当事人同意选择适用简易程序，另一当事人保持沉默，法院能否适用简易程序？
4. 法庭审理中被告下落不明，是否不能继续适用简易程序？
5. 当事人对人民法庭作出的判决不服，向哪一个法院上诉？

【案例分析1】李某失踪多年，其妻刘某生活艰难，欲与王某结婚。遂向有管辖权的人民法院提起诉讼，要求人民法院判决离婚。人民法院的派出法庭于1998年9月30日受理了本案并适用简易程序审理本案，由审判员林某一人独任审理，同时自己担任记录。审理过程中，李某回家，发现妻子另有新欢，也欲离婚。双方对财产、子女抚养问题均分歧不大。人民法庭经审理，当庭做出了判决：判决刘某和李某离婚。1999年1月10日，法庭向双方当事人送达了判决书，判决书上加盖了人民法庭的印章。刘某上诉，要求分割李某在失踪期间的财产，二审法院调解无效后裁定发回重审，由审判员张某审理本案。判决生效后，刘某认为原生效判决对财产的处理有失公正，于是向派出法庭申请再审，法庭决定由蔡某审理本案。

【问题】

本案审理中存在哪些错误？

第二节 简易程序的具体规定

一、起诉与答辩

（一）起诉方式

根据《民事诉讼法》第158条第1款的规定，对简单的民事案件，原告可以口头起诉。《简易程序规定》对口头起诉进行了限制："原告本人不能书写起诉状，委托他人代写起诉状确有困难的，可以口头起诉。"

（二）传唤方式

根据《民事诉讼法》第159条规定，基层人民法院和它派出的法庭审理简单的民事案件，可以用简便方式传唤当事人和证人、送达诉讼文书。所谓简便的方式，是指没有固定方式，可以用电话通知、口头通知、托人捎信，传真、电子邮件等灵活方式，传唤当事人、证人，送达诉讼文书。

（三）被告答辩

被告可以书面或口头进行答辩，被告应向人民法院提供自己准确的送达地址、收件人、电话号码等其他联系方式，并签名或者按印确认。

二、审理程序

（一）独任制审理

根据《民事诉讼法》第160条的规定，简单的民事案件由审判员一人独任审理。需要注意的是：（1）审判员一人审判，也要有书记员做记录，不能由审判员自审自录；（2）审判员不同于审判人员，审判人员包含审判员和人民陪审员，人民陪审员不得独任审理案件；（3）助理审判员经过审判委员会准许，可以独任审理案件；（4）实行独任制审理的都是基层人民法院，反之，基层人民法院审理的并不都实行独任制。

（二）庭审程序的简化

根据《民事诉讼法》第145条的规定，适用简易程序审理简单的民事案件时，不受《民事诉讼法》第136条、第138条、第141条规定的限制。（1）不受开庭3日前通知当事人和其他诉讼参与人的限制，也不一定要发公告；（2）不必拘泥法庭调查、法庭辩论先后顺序的限制；（3）开庭前已经书面或者口头告知当事人诉讼权利义务，或者当事人各方均委托律师代理诉讼的，审判人员除告知当事人申请回避的权利外，可以不再告知当事人其他的诉讼权利义务。（4）当事人对案件事实无争议的，审判人员可以在听取当事人就适用法律方面的辩论意见后迳行判决、裁定。（5）当事人双方同时到基层人民法院请求解决简单的民事纠纷，当事人在开庭审理时要求当庭举证的，应予准许；当事人当庭举证有困难的，举证的期限由当事人协商决定，但最长不得超过15日；协商不成的，由人民法院决定。但简易程序转为普通程序后，应当补足30日，除非当事人同意减少。（6）适用简易程序审理的民事案件，应当一次开庭审结，但人民法院认为确有必要再次开庭的除外。根据《民事诉讼法》第159条规定，简便方式审理案件时应当保障当事人陈述意见的权利。

（三）审理期限短

根据《民事诉讼法》第161条的规定，人民法院适用简易程序审理案件，应当在立案之日起3个月内审结。简易程序的案件审限则不得延长，如果在法定期限内不能审结，应转为普通程序，并及时通知双方当事人，审理期限从立案的次日起计算。

三、简易程序调解的特殊规定

（一）迳行调解

适用简易程序审理的案件，当事人同时到庭的，可以迳行开庭进行调解。调解前告知当事人诉讼权利义务和主持调解的审判人员，在询问当事人是否申请审判人员回避后，当事人不申请回避的，可以直接进行调解。调解不成的或者达成协议后当事人反悔又未提出新的事实和证据，可以不再重新开庭，直接作出判决。

（二）特定案件先行调解

下列民事案件适用简易程序审理，人民法院在开庭审理时应当先行调解：(1) 婚姻家庭纠纷和继承纠纷；(2) 劳务合同纠纷；(3) 交通事故和工伤事故引起的权利义务关系较为明确的损害赔偿纠纷；(4) 宅基地和相邻关系纠纷；(5) 合伙协议纠纷；(6) 诉讼标的额较小的纠纷。但是根据案件的性质和当事人的实际情况不能调解或者显然没有调解必要的除外。

（三）调解协议的效力

调解达成协议并经审判人员审核后，双方当事人同意该调解协议经双方签名或者捺印生效的，该调解协议自双方签名或者捺印之日起发生法律效力。当事人要求摘录或者复制该调解协议的，应予准许。调解协议符合前款规定的，人民法院应当另行制作民事调解书。调解协议生效后一方拒不履行的，另一方可以持民事调解书申请强制执行。这里有三点需要注意：(1) 调解协议的生效时间比较特殊，当事人可以选择调解协议的生效时间，没有选择的，以签收为生效标准；(2) 调解协议仍需转化为民事调解书；(3) 调解协议生效后具有法律效力，司法解释规定具有合同的效力，但不具有强制执行的效力，只有民事调解书才能作为执行依据。

四、宣判与送达

（一）当庭宣判

适用简易程序审理的民事案件，除人民法院认为不宜当庭宣判的以外，应当当庭宣判。

（二）裁判文书的领取与送达

当庭宣判的案件，除当事人当庭要求邮寄送达的以外，人民法院应当告知当事人或者诉讼代理人领取裁判文书的期间和地点以及逾期不领取的法律后果。上述情况，应当记入笔录。人民法院已经告知当事人领取裁判文书的期间和地点的，当事人在指定期间内领取裁判文书之日即为送达之日；当事人在指定期间内未领取的，指定领取裁判文书期间届满之日即为送达之日，当事人的上诉期从人民法院指定领取裁判文书期间届满之日的次日起开始计算。

（三）裁判文书的简化

适用简易程序审理的民事案件，有下列情形之一的，人民法院在制作裁判文书时对认定事实或者判决理由部分可以适当简化：(1) 当事人达成调解协议并需要制作民事调解书的；(2) 一方当事人在诉讼过程中明确表示承认对方全部诉讼请求或者部分诉讼请求的；(3) 当事人对案件事实没有争议或者争议不大的；(4) 涉及个人隐私或者商业秘密的案件，当事人一方要求简化裁判文书中的相关内容，人民法院认为理由正当的；(5) 当事人双方一致同意简化裁判文书的。

【判断分析1】

1. 简易程序一律实行独任制审理，反之，实行独任制审理的都是简易程序。

2. 对于劳动合同纠纷案件，法院在适用简易程序审理时，应当在开庭审理时先行调解。

3. 简易程序中，双方当事人达成的调解协议，人民法院可以不制作调解书。

4. 法院适用简易程序审理案件，基于程序保障理念，不能按撤诉处理或作出缺席判决。

简易程序与普通程序之比较

	简易程序	普通程序
适用的主体	基层法院	各级法院
适用客体	事实清楚、权利义务关系明确、争议不大的简单案件；当事人协议选择的非简单案件	除适用非讼程序审理的和简单的民事案件外的一切民事案件
起诉方式	可以口头起诉	只有在书面起诉有困难时，才允许口头起诉
审判组织	审判员一人独任审判	由审判员、人民陪审员共同或由审判员单独组成合议庭
受理	审判人员可以当即受理，也可以另定日期	原告起诉后，法院有7日的立案审查期
传唤当事人、证人的方式	(1) 只要能通知到本人，不拘任何形式； (2) 没有3日内的限制，案件随到随审	(1) 开庭3日前，人民法院以通知书方式通知证人或诉讼代理人、其他诉讼参与人到庭； (2) 开庭3日前，以传票方式通知当事人、第三人到庭参加诉讼
审限	(1) 3个月内审结； (2) 是固定期限，不能延长，若在3个月内不能审结，则应转为普通程序	(1) 6个月审结； (2) 如有特殊情况还可以依法延长

【案例分析2】

甲乙合伙出资成立面粉加工厂，合同期满后，甲、乙两人对如何分配利润产生纠纷，甲遂于2011年5月到法院起诉，要求分割合伙财产。当事人提出愿意适用简易程序审理该案，人民法院决定适用简易程序审理。经审判员同意，甲、乙协商确定举证期限为20日，开庭审理时，审判员称，甲、乙均已委托了律师，因而，为了快速审理，法庭就不再向当事人宣告诉讼权利。在法官的主持下达成调解协议，双方当事人同意该协议经双方签名就生效。6月10日，原告就以该调解协议为执行依据向人民法院申请强制执行。6月14日，人民法院向双方送达了调解书，原告甲收到调解书后，提出调解书和原调解协议愿意不一致，要求人民法院重新制作调解书。被告乙提出调解书对有关事实认定和判决理由部分没有进行详细、清楚地说明，要求人民法院对调解书进行补正。

【问题】

(1) 人民法院对该案适用简易程序审理是否正确？

(2) 如果本案原告甲起诉时根本不能提供被告乙的准确地址，人民法院不能对乙进行送达的，人民法院应当处理？

(3) 本案中关于举证期限的约定是否正确？为什么？

(4) 本案中审判员在开庭审理时没有向当事人宣告诉讼权利是否正确？为什么？

(5) 本案中调解协议何时生效？原告是否可以向人民法院申请强制执行调解协议？

(6) 原告甲收到调解书后，提出调解书和原调解协议愿意不一致，人民法院如何处理？

(7) 被告乙要求人民法院对调解书进行补正的理由是否成立？为什么？

(8) 本案中，如果审判员没有进行调解直接做出判决，是否正确？为什么？

第三节　小额诉讼程序

一、我国民事诉讼法对小额诉讼程序的规定

(一) 适用的案件范围

小额诉讼程序是简易程序的再简化，适用的对象是事实清楚、权利义务关系明确、争议不大，标的额为各省、自治区、直辖市上年度就业人员年平均工资30%以下的民事案件。对符合这一要求的下列单一金钱给付案件应当适用小额诉讼程序：(1) 买卖合同纠纷、借款合同纠纷、租赁合同纠纷和服务合同纠纷案件；(2) 身份关系清楚，仅在给付的数额、时间上存在争议的抚养费、赡养费、扶养费纠纷案件；(3) 责任明确，原告主张的损失金额确定的机动车交通事故责任纠纷和其他人身损害责任纠纷案件；(4) 供用水、电、气、热力合同纠纷案件；(5) 银行卡纠纷案件；(6) 劳动关系清楚，仅在劳动报酬、工伤医疗费、经济补偿金或者赔偿金等案件的给付数额和给付时间上存在争议的劳动合同纠纷案件；(7) 劳务关系清楚，仅在劳务报酬的给付数额和给付时间上存在争议的劳务合同纠纷案件；(8) 其他金钱给付纠纷。同时，对于下列案件，暂时

可不适用小额诉讼程序：(1) 涉及人身关系争议、财产确权争议的案件；(2) 追加当事人或者提起反诉的案件；(3) 涉及知识产权的案件。

（二）适用标的金额

新修改的民事诉讼法2013年1月1日开始施行后，在各省、自治区、直辖市2012年度城镇单位就业人员年平均工资数额公布前，按已公布的各省、自治区、直辖市2011年度城镇单位就业人员年平均工资数额作为当地小额诉讼程序适用案件标的金额。各省、自治区、直辖市2012年度城镇单位就业人员年平均工资数额公布后，按2012年标准计算。2014年及其以后年度依此类推。至于2013年1月1日前已适用简易程序审理但尚未审结的案件，基于程序的安定性考虑，在新民事诉讼法施行后可适用简易程序继续进行审理。

（三）答辩期和举证期

对双方当事人均到庭的案件，人民法院可在告知当事人放弃答辩期和举证期限的后果并经当事人确认放弃后，立即开庭审理。如当事人明确表示不放弃举证期限，则当事人可自行约定举证期限，但约定的期限不超过10天。当事人没有约定的，由人民法院指定不超过10天的举证期限。如已放弃举证期限的当事人又提出延期举证的申请，则一般不予准许。对于开庭之后新发现的证据，可根据相关规定决定是否准许当事人提交。如因未放弃举证期限的当事人申请延期举证无法在一个月内结案的，则经批准，可以延长至三个月，如有需要可转入普通程序审理。如当事人明确表示不放弃答辩期，则可在普通程序规定的15天答辩期基础上，视情况缩短至7天以内。

（四）审理中的其他问题

在确定适用小额诉讼程序审理案件后，一般可在开庭前以书面《小额诉讼须知》等方式向当事人告知小额诉讼程序的适用条件、审判组织、审理方式、一审终审、申请再审权利等重大事项，并要求当事人对上述书面《小额诉讼须知》进行签收。对当事人提出适用小额诉讼程序的异议，如果异议成立，可以裁定按简易程序的一般性规定处理或将案件转入普通程序。异议不成立的，裁定驳回其异议申请。

适用小额诉讼程序审理的案件，通知当事人开庭可以不必传票传唤，但通知原告、被告开庭时间、地点应有已通知当事人的具体书面材料入卷。在通知开庭时，可要求当事人在开庭时携带所有证据并通知证人出庭，争取做到一次开庭，当庭宣判，当庭送达裁判文书。

庭审中，当事人有正当事由不能到庭时，经对方当事人同意，可利用视频技术开庭审理。庭审可不受法庭调查、法庭辩论、最后陈述以及法庭调解的顺序限制，可以灵活地安排询问证人的时间。当事人申请利用视频技术等方式询问证人理由正当的，可予准许。

适用小额诉讼程序公开审理案件，可不必在开庭三日前公布当事人姓名、案由、开庭时间和地点。至于开庭时间，则可以根据当事人的共同申请并经人民法院同意后，在晚间、休息日或法定节假日进行开庭。适用小额诉讼程序审理的案件还可到当事人工作场所所在地、住所地或争议发生地等进行开庭。

考虑到适用小额诉讼程序审理的民事案件比适用简易程序普通规定审理的案件更为

简单，故建议在立案之日起一个月内审结案件。在一个月内不能审结的，可区分下列情形进行处理：如因案件排期等原因导致一个月内不能审结的，经批准，可以延长审限至三个月；如经审理发现当事人诉请涉及人身关系争议、财产确权争议等金钱给付之外的争议，案情复杂，不宜适用小额诉讼程序的，经批准，可裁定按简易程序的一般性规定处理或将案件转入普通程序。按简易程序一般性规定处理的，如双方均未提供新证据且案件已经开庭审理，无须另行开庭；案件转入普通程序的，应组成合议庭，重新开庭，继续审理。①

【判断分析 2】

1. 当事人有权自愿选择适用简易程序，因而，当事人有权自愿选择适用小额诉讼程序。

2. 对于简单的民事案件，可适用小额诉讼程序，对于复杂的民事案件当事人可以自愿选择适用简易程序，因而，当事人有权对复杂民事案件选择适用小额诉讼程序。

【司考真题】

1. 关于适用简易程序的表述，下列哪些选项是正确的？（2010－3－87 多）

A. 基层法院适用普通程序审理的民事案件，当事人双方可协议并经法院同意适用简易程序审理

B. 经双方当事人一致同意，法院制作判决书时可对认定事实或者判决理由部分适当简化

C. 法院可口头方式传唤当事人出庭

D. 当事人对案件事实无争议的，法院可不开庭迳行判决

2. 下列哪一选项属于《民事诉讼法》直接规定、具有简易程序特点的内容？（2011－3－43 单）

A. 原告起诉或被告答辩时要向法院提供明确的送达地址

B. 适用简易程序审理的劳动合同纠纷在开庭审理时应先行调解

C. 在简易程序中，法院指定举证期限可以少于 30 天

D. 适用简易程序审理民事案件时，审判组织一律采用独任制

3. 下列哪种民事诉讼案件不能适用简易程序审理？（2006－3－48 单）

A. 当事人协议不适用简易程序的案件　B. 起诉时被告被监禁的案件

C. 发回重审的案件　D. 共同诉讼案件

【本章小结】

公正与效率是司法的永恒主题，公正的第二个含义就是效率。简化诉讼程序、实现诉讼经济是世界各国民事司法改革的主要目标。设置简易程序的宗旨就是节省诉讼时间、降低诉讼成本、提高诉讼效率，小额程序的设置还体现了平等接近正义、程序法理交错适用的基本理念。有必要明确简易程序适用的案件范围、具体的审理程序等简化规定，我国立法对小额诉讼程序的规定。

---

① 高民智．关于小额诉讼程序的理解与适用．人民法院报，2012－12－06.

【考研重点提示】

1. 简述简易程序适用的范围。

2. 简述简易程序的特点。

3. 适用简易程序审理案件，如何保障当事人的诉讼权利？

4. 简易程序中哪些案件应当先行调解？

5. 小额诉讼程序的基本法理有哪些？

6. 如何完善我国的小额诉讼程序？

【知识拓展文献】

1. 章武生著：《民事简易程序研究》，中国人民大学出版社 2002 年版。

2. 徐胜萍著：《民事简易程序研究》，中国书籍出版社 2005 年版。

3. 张晋红："完善民事简易程序适用范围的立法分析"，《广东商学院学报》2005 年第 3 期。

4. 马登科："论民事简易程序的基本法理"，《西南民族大学学报》2006 年第 1 期。

5. 范愉："小额诉讼程序研究"，《中国社会科学》2001 年第 3 期。

6. 廖中洪："民事速裁：类型、特征与设置原理研究"，《现代法学》2011 年第 1 期。

7. 毕玉谦："关于在民事诉讼中设立小额诉讼程序的思考"，《法律适用》，2006 年第 8 期。

【司考真题答案与解析】

1. 【答案】ABC。本题有两点值得注意：其一，当事人对案件事实无争议的，审判人员可以在听取当事人就适用法律方面的辩论意见后迳行判决、裁定，并非不开庭迳行判决。一审法院无论适用普通程序还是简易程序审理案件，都必须开庭审理。其二，依照新民事诉讼法，答案 A 现在是错误的，因为双方当事人达成协议适用简易程序并不需要法院的同意。

2. 答案 D。本题有一定的难度，涉及民事诉讼法和司法解释各自对简易程序的规定，目的在于考查学生对基本知识的掌握是否准确。选项 A 是《简易程序规定》的内容；选项 B 是将司法解释规定的劳务合同纠纷变成了劳动合同纠纷，劳务合同和劳动合同虽一字之差但差别甚大；选项 C 是司法解释的规定，但不准确，举证的期限由当事人协商决定，但最长不得超过 15 日。选项 D 的说法虽然绝对，但却是正确的。

3. 答案 C。根据《简易程序规定》，B 项中被告不属于下落不明，D 项中表述不严谨，缩小了简易程序的适用范围，应该是共同诉讼中一方或者双方当事人人数众多的案件不适用简易程序。本题的纠结点在于 A 项，立法赋予了当事人的程序选择权，此种选择权的行使是单向的，即当事人只能约定将普通程序转化为简易程序，不能把正在审理的简易程序通过意思自治转化为普通程序。但是，立法赋予了当事人对简易程序适用的异议权，此种异议经法院审查正当的，法院可将简易程序转为普通程序，当然，法院认为案件不宜适用简易程序的，可依职权转为普通程序，这并不以当事人的意思为转移。简言之，普通程序向简易程序的转化完全由当事人进行意思自治，简易程序向普通程序转化由法院最终决定。

【思考】

1. 简易程序除审理简单民事案件外，经当事人双方同意，复杂案件也适用简易程序。

2. 法院有权自主决定适用简易程序无需经当事人同意，但当事人享有异议权，普通程序向简易程序转化必须经过当事人同意，但是并不意味着人民法院适用简易程序审理案件必须经当事人同意。

3. 此时法院应当行使释明义务，经法院阐明，对方当事人对适用简易程序还未知可否，则可适用简易程序，未经法院释明，沉默不能推定为同意。

4. 起诉时被告下落不明的，不适用简易程序，被告下落不明的时间是在起诉时，若发生在审理时则可继续适用简易程序。

5. 人民法庭制作的判决书必须加盖基层人民法院印章，因而，当事人应向中级人民法院上诉。

【判断分析1】

1. 简易程序一律实行独任制，但是，独任制审理的并不都是简易程序，还有非讼程序。

2. 劳动合同不同于劳务合同，对于劳务合同纠纷案件，法院在适用简易程序审理时，应当在开庭审理时先行调解。

3. 简易程序中，双方当事人达成的调解协议，人民法院应当制作调解书。

4. 为了保障当事人的程序参与权，以捎口信、电话、传真、电子邮件等形式发送的开庭通知，未经当事人确认或者没有其他证据足以证明当事人已经收到的，人民法院不得将其作为按撤诉处理和缺席判决的根据。

【判断分析2】

1. 当事人有权自愿选择适用简易程序，但是，我国的小额诉讼程序属于法定强制适用，当事人对此并没有选择权。

2. 对于简单的民事案件，可适用小额诉讼程序，对于复杂的民事案件当事人可以自愿选择适用简易程序。但是对于复杂民事案件，当事人不能选择适用小额诉讼程序。

【本章案例剖析】

【案例剖析1】本案审理中存在以下的问题：(1) 本案不应适用简易程序进行审理，因为起诉时被告下落不明；(2) 不能由审判员自审自记；(3) 判决书应当加盖基层人民法院的印章；(4) 本案发回重审后应组成合议庭审理，不能适用简易程序；(5) 本案再审后应组成合议庭审理，不能适用简易程序。

【案例剖析2】(1) 正确。当事人自愿选择适用简易程序，人民法院可以适用简易程序进行审理。(2) 原告不能提供被告准确的送达地址，人民法院经查证后仍不能确定被告送达地址的，可以被告不明确为由裁定驳回原告起诉。(3) 不正确，简易程序中，举证期限最长不得超过 15 日。(4) 审判员在开庭审理时没有向当事人宣告诉讼权利不正确。当事人各方均委托律师代理诉讼的，审判人员除告知当事人申请回避的权利外，可以不再告知当事人其他的诉讼权利义务。(5) 该调解协议自双方签名之日起发生法律效力，原告不能向人民法院申请强制执行调解协议。因为该调解协议没经法院确认并送达，调解协议不具有强制执行的效力，只有调解书才具有强制执行的效力。(6) 原告甲收到调解书后，以调解书和原调解协议原意不一致为由提出异议的，人民法院审查后认为异议成立的，应当根据调解协议裁定补正民事调解书的相关内容。(7) 被告乙要求人民法院对调解书进行补正的理由不成立。当事人达成调解协议并需要制作民事调解书的，人民法院在制作裁判文书时对认定事实或者判决理由部分可以适当简化。(8) 不正确。合伙协议纠纷，人民法院在开庭审理时应当先行调解。

第十三章

诉讼保障制度与程序

第一节 保全制度

本节知识结构图

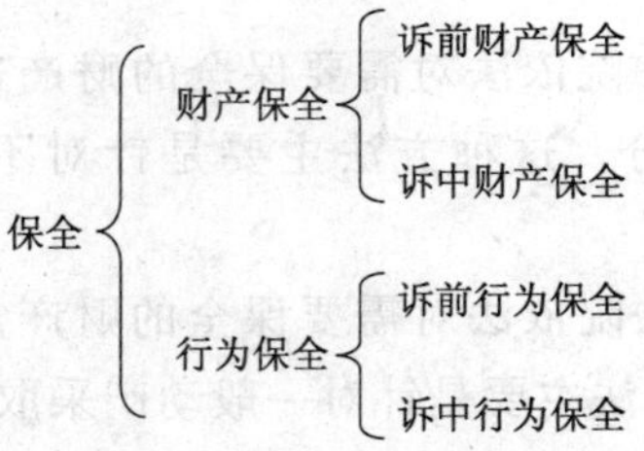

一、保全概述

（一）保全概念、意义

保全，是以保障将来判决执行或避免当事人合法权益受到难以弥补的损害，对财产采取强制性措施或者责令一方作出或禁止作出某种行为的法律制度。①

保全的存在与诉讼的周期性紧密相关。诉讼为了体现其慎重性和保障当事人的程序权利，往往要经历一个颇费周折的过程，若当事人严格等待判决确定再申请强制执行，较长的诉讼周期可能已使相关执行标的物被转移或者出现毁损，也可能发生当事人的损失已无法弥补和救济的情况。为此，保全程序以时间上的优势，保障将来生效判决的执行。

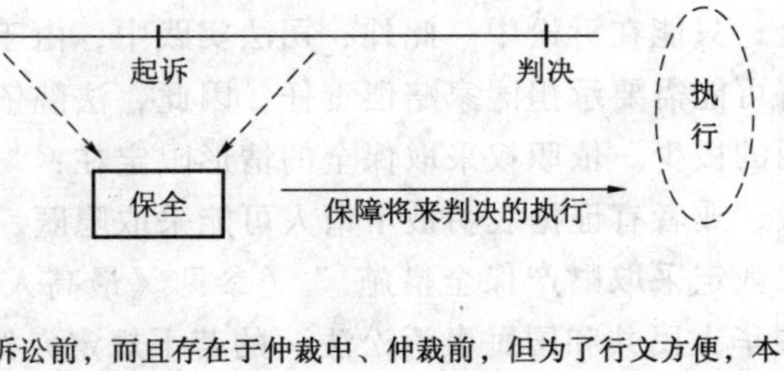

① 保全不仅存在于诉讼中、诉讼前，而且存在于仲裁中、仲裁前，但为了行文方便，本书一般只列诉讼情形。

（二）保全程序的分类

根据保全的对象之不同，可将保全分为财产保全和行为保全，前者是针对财产进行保全，例如对账户冻结、对房产查封；后者是针对行为进行保全，包括责令作出一定行为和禁止作出一定行为。

根据保全的时间不同，可将保全分为诉前保全和诉中保全，前者是在起诉前采取的保全，后者是在起诉后采取的保全。法律对诉前保全要求的条件和程序一般会严于诉中保全，例如，诉前保全是“必须提供担保”，而诉中保全是“可以要求提供担保”。

二、财产保全

财产保全是保全中的一种，是通过限制一方当事人对财产的处分来保障将来执行的保全。例如，扣押一方当事人的动产、冻结其账户、查封其房产等均属财产保全。从保全时间上划分，财产保全可分为诉前财产保全和诉中财产保全。前者是在起诉前的财产保全，后者是在起诉后的财产保全。

（一）财产保全的范围

《民事诉讼法》第102条规定：“保全限于请求的范围，或者与本案有关的财物。”

（二）财产保全的措施

1. 查封。查封是指人民法院依法对需要保全的财产进行盘查清点以后就地予以封存，以禁止对该财产进行处分。这种方法主要是针对不动产和庞大笨重的动产等采取的。

2. 扣押。扣押是指人民法院依法对需要保全的财产予以强制扣留，以便使保全对象脱离当事人的控制。这种方法主要是针对一般动产采取的。人民法院对扣押的财产可以自行保管，也可以委托其他单位或个人保管。对扣押的财产，保管人不得使用。

3. 冻结。冻结是指人民法院依法限制当事人对其存款、股权等财产的处分。

4. 法律规定的其他方法。“法律规定的其他方法”，泛指上述三种方法以外的、由有关法律规范（以及司法解释）明确规定的其他保全方法。例如对季节性商品、鲜活、易腐烂变质以及其他不宜长期保存的物品，可以责令当事人处理或由法院变卖，并由法院保存价款。再如，债务人对第三人有到期债权的，人民法院可以依债权人的申请裁定该第三人不得对本案债务人清偿，该第三人要求偿付的，由人民法院提存财物或价款。

（三）财产保全的程序和条件

1. 财产保全启动的两种方式。财产保全的启动有两种方式：一是当事人申请；二是法院依职权采取。当事人申请财产保全可能是在诉讼前，也可能在诉讼中，而法院依职权采取财产保全，只能在诉讼中。此外，司法实践中，由于法院依职权采取保全在出现保全错误时，将可能需要承担国家赔偿责任，因此，法院依职权采取保全措施的极为谨慎，实践中运用的极少。依职权采取保全的情形限定在：“只有在诉讼争议的财产有毁损、灭失等危险，或者有证据表明被申请人可能采取隐匿、转移、出卖其财产的，人民法院方可依职权裁定采取财产保全措施。”（参见《最高人民法院关于在经济审判工作中严格执行〈中华人民共和国民事诉讼法〉的若干规定》第13条）

2. 当事人申请财产保全的程序

（1）书面方式。当事人申请财产保全的，应当以书面形式提出申请，载明申请人、被申请人、请求保全范围、事实与理由等。

（2）管辖法院。当事人申请财产保全的，应当向有管辖权的法院提出。对于已经起诉的案件，向受诉的法院申请财产保全。对于已经申请仲裁的案件，由申请人向仲裁委员会申请，再由仲裁委员会提交有管辖权的人民法院，在诉前或仲裁前保全中，即使当事人有管辖协议或仲裁协议，基于诉前保全的应急性，“原则上诉前保全申请的管辖不受当事人之间管辖协议或仲裁协议的约束”[①]。

图表　　财产保全的管辖法院

<table>
<tr><td rowspan="2">诉中财产保全</td><td>一般情况</td><td colspan="2">向受诉的法院申请</td></tr>
<tr><td>判决做出后
申请执行前</td><td colspan="2">向有执行管辖权的法院申请[②]</td></tr>
<tr><td rowspan="2">仲裁中
财产保全</td><td rowspan="2">仲裁委转交
有管辖权的法院</td><td>国内仲裁</td><td>被申请人住所地或财产所在地基层法院</td></tr>
<tr><td>涉外仲裁</td><td>被申请人住所地或财产所在地中级法院</td></tr>
<tr><td rowspan="3">诉前/仲裁前
财产保全</td><td colspan="3">被保全财产所在地人民法院</td></tr>
<tr><td colspan="3">被申请人住所地人民法院</td></tr>
<tr><td colspan="3">对案件有管辖权的人民法院</td></tr>
</table>

（3）诉前保全的特殊规定。由于诉前财产保全是在当事人尚未起诉时申请的，双方之间的纠纷尚未系属于法院，因此，对于当事人申请诉前财产保全条件较为严格，法律对此也做了与诉中保全不同的特殊规定。首先是诉前保全申请适用于情况紧急下，不立即申请将会使其合法权益受到难以弥补损害的情形；其次是申请人必须提供担保，提供担保的数额应相当于请求保全的数额；再次是诉求保全只能依当事人申请，法院不能依职权采取；最后是申请人应当在人民法院采取保全措施后的 30 日内起诉，否则人民法院应当解除财产保全。

图表 1　　诉前财产保全与诉中财产保全的区别

区　别	诉前财产保全	诉中财产保全
启动方式不同	只能由利害关系人申请启动	由当事人提出申请，必要时人民法院可以依职权采取保全措施。
申请财产保全的时间不同	在起诉前提出申请	在案件受理后、判决生效前提出申请
对申请人是否提供担保的要求不同	申请人必须提供担保	法院可以责令提供担保

① 奚晓明.《中华人民共和国民事诉讼法》修改条文理解与适用. 北京：人民法院出版社，2012：232.

② 《最高人民法院关于人民法院民事执行中查封、扣押、冻结财产的规定》第 3 条。

续表

区　别	诉前财产保全	诉中财产保全
申请的原因	情况紧急	不一定是情况紧急
法院裁定时间	必须在48小时内作出裁定	只有情况紧急的，才需要在48小时内作出裁定
其他要求	采取保全措施后的30日内需起诉，否则解除保全	无

(4) 人民法院作出裁定的时间。人民法院接受诉前财产保全申请后，必须在48小时内作出裁定。对于诉中财产保全，只有情况紧急的，才要求在48小时内作出裁定。

(5) 实施财产保全措施。人民法院裁定采取保全措施的，应当立即开始执行。人民法院保全财产后，应当立即通知被保全财产的人，以保障其知情权。

(四) 效力、救济

1. 效力。人民法院采取财产保全的裁定，一经作出，立即发生法律效力，生效后，其效力一般应维持到生效的法律文书执行时止。诉讼前、诉讼中及仲裁中采取财产保全措施的，进入执行程序后，自动转为执行中的查封、扣押、冻结措施。[①]

2. 救济

(1) 对保全裁定不服的。利害关系人、当事人对财产保全的裁定不服的，可以向作出裁定的人民法院申请复议一次，但复议期间，不停止裁定的执行。经复议审查，裁定正确的，驳回当事人的申请，裁定错误的，作出新裁定，变更或撤销原裁定。

(2) 对保全实施行为有异议的。有时利害关系人、当事人或者案外人对保全裁定并无异议，有异议的仅仅是保全实施行为。例如，认为法院查封的标的物超过裁定书载明的范围或金额，或者认为法院查封的标的不是被申请人的财产而是案外人的财产等。这种情况下的异议，由法院（通常是执行局）根据异议事项的性质按照《民事诉讼法》第225条或者第227条的规定进行审查。（《最高人民法院关于执行权合理配置和科学运行的若干意见》第17条）

图表　　财产保全的审查和实施机构

财产保全法院内部分工	审查和作出裁定的部门		负责实施查封、扣押、冻结等保全行为的部门
	诉前财产保全	诉中财产保全	执行局
	立案机构	审判机构	

① 《最高人民法院关于人民法院民事执行中查封、扣押、冻结财产的规定》第4条。

图表　　案外人异议的处理程序

<table>
<tr><th></th><th>异议类型</th><th>处理程序</th><th>处理机构</th><th>处理依据</th></tr>
<tr><td rowspan="3">案外人对财产保全异议①</td><td>对保全裁定书本身的质疑</td><td>按照对保全裁定书的复议程序处理</td><td>立案机构或审判机构</td><td>民诉法第 108 条</td></tr>
<tr><td rowspan="2">对财产保全实施行为的质疑</td><td>认为保全行为本身（程序）违反法律规定的，参照执行复议程序处理</td><td rowspan="2">执行局</td><td>参照民诉法第 225 条</td></tr>
<tr><td>认为保全所针对的财产并非被申请人财产，而系案外人财产的，参照执行异议程序处理</td><td>参照民诉法第 227 条</td></tr>
</table>

【案例探讨 1】 甲因乙欠款向法院起诉，起诉后甲同时申请财产保全，请求查封乙的房产（位于和平路 11 号），法院根据甲的申请裁定“查封位于和平路 11 号的房产”，并实施了查封行为。后案外人丙提出异议，认为位于和平路 11 号的房产其已向乙购买，并付清了全部房款，同时也已实际居住，只是房产过户手续尚在办理之中。针对案外人丙的异议，应当按照什么程序处理？是按照复议程序还是按照异议程序处理？

【案例探讨 2】 甲因乙欠款向法院起诉，起诉后甲同时申请财产保全，请求查封乙的财产，价值以 100 万元为限，法院根据甲的申请裁定“查封、扣押、冻结乙的财产，价值以 100 万元为限”。法院根据甲提供的财产线索，查封了登记在乙名下的、位于和平路 11 号的房产。后案外人丙提出异议，认为位于和平路 11 号的房产其已向乙购买，并付清了全部房款，同时也已实际居住，只是房产过户手续尚在办理之中。针对案外人丙的异议，应当按照什么程序处理？是按照复议程序还是按照异议程序处理？

（3）赔偿。赔偿有两种情况：一种情况是，因申请错误造成被申请人损失的，由申请人予以赔偿；第二种情况是，因人民法院依职权采取保全措施错误造成损失的，由人民法院依法予以赔偿。前者一般由被申请人向申请人提起民事诉讼的方式解决，管辖法院为采取财产保全的法院。后者按照国家赔偿法规定的有关程序进行。

（五）财产保全的解除

财产保全因下列原因而解除或效力消灭：

1. 被申请人提供担保。被申请人提供相应数额并有可供执行的财产作担保的，人民法院应当及时解除财产保全。

2. 诉前财产保全的申请人在采取保全措施后 30 日内未起诉的。法律规定诉前财产保全必须在采取保全措施后 30 日内起诉，如果未起诉的，则法院应当解除保全措施。

3. 申请人申请解除保全的。

4. 生效判决对申请人的诉讼请求不予支持的。

5. 因保全期限到期，申请人未申请继续保全的。

---

① 参照《最高人民法院关于执行权合理配置和科学运行的若干意见》，该意见针对案外人对财产保全异议，分两种情况处理，一种是针对裁定书本身的问题，这种情况下按照复议程序处理；另一种是与裁定书本身无关的，并非裁定书的问题引发异议的，这种情况下，参照执行异议程序进行处理。

图表　　查封、扣押、冻结财产期限[①]

	类型	期限	延长期限	例外规定
查封、扣押、冻结财产期限	冻结被执行人的银行存款及其他资金	不得超过六个月	申请人申请延长期限的，人民法院应在期限届满前办理，续行期限不得超过前款规定期限的二分之一。	法律、司法解释另有规定的除外。
	查封、扣押动产	不得超过一年		
	查封不动产、冻结其他财产权	不得超过二年		

三、行为保全

（一）行为保全的概念

行为保全，是指法院为了保护当事人一方的合法权益，保证判决或裁决的执行，避免损失的发生或扩大，在诉讼前或诉讼过程中责令一方当事人为一定行为或不为一定行为的民事强制措施。

（二）行为保全的适用条件

1. 限于金钱请求以外的请求权。通常是请求相对人为一定行为或者不为一定行为，例如，停止侵害、排除妨碍、消除危险请求权等。这是行为保全与财产保全不同之处。

2. 必须是因当事人一方的行为或者其他原因，使判决难以执行或造成其他难以弥补的损害。例如，抚养权纠纷中，一方正在与子女办理出境手续，这时如果不禁止其将子女带出境，可能会导致将来判决难以执行。具体在判断采取行为保全必要性时，通常要考虑以下因素：（1）不采取行为保全措施，是否可能使将来的判决不能执行或者难以执行，或者将会使申请人的合法权益受到难以弥补的损害；（2）申请人在与被申请人的诉讼中胜诉的可能性；（3）申请人与被申请人之间的利益衡平，即采取行为保全措施对被申请人造成的损害是否会明显超过不采取行为保全给申请人带来的损害；（4）采取行为保全措施是否会损害社会公共利益。[②]

关于申请人对行为保全的担保，与财产保全相同，区分为诉前行为保全和诉中行为保全，前者必须提供担保，后者则是可以责令提供担保。行为保全具体应提供担保的金额，则无法像财产保全可以参照具体的请求金额，而只能根据行为保全可能给被申请人带来的影响和可能的损失进行判断。

（三）行为保全的实施和保障

法院接受申请人的行为保全申请后，一般是通过作出民事裁定书，责令被申请人为一定行为或禁止为一定行为。对于责令被申请人为一定行为，而被申请人却不为的，如何处理？对此应当参照《民事诉讼法》第 252 条的规定，强制执行或者委托有关单位或者其他人完成，费用由被执行人承担。对于带有人身性质，不适合采取强制执行也不

① 《最高人民法院关于人民法院民事执行中查封、扣押、冻结财产的规定》第 4 条、第 29 条。

② 奚晓明．《中华人民共和国民事诉讼法》修改条文理解与适用．北京：人民法院出版社，2012：225.

适合由他人完成的行为，应当适用《民事诉讼法》第111条第1款第六项的规定，根据情节轻重，予以罚款、拘留、追究刑事责任。对于责令被申请人禁止为一定行为的，被申请人却为该行为的，则也应当适用该规定，根据情节轻重，予以罚款、拘留、追究刑事责任。若被申请人是单位的，可以对其主要负责人或者直接责任人员予以罚款、拘留，构成犯罪的，依法追究刑事责任。

【评注】行为保全与先予执行

在先予执行适用的范围中，追索赡养费、抚养费、抚恤金、劳动报酬等金钱给付案件不会与行为保全相混淆，但先予执行适用的另一类范围，包括立即停止侵害、排除妨碍，立即制止某项行为的，则容易与行为保全混淆。这一类适用范围带有行为保全的性质，由于法律对先予执行的规定未作修改，因此，对这部分以行为为对象的先予执行，申请人既可以申请先予执行，也可申请行为保全。从今后法律的完善和司法解释的制定来看，似乎可以考虑将以行为为内容的保全措施全部纳入行为保全制度，将先予执行纯化为针对金钱和诉讼标的物的先行给付制度。①

【评注】2012年《民事诉讼法》在保全方面修改的主要内容

1. 增加了行为保全的规定。民事诉讼法修改之前，只在《海事特别程序法》和《专利法》、《商标法》、《著作权法》中规定行为保全。民事诉讼法修改之后，在民事诉讼法中统一规定了行为保全，使行为保全的适用领域不再局限于上述海事纠纷和知识产权纠纷领域。

2. 统一了一般民事诉讼与涉外民事诉讼中采取诉前保全后申请人提起诉讼或者申请仲裁的期限。修改前的民事诉讼法对涉外纠纷的诉前保全和国内纠纷的诉前保全中申请人应当提起诉讼的期限，分别做不同的规定（国内15日，国外30日）。修改后的民事诉讼法，则统一规定30日。

3. 新增了仲裁前的保全规定。修改前的民事诉讼法只规定诉前的保全、诉中的保全和仲裁程序中的保全，却未规定仲裁前的保全。修改后的民事诉讼法增加了仲裁前的保全规定。

【司考真题】

1. 关于民事诉讼财产保全制度，下列哪些说法是正确的？（2003卷三，多，71）

A. 诉前保全必须由当事人提出申请并提供担保，人民法院方可作出保全裁定

B. 财产保全申请确有错误的，申请人应当赔偿被申请人因财产保全所遭受的损失

C. 财产保全限于请求的范围，或者与本案有关的财物

D. 当事人对财产保全裁定不服的，可以申请复议一次

2. 被告在法院作出停止生产光盘的裁定后仍继续生产，法院可如何处理？（2004卷三，多，100）

A. 尽快判决被告败诉并开始执行

B. 采取强制执行措施

---

① 奚晓明．《中华人民共和国民事诉讼法》修改条文理解与适用．北京：人民法院出版社，2012：228.

C. 对主要负责人或直接责任人员实施拘留

D. 对音像公司处以罚款

【本节小结】

保全制度是民事诉讼中一项重要的制度，对于保障当事人将来判决的执行和减少损失具有重要的意义。作为诉讼保障机制的保全，包括财产保全和行为保全。在保全制度的设计中，关涉到对申请人与被申请人之间的利益平衡，申请人申请保全一般需要提供担保，被申请人也可以通过提供担保，以解除对其采取的保全措施。关于保全的程序，以及财产保全和行为保全二者之间的异同点，应当着重掌握。本章中关于案外人对保全异议的救济，属于难点，应当结合最高人民法院相关解释进行理解。行为保全是民诉法修改的亮点之一，行为保全在实践中如何操作，是一个值得进一步研究的问题，应当掌握和了解行为保全的特殊性。

【考研重点提示】

1. 财产保全、行为保全的概念。

2. 诉前财产保全、诉中财产保全的区别。

3. 财产保全的程序。

4. 行为保全的程序。

【知识拓展文献】

1. 王福华：《民事保全程序中的程序保障》，载《法律科学》2002 年第 6 期。

2. 李仕春：《民事保全程序研究》，中国法制出版社 2005 年版。

3. 周翠：《论民事诉讼中的临时性救济制度》，载陈光中、江伟主编：《诉讼法论丛》第 7 卷，法律出版社 2002 年版。

4. 施高翔、齐树洁：《我国知识产权禁令制度的重构》，载《厦门大学学报》2011 年第 5 期。

5. 黄文艺：《比较法视域下我国民事保全制度的修改与完善》，载《比较法研究》2012 年第 5 期。

【司考真题答案与解析】

1. ABCD。解析：对于诉讼保全，法院可依当事人申请作出保全裁定，也可依职权作出保全裁定，但对于诉前保全，案件尚未起诉到法院，只能依当事人申请，同时应当提供担保，法院方可作出保全裁定。因此，A 正确。财产保全申请确有错误的，申请人应当赔偿相应损失，此为民诉法第 105 条（旧法第 96 条）规定内容，因此 B 正确。财产保全不能超出当事人请求范围或者与本案有关的财物。C 选项为民诉法第 102 条（旧法第 94 条）规定内容。D 选项为民诉法第 108 条（旧法第 99 条）内容之一。

2. BCD。根据法律规定，除了生效判决和调解书以外，发生法律效力的裁定书也是强制执行的依据，当事人不履行法院作出停止生产光盘的裁定，仍继续生产的，人民法院可以采取强制执行措施。因此 B 正确。不履行法院裁定的，属于妨害民事诉讼行为，根据民诉法第 111 条（旧法第 102 条）第 1 款第 6 项以及第 2 款的规定，选项 C 和选项 D 正确。

【本章案例剖析】

【案例剖析 1】

对于案例 1，因其针对的是财产保全裁定书，认为财产保全裁定中的“查封位于和平路 11 号的房产”有误，因此，应当按照民事诉讼法第 108 条规定的复议程序处理。

【案例剖析 2】

对于案例 2，因裁定书主文只是笼统载明“查封、扣押、冻结乙的财产，价值以 100 万元为限”，并未具体写明查封的房产，因此，裁定书本身并无错误，案外人针对的是具体的查封行为，而且案外人的异议涉及相关实体权利的争议，因此，根据《最高人民法院关于执行权合理配置和科学运行的若干意见》第 17 条的规定，应当参照民诉法第 227 条案外人执行异议的规定处理，即由执行机构针对案外人的异议先行审查并作出裁定（裁定异议成立，要求申请人或被申请人在 15 日内提起申请执行人执行异议之诉，否则解除对异议财产的保全；或者裁定异议不成立，案外人可在 15 日内提起案外人异议之诉。）

第二节　先予执行

本节知识结构图

- 先予执行
  - 概念、意义
  - 适用条件
    - 当事人在案件受理后生效判决作出前提出申请
    - 属于法律规定有先予执行必要的情形（适用范围）
    - 当事人之间权利义务关系明确
    - 被申请人有履行能力
  - 程序
    - 申请
    - 审查和裁定
    - 执行
  - 复议利益平衡和救济
    - 担保
    - 依职权纠错
    - 败诉后果
    - 撤诉限制

一、先予执行概念

先予执行，就是指人民法院在审理民事案件的过程中，根据当事人申请，在作出判决前，裁定一方当事人给付另一方当事人一定的财物，或者立即实施或停止某种行为，并立即执行的制度。

二、先予执行的适用条件

根据《民事诉讼法》第106条、第107条的规定，人民法院裁定先予执行应当符合以下条件：

（一）当事人在案件受理后生效判决作出前提出申请

先予执行是因为当事人一方生产、生活急需而采取的措施，而是否急需，只有当事人体会最深，因此，人民法院应当依当事人的申请，才能裁定先予执行。易言之，人民法院不能依职权作出。由于未起诉不能申请先予执行，而案件作出生效判决后可以直接申请强制执行，无需申请先予执行，因此，先予执行的申请必须在案件受理后生效判决作出前提出。此外，在管辖权尚未确定的情况下，不得裁定先予执行。[①]

（二）属于法律规定有先予执行必要的情形（适用范围）

有先予执行必要是指当事人因生活或生产等紧急情况，如不先予执行，其生活或生产经营可能会陷入困境或造成严重影响。法律具体列举了几种情形：1. 追索赡养费、扶养费、抚育费、抚恤金、医疗费用的案件；2. 追索劳动报酬的案件；3. 因情况紧急需要先予执行的，这里的情况紧急包括：（1）需要立即停止侵害、排除妨碍的；（2）需要立即制止某项行为的；（3）需要立即返还用于购置生产原料、生产工具货款的；（4）追索恢复生产、经营急需的保险理赔费的。[②]

（三）当事人之间权利义务关系明确

裁定先予执行，实际上是在判决确定前，实现未来判决确认的部分实体权利。因此，裁定先予执行必须以当事人之间权利义务关系明确为前提。"权利义务关系明确"是指在民事法律关系中，谁是享有权利的一方，谁是负担义务的一方，以及各自享有什么样的权利、负担什么样的义务都是明确的。

（四）被申请人有履行能力

如果被申请人没有履行能力，比如被申请人要破产了，或者被申请人身无分文，又无任何有价值的财物，裁定先予执行会失去意义。

三、程序

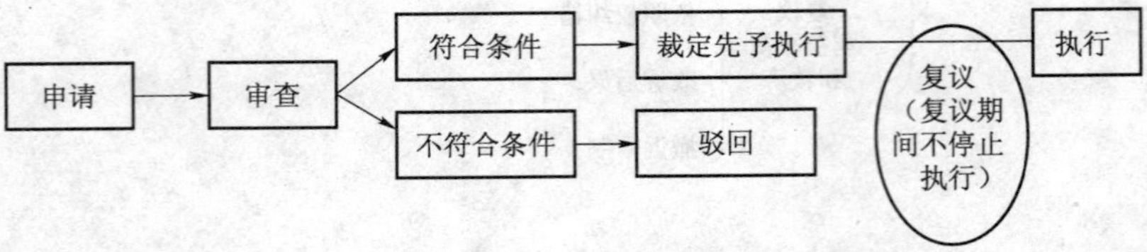

根据我国民事诉讼法的规定，人民法院在案件审理终结时，应当在裁判中对先予执行的裁定及该裁定的执行情况予以说明及提出处理意见。权利人胜诉，先予执行正确的，人民法院应在判决中说明权利人应享有的权利在先予执行中已得到全部或部分的实

① 《最高人民法院关于在经济审判工作中严格执行〈中华人民共和国民事诉讼法〉的若干规定》第16条。

② 《最高人民法院关于适用〈中华人民共和国民事诉讼法〉若干问题的意见》第107条。

现；权利人败诉，先予执行错误的，人民法院应在判决中指出先予执行是错误的，责令申请人返还因先予执行所取得的利益或裁定采取执行回转措施强制执行，被申请人因先予执行遭受损失的，申请人应当赔偿。对此，下文还将进一步介绍。

四、先予执行的利益平衡和救济

（一）先予执行的担保问题

为保护被申请人利益，防止申请人滥用先予执行，人民法院可以责令申请人提供担保，申请人不提供担保的，驳回申请。但由于申请人往往是生活、生产经营已经陷入困境，不一定有能力提供担保，因此，对是否担保未硬性要求。实践中，人民法院只有对申请人有能力提供担保或者申请人胜诉机率不高的情况下，才可要求申请人提供担保。

（二）复议

当事人对先予执行的裁定不服，不得提起上诉，但可向作出裁定的人民法院申请复议一次，复议期间不停止裁定的执行。人民法院对复议应及时审查。裁定正确的，通知驳回当事人的申请；裁定不当的，作出新的裁定变更或者撤销原裁定。复议撤销先予执行裁定的，应执行回转，将已执行的财产返还被申请人。

（三）法院依职权纠错

在复议程序以外，受诉人民法院院长或者上级人民法院发现采取先予执行措施确有错误的，应当按照审判监督程序立即纠正。因申请错误造成被申请人损失的，由申请人予以赔偿；因人民法院依职权采取保全措施错误造成损失的，由人民法院依法予以赔偿。①

（四）申请人败诉或不完全胜诉的法律后果

申请人败诉的，应当赔偿被申请人因先予执行遭受的财产损失。

人民法院先予执行后，依发生法律效力的判决，申请人应当返还因先予执行所取得的利益的，按照执行回转的规定处理。②

（五）对申请人撤诉的限制

人民法院采取先予执行措施后，申请先予执行的当事人申请撤诉的，人民法院应当及时通知对方当事人、第三人或有关的案外人。在接到通知至准予撤诉的裁定送达前，对方当事人、第三人及有关的案外人，对撤诉提出异议的，应当裁定驳回撤诉申请。③如果人民法院作出先予执行裁定但尚未采取先予执行措施的，则应当尊重当事人的撤诉权。

【本节小结】

先予执行制度是法院及时保护当事人合法权益的有力措施。由于先予执行是在法院未作出生效判决的情况下预先执行，因此，对先予执行应当限制在紧急和必要的范围

---

① 《最高人民法院关于在经济审判工作中严格执行〈中华人民共和国民事诉讼法〉的若干规定》第19条。

② 《最高人民法院关于适用〈中华人民共和国民事诉讼法〉若干问题的意见》第111条。

③ 《最高人民法院关于在经济审判工作中严格执行〈中华人民共和国民事诉讼法〉的若干规定》第18条。

内。因此，本章应重点掌握先予执行的适用范围和适用条件，同时了解先予执行的程序，以及先予执行制度设计中申请人与被申请人的利益平衡和相关救济措施。此外，在新民诉法规定行为保全的情况下，是否应当限制先予执行中的适用，考虑将以行为为内容的先予执行措施全部纳入行为保全制度，将先予执行纯化为针对金钱和诉讼标的物的先行给付制度？对此可参见上一章的评注部分。

【考研重点提示】

1. 先予执行的适用范围。
2. 先予执行的适用条件。
3. 先予执行与行为保全的区别和交叉。
4. 先予执行的救济。

第三节　妨害民事诉讼行为的强制措施

本节知识结构图

- 强制措施
  - 概念、特征
  - 妨害民事诉讼行为的构成
  - 妨害民事诉讼行为的种类
  - 强制措施的种类
    - 拘传
    - 训诫
    - 责令退出法庭
    - 罚款
    - 拘留

一、妨害民事诉讼行为的强制措施的概念

妨害民事诉讼行为的强制措施，又成为民事诉讼强制措施，亦简称为强制措施，指的是在民事诉讼过程中，人民法院为了排除干扰，保障民事审判和执行的顺利进行，依法对妨害人采取的强制手段。

二、妨害民事诉讼行为的构成

（一）行为人实施了妨害民事诉讼的行为，包括作为与不作为；

（二）行为人实施妨害民事诉讼的行为主观上是存在过错。主观上的过错以故意为主，即希望或放任妨害民事诉讼结果的发生，但有时重大过失，也可构成妨害民事诉讼行为。

（三）行为人实施妨害民事诉讼的行为发生在诉讼过程中。这里的诉讼过程是广义的，既包括审判过程，也包括执行程序。

妨害民事诉讼行为的主体没有限制，既包括民事诉讼的诉讼参与人，也可能是案外的其他人，既可能是自然人，也可能是法人或其他组织。

三、妨害民事诉讼行为的种类

（一）必须到庭的被告，经两次传票传唤，无正当理由拒不到庭。

（二）违反法庭规则的行为。

（三）当事人、其他诉讼参与人以及其他人所实施的下列行为：

1. 伪造、毁灭重要证据，妨害人民法院审理案件。

2. 以暴力、威胁、贿买方法阻止证人作证或者指使、贿买、胁迫他人作伪证。

3. 隐藏、转移、变卖、毁损已被查封、扣押的财产或者已被清点并责令其保护的财产，转移已被冻结的财产。

4. 对司法工作人员、诉讼参与人、证人、翻译人员、鉴定人、勘验人、协助执行的人，进行侮辱、诽谤、诬陷、殴打或者打击报复。

5. 拒不履行人民法院已生效的判决、裁定等法律文书，但情节较轻而尚未构成犯罪的行为。

（四）有义务协助调查、执行的单位实施的下列行为：

1. 有关单位拒绝或者妨碍法院调查取证。

2. 银行、信用合作社和其他有储蓄业务的单位接到人民法院协助执行通知后，拒不协助查询，冻结或者划拨存款的。

3. 有关单位接到人民法院协助执行通知书后，拒不协助扣留被执行人的收入，拒不办理有关财产权证照转移手续，拒不转交有关票证、证照或者其他财产。

4. 其他拒绝协助执行的行为。

（五）妨害执行的行为

如隐藏、转移、变卖、毁损向人民法院提供担保的财产的行为、案外人与被执行人恶意串通转移被执行人财产的行为，伪造、隐藏、毁灭有关被执行人能力的重要证据，妨碍人民法院查明被执行人财产状况的行为等。

四、妨害民事诉讼行为强制措施的种类及其适用

根据民事诉讼法的规定，妨害民事诉讼的强制措施共有五类，分别是拘传、训诫、责令退出法庭、罚款、拘留。

一、拘传

适用条件

1. 拘传的对象是法律规定或者法院认为必须到庭的被告或被执行人（包括被执行人的法定代表人或负责人）。必须到庭的被告一般指索赡养费、抚养费、抚育费、劳动报酬案件的被告，以及其他不到庭就无法查清案情的被告。给国家、集体或他人造成损害的未成年人的法定代理人，如其必须到庭，经两次传票传唤无正当理由拒不到庭的，也可以适用拘传。①

① 《最高人民法院关于适用〈中华人民共和国民事诉讼法〉若干问题的意见》第112条。

2. 必须是经过两次传票传唤。如果未事先经过两次传票传唤，则不应适用拘传。

3. 被传唤人无正当理由拒不到庭。无正当理由，主要指没有不可抗力、意外事件等使被告（或被执行人）无法到庭的特殊情况。

二、训诫

三、责令退出法庭

四、罚款、拘留

【司考真题】

1. 汪自强因遗产继承纠纷涉讼，汪为争夺遗产在诉讼过程中伪造遗嘱，指使他人提供伪证，法院认为汪的行为已构成犯罪。对汪的犯罪行为法院的下列哪些做法不符合有关司法解释？（2002－3－80，多）

A. 应将汪自强移交刑事审判庭处理

B. 直接由审理该案的审判组织予以审理

C. 应按刑事诉讼法的规定办理

D. 应由民事审判庭另行组成合议庭审理

2. 佟克水与卫林生系同事，1998 年 4 月，佟克水向卫林生借款 400 元，并写了借条，言明 1999 年 4 月底之前还清。1999 年 7 月，卫林生向佟克水催要欠款，并请同事刘国东共同来劝说佟克水，在卫林生出示借条时，佟克水将借条夺过撕毁。卫林生将被撕借条夺回，并用胶水粘贴修补，但借条上佟克水的签名已模糊不清。卫林生于 1999 年 8 月到人民法院起诉，要求佟克水返还借款，法院开庭时传唤证人刘国东到庭作证，刘国东以工作忙为借口拒不到庭，而被告佟克水则在法庭上嘲笑和侮辱审判人员。法院经笔迹鉴定，确认破碎的借条上的字迹为佟克水所写，判决佟克水败诉。佟克水未提起上诉。判决生效后，佟克水找法庭原案审判员纠缠，并顺手将审判员桌上的该案案卷材料撕毁两页。（1999－3－63，多）

问：下列哪些行为不属于妨害民事诉讼的行为？

A. 佟克水撕毁借条的行为

B. 刘国东拒绝作证的行为

C. 佟克水在法庭上侮辱审判人员的行为

D. 佟克水撕毁本案案卷材料的行为

【本节小结】

妨害民事诉讼行为的强制措施是保障民事诉讼活动顺利进行的手段。强制措施共有五类，由轻至重分为训诫、责令退出法庭、拘传、罚款、拘留。不同强制措施一般适用的情形不同，但有些强制措施适用的情形可能相同，只是针对的情节轻重不同。本章应重点掌握每种强制措施的适用情形（对象、条件）以及适用的程序。

【考研重点提示】

民事强制措施的适用。

【知识拓展文献】

1. 高德玲：《被告拒不到庭的效率桎梏之破解——以取消民事诉讼拘传制度为切入点》，载《山东审判》2009 年第 1 期。

2. 王醒：《妨害民事诉讼强制措施存废刍议》，载《山西青年干部管理学院学报》2008 年第 1 期。

3. 刘风景、卢军：《英国藐视法庭法的启示》，载《山东审判》2006 年第 5 期。

【司考真题答案与解析】

1. 答案：ABD。解析：根据《最高人民法院关于适用〈中华人民共和国民事诉讼法〉若干问题的意见》第 127 条的规定，应当依照刑事诉讼法的规定办理。因此，不能直接移送刑事审判庭处理，而应当移送公安机关，由公安机关侦查，然后移送检察机关审查起诉，再由检察机关向法院提起公诉。

2. 答案：ABD。因选项 A 的行为发生在诉讼开始之前；选项 B 的行为不属于“以暴力、威胁、贿买方法阻止证人作证或者指使、贿买、胁迫他人作伪证的”，未引起妨害诉讼的实际结果；选项 D 发生在诉讼结束以后。因此，这三个行为不属于妨害民事诉讼的行为。

第四节　期　　间

本节知识结构图

- 期间
  - 概念、意义
  - 期间与期日的区别
  - 期间的种类
    - 法定期间
    - 指定期间
    - 约定期间
  - 期间的计算
    - 计算期间的单位：时、日、月、年
    - 期间的计算方法
      - 期间开始的时和日不计算在期间内
      - 最后一日节假日顺延
      - 期间不包括在途时间
  - 期间的剔除
  - 期间的耽误和补救
    - 因不可抗拒的事由或其他正当理由耽误期限
    - 应当在障碍消除后的十日内申请顺延

一、期间的概念

（一）期间的概念和意义

民事诉讼中的期间，是指人民法院、当事人或者其他诉讼参与人各自单独进行或完成某项诉讼行为的期限。例如被告应当在收到起诉状之日起 15 日内提出答辩状；法院受理案件的期限是 7 天。

民事诉讼期间的目的在保证法院及时解决民事争议。

（二）期日

除了期间外，还有一个相关的概念，即期日。期日，是指人民法院与当事人、其他诉讼参与人会合在一起进行一定诉讼活动的日期。例如，开庭审理期日、宣判期日。大陆法系的德国、日本和我国台湾地区民诉法有期日的用语。而由于我国民诉法未使用期日用语，只规定期间，因此，我国对期日的使用和称呼较少。

（三）期间和期日的区别

表格　　期间与期日的联系和区别

联系／区别	期　　间	期　　日
联系	期日表现为期间中的某一日，不可能脱离期间而存在。	
状态	持续的一段时间	特定的某一日
种类	法定、指定、约定	约定、指定
行为的效力	期间有始期和终期，在期限内实施或完成的行为均有效	期日只规定开始的时间，在期日内应连续为诉讼行为。
内容	各自单独完成某项诉讼行为的期限	会合共同进行诉讼活动的某一日
是否可变更	法定期间大多不可变更	期日均可变更

二、期间的种类

（一）法定期间

法定期间，是指由法律明确规定的期间。例如：立案期间、提出答辩状期间、公告期间、上诉期间、申请执行的期间等。

除法律另有规定外，任何人都无权改变法定期间，因此，法定期间又称为不变期间。但需要注意的是，法定期间分为绝对不可变期间和相对不可变期间。绝对不可变期间，是指该期间经法律确定，任何机构和人员都不得改变，如上诉期间等。相对不可变期间，是指该期间经法律确定后，在通常情况下不可改变，但遇到有关法定事由，法院可对其依法予以变更，如一审的案件审理期间，经过院长批准可延长。

（二）指定期间

指定期间，是指法院根据审理案件的情况和需要，依职权指定诉讼参与人进行某种诉讼行为的期限。如法院指定当事人限期补正起诉状中的欠缺，规定当事人在某日内提交诉讼材料，或者指定举证期限等。

对于指定期间，人民法院不仅有权决定期限的长短，而且可以根据当事人的申请予以延长或变更。例如，当事人在法院指定的举证期限内提供证据确有困难的，可以向人民法院申请延长期限。

（三）约定期间

约定期间，是指由当事人协商一致，并经受诉法院认可的诉讼期间。例如《最高人民法院关于民事诉讼证据的若干规定》第 33 条第 2 款规定："举证期限可以由当事人协商一致，并经人民法院认可。"但由于实践中，当事人协商约定举证期间较少，新民诉法将举证期限统一规定由人民法院指定。

三、期间的计算

（1）期间的计算单位有：时、日、月、年。

（2）期间开始的时和日不计算在期间内。例如，法律规定对判决不服的上诉期为 15 天，被告在 2013 年 1 月 20 日收到一审判决书，则应从 2013 年 1 月 21 日开始计算 15 天上诉期，即从 2013 年 1 月 21 日至 2013 年 2 月 4 日均可上诉。

（3）期间届满的最后一日是节假日的，以节假日后的第一日为期间届满的日期。

（4）期间不包括在途时间，诉讼文书在期满前交邮的，不算过期。

【案例探讨】

某甲于 2013 年 1 月 4 日收到人民法院的一审民事判决书，未表示上诉，后于 1 月 21 日将上诉状通过邮局寄往原审人民法院，法院于 1 月 23 日收到。请问甲的上诉是否超过上诉期？

图表 **2013 年 1 月份日历表**

周日	周一	周二	周三	周四	周五	周六
		1	2	3	4	5
6	7	8	9	10	11	12
13	14	15	16	17	18	19
20	21	22	23	24	25	26

四、期间的耽误及补救

期间的耽误，是指当事人及其诉讼代理人没有在规定的期间内完成应为的诉讼行为。期间耽误通常会导致丧失再为该项诉讼行为的权利。但是，当事人、诉讼代理人若有法律规定的正当理由，允许申请顺延期间。

依民诉法第 83 条的规定，当事人因不可抗拒的事由或者其他正当理由耽误期限的，在障碍消除后的十日内，可以申请顺延期限，是否准许，由人民法院决定。可见，期间的延展申请必须具备以下条件：

（一）因不可抗拒的事由或其他正当理由耽误期限。不可抗拒的事由，是指当事人不可预见，也不能避免的客观情况，例如，洪水、地震等自然灾害。其他正当理由，是指不可归责于当事人的其他客观情况，例如必须参加事关国家利益的活动等。

（二）应当在障碍消除后的十日内申请顺延

期间的延展申请符合上述两个条件的，人民法院应当决定准许顺延期限，即将耽误的期限如实补上。亦即耽误几日顺延几日，而非重新计算。

【司考真题】

根据《民事诉讼法》和民事诉讼理论，关于期间，下列哪一选项是正确的？（　　）（2011-3-41，单）

A. 法定期间都是不可变期间，指定期间都是可变期间

B. 法定期间的开始日及期间中遇有节假日的，应当在计算期间时予以扣除

C. 当事人参加诉讼的在途期间不包括在期间内

D. 遇有特殊情况，法院可依职权变更原确定的指定期间

【考研重点提示】

1. 期间和期日的联系和区别。

2. 期间的计算方法。

【司考真题答案与解析】

D 解析：选项 A 错误，选项 D 正确。法定期间包括绝对不可变期间和相对不可变期间。绝对不可变期间，是指该期间经法律确定，任何机构和人员都不得改变，如上诉期间等。相对不可变期间，是指该期间经法律确定后，在通常情况下不可改变，但遇到有关法定事由，法院可对其依法予以变更，如一审的案件审理期间。指定期间在通常情况下不应任意变更，但如遇有特殊情况，法院可依职权变更原确定的指定期间。

选项 B 错误。期间开始日，从有关的诉讼法律关系的主体接收了有关法律文书或诉讼文书的次日起开始计算。法定期间或指定期间的最后一日是节假日的，以节假日期满后的第一个工作日为期间届满的日期。但法定期间或指定期间的开始日以及期间中的一些日期是节假日的，应当计算在期间内而不应从期间中扣除。

选项 C 错误。法律规定的在途期间不计算在内的期间，只是指诉讼文书的在途期间，而不包括当事人为进行诉讼行为而产生的在途期间。

【本章案例剖析】

某甲于 2013 年 1 月 4 日收到人民法院的一审民事判决书，上诉期从次日即 2013 年 1 月 5 日开始计算十五天，即至 1 月 19 日，但因 1 月 19 日、1 月 20 日是法定休息日，应顺延至 1 月 21 日。即最后一天上诉期是 1 月 21 日。

由于采用发邮主义，而非到达主义，因此，只要是在 1 月 21 日邮寄，即使在 1 月 21 日之后法院才收到，均不属超期。

综上，甲的上诉不超过上诉期。

第五节 送 达

本节知识结构图

- 送达
  - 概念、特点
  - 送达效力、送达凭证
    - 送达效力
    - 送达凭证
      - 送达回证
      - 其他凭证
  - 送达方式
    - 直接送达：特定的受送达人
    - 留置送达：
      - 两种方式
      - 调解书不适用留置送达
    - 委托送达：法院之间
    - 邮寄送达
    - 转交送达
    - 电子送达
    - 公告送达
      - 受送达人下落不明
      - 采取其他送达方式无法送达

一、送达的概念和特点

（一）送达的概念

民事诉讼中的送达，是指人民法院依照法律规定的程序和方式，将诉讼文书送交当事人或者其他诉讼参与人的行为。

送达是正当程序的要求，送达可以使当事人和其他诉讼参与人知悉诉讼的进程和诉讼结果，使其得以参与到诉讼中和行使相关诉讼权利，也是使其承担相关诉讼结果的前提。

（二）送达的特点

送达具有以下特点：

1. 送达的主体是法院。当事人或者其他诉讼参与人向人民法院递交诉讼文书，不能称其为送达。

2. 送达的对象是当事人或者其他诉讼参与人。当事人和其他诉讼参与人之间、法院之间相互递送材料以及法院对其他单位或者个人发送材料，都不是送达。

3. 送达的内容是各种诉讼文书。例如，起诉状副本、开庭通知书、判决书、裁定书等。

4. 送达必须按法定的程序和方式进行。送达会产生相关法律后果，因此，送达必须按照法定的程序和方式进行，不能随意创设送达程序和方式。

二、送达的方式

（一）直接送达

直接送达，是指由人民法院的送达人员将需送达的诉讼文书、法律文书直接交给受送达人或他的成年家属、代收人、诉讼代理人的送达方式。

直接送达的受送达人包括：受送达本人；同住的成年家属①；法人的法定代表人、其他组织的主要负责人，或该法人、组织负责收件的人；诉讼代理人；指定的代收人。

向上述受送达人以外的人送达，不能视为直接送达。

（二）留置送达

留置送达，是指在向受送达人或者他的同住成年家属拒绝签收诉讼文书时，送达人依法将诉讼文书留放在受送达人住所的送达方式。

留置送达不仅适用对公民的送达，也适用于对法人或其他组织的送达。法人的法定代表人、其他组织的主要负责人或者该法人、组织负责收件的人拒绝接收诉讼文书的，可按上述规定实行留置送达。

留置送达需要履行相关的程序，具体有两种程序可供选择：

1. 送达人可以邀请有关基层组织或者所在单位的代表到场，说明情况，在送达回证上记明拒收事由和日期，由送达人、见证人签名或者盖章，把诉讼文书留在受送达人的住所。

2. 把诉讼文书留在受送达人的住所，并采用拍照、录像等方式记录送达过程。这种方式是民诉法2012年修改时新增的方式，目的是解决有关基层组织或者所在单位代表邀请难的问题。

需要注意的是，调解书不适用留置送达。②

（三）委托送达

委托送达，是指受诉法院直接送达确有困难，而委托其他法院将需送达的诉讼文书送交受送达人的送达方式。

需要注意的是委托送达是法院委托法院，而不是法院委托其他机构或组织。

委托其他人民法院代为送达的，委托法院应当出具委托函，并附需要送达的诉讼文书和送达回证。

（四）邮寄送达

邮寄送达，是指受诉人民法院在直接送达有困难的情况下，通过邮局以挂号信的方式将需送达的诉讼文书邮寄给受送达人的送达方式。

邮寄送达应当附有送达回证。挂号信回执上注明的收件日期与送达回证上注明的收件日期不相符的，或者送达回证没有寄回的，以挂号信回执上注明的收件日期为送达日期。

《最高人民法院关于以法院专递方式邮寄送达民事诉讼文书的若干问题》（法释［2004］13号）规定以“法院专递”方式进一步规范和完善现行的邮寄送达机制。

（五）转交送达

转交送达，是指受诉人民法院基于受送达人的有关情况而将需送达的诉讼文书交有

---

① 但如果同住的成年家属与受送达人有利益冲突的，则不能向同住的成年家属送达。例如离婚诉讼中，向一方当事人送达时，在受送达人不在的情况下，不能交给在身份上既是该方当事人的成年家属又作为另一方当事人的人代收。

② 《最高人民法院关于适用〈中华人民共和国民事诉讼法〉若干问题的意见》第84条。

关机关、单位转交受送达人的送达方式。

根据民诉法和相关司法解释的规定，有三种转交送达的情况：

1. 受送达人是军人的，通过其所在部队团以上单位的政治机关转交。

2. 受送达人被监禁的，通过其所在监所转交。

3. 受送达人被采取强制性教育措施的，通过其所在强制性教育机构转交。

代为转交的机关、单位收到诉讼文书后，必须立即交受送达人签收，以在送达回证上的签收日期，为送达日期。

（六）电子送达（即传真、电子邮件送达）

2012 年修改后的民诉法第 87 条新增传真、电子邮件等新型送达方式。新型送达方式有利于减轻送达负担和成本，提高送达效率。民诉法修改前，相关法律、司法解释也认可了在部分类型案件中可采用传真、电子邮件送达，例如《海事诉讼特别程序法》、《最高人民法院关于适用简易程序审理民事案件的若干规定》、《最高人民法院关于涉外民事或商事案件司法文书送达问题若干规定》。

民诉法规定的传真、电子邮件送达的条件有：

1. 必须经受送达人同意。

2. 送达的文书必须是判决书、裁定书、调解书以外的诉讼文书。例如，传票、举证通知书、应诉通知书等。判决书、裁定书、调解书属重要法律文书，关系到当事人实体权利，不适用电子送达的方式。

采用传真、电子邮件等方式送达的，以传真、电子邮件等到达受送达人特定系统的日期为送达日期。

（七）公告送达

公告送达，是指受诉法院在受送达人下落不明或采取上述方法均无法送达时，而将需送达的诉讼文书的主要内容予以公告，公告经过一定期限即产生送达后果的送达方式。

公告送达是法律为了避免诉讼处于长期不确定状态，而拟制的一种送达方式。公告送达，受送达人有可能知道公告内容，也可能不知道公告的内容，但在公告期满后，法律均推定送达。

公告送达的要求有以下几方面：

1. 特定情况下才能采用公告送达。为保护受送达人的利益，只有受送达人下落不明或采取上述方法均无法送达时，才能采用公告送达。

2. 公告上应载明相关事项。（1）公告送达起诉状或上诉状副本的，应说明起诉或上诉要点，受送达人答辩期限及逾期不答辩的法律后果；（2）公告送达传票，应说明出庭地点、时间及逾期不出庭的法律后果；（3）公告送达判决书、裁定书的，应说明裁判主要内容，属于一审的，还应说明上诉权利、上诉期限和上诉的人民法院。[①]

3. 公告应满足一定的方式。公告送达的方式有：在法院的公告栏张贴公告；在受

---

① 《最高人民法院关于适用〈中华人民共和国民事诉讼法〉若干问题的意见》第 89 条。

送达人原住所地张贴公告；在报纸上刊登公告。[①] 这三种方式，可以选择使用。但对公告方式有特殊要求的，如对居住在国外、境外的诉讼当事人公告送达，要依民诉法有关涉外民事诉讼的有关规定进行。

4. 应当在案卷中载明公告送达原因和经过。人民法院采取公告的方式送达，应当在案卷中记明公告送达的原因和公告送达的经过。

5. 公告期满才能视为送达。公告刊登后并不能马上视为送达，而是必须在公告期满才能视为送达。关于公告期，民诉法第 92 条规定，自发出公告之日起，经过 60 日，即视为送达。

【司考真题】

1. 甲起诉要求与妻子乙离婚，法院经审理判决不予准许。书记员两次到甲住所送达判决书，甲均拒绝签收。书记员的下列哪一做法是正确的？（　）（2011 – 3 – 41，单）

A. 将判决书交给甲的妻子乙转交

B. 将判决书交给甲住所地居委会转交

C. 请甲住所地居委会主任到场见证并将判决书留在甲住所

D. 将判决书交给甲住所地派出所转交

2. 在民事诉讼中，可以适用留置送达的诉讼文书和法律文书包括哪些？（2002 – 3 – 70，多）

A. 人民法院的判决书

B. 人民法院的裁定书

C. 人民法院的调解书

D. 出庭通知书

【本节小结】

送达是一种程序保障机制，为了提高送达的效率和灵活性，法律规定了许多送达方式。本章应当重点掌握各种送达方式，特别是新民诉法对留置送达方式的扩展以及新增的传真、电子邮件送达方式。

【考研重点提示】

1. 新民诉法关于送达方式的新变化。

2. 公告送达。

【知识拓展文献】

1. 赵永新：《民事公告送达的实践困惑与价值实现的路径选择》，载《法律适用》2009 年第 5 期。

2. 赵泽君：《试论民事诉讼当事人送达制度之建构》，载《昆明理工大学学报（社会科学版）》2008 年第 11 期。

【司考真题答案与解析】

1. 参考答案：C 解析：《民事诉讼法》第 86 条规定，受送达人或者他的同住成年

① 《最高人民法院关于适用〈中华人民共和国民事诉讼法〉若干问题的意见》第 88 条。

家属拒绝接收诉讼文书的，送达人应当邀请有关基层组织或者所在单位的代表到场，说明情况，在送达回证上记明拒收事由和日期，由送达人、见证人签名或者盖章，把诉讼文书留在受送达人的住所；……即视为送达。据此可知，本题的正确答案是 C。

2. 参考答案：ABD 解析：根据《最高人民法院关于适用〈中华人民共和国民事诉讼法〉若干问题的意见》第 84 条的规定，调解书不适用留置送达。

第十四章

第二审程序

本章知识结构图

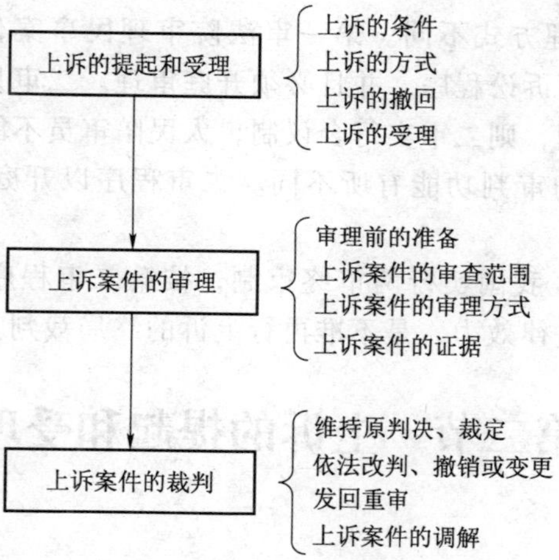

第一节　第二审程序概述

一、第二审程序的性质

第二审程序，是指上一级人民法院根据当事人的上诉，就下级人民法院的一审判决和裁定，在其发生法律效力前，对案件进行重新审理的程序。第二审程序因当事人提起上诉而开始，所以第二审程序又称为上诉审程序。人民法院审理民事案件，实行两审终审制，故第二审程序也称终审程序。

二、第二审程序与第一审程序的关系

（一）第二审程序与第一审程序的联系

第一审程序和第二审程序都是基于当事人行使诉权而发生的诉讼程序，其中，前者

是后者的前提和基础，后者是前者的继续和发展；第二审程序在上诉请求的范围内进行审理，而不是重新审理。第一审程序是人民法院审理案件的必经程序，第二审程序不是人民法院审理民事案件的必经程序。我国实行两审终审制，但不是所有的案件都需经过两级法院的审判，是否引发二审程序取决于当事人是否行使上诉权。

（二）第二审程序与第一审程序的区别

1. 程序发生的原因不同。第一审程序是原被告间发生民事争议，因原告向法院起诉而开始，即第一审程序的发生是基于当事人的起诉权和法院的审判权；第二审程序是因为当事人不服一审未生效的裁判，向上级人民法院提起上诉而开始，即第二审程序的发生是基于当事人行使上诉权与二审法院的审判监督权。

2. 审理的对象不同。第一审程序的审理对象是针对原被告双方争议的民事法律关系及其诉讼请求，二审的审理范围原则上限于当事人的上诉请求范围内，但是，二审法院不仅认定事实、适用法律，还要对一审的裁判进行审查，可见二审的审理对象宽于一审。

3. 适用的程序和审理方式不同。第一审法院审理民事案件，既可适用普通程序，也可适用简易程序和小额诉讼程序，并且必须开庭审理。二审只能适用普通程序进行审理，既然是普通程序审理，则二审实行合议制，人民陪审员不能参加二审的合议制，因为一审法院和二审法院的审判功能有所不同。二审程序以开庭审理为原则，以径行判决、裁定为例外。

4. 裁判的效力不同。我国实行两审终审制，按第二审程序所作的判决、裁定，一经宣告和送达，即发生法律效力，是不准再行上诉的终局裁判。

第二节　上诉的提起和受理

一、上诉的概念

上诉，是指当事人不服第一审人民法院作出的未生效裁判，在法定期间内，要求上一级人民法院对上诉请求的有关事实和法律适用，进行审理的诉讼行为。

【概念比较】起诉与上诉

比较标准	起诉	上诉
条件	起诉条件限制严	无因上诉
原因	解决纠纷	不服一审裁判
时间	诉讼时效期限长	上诉期限短
形式	书面、口头	书面
法院级别	四级法院	中级以上法院

二、提起上诉的条件

上诉的条件，是指当事人提起上诉应当具备的要件，当事人上诉只有具备法定的条件，才能引发二审程序。明确上诉条件，有利于当事人行使上诉权，也便于二审法院的审查。

提起上诉的客体必须是依法允许上诉的裁判。必须是未生效的第一审判断。

提起上诉的主体必须合格。合格的上诉人，是指依法享有上诉权的原第一审案件的当事人；合格的被上诉人，是指在一审程序中具有实体权利义务的对方当事人。第一审案件的原告、被告、共同诉讼人、诉讼代表人、有独立请求权的第三人，承担义务的无独立请求权的第三人、法定代理人以及特别授权的委托代理人均属依法行使上诉权的人，他们都可以向第二审人民法院提起上诉。

必须在法定期间内提起上诉，当事人不服一审法院判决提起上诉的期间为15日，对一审裁定不服提起上诉的期间为10日，超过上诉期间，原一审法院的判决、裁定即发生效力，当事人也就丧失了上诉权。

三、提起上诉的方式

《民事诉讼法》第166条规定，上诉人的上诉状应当通过原审人民法院提出，并按对方当事人或法定代表人的人数递交上诉状副本。当事人直接向第二审人民法院上诉的，第二审人民法院应当在5日内将上诉状移交原审人民法院。据此规定，当事人向原审人民法院提交上诉状是法律规定的一般原则，这是两便原则的体现，立法也允许当事人直接向二审法院提交上诉状，目的在于消除当事人的疑虑，保障当事人的上诉权，是立法的原则性与灵活性相结合的体现。

四、上诉的受理

上诉的受理是指人民法院通过法定程序，对上诉的条件进行审查，在符合法定上诉条件时予以接受并准备开始审理的诉讼行为。二审法院主要审查当事人提起上诉的四个法定要件，在审查时不能简单进行，要保障当事人的上诉权。审查时发现上诉状的内容有欠缺需要补正的，人民法院应告知上诉人及时补正；对逾期提起上诉的，要审查逾期上诉的原因是否符合顺延上诉期限的法定事由。法院经审查后，认为符合上诉条件的，应在收到上诉状后5日内将上诉状副本送达对方当事人，对方当事人在收到之日起15日内提出答辩状。人民法院应当在收到答辩状之日起5日内将副本送达上诉人。对方当事人不提出答辩状的，不影响人民法院审理。立法对被上诉人提交答辩状作出了和一审程序相同的规定，被上诉人提交答辩状是其诉讼权利。原审人民法院收到上诉状、答辩状，应当在5日内连同全部案卷和证据，报送第二审人民法院。人民法院依照第二审程序审理的案件，认为依法不应由人民法院受理的，可以由第二审人民法院直接裁定撤销原判，驳回起诉。

五、上诉的撤回

当事人申请撤回上诉，是否准许，由第二审人民法院裁定。人民法院经审查认为一审判决确有错误，或者双方当事人串通损害国家和集体利益、社会公共利益及他人合法权益的，不应准许。

第二审人民法院裁定准许上诉人撤回上诉后，第二审程序即告终结。第二审人民法院作出的准予撤回上诉的裁定，是终审裁定。

当事人撤回上诉，一审判决发生效力。

【司考真题】

1. 甲在某报发表纪实报道，对明星乙和丙的关系作了富有想象力的描述。乙和丙以甲及报社共同侵害了他们的名誉权为由提起诉讼，要求甲及报社赔偿精神损失并公开赔礼道歉。一审判决甲向乙和丙赔偿1万元，报社赔偿3万元，并责令甲及报社在该报上书面道歉。报社提起上诉，请求二审法院改判甲和自己各承担2万元，以甲的名义在该报上书面道歉。二审法院如何确定当事人的地位？（2007－3－43单）

A. 报社是上诉人，甲是被上诉人，乙和丙列为原审原告

B. 报社是上诉人，甲、乙、丙是被上诉人

C. 报社是上诉人，乙和丙是被上诉人，甲列为原审被告

D. 报社和甲是上诉人，乙和丙是被上诉人

2. 李某诉赵某解除收养关系，一审判决解除收养关系，赵某不服提起上诉。二审中双方和解，维持收养关系，向法院申请撤诉。本案下列哪一表述是正确的？（2006－3－50单）

A. 二审法院应当准许当事人的撤诉申请

B. 二审法院可以依当事人和解协议制作调解书，送达双方当事人

C. 二审法院可以直接改判

D. 二审法院可以裁定撤销原判

3. 经审理，一审法院判决被告王某支付原告刘某欠款本息共计22万元，王某不服提起上诉。二审中，双方当事人达成和解协议，约定：王某在3个月内向刘某分期偿付20万元，刘某放弃利息请求。案件经王某申请撤回上诉而终结。约定的期限届满后，王某只支付了15万元。刘某欲寻求法律救济。下列哪一说法是正确的？（2012－3－42单）

A. 只能向一审法院重新起诉

B. 只能向一审法院申请执行一审判决

C. 可向一审法院申请执行和解协议

D. 可向二审法院提出上诉

4. 甲对乙享有10万元到期债权，乙无力清偿，且怠于行使对丙的15万元债权，甲遂对丙提起代位权诉讼，法院依法追加乙为第三人。一审判决甲胜诉，丙应向甲给付10万元。乙、丙均提起上诉，乙请求法院判令丙向其支付剩余5万元债务，丙请求法院判令甲对乙的债权不成立。关于二审当事人地位的表述，下列哪一选项是正确的？（2013－3－48单）

A. 丙是上诉人，甲是被上诉人

B. 乙、丙是上诉人，甲是被上诉人

C. 乙是上诉人，甲、丙是被上诉人

D. 丙是上诉人，甲、乙是被上诉人

5. 下列哪些情况下，法院不应受理当事人的上诉请求？(2013－3－78 多)

A. 宋某和卢某借款纠纷一案，卢某终审败诉，宋某向区法院申请执行，卢某提出执行管辖异议，区法院裁定驳回卢某异议。卢某提起上诉

B. 曹某向市中院诉刘某侵犯其专利权，要求赔偿损失 1 元钱，中院驳回其请求。曹某提起上诉

C. 孙某将朱某打伤，经当地人民调解委员会调解达成协议，并申请法院进行了司法确认。后朱某反悔提起上诉

D. 尹某诉与林某离婚，法院审查中发现二人系禁婚的近亲属，遂判决二人婚姻无效。尹某提起上诉

【案例讨论 1】张老汉现年 70 岁，早年丧妻，晚年儿子不孝，无奈向法院起诉三个儿子张大、张二和张三，诉请支付赡养费和医药费。法院作出一审判决后，张老汉、张大没有上诉，张二口头提起上诉，没有提交上诉状；张三通过书面上诉状向市中级人民法院提起上诉，认为父亲在张大、张二买房时帮助了他们，应当张大、张二多负担张老汉的生活费，自己少负担。市中院在审理过程中，张老汉因长期精神紧张导致突然发病而死亡。问题：

(1) 张二、张三的上诉是否有效？

(2) 张三上诉后，如何列当事人？

(3) 中级人民法院接收到张三上诉后，应当如何处理？

(4) 张老汉死亡后，本案应如何处理？一审判决是否生效？

(5) 假设张三不交上诉案件受理费，二审法院应当如何处理？一审判决是否生效？

第三节　上诉案件的审理

一、上诉案件的审查范围

《民事诉讼法》第 168 条规定，第二审人民法院审理上诉案件，应当对上诉请求的有关事实和适用法律进行审查。上诉请求的有关事实，既包括上诉人不服一审中审理过的事实和证据，也包括上诉审中提出的新的事实和证据；适用的法律包括一审中适用的实体法和诉讼法。当事人没有提出请求的，不予审查。但判决违反法律禁止性规定，侵害社会公共利益或者他人利益的除外。

二、上诉案件的审理方式

第二审人民法院对上诉案件，应当组成合议庭，开庭审理。经过阅卷、调查和询问当事人，对没有提出新的事实、证据或者理由，合议庭认为不需要开庭审理的，可以不开庭审理。由此可知，二审以开庭审理为原则，以径行裁判为例外。“径行裁决”与“书面审理”是不相同的。径行判决的案件，审判人员必须与当事人见面，亲自听取当事人陈述，并询问当事人。

三、上诉案件的审理期限和地点

（一）上诉案件的审理期限

人民法院审理对判决的上诉案件，应当在第二审立案之日起3个月内审结，有特殊情况不能在规定期限内审结需要延长的，应报本院院长批准。人民法院审理对裁定的上诉案件，应当在第二审立案之日起30日内作出终审裁定，不得申请延长。

（二）上诉案件的审理地点

第二审人民法院审理上诉案件，可以在本院进行，也可以到案件发生地或者原审人民法院所在地进行。

【案例讨论2】1999年8月15日，原告三江贸易公司与被告隆福百货公司签订了一份买卖合同，双方约定由被告向原告提供纯毛毛线20吨，每吨5 000元，货到付款，如有违约应给付对方5万元违约金。合同还约定，为节省被告费用，由对被告供货的第三人毛纺织厂直接将货于1999年12月底以前送到原告处。该合同签订后，被告又与毛纺织厂签订了一分合同，约定由毛纺织厂将20吨纯毛毛线于1999年12月底前送到原告处，货到并经验收后，由被告向毛纺织厂按每吨4 800元支付货款。毛纺织厂在合同订立后，因原材料价格上涨，严重影响其生产，至1999年12底仍不能向原告供货。

原告遂于2000年4月以被告百货公司违约为由，向人民法院提起诉讼，请求被告承担违约责任。人民法院经审理认为原告与百货公司所签买卖合同为有效合同。百货公司没按合同约定履行义务，应当承担违约责任。因此判决被告百货公司按合同的规定向贸易公司给付违约金5万元。判决后，被告不服，提出上诉，理由是原合同约定由毛纺织厂向原告独立承担供货义务，被告不应当承担此责任。二审人民法院经审理认为，尽管原告与毛纺织厂没有订立合同，但根据原告与被告、被告与毛纺织厂之间订立的合同，毛纺织厂负有交货义务，毛纺织厂没有履行该义务就应承担违约责任。同时，被告百货公司未履行合同义务也应对原告承担违约责任，但毛纺织厂与百货公司过错程度有区别。问：

（1）如果上诉期间，一审人民法院发现合同由于贸易公司没盖章其实是无效合同，应如何处理？

（2）如果百货公司上诉后，在上诉期间就撤回上诉，那么贸易公司可否要求其履行一审判决，为什么？

（3）如果在二审中贸易公司与百货公司达成和解，欲结束此案，应如何处理？

（4）如果贸易公司在二审答辩状中要求二审人民法院补充判决百货公司赔偿违约给其造成的间接损失2万元，那么二审人民法院应如何处理？

（5）如果二审人民法院直接追加毛纺织厂为本案共同被告，判决撤销原判决，由毛纺织厂赔偿贸易公司经济损失4万元，由百货公司赔偿贸易公司经济损失1万元，请问二审人民法院的做法是否妥当，为什么？

第四节　上诉案件的裁判

一、上诉案件裁判的种类

第二审人民法院对上诉案件经过审理后，根据不同情况，分别作出如下判决和裁定。

（一）维持原判决、裁定

原判决、裁定认定事实清楚，适用法律正确的，以判决、裁定方式驳回上诉，维持原判决、裁定，这是第二审人民法院肯定原审判决、裁定正确合法，对当事人上诉请求的否定。认定事实清楚是达到了法定的事实清楚，是根据证明标准或证明责任进行的认定，并非绝对的事实清楚，适用法律正确包含适用实体法和诉讼法正确两个方面。

（二）依法改判、撤销或变更

这主要适用于以下的两种情形：(1) 原判决、裁定认定事实错误或者适用法律错误的，以判决、裁定方式依法改判、撤销或者变更，改判、撤销或者变更的理由是原判决、裁定认定事实错误、适用法律错误或者二者都有错误。(2) 原判决认定基本事实不清的，可以查清事实后改判。

撤销原裁定的裁定包括以下的情形：(1) 人民法院依照第二审程序审理的案件，认为依法不应由人民法院受理的，可以由第二审人民法院直接裁定撤销原判，驳回起诉。(2) 第二审人民法院查明第一审人民法院作出的不予受理裁定有错误的，应在撤销原裁定的同时，指令第一审人民法院立案受理；查明第一审人民法院作出的驳回起诉裁定有错误的，应在撤销原裁定的同时，指令第一审人民法院进行审理。(3) 认为第一审人民法院驳回管辖权异议的裁定错误的，应当在撤销原裁定的同时，指令原审人民法院中止诉讼，将案件移送至有管辖权的人民法院。(4) 查明认为第一审人民法院驳回破产申请的裁定错误的，应当在裁定撤销原裁定的同时，指令原审人民法院受理破产申请并依法进行审理。

（三）发回重审

发回重审主要适用于以下的情形：(1) 原判决遗漏当事人或者违法缺席判决等严重违反法定程序的，裁定撤销原判决，发回原审人民法院重审。根据《民诉意见》第181条，严重违反法定程序包括以下的情形：审理本案的审判人员、书记员应当回避未回避的；未经开庭审理而作出判决的；适用普通程序审理的案件当事人未经传票传唤而缺席判决的。(2) 原判决认定基本事实不清的，可以裁定撤销原判决，发回原审人民法院重审。

对撤销原判发回重审的理解。(1) 适用对象包括一审中的实体问题和程序问题。实体问题错误，二审法院享有自由裁量权，严重违反法定程序，二审法院必须发回重审。(2) 以裁定对判决。一般而言，二审的裁判结果是以判决对判决，以裁定对裁定。若一审认定基本事实不清或严重违反法定程序，则以裁定撤销原判，发回重审。(3) 撤销原判发回重审并不必然意味着原判一定有误。《关于民事经济审判方式改革问题的若干规定》第38条规定："如第二审人民法院根据当事人提出的新的证据对案件改判或者发回重审的，应当在判决书或者裁定书中写明对新证据的确认，不应当认为是第一审裁判错误。"（4）撤销原判并不必然意味着发回重审。二审法院可以直接撤销，而不需发回重审，如认为该案不应由法院受理的，则二审法院直接裁定撤销原判，驳回起诉。（5）原审人民法院对发回重审的案件作出判决后，当事人提起上诉的，第二审人民法院不得再次发回重审。

由上可见，二审裁判方式中的判决、裁定分别适用于以下的情形：（1）二审判决只适用于维持原判与改判。（2）二审裁定的适用范围较为广泛，这不仅因裁定的性质所决定，也是由二审的性质所决定，二审程序不仅解决实体纠纷，还要对一审法院的判决、裁定进行监督。① 以裁定维持原裁定；② 以裁定撤销、变更原裁定；③ 以裁定撤销原判，发回重审。④ 二审程序中的其他裁定，如是否准许撤回上诉的裁定、先予执行的裁定等。

【立法背景】二审案件的裁判结果

新民事诉讼法对二审案件的最终处理结果进行了修改，体现在以下的几个方面：（1）增加了对原裁定的处理方式，明确了以裁定改变、撤销原裁定。"对判决的上诉，认定事实或者适用法律错误的，第二审人民法院以判决直接改判；对裁定的上诉，认定事实或者适用法律错误的，第二审人民法院以裁定方式撤销或者变更。"①（2）将事实错误分为一般事实不清和基本事实不清两种，并分别规定不同的处理方式。一般事实不清，二审法院应在查清事实基础上改判；原判决认定基本事实不清时，二审法院可在发回重审与改判之间自由裁量，一般而言，如果二审法院能够查明事实，则予以改判，若案情复杂，原审法院审理可能更有利于查明事实，则发回重审。本次修改强化了二审法院的审判职能，限制了发回重审，这有利于维护当事人的合法权益，又提高了审判效率。（3）对严重违反法定程序的情形进行了限定，删除了可能影响案件正确判决的弹性条款。（4）增加规定原审人民法院对发回重审的案件作出判决后，当事人提起上诉的，第二审人民法院不得再次发回重审，明确了发回重审的次数。

二、上诉案件的调解

第二审人民法院在审理上诉案件过程中，可以根据双方当事人自愿原则进行调解。经调解达成协议后，第二审人民法院应当制作调解书。调解书由审判员、书记员署名，加盖人民法院印章。（1）调解的适用范围。调解的范围不受当事人诉讼请求的限制，二审法院可就一审原告新增的诉讼请求，以及原审被告的反诉进行调解，这是与判决的一个重要区别。（2）调解书的生成方式。一般而言，二审法院主持调解，当事人在自愿的基础上达成调解协议，由法院制作调解书。此外，二审法院可以根据当事人的请求，对双方达成的和解协议进行审查，并制作调解书。（3）调解书的法律效力。调解书送达当事人后即发生法律效力，原审人民法院的判决即视为撤销。调解书的生成是法院行使审判权和当事人行使处分权的合力结果，二审人民法院不能在调解书上写"撤销一审判

① 全国人大常委会法制工作委员会民法室．中华人民共和国民事诉讼法解读．北京：中国法制出版社，2012：477.

决”的字样，视为撤销与撤销原判不同。(4) 调解不成的处理方式。若一审原判有误，调解不成则发回重审，若当事人在二审中新提出诉讼请求，调解不成则告知另行起诉。学界有观点认为，二审法院可向当事人释明，在当事人自愿放弃审级利益的情况下，为了节省司法资源，二审法院可以直接作出判决。① 发回重审。对当事人在一审中已经提出的诉讼请求，原审人民法院未作审理、判决的，第二审人民法院可以根据当事人自愿的原则进行调解，调解不成的，发回重审。一审判决不准离婚的案件，上诉后，第二审人民法院认为应当判决离婚的，可以根据当事人自愿的原则，与子女扶养、财产问题一并调解，调解不成的，发回重审。② 告知另行起诉。在第二审程序中，原审原告增加独立的诉讼请求或原审被告提出反诉的，第二审人民法院可以根据当事人自愿的原则，就新增加的诉讼请求或反诉进行调解，调解不成的，告知当事人另行起诉。

三、上诉案件裁判的法律效力

我国实行两审终审制度，因而，第二审人民法院的判决、裁定是终审的判决、裁定。该判决、裁定一经送达便产生如下法律效力：(1) 当事人不得再上诉、起诉，若当事人认为原裁判有错误，可在法定期间内向法院申请再审。(2) 法院不得再次受理。(3) 有给付内容的生效裁判具有强制执行效力，一方当事人不主动履行义务，权利人可向法院申请强制执行。

关于二审裁判的生效时间。我国的三大诉讼法都明确规定了一审裁判的生效时间，即上诉期限届满之日，但都没有明确二审裁判的生效时间，对此，造成实践中二审裁判生效时间不一致，有作出生效说、宣告生效说、送达生效说等。一般认为，二审裁判以送达为生效标准。

【表格】二审审理中的原则与例外

	原　则	例　外
二审的审查范围	上诉请求的有关事实和适用法律进行审查	原判决有错误，或者原判决违反法律的禁止性规定，侵害社会公共利益或者他人利益
二审的审理方式	开庭审理	迳行裁判
二审的裁判方式	① 维持原判决裁定；② 原判一般事实不清予以改判；③ 原裁定事实不清、适用法律错误，变更、撤销。④ 严重违反法定程序，撤销原判发回重审；	基本事实不清，法官裁量
审理程序	二审程序	一审程序
审结期限	判决 3 个月；裁定 30 日。	判决期限可以延长
审理地点	二审法院	案件发生地、原审人民法院
宣告判决	二审法院自行宣判	委托原审法院或者当事人所在地法院代行宣判

【指导案例】

为了贯彻落实中央关于建立案例指导制度的司法改革举措，最高人民法院于2010年11月26日印发了《关于案例指导工作的规定》，这标志着中国特色案例指导制度初步确立。各高级人民法院根据该《规定》要求，积极向最高人民法院推荐报送指导性案例。最高人民法院专门设立案例指导工作办公室，加强并协调有关方面对指导性案例的研究。各高级人民法院可以通过发布参考性案例等形式，对辖区内各级人民法院和专门法院的审判业务工作进行指导，但不得使用“指导性案例”或者“指导案例”的称谓，以避免与指导性案例相混淆。截至2012年底，最高人民法院已经发布了三批指导性案例，计12个案例，所有案例连续编号。

指导案例2号：吴梅诉四川省眉山西城纸业有限公司买卖合同纠纷案

（最高人民法院审判委员会讨论通过2011年12月20日发布）

基本案情：原告吴梅系四川省眉山市东坡区吴梅收旧站业主，从事废品收购业务。约自2004年开始，吴梅出售废书给被告四川省眉山西城纸业有限公司（简称西城纸业公司）。2009年4月14日双方通过结算，西城纸业公司向吴梅出具欠条载明：今欠到吴梅废书款壹佰玖拾柒万元整（￥1 970 000.00）。同年6月11日，双方又对后期货款进行了结算，西城纸业公司向吴梅出具欠条载明：今欠到吴梅废书款伍拾肆万捌仟元整（￥548 000.00）。因经多次催收上述货款无果，吴梅向眉山市东坡区人民法院起诉，请求法院判令西城纸业公司支付货款251.8万元及利息。被告西城纸业公司对欠吴梅货款251.8万元没有异议。

一审法院经审理后判决：被告西城纸业公司在判决生效之日起十日内给付原告吴梅货款251.8万元及违约利息。宣判后，西城纸业公司向眉山市中级人民法院提起上诉。二审审理期间，西城纸业公司于2009年10月15日与吴梅签订了一份还款协议，商定西城纸业公司的还款计划，吴梅则放弃了支付利息的请求。同年10月20日，西城纸业公司以自愿与对方达成和解协议为由申请撤回上诉。眉山市中级人民法院裁定准予撤诉后，因西城纸业公司未完全履行和解协议，吴梅向一审法院申请执行一审判决。眉山市东坡区人民法院对吴梅申请执行一审判决予以支持。西城纸业公司向眉山市中级人民法院申请执行监督，主张不予执行原一审判决。

裁判结果：眉山市中级人民法院于2010年7月7日作出（2010）眉执督字第4号复函认为：根据吴梅的申请，一审法院受理执行已生效法律文书并无不当，应当继续执行。

裁判理由：法院认为：西城纸业公司对于撤诉的法律后果应当明知，即一旦法院裁定准予其撤回上诉，眉山市东坡区人民法院的一审判决即为生效判决，具有强制执行的效力。虽然二审期间双方在自愿基础上达成的和解协议对相关权利义务做出约定，西城纸业公司因该协议的签订而放弃行使上诉权，吴梅则放弃了利息，但是该和解协议属于双方当事人诉讼外达成的协议，未经人民法院依法确认制作调解书，不具有强制执行力。西城纸业公司未按和解协议履行还款义务，违背了双方约定和诚实信用原则，故对其以双方达成和解协议为由，主张不予执行原生效判决的请求不予支持。

【司考真题】

6. 二审法院根据当事人上诉和案件审理情况，对上诉案件作出相应裁判。下列哪一选项是正确的？（2011－3－44 单）

A. 二审法院认为原判对上诉请求的有关事实认定清楚、适用法律正确，裁定驳回上诉，维持原判

B. 二审法院认为原判对上诉请求的有关事实认定清楚，但适用法律有错误，裁定发回重审

C. 二审法院认为一审判决是在案件未经开庭审理而作出的，裁定撤销原判，发回重审

D. 原审原告增加独立的诉讼请求，二审法院合并审理，一并作出判决

7. 二审法院审理继承纠纷上诉案时，发现一审判决遗漏另一继承人甲。关于本案，下列哪一说法是正确的？（2010－3－80 多）

A. 为避免诉讼拖延，二审法院可依职权直接改判

B. 二审法院可根据自愿原则进行调解，调解不成的裁定撤销原判决发回重审

C. 甲应列为本案的有独立请求权第三人

D. 甲应是本案的共同原告

8. 某借款纠纷案二审中，双方达成调解协议，被上诉人当场将欠款付清。关于被上诉人请求二审法院制作调解书，下列哪一选项是正确的？（2009－3－45 单）

A. 可以不制作调解书，因为当事人之间的权利义务已经实现

B. 可以不制作调解书，因为本案属于法律规定可以不制作调解书的情形

C. 应当制作调解书，因为二审法院的调解结果除解决纠纷外，还具有对一审法院的判决效力发生影响的功能

D. 应当制作调解书，因为被上诉人已经提出请求，法院应当予以尊重

9. 王大生诉刘华借款纠纷一案由 S 市 H 区人民法院审理终结，一审法院判决刘华返还王大生借款本金 1 500 元，驳回了王大生要求刘华支付利息的请求。判决书向双方当事人送达后，刘华上诉，王大生未上诉，但王大生在答辩状中向二审法院提出让刘华支付借款利息的请求。根据我国司法解释，对王大生的该请求，二审法院如何办理？（1999－2－20 单）

A. 必须予以审查　　B. 应当予以审查　　C. 可以不予审查　　D. 一律不予审查

10. 郑某诉刘某离婚一案，一审法院判决不准离婚。郑某不服提出上诉。二审法院审理后认为当事人双方感情确已破裂，应当判决离婚。二审法院采取以下何种做法是正确的？（2003－3－24 单）

A. 直接改判离婚，子女抚养和财产问题另案解决

B. 直接改判离婚，子女抚养和财产问题一并判决

C. 在当事人自愿的情况下，通过调解解决离婚、子女抚养和财产分割问题，调解不成的，发回重审

D. 只对离婚事项作出判决，子女抚养和财产分割问题发回重审

【案例讨论 3】张君因与 A 省中兴贸易公司拖欠货款纠纷于 2001 年 11 月 1 日诉至 A

省某市中级人民法院，原告张君在起诉状中要求被告偿还欠款及利息200万元。2002年3月7日，该中级人民法院判决驳回原告诉讼请求。张君不服判决，向A省高级人民法院提起上诉，二审法院受理时候发现张君在上诉状中除了坚持一审诉讼请求外，还要求判决被上诉人赔偿房屋租赁费50万元。法院当即作出裁定：依法只对一审法院审理过的诉讼请求进行审理。并告知当事人对此请求另行起诉。被上诉人在答辩中提出两项请求：第一，应在判决中认定张君的起诉系无理取闹；第二，应在判决事项中加入上诉人张君对自己的赔偿。省高院在审理过程中，张君提出了新的证据，法院经过审查认定该证据足以推翻一审判决，于是径行裁判发回重审。中级人民法院另行组成合议庭重新审理此案，当庭答辩时被告辩称，因为原告提出新证据而发回重审，所以，张君应当赔偿其花费的相关费用。

根据该案例，回答下列问题。

（1）原告张君应当在什么期间内提出上诉？如果张君因为突发车祸住进医院，一个月之后才伤愈出院，这种情况下原告应当如何保护自己的上诉权？

（2）二审法院作出只对一审法院审理过的诉讼请求进行审理的裁定是否正确？为什么？

（3）在此案中，二审法院可否径行裁判？为什么？

（4）中级人民法院在重新审理此案时，中兴贸易公司是否有权提出上述赔偿请求？法院应当如何处理？

【本章小结】

第二审程序是第一审程序的继续和发展，是普通的救济程序。二审程序的设置为当事人提供了表达异议的合法渠道，有助于维护当事人的合法权利，有利于发挥上级法院的审判监督职能，保证下级法院正确行使审判权，平衡了诉权、审判权和内部监督权的权力（利）配置。我国实行两审终审制度，但二审程序并不是审判的必经程序，第二审程序由当事人行使上诉权而引起，上诉必须符合法定的条件。二审法院在上诉人上诉请求的有关事实和适用法律范围内进行审查，以开庭审理为原则，以径行裁判为例外。二审法院对案件的处理结果包括判决、裁定和调解，二审法院的裁判方式应以调解、维持、改判、变更和撤销为主，以发回重审为辅。

【考研重点提示】

1. 简述第二审程序与第一审程序的关系。
2. 简述当事人上诉的条件和程序。
3. 如何确定上诉人和被上诉人？
4. 简述撤回上诉的条件、方式。
5. 如何理解上诉审案件的审理范围和审理方式？
6. 简述民事第二审裁判的种类及其适用范围。
7. 简述撤回上诉的法律后果。

【司考真题答案与解析】

1. 答案B。本题考的是二审中当事人地位的列明。本题中，甲和报社共同侵权，为必要共同诉讼的被告。报社上诉，仅对其和甲之间的权利义务分担有意见，未涉及对方当事人乙和丙，因此，报社是上诉人，甲是被上诉人。报社的上诉请求中要求甲个人承担书面道歉责任，涉及乙和丙的利益的实现及义务主体的确定，同时与两原告的诉讼请求相悖，故而乙和丙应当列为被上诉人。

2. 答案 A。本题考查二审中和解的处理。《民诉意见》第 191 条规定，当事人在二审中达成和解协议的，人民法院可以根据当事人的请求，对双方达成的和解协议进行审查并制作调解书送达当事人；因和解而申请撤诉，经审查符合撤诉条件的，人民法院应予准许。选项 B 错误，因为没有根据当事人的申请而直接制作调解书。选项 D 错误，因为二审和解撤诉的，一审判决发生法律效力。

3. 答案 B。本题考核二审和解的法律效力。当事人在二审程序中达成和解协议后，可以选择申请法院依据和解协议制作调解书，调解书送达当事人后生效；也可以选择撤回上诉。一旦选择撤回上诉并获得法院准许，则一审判决生效。王某不履行和解协议，刘某只能申请执行一审判决，因为和解协议不具有执行力。撤诉后一审判决生效，当事人不能再次起诉，因违反了一事不再理原则，也不能上诉，因上诉的对象是未生效的裁判。

4. 答案 A。本题考察乙在一审中的诉讼地位。乙是无独立请求权的第三人，只有当判决让其承担责任时，其才享有上诉权。本题中法院的判决不涉及乙的权利义务，因而，乙无权上诉，乙与丙的债权债务纠纷当另案解决。因而，本题中享有上诉权的人只能是丙，甲是被上诉人。

5. 答案 ACD。本题的易错点在 A、D 两项。A 项，对执行管辖异议不服的，当事人可以向上一级人民法院申请复议，而不是上诉，这一点不同于审判中的管辖异议，因为执行行为和审判行为是两种不同性质的行为。D 项，婚姻效力的判决一审终审，当事人不得进行上诉，这点不同于离婚判决。

6. 答案 C。本题主要考核二审裁判的方式。选项 A 错误，应该是“判决”驳回上诉，而非“裁定”驳回上诉。选项 B 错误，适用法律错误的，应依法改判、撤销或者变更，而不是裁定发回重审。选项 C 正确，未经开庭审理而作出裁判，属于严重违反法定程序，应当裁定撤销原判决，发回重审。选项 D 错误。在第二审程序中，原审原告增加独立的诉讼请求或原审被告提出反诉的，第二审人民法院可以根据当事人自愿的原则就新增加的诉讼请求或反诉进行调解，调解不成的，告知当事人另行起诉。

7. 答案 BD。本题考核一审案件遗漏当事人的处理。选项 A 错误，二审法院依职权改判剥夺了继承人甲的审级利益。选项 B 正确。《民诉意见》第 183 条规定，必须参加诉讼的当事人在一审中未参加诉讼，第二审人民法院可以根据当事人自愿的原则予以调解，调解不成的，发回重审。发回重审的裁定书不列应当追加的当事人。但根据新民事诉讼法第 170 条的规定，原判决遗漏当事人的，裁定撤销原判决，发回原审人民法院重审。选项 C 错误，选项 D 正确。《民诉意见》第 54 条规定，在继承遗产的诉讼中，部分继承人起诉的，人民法院应通知其他继承人作为共同原告参加诉讼；被通知的继承人不愿意参加诉讼又未明确表示放弃实体权利的，人民法院仍应把其列为共同原告。

8. 答案 C。本题考核二审中调解书的问题。第二审法院审理上诉案件，可以进行调解。调解达成协议，应当制作调解书，由审判人员、书记员署名，加盖人民法院印章。调解书送达后，原审人民法院的判决即视为撤销。值得注意的是，一审中达成调解协议可以不制作调解书，而在二审程序中达成调解协议必须制作调解书，因为这涉及到一审裁判的法律效力。

9. 答案 C。《最高人民法院关于民事经济审判方式改革问题的若干规定》（1998）第 36 条规定，被上诉人在答辩中要求变更或者补充第一审判决内容的，第二审人民法院可以不予审查。

10. 答案 C。依《民诉意见》第 185 条规定，一审判决不准离婚的案件，上诉后，第二审人民法院认为应当判决离婚的，可以根据当事人自愿的原则，与子女抚养、财产问题一并调解，调解不成的，发回重审。

【本章案例剖析】

【案例剖析 1】（1）张二的上诉无效，张三的上诉有效。（2）张三为上诉人，张大、张二为被上诉人，张老汉为原审原告。（3）第二审人民法院应当在 5 日内将上诉状移交原审人民法院。（4）张老汉在二审中死亡，法院应裁定终结诉讼，一审判决不生效。（5）上诉人不依法预交上诉案件受理费，或者经传唤无正当理由拒不到庭，由第二审人民法院裁定按自动撤回上诉处理，第一审判决自第二审裁定确定之日起生效。

【案例剖析 2】（1）发生上述情况时，一审人民法院应先看被告是否在上诉期限内上诉。如果当事人在上诉期内向二审人民法院提起上诉，则一审人民法院应做出一审判决可能有错误的书面意见，连同案卷一同送交二审人民法院。如果当事人在上诉期内不上诉，则一审人民法院应待判决生效后，由院长将该案提交审判委员会，按审判监督程序处理。（2）可以，撤诉会导致一审判决自动生效。（3）贸易公司与百货公司达成和解协议后，其做法有二：可要求二审人民法院制作调解书；百货公司可以向二审人民法院申请撤诉。（4）被上诉人在答辩状中要求变更或者补充第一审判决内容的，第二审人民法院可以不予审查。（5）二审人民法院直接判决二审追加的被告承担民事责任不妥当。二审法院发现一审法院遗漏当事人时，应裁定撤销原判，发回重审。

【案例剖析 3】（1）原告张君应当在判决书送达之日起 15 日内提出上诉。张君应当在伤愈出院后 10 天内向法院说明理由，请求法院决定顺延耽误的期限。（2）不正确。在二审程序中，原审原告增加独立的诉讼请求的，二审法院可以根据当事人自愿的原则就增加的诉讼请求进行调解，调解不成的告知当事人另行起诉，因此，法院无需下裁定。（3）不可以。只有在事实清楚的前提下才能径行裁判。（4）有权提出赔偿。一方当事人提出新证据致使案件发回重审的，对方当事人有权要求其补偿误工费、差旅费等费用，人民法院应当在重审判决中一并判决。

【知识拓展文献】

1. 齐树洁：《民事上诉制度研究》，法律出版社 2006 年版。

2. 傅郁林："论民事上诉程序的功能与结构"，《法学评论》2005 年第 4 期。

3. 江伟、廖永安："论我国民事诉讼一审与上诉审关系之协调与整合"，《法律科学》2002 年第 6 期。

4. 赵旭东："民事上诉审查制度研究"，《河北法学》2011 年第 11 期。

5. 邱星美、唐玉富："民事上诉审程序中的利益变动"，《法学研究》2006 年第 6 期。

6. 宋朝武："民事上诉审制度现状研究"，《法律适用》2003 年第 8 期。

第十五章

再审程序

本章知识结构图

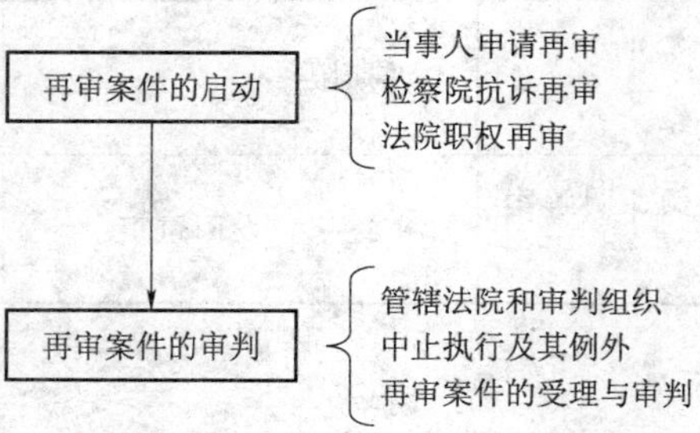

第一节　审判监督程序概述

一、再审程序的概念

再审程序，是指人民法院对已经发生法律效力的判决、裁定、调解书，符合法定情形时，依法对案件进行再审的程序。再审程序的设立，对于保证案件的质量，保证当事人的合法权益，以及完善民事诉讼制度都有着重要意义。

二、我国再审程序的特点

1. 再审程序是特殊的救济程序。二审程序是一般的救济程序，是正常的救济程序，而再审程序不是人民法院审理民事案件必经的审判程序，是对生效裁判的纠错程序，是非常规救济程序，属于特殊救济的范畴，是两审终审制的例外。

2. 再审程序没有专门的审判程序。由于再审程序是特殊的救济程序，因而没有自己专有的审判程序，或者适用一审程序，或者适用二审程序。

3. 启动主体的多元化、差异化。法院可依职权启动再审程序，检察院基于抗诉或检察建议启动再审，当事人可向法院申请再审。其中，检察院的抗诉必然引起再审程序，当事人的申请再审只有在符合法定条件时，法院才会受理。

4. 重实体轻程序。启动主体的多元化源于立法指导思想强调“实事求是、有错必纠”，司法追求的公正是相对的公正，判决的可错性具有不可避免性，只要经过程序理性和公正性作出的判决就应当受到程序的自我约束，具有终局性。

【概念比较】审判监督程序和一审程序、二审程序的区别

比较标准	一审程序	二审程序	审判监督程序
审理对象	争讼和非争讼案件	争讼案件、未生效判决裁定	争讼案件、生效判决裁定调解书
审理目的	解决纠纷	审判为主监督为辅	监督为主审判为辅
审理法院	当事人可协议管辖	原法院的上一级法院	审理法院复杂
审理程序	一审程序	二审程序	一审程序或二审程序
提起主体	原告	当事人	提起主体多
提起期限	诉讼时效期间	上诉期限	申请再审有限，检法提起无限
判决效力	非讼案件、小额、调解案件一审终审	二审终审，发回重审	一审终审、二审终审、发回重审

第二节　再审程序的启动

根据我国民事诉讼法的规定，再审程序的启动主体包括：当事人申请再审而引起的再审、人民检察院行使检察监督权引起的再审、人民法院行使审判监督权引起的再审。

一、当事人申请再审

（一）当事人申请再审与申诉的区别

当事人申请再审，又称再审之诉，是指当事人及其法定代理人对已经发生法律效力的判决、裁定、调解书，认为有错误，向人民法院申请重新予以审理的行为。

（二）当事人申请再审的条件

1. 申请再审的主体。只有当事人及其法定代理人才有权申请再审，此规定不同于刑事诉讼法，刑事诉讼法中申诉的主体有当事人及其法定代理人、近亲属。

2. 申请再审的对象。当事人及其法定代理人只能对生效的判决、裁定和调解书申请再审，并且认为生效的法律文书确有错误，需要注意的是，“认为有错误”是带有强烈的主观色彩的。对于未发生法律效力的判决书和裁定书，可以通过上诉审进行救济；对于未生效的调解书，当事人有反悔权。

3. 申请再审的理由。当事人的申请再审必须符合法定的理由，人民法院才会受理，再审理由无疑是再审条件中最重要的，再审理由的科学设置对于维护当事人的合法权益，以及再审案件的审理具有重要的意义。

根据《民事诉讼法》第200条的规定，对于生效的判决、裁定，当事人的申请符合下列情形之一的，人民法院应当再审：（1）有新的证据，足以推翻原判决、裁定的；（2）原判决、裁定认定的基本事实缺乏证据证明的；（3）原判决、裁定认定事实的主要证据是伪造的；（4）原判决、裁定认定事实的主要证据未经质证的；（5）对审理案件需要的主要证据，当事人因客观原因不能自行收集，书面申请人民法院调查收集，人民法院未调查收集的；（6）原判决、裁定适用法律确有错误的；（7）审判组织的组成不合法或者依法应当回避的审判人员没有回避的；（8）无诉讼行为能力人未经法定代理人代为诉讼或者应当参加诉讼的当事人，因不能归责于本人或者其诉讼代理人的事由，未参加诉讼的；（9）违反法律规定，剥夺当事人辩论权利的；（10）未经传票传唤，缺席判决的；（11）原判决、裁定遗漏或者超出诉讼请求的；（12）据以作出原判决、裁定的法律文书被撤销或者变更的；（13）审判人员审理该案件时有贪污受贿，徇私舞弊，枉法裁判行为的。

4. 申请再审的期限。当事人申请再审，应当在判决、裁定发生法律效力后6个月内提出。申请再审期间不适用中止、中断和延长的规定。本次修改民事诉讼法，对申请再审的期限从两个方面进行了修改：（1）将原来2年时间缩短为6个月，将原来3个月的时间延长到6个月，简言之，申请再审的期间统一调整为6个月；（2）把“知道或者应当知道”的情形由原来的2种扩展为4种。

5. 申请再审的法院。当事人对已经发生法律效力的判决、裁定，认为有错误的，可以向上一级人民法院申请再审；当事人一方人数众多或者当事人双方为公民的案件，也可以向原审人民法院申请再审。

6. 不属于法律和司法解释规定的不得申请再审的案件。（1）按照审判监督程序审理后维持原判的案件，当事人不得申请再审；（2）按照特别程序、督促程序、公示催告程序、企业法人破产还债程序审理的案件，当事人不得申请再审；（3）已经发生法律效力的解除婚姻关系的判决、调解书，当事人不得申请再审。当事人就离婚案件中的财产分割问题申请再审的，如涉及判决中已分割的财产，人民法院应依法审查，符合再审条件的，应立案审理；如涉及判决中未作处理的夫妻共同财产，应告知当事人另行起诉。据此规定，对于不准离婚的判决可以申请再审，对已经发生法律效力的解除收养关系的判决，可以申请再审。（4）再审申请人在人民法院驳回其再审申请后又向人民法院申请再审的，法院不予受理，但为平等保障双方当事人权利，对方当事人在法定申请再审期限内申请再审的，应予受理。①（5）其他不得申请再审的。撤销仲裁裁决的裁定、管辖权异议的裁定等。

二、检察院抗诉再审

（一）民事抗诉的概念和类型

民事抗诉，是指人民检察院对人民法院已经生效的民事判决、裁定，认为确有错误，或者发现调解书损害国家利益、社会公共利益的，依法提请人民法院对案件重新审

① 高民智．关于再审审查程序的理解与适用．人民法院报，2012-12-12.

理的诉讼行为。

（二）提起抗诉的条件

1. 判决、裁定、调解书已经发生法律效力。民事检察监督总体上是事后监督，因而，抗诉的对象只能是生效的判决、裁定、调解书，这不同于刑事诉讼中的检察院二审抗诉。一般而言，除不予受理、驳回起诉的裁定可以抗诉外，其他的裁定检察院不能抗诉。

2. 具有法定的事实和理由。最高人民检察院对各级人民法院已经发生法律效力的判决、裁定，上级人民检察院对下级人民法院已经发生法律效力的判决、裁定，发现有本法第二百条规定情形之一的，或者发现调解书损害国家利益、社会公共利益的，应当提出抗诉。据此，对于判决和裁定，检察院抗诉的理由和当事人申请再审的理由一样；对于调解书，只有损害国家利益、社会公共利益的，人民检察院才能抗诉。

（三）抗诉的程序

1. 检察院应当提交抗诉书。人民检察院决定对人民法院的判决、裁定、调解书提出抗诉的，应当制作抗诉书。《抗诉书》应当载明：案件来源、基本案情、人民法院审理情况及抗诉理由。《抗诉书》由检察长签发，加盖人民检察院印章。抗诉应当由有抗诉权的人民检察院向同级人民法院提出。人民检察院发现同级人民法院作出的法律文书确有错误，不能直接提出抗诉，此时有两种选择：其一，可以向同级人民法院提出检察建议，并报上级人民检察院备案；其二，可以提请上级人民检察院向同级人民法院提出抗诉。人民法院收到抗诉书，应当再审，并裁定中止原判决、裁定的执行。

2. 人民检察院应派员出庭支持抗诉。人民检察院提出抗诉的案件，人民法院再审时，应当通知人民检察院派员出席法庭。人民检察院接到人民法院派员出庭通知后，应当按照通知的时间、地点出席再审法庭支持抗诉，实现对再审活动的法律监督，以便揭示生效判决、裁定的错误或者违法行为，保证案件的审判质量和维护法律的尊严。人民法院对抗诉案件依法再审，维持原判决、裁定的，人民检察院不得就该案再次抗诉。

【立法背景】新的《民事诉讼法》加强了检察院对再审的监督

人民检察院是我国宪法规定的法律监督机关，监督范围的宽窄直接决定检察监督的效果。原民诉法对检察监督的规定过于抽象、笼统，只在总则中明确检察院有权对审判活动进行监督，而且监督的方式只有抗诉。法院作出的调解书缺乏监督，可能存在着虚假调解、强制调解的情形，进而损害国家、社会和第三人的合法权益。新法拓宽了检察监督的范围，增设了监督的方式，强化了监督的手段，这符合权力配置的初衷，体现出权力必须受监督的规律，切合我国司法实践的现实需要，既有利于我国民事审判权的规范运行，促进司法公正，避免上访等反程序现象发生，也有利于规范执行权的合法正当行使，解决执行难的现实问题。

1. 将调解书纳入监督的范围。在强调调解的大背景下，一审法院的调撤率居高不下，甚至有法院提出“零判决”的新概念。针对调解书，当事人不能上诉，检察院不能抗诉，如何监督调解的公正性、合法性是一个亟待解决的现实问题，新法在判决、裁定的基础上增加了对调解的抗诉，即发现调解书损害国家利益、社会公共利益的，人民检察院应当提出抗诉。

2. 增设了监督的方式。新法在原有抗诉的基础上增加了检察建议的监督方式，检察建议是人民检察院在实践中创新的一种比抗诉较为温和的监督方式，新法将实践中形成的较为成熟的经验上升为法律。新法规定的检察建议主要分为两种：(1) 再审检察建议。地方各级人民检察院对同级人民法院已经发生法律效力的判决、裁定确有错误，或者发现调解书损害国家利益、社会公共利益的，可以向同级人民法院提出检察建议，并报上级人民检察院备案。由于检察建议是同级的监督方式，在其被提交人民法院之前应当经过人民检察院检察委员会讨论决定。再审检察建议的提出方式有二种：一是由检察院主动提起，二是由当事人申请检察院提起。再审检察建议为人民检察院对同级人民法院的监督提供了有力的根据，也打破了原有“提请上级抗诉”的单一抗诉模式，无疑有利于检察监督的实效性开展。可以预见，再审检察建议的正式入法，会重新调整检法两家启动再审程序的权力分配，出现法院主动救济在先，检察院抗诉在后的再审监督格局。(2) 对民事诉讼活动中不属于再审情形的违法行为提出的检察建议。新法规定，各级人民检察院对审判监督程序以外的其他审判程序中审判人员的违法行为，有权向同级人民法院提出检察建议。

3. 强化了监督手段。为保证检察监督权的有效行使，新法规定，人民检察院因履行法律监督职责提出检察建议或者抗诉的需要，可以向当事人或者案外人调查核实有关情况。调查核实权的规定强化了民行检察监督的手段，对提高检察监督效果无疑具有重要的促进作用。

4. 增设当事人申请检察建议权。法院对当事人的再审申请逾期未作出裁定的、驳回其申请的、虽已再审但明显错误的，当事人可以向人民检察院申请检察建议或者抗诉。人民检察院对当事人的申请应当在3个月内进行审查，作出提出或者不予提出检察建议或者抗诉的决定。当事人不得再次向人民检察院申请检察建议或者抗诉。立法增加了申请检察建议的监督方式，体现了人民检察院对当事人私权救济的保护，检察院法律监督权的行使，兼顾了对公权力的制约监督和私权救济保护的双重功能。

【民刑抗诉之比较】

比较对象	民事抗诉	刑事抗诉
抗诉级别	民诉无二审抗诉权 再审抗诉是“提级抗诉”、“同级建议” 基层检察院无抗诉权 最高检有抗诉权	刑诉有二审抗诉和再审抗诉 二审抗诉是“同级抗诉” 再审抗诉是“提级抗诉” 基层检察院有二审抗诉权，无再审抗诉权 最高检有二审和再审抗诉权
抗诉期限	无期限	二审抗诉有期限 再审抗诉无期限
再审形式	法院需作出再审裁定书	再审抗诉法院无需制作再审决定书

三、人民法院依职权启动再审

（一）本法院提起再审

根据《民事诉讼法》第198条第1款规定："各级人民法院院长对本院已经发生法律效力的判决、裁定、调解书，发现确有错误，认为需要再审的，应当提交审判委员会讨论决定。"据此规定，各级人民法院院长认为本院作出的判决、裁定、调解书确有错误，必须提交审判委员会讨论通过，院长无权直接启动审判监督程序。因而，对于本院提起的再审，启动程序同时需要院长和本院审判委员会两个主体。

（二）最高人民法院和上级人民法院提起再审

根据《民事诉讼法》第198条第2款的规定："最高人民法院对地方各级人民法院已经发生法律效力的判决、裁定、调解书，上级人民法院对下级人民法院已经发生法律效力的判决、裁定、调解书，发现确有错误的，有权提审或者指令下级人民法院再审。"据此规定，再审的启动方式包括最高人民法院提起的再审和上级人民法院提起的再审，再审的审理方式分为提审和指令再审两种。

法院依照职权启动再审程序违背了不告不理的诉讼法理，再审程序的启动应以当事人申请再审为主、以检察院抗诉为辅，逐渐废除、弱化法院启动再审程序。法院启动再审程序的案件应当是当事人没有申请再审、检察院也没有抗诉，而案件又涉及公共利益、重大私人权益的情形。

【司考真题】

1. 张某诉季某人身损害赔偿一案判决生效后，张某以法院剥夺其辩论权为由申请再审，在法院审查张某再审申请期间，检察院对该案提出抗诉。关于法院的处理方式，下列哪一选项是正确的？（2010－3－47 单）

A. 法院继续对当事人的再审申请进行审查，并裁定是否再审

B. 法院应当审查检察院的抗诉是否成立，并裁定是否再审

C. 法院应当审查检察院的抗诉是否成立，如不成立，再继续审查当事人的再审申请

D. 法院直接裁定再审

2. 马某（女）诉吴某（男）离婚案件，二审法院直判后马某不服，她认为二审判决共同财产钢琴归吴某所有。而吴某不会弹钢琴，因此申请再审。此外，马某还想起有一个1万元的存折是夫妻共有财产，在一、二审时双方当事人均未提及此事，现存折在吴某手中，她希望法院再审时一并处理。本案应如何处理？（1997－2－19 单）

A. 对钢琴归属争议立案再审，存折问题告知马某另行起诉

B. 立案再审，对钢琴和存折问题一并处理

C. 告知马某另行起诉钢琴和存折问题

D. 告知马某可以一并处理钢琴和存折问题，她可以选择申请再审或另行起诉

3. 李某向A公司追索劳动报酬。诉讼中，李某向法院申请先予执行部分劳动报酬，法院经查驳回李某申请。李某不服，申请复议。法院审查后再次驳回李某申请。李某对复议结果仍不服，遂向上一级法院申请再审。关于上一级法院对该再审申请的处理，下

列哪一选项是正确的？（2010－3－42 单）

A. 裁定再审　　B. 决定再审　　C. 裁定不予受理　　D. 裁定驳回申请

4. 关于检察监督，下列哪一选项是正确的？（2013－3－49 单）

A. 甲县检察院认为乙县法院的生效判决适用法律错误，对其提出检察建议

B. 丙市检察院就合同纠纷向仲裁委员会提出检察建议，要求重新仲裁

C. 丁县检察院认为丁县法院某法官在制作除权判决时收受贿赂，向该法院提出检察建议

D. 戊县检察院认为戊县法院认定某公民为无民事行为能力人的判决存在程序错误，报请上级检察院提起抗诉

第三节　再审案件的审判

一、中止执行及其例外

《民事诉讼法》第 206 条规定，按照审判监督程序决定再审的案件，裁定中止原判决、裁定、调解书的执行，但追索赡养费、扶养费、抚育费、抚恤金、医疗费用、劳动报酬等案件，可以不中止执行。当事人申请再审的，人民法院在审查期间不能停止原生效法律文书的执行，当法院裁定再审后，以及检察院抗诉的案件和提审的案件，应当作出中止执行的裁定，防止继续执行给当事人造成更大的损失。中止执行不是终结执行，也不是对原生效法律文书的撤销，是否恢复执行要等待案件的最终审理结果。上级人民法院或者最高人民法院发现生效判决、裁定确有错误，应当在提审或者指令下级人民法院再审的裁定中同时写明中止原判决、裁定的执行；情况紧急的，可以将中止执行的裁定口头通知负责执行的人民法院，但应在口头通知后 10 日内发出裁定书。

为了保护某些特殊的群体的权益，新法规定了中止执行的例外，即追索赡养费、扶养费、抚育费、抚恤金、医疗费用、劳动报酬等案件，可以不中止执行。针对弱势群体，立法在审判与执行之间，选择了执行优先的原则，这体现在：审判中的先予执行制度，再审程序中的不停止执行制度。

二、再审案件的受理与审判

（一）法院对当事人申请再审案件的审查受理

1. 审查期限与送达。当事人申请再审的，应当提交再审申请书等材料。人民法院应当自收到再审申请书之日起 3 个月内审查，符合本法规定的，裁定再审；不符合本法规定的，裁定驳回申请。有特殊情况需要延长的，由本院院长批准。当事人申请再审的，不停止判决、裁定的执行。人民法院应当自收到再审申请书之日起 5 日内将再审申请书副本发送对方当事人。对方当事人应当自收到再审申请书副本之日起 15 日内提交书面意见；不提交书面意见的，不影响人民法院审查。人民法院可以要求申请人和对方当事人补充有关材料，询问有关事项。可见，法院对再审案件的审查，和一审案件的诉答程序类似，有对方当事人的参与，保障了当事人的程序参与权。

2. 对询问和听证的规定。人民法院可根据审查工作需要询问一方或者双方当事人。人民法院对以下列事由申请再审的案件，可以组织当事人进行听证：(1) 有新的证据，足以推翻原判决、裁定的；(2) 原判决、裁定认定的基本事实缺乏证据证明的；(3) 原判决、裁定认定事实的主要证据是伪造的；(4) 原判决、裁定适用法律确有错误的。合议庭决定听证的案件，应在听证5日前通知当事人。听证由审判长主持，围绕申请再审事由是否成立进行。被申请人及原审其他当事人不参加询问、听证或未经许可中途退出的，视为放弃在询问、听证过程中陈述意见的权利。

3. 撤回申请再审和按撤回再审申请。申请再审人在再审期间撤回再审申请的，是否准许由人民法院裁定。裁定准许的，应终结再审程序。申请再审人经传票传唤，无正当理由拒不参加询问、听证或未经许可中途退出的，裁定按撤回再审申请处理。申请再审人经传票传唤，无正当理由拒不到庭的，或者未经法庭许可中途退庭的，可以裁定按自动撤回再审申请处理。

4. 终结审查的情形。有下列情形之一的，人民法院可以终结审查再审申请：(1) 申请再审人死亡或者终止，无权利义务承受人或者权利义务承受人声明放弃再审申请的；(2) 在给付之诉中，负有给付义务的被申请人死亡或者终止，无可供执行的财产，也没有应当承担义务的人的；(3) 当事人达成执行和解协议且已履行完毕的，但当事人在执行和解协议中声明不放弃申请再审权利的除外；(4) 当事人之间的争议可以另案解决的。

(二) 法院对检察院抗诉案件的受理

1. 受理期限和审理法院。人民检察院提出抗诉的案件，接受抗诉的人民法院应当自收到抗诉书之日起30日内作出再审的裁定。对于人民检察院提起的抗诉，人民法院必须再审，而且要作出再审的裁定。检察院对于事实、证据问题提出抗诉的，接受抗诉的人民法院可以将案件交下一级人民法院再审，但法律问题和程序问题有错误不能下放，因为立法的意旨在于由下级人民法院审理更有利于查明案件事实，此外，该案经该下一级人民法院再审的不能再下放。

2. 抗诉和申请再审并存的处理。(1) 人民法院审查再审申请期间，人民检察院对该案提出抗诉的，人民法院应裁定再审，申请再审人提出的具体再审请求应纳入审理范围。(2) 人民检察院抗诉再审的案件，申请抗诉的当事人在再审期间撤回再审申请的，或者经传票传唤无正当理由拒不到庭的，或者未经法庭许可中途退庭的，且不损害国家利益、社会公共利益或第三人利益的，人民法院应当裁定终结再审程序；人民检察院撤回抗诉的，应当准予。终结再审程序的，恢复原判决的执行。

(三) 审理程序分别适用第一审、第二审程序的规定

1. 适用第一审程序审理。人民法院按照审判监督程序再审的案件，发生法律效力的判决、裁定是由第一审法院作出的，按照第一审程序审理，所作的判决、裁定，当事人可以上诉。

2. 适用第二审程序进行审理。发生法律效力的判决、裁定是由第二审法院作出的，按照第二审程序审理，所作的判决、裁定，是发生法律效力的判决、裁定；上级人民法院按照审判监督程序提审的，按照第二审程序审理，所作的判决、裁定是发生法律效力

的判决、裁定。

（四）再审案件的审理方式

公开是诉讼的基本原则，只有程序的正当性才能保证裁判结果的正当性。一审必须开庭审理，二审以开庭审理为原则，以迳行裁判为例外。人民法院审理再审案件应当开庭审理，但按照第二审程序审理的，双方当事人已经其他方式充分表达意见，且书面同意不开庭审理的除外。可见，再审中，按一审程序审理的必须开庭审，按二审程序审理的，法律对不开庭审设置了严格的条件，且此条件严于二审的不开庭审。

（五）再审案件审理中的其他问题

1. 再审中的撤回起诉。按照第一审程序审理再审案件时，一审原告申请撤回起诉的，是否准许由人民法院裁定。裁定准许的，应当同时裁定撤销原判决、裁定、调解书。

2. 再审中的调解。当事人在再审审理中经调解达成协议的，人民法院应当制作调解书。一审中的调解，法律规定的情形可以以调解协议的方式结案，不制作调解书，二审和再审中的调解必须制作调解书。调解书经各方当事人签收后，即具有法律效力，原判决、裁定视为被撤销。

3. 当事人超出原审范围增加、变更诉讼请求的处理。人民法院应当在具体的再审请求范围内或在抗诉支持当事人请求的范围内审理再审案件。当事人超出原审范围增加、变更诉讼请求的，不属于再审审理范围。但涉及国家利益、社会公共利益，或者当事人在原审诉讼中已经依法要求增加、变更诉讼请求，原审未予审理且客观上不能形成其他诉讼的除外。经再审裁定撤销原判决，发回重审后，当事人增加诉讼请求的，人民法院可以合并审理。

4. 案外人申请再审的处理。因案外人申请人民法院裁定再审的，人民法院经审理认为案外人应为必要的共同诉讼当事人，在按第一审程序再审时，应追加其为当事人，作出新的判决；在按第二审程序再审时，经调解不能达成协议的，应撤销原判，发回重审，重审时应追加案外人为当事人。案外人不是必要的共同诉讼当事人的，仅审理其对原判决提出异议部分的合法性，并应根据审理情况作出撤销原判决相关判项或者驳回再审请求的判决；撤销原判决相关判项的，应当告知案外人以及原审当事人可以提起新的诉讼解决相关争议。

5. 再审案件的审限和次数。（1）再审案件的审限。再审案件按照第一审程序或者第二审程序审理的，分别适用第一审程序或者第二审程序的审限，审理期限自决定再审的次日起计算。最高人民法院或上级人民法院提审的案件，审限自裁定提审的次日起计算，指令再审的，自下级法院接到指令再审裁定的次日起计算。（2）再审案件的审理次数。① 由本院自己提起的审判监督程序对同一案件进行再审的，只能再审一次。② 上级人民法院指令下级人民法院再审的，只能指令再审一次。上级人民法院认为下级人民法院作出的发生法律效力的再审判决、裁定需要再次进行再审的，上级人民法院应当依法提审。上级人民法院因下级人民法院违反法定程序而指令再审的，不受前款规定的限制。③ 当事人申请再审的，法院对同一案件只能依照审判监督程序审理一次。前款所称“依照审判监督程序审理一次”不包括人民法院对当事人的再审申请审查后用通知书驳回的情形。

6. 再审案件的宣判。适用审判监督程序再审的案件，再审人民法院可以自行宣判，也可以委托原审人民法院宣判或者由当事人所在地人民法院代为宣判。

（六）再审案件的裁判

1. 维持原判决、裁定。人民法院经再审审理，认为原判决、裁定认定事实清楚、适用法律正确的，应予维持；原判决、裁定在认定事实、适用法律、阐述理由方面虽有瑕疵，但裁判结果正确的，人民法院应在再审判决、裁定中纠正上述瑕疵后予以维持。

2. 依法改判、撤销或变更。人民法院按照第二审程序审理再审案件，发现原判决、裁定认定事实错误或者适用法律错误的，以判决、裁定方式依法改判、撤销或者变更。

3. 撤销原判决、裁定，发回重审。(1) 对程序问题发回重审。人民法院提审或按照第二审程序再审的案件，在审理中发现原一、二审判决存在违反法定程序的情况，可能影响案件正确判决、裁定，不宜在再审程序中直接作出实体处理的，裁定撤销一、二审判决，发回原审人民法院重审。原审程序遗漏必须参加诉讼的当事人的，应当裁定撤销原判决，发回重审。(2) 实体问题发回重审。人民法院按照第二审程序审理再审案件，发现原判决认定的基本事实不清的，可以在查清事实后改判，也可以发回重审。

4. 撤销一、二审判决，驳回起诉。人民法院提审或按照第二审程序再审的案件，在审理中发现原一、二审判决不符合民事诉讼法规定的受理条件的，裁定撤销一、二审判决，驳回起诉。

【民诉一审、二审和再审的审限比较】

一审	(1) 普通程序：应当在立案之日起6个月内审结，有特殊情况需要延长的，由本院院长批准，可以延长6个月，还需要延长的，报请上一级法院批准。可以再延长3个月。 (2) 简易程序：应当在立案之日起3个月内审结，不得延长。
二审	(1) 对判决上诉的案件：应当在第二审立案之日起3个月内审结，有特殊情况需要延长的，由本院院长批准。 (2) 对裁定上诉的案件：应当在第二审立案之日起30日内作出终审裁定，不得延长。
再审	再审案件按照第一审程序或者第二审程序审理的，适用民事诉讼法相应的审限，审限自决定再审的次日起计算。

【指导案例7号】（2012年4月9日）：牡丹江市宏阁建筑安装有限责任公司诉牡丹江市华隆房地产开发有限责任公司、张继增建设工程施工合同纠纷案

裁判要点：人民法院接到民事抗诉书后，经审查发现案件纠纷已经解决，当事人申请撤诉，且不损害国家利益、社会公共利益或第三人利益的，应当依法作出对抗诉案终结审查的裁定；如果已裁定再审，应当依法作出终结再审诉讼的裁定。

基本案情：2009年6月15日，黑龙江省牡丹江市华隆房地产开发有限责任公司（简称华隆公司）因与牡丹江市宏阁建筑安装有限责任公司（简称宏阁公司）、张继增建设工程施工合同纠纷一案，不服黑龙江省高级人民法院同年2月11日作出的

(2008) 黑民一终字第173号民事判决，向最高人民法院申请再审。最高人民法院于同年12月8日作出（2009）民申字第1164号民事裁定，按照审判监督程序提审本案。在最高人民法院民事审判第一庭提审期间，华隆公司鉴于当事人之间已达成和解且已履行完毕，提交了撤回再审申请书。最高人民法院经审查，于2010年12月15日以（2010）民提字第63号民事裁定准许其撤回再审申请。

申诉人华隆公司在向法院申请再审的同时，也向检察院申请抗诉。2010年11月12日，最高人民检察院受理后决定对本案按照审判监督程序提出抗诉。2011年3月9日，最高人民法院立案一庭收到最高人民检察院高检民抗［2010］58号民事抗诉书后进行立案登记，同月11日移送审判监督庭审理。最高人民法院审判监督庭经审查发现，华隆公司曾向本院申请再审，其纠纷已解决，且申请检察院抗诉的理由与申请再审的理由基本相同，遂与最高人民检察院沟通并建议其撤回抗诉，最高人民检察院不同意撤回抗诉。再与华隆公司联系，华隆公司称当事人之间已就抗诉案达成和解且已履行完毕，纠纷已经解决，并于同年4月13日再次向最高人民法院提交了撤诉申请书。

裁判结果：最高人民法院于2011年7月6日以（2011）民抗字第29号民事裁定书，裁定本案终结审查。

裁判理由：最高人民法院认为：对于人民检察院抗诉再审的案件，或者人民法院依据当事人申请或依据职权裁定再审的案件，如果再审期间当事人达成和解并履行完毕，或者撤回申诉，且不损害国家利益、社会公共利益的，为了尊重和保障当事人在法定范围内对本人合法权利的自由处分权，实现诉讼法律效果与社会效果的统一，促进社会和谐，人民法院应当根据《最高人民法院关于适用〈中华人民共和国民事诉讼法〉审判监督程序若干问题的解释》第三十四条的规定，裁定终结再审诉讼。

本案中，申诉人华隆公司不服原审法院民事判决，在向最高人民法院申请再审的同时，也向检察机关申请抗诉。在本院提审期间，当事人达成和解，华隆公司向本院申请撤诉。由于当事人有权在法律规定的范围内自由处分自己的民事权益和诉讼权利，其撤诉申请意思表示真实，已裁定准许其撤回再审申请，本案当事人之间的纠纷已得到解决，且本案并不涉及国家利益、社会公共利益或第三人利益，故检察机关抗诉的基础已不存在，本案已无按抗诉程序裁定进入再审的必要，应当依法裁定本案终结审查。

【思考】

（1）超过6个月的申请再审期限，当事人发现原判决有错误，如何救济？

（2）有观点认为，享有抗诉权的检察院只能是上级检察院，是否正确？

（3）当事人认为再审判决、裁定仍然有错误，能否再向人民法院申请再审？如何救济？

【司考真题】

5. 林某诉张某房屋纠纷案，经某中级法院一审判决后，林某没有上诉，而是于收到判决书20日后，向省高级法院申请再审。期间，张某向中级法院申请执行判决。省高级法院经审查，认为一审判决确有错误，遂指令作出判决的中级法院再审。下列哪些说法是正确的？（2010－3－88 多）

A. 高级法院指令再审的同时，应作出撤销原判决的裁定

B. 中级法院再审时应作出撤销原判决的裁定

C. 中级法院应裁定中止原裁判的执行

D. 中级法院应适用一审程序再审该案

6. 甲公司诉乙公司合同纠纷案，南山市S县法院进行了审理并作出驳回甲公司诉讼请求的判决，甲公司未提出上诉。判决生效后，甲公司因收集到新的证据申请再审。下列哪些选项是正确的？（2009-3-87 多）

A. 甲公司应当向S县法院申请再审　B. 甲公司应当向南山市中级法院申请再审

C. 法院应当适用一审程序再审本案　D. 法院应当适用二审程序再审本案

7. 赵某与黄某因某项财产所有权发生争议，赵某向法院提起诉讼，经一、二审法院审理后，判决该项财产属赵某所有。此后，陈某得知此事，向二审法院反映其是该财产的共同所有人，并提供了相关证据。二审法院经审查，决定对此案进行再审。关于此案的说法，下列哪一选项是正确的？（2008-3-35 单）

A. 陈某不是本案一、二审当事人，不能参加再审程序

B. 二审法院可以直接通知陈某参加再审程序，并根据自愿原则进行调解，调解不成的，告知陈某另行起诉

C. 二审法院可以直接通知陈某参加再审程序，并根据自愿原则进行调解，调解不成的，裁定撤销一、二审判决，发回原审法院重审

D. 二审法院只能裁定撤销一、二审判决，发回原审法院重审

8. 关于再审程序的说法，下列哪些选项是正确的？（2010-3-82 多）

A. 在再审中，当事人提出新的诉讼请求的，原则上法院应根据自愿原则进行调解，调解不成的告知另行起诉

B. 在再审中，当事人增加诉讼请求的，原则上法院应根据自愿原则进行调解，调解不成的裁定发回重审

C. 按照第一审程序再审案件时，经法院许可原审原告可撤回起诉

D. 在一定条件下，案外人可申请再审

9. 根据民事诉讼法的规定，第二审程序与审判监督程序具有下列哪些区别？（2006-3-89）

A. 第二审程序与审判监督程序合议庭的组成形式不尽相同

B. 适用第二审程序以开庭审理为原则，而适用审判监督程序以书面审理为原则

C. 第二审程序中法院可以以调解方式结案，而适用审判监督程序不适用调解

D. 适用第二审程序作出的裁判是终审裁判，适用审判监督程序作出的裁判却未必是终审裁判

10. 周某因合同纠纷起诉，甲省乙市的两级法院均驳回其诉讼请求。周某申请再审，但被驳回。周某又向检察院申请抗诉，检察院以原审主要证据系伪造为由提出抗诉，法院裁定再审。关于启动再审的表述，下列哪些说法是不正确的？（2013-3-81 多）

A. 周某只应向甲省高院申请再审

B. 检察院抗诉后，应当由接受抗诉的法院审查后，作出是否再审的裁定

C. 法院应当在裁定再审的同时，裁定撤销原判

D. 法院应当在裁定再审的同时，裁定中止执行

11. 韩某起诉翔鹭公司要求其依约交付电脑，并支付迟延履行违约金5万元。经县市两级法院审理，韩某均胜诉。后翔鹭公司以原审适用法律错误为由申请再审，省高院裁定再审后，韩某变更诉讼请求为解除合同，支付迟延履行违约金10万元。再审法院最终维持原判。关于再审程序的表述，下列哪些选项是正确的？（2013－3－82 多）

A. 省高院可以亲自提审，提审应当适用二审程序

B. 省高院可以指令原审法院再审，原审法院再审时应当适用一审程序

C. 再审法院对韩某变更后的请求应当不予审查

D. 对于维持原判的再审裁判，韩某认为有错误的，可以向检察院申请抗诉

【案例讨论1】2002年3月，A市甲区的环宇加工公司与B市乙区的新飞机械公司签订一份电子产品加工设备的买卖合同。合同约定：新飞机械公司应在2002年5月底之前向环宇加工公司提供符合合同约定的8台电子产品加工设备，环宇加工公司应在接到设备后7日付清全部货款。如果一方违约，应向对方支付标的总额3%的违约金。合同签订后，新飞机械公司按时提供了8台电子产品加工设备，环宇加工公司仅支付了部分货款，剩余80万元未支付。经新飞机械公司多次催要，环宇加工公司又支付了50万元，剩余30万元迟迟不予以支付。2002年6月，新飞机械公司向A市甲区人民法院提起诉讼，要求环宇加工公司支付所拖欠的货款30万元。A市甲区人民法院依法受理该争议案件，并向环宇加工公司送达了应诉通知书。A区人民法院经过审理，判决环宇加工公司向新飞机械公司支付所拖欠的货款30万元，环宇加工公司不服提出上诉，甲市中级人民法院经过审理，判决驳回上诉，维持原判决。问：

（1）环宇加工公司认为该生效判决有错误，向哪个人民法院申请再审？

（2）如果人民法院依据环宇加工公司的再审申请，决定再审该案件，应适用何种诉讼程序？做出的再审判决，其法律效力如何？

（3）如果在再审过程中，再审法院发现原一审判决系未经开庭审理而做出，影响了正确判决；而二审案件的主审法官应回避未回避也影响了案件的正确判决，此时，再审法院应如何处理该案件？

【案例讨论2】

张某因买卖合同纠纷向甲市A区法院起诉，要求法院判决被告李某给付货款2万元。法院判决后，张某提出上诉。甲市中级人民法院依法审理此案，经双方同意，人民法院进行调解，达成协议。问：

（1）若张某拒绝签收调解书，并向省高院申请再审，省高院和中院应当如何处理？

（2）若张某签收二审调解书后，发现调解书不符合自己的真实意愿，向省高院申请再审，省高院审查时发现调解书确有错误，可否裁定撤销该调解书，为什么？

（3）若张某没有上诉，而是在上诉期满后申请再审并被甲市中级人民法院受理，则市中院应按何种程序处理？

【本章小结】

审判监督程序是一种特殊的事后救济程序，是两审终审制的例外，因而，法律对审

判监督程序的启动主体和启动条件都有特殊的规定，以维护法院裁判的权威性和安定性，贯彻有限再审、依法纠错的立法思路，其实，各国再审程序的设立都是寻求法的安定性与公正性之间的平衡。审判监督程序没有自己独特的审判程序，而是分别适用于一审程序和二审程序的有关规定。我国新民事诉讼法在监督范围、方式、手段等方面强化了检察院对再审案件的监督。本章的难点在于明确再审的提起主体和审理法院，从诉讼法理和长远观点看，再审程序的启动主体应以当事人申请为主、检察院抗诉为辅、法院职权再审为例外。在提审的案件中，管辖法院的确立应以提审为主、指令再审为辅、指定其他法院为例外。

【考研重点提示】

1. 简述审判监督程序的性质和特点。
2. 当事人申请再审有何条件。
3. 新民事诉讼法在哪些方面强化了检察院对再审的监督。
4. 再审案件的处理结果有哪些。

【知识拓展文献】

1. 虞政平主编：《再审程序》，法律出版社2007年版。
2. 杜闻著：《民事再审程序研究》，中国法制出版社2006年版。
3. 吴杰主编：《民事再审原理及程序构造》，法律出版社2012年版。
4. 江必新主编：《全国法院再审法律疑难问题》，中国法制出版社2011年版。
5. 张卫平：“再审事由规范的再调整”，《中国法学》2011年第3期。
6. 李浩：“再审的补充性原则与民事再审事由”，《法学家》2007年第6期。
7. 蔡虹：“民事再审程序立法的完善”，《法商研究》2012年第2期。

【思考】（1）当事人可向法院和检察院申诉，法院启动再审程序和检察院抗诉没有时间限制。（2）不正确，最高人民检察院可以对最高人民法院做出的裁判进行抗诉。（3）在案件已经适用再审程序作出生效裁判的情况下，依照新民事诉讼法第209条的规定，当事人可以向检察院申请检察建议或抗诉。此外，依据《关于人民法院对民事案件发回重审和指令再审有关问题的规定》（2002），对于下级人民法院已经再审过的民事案件，上一级人民法院认为需要再审的，应当依法提审。提审的人民法院对该案件只能再审一次。

【司考真题答案与解析】

1. 答案D。检察院抗诉的，法院必须再审。本题中，当事人申请再审与检察院抗诉发生了重合，因法律规定检察院提出抗诉，法院必须再审，因而，检察院的抗诉吸收了当事人的申请再审，法院可直接裁定再审。

2. 答案A。《民诉意见》第209条规定，当事人就离婚案件中的财产分割问题申请再审的，如涉及判决中已分割的财产，人民法院应依照民事诉讼法第一百七十九条的规定进行审查，符合再审条件的，应立案审理；如涉及判决中未作处理的夫妻共同财产，应告知当事人另行起诉。

3. 答案D。本题考核人民法院对再审申请的处理。《最高人民法院关于适用〈中华人民共和国民事诉讼法〉审判监督程序若干问题的解释》第19条规定，人民法院经审查再审申请书等材料，认为申请再审事由成立的，应当径行裁定再审。当事人申请再审超过民事诉讼法第一百八十四条规定的期限，或者超出民事诉讼法第一百七十九条所列明的再审事由范围的，人民法院应当裁定驳回再审申请。据此可知，当事人申请再审的，法院有两种处理方式：一种是裁定再审；另一种是裁定驳回再审申请。本题中，李某对复议结果“不服”申请再审，不属于申请再审的法定事由，故法院应该裁定驳回申请。

4. 答案C。新法增加了检察建议的监督方式，此种监督方式主要针对两项内容：一是法院的判决、裁定和调解书；二是法官的违法审判行为。A项错误在于，超越了甲县检察院的管辖范围；B项错误在于，对仲裁的监督机关是法院，经当事人申请，法院可撤销或不予执行仲裁裁决。D项错误在于，特别程序一审终审，如法院发现原判有误，可撤销原判。

5. 答案CD。本题有两点需注意：(1) 当事人申请再审的，不停止判决、裁定的执行。按照审判监督程序决定再审的案件，原则上裁定中止原判决的执行，但并不能因此撤销原判决，因为原判决是否有错误还不确定。此外，如果在审理过程中达成了调解协议，再审案件可能以调解书的方式结案，此种情况下原判决自调解书送达后视为自动撤销。同时，本案又不属于新法规定的不中止执行的特定案件，因而裁定中止执行正确。(2) 本案中，原生效判决是一审作出的，且是中院作出的，原中院进行再审不是上级法院对下级法院的提审，应该按照一审程序进行审理。

6. 答案BD。本题考核当事人申请再审的程序和审理法院，有两点需注意。(1) 新法规定了当事人向上级法院申请再审为主，向原审法院申请再审为辅。新法第199条规定，当事人一方人数众多或者当事人双方为公民的案件，也可以向原审人民法院申请再审。(2) 本案中，再审由中级人民法院审理，是原一审的上级法院按照审判监督程序提审，应该按照第二审程序审理。

7. 答案C。《民事诉讼法意见》第211条规定，依照审判监督程序再审的案件，人民法院发现原一、二审判决遗漏了应当参加的当事人的，可以根据当事人自愿的原则予以调解，调解不成的，裁定撤销一、二审判决，发回原审人民法院重审。

8. 答案CD。本题有一定的难度，因为考核的是《审监程序解释》的规定。选项A、B错误。《审监程序解释》第33条第1款规定，人民法院应当在具体的再审请求范围内或在抗诉支持当事人请求的范围内审理再审案件。当事人超出原审范围增加、变更诉讼请求的，不属于再审审理范围。但涉及国家利益、社会公共利益，或者当事人在原审诉讼中已经依法要求增加、变更诉讼请求，原审未予审理且客观上不能形成其他诉讼的除外。选项C正确。《审监程序解释》第35条规定，按照第一审程序审理再审案件时，一审原告申请撤回起诉的，是否准许由人民法院裁定。裁定准许的，应当同时裁定撤销原判决、裁定、调解书。选项D正确。《审监程序解释》第5条第1款规定，案外人对原判决、裁定、调解书确定的执行标的物主张权利，且无法提起新的诉讼解决争议的，有权申请再审。

9. 答案AD。人民法院审理第二审民事案件，由审判员组成合议庭。审理再审案件，原来是第一审的，按照第一审程序另行组成合议庭；原来是第二审的或者是上级人民法院提审的，按照第二审程序另行组成合议庭。二审合议庭必须由审判员组成，而原来是一审的审判监督程序合议庭中可以有人民陪审员，所以 A 项正确。无论是第二审程序还是审判监督程序都以开庭审理为原则，所以 B 项错误。在审判监督程序中可以适用调解，所以 C 项错误。人民法院按照审判监督程序再审的案件，发生法律效力的判决、裁定是由第一审法院作出的，按照第一审程序审理，所作的判决、裁定，当事人可以上诉；发生法律效力的判决、裁定是由第二审法院作出的，按照第二审程序审理，所作的判决、裁定，是发生法律效力的判决、裁定；上级人民法院按照审判监督程序提审的，按照第二审程序审理，所作的判决、裁定是发生法律效力的判决、裁定。可见，二审终审，但再审不一定终审。

10. 答案 ABC。A 项错误在于，周某还可以向市中院申请再审；B 项错误在于，检察院抗诉的，法院必须再审，而且应当在 30 日内作出再审裁定。

11. 答案 ACD。本题要点：提审都适用二审程序审理，故 A 正确；指令再审时是指定原生效判决的法院进行再审，本案经过二审程序，因而应适用二审程序进行审理，故 B 错误；C 项正确，参见本节司考真题第 8 题解析；D 项正确，这是新法赋予当事人的一项申请抗诉权。

【本章案例剖析】

【案例剖析 1】

(1) 环宇加工公司应向上一级法院申请再审，这是单位之间的买卖合同纠纷。(2) 应当适用第二审程序，做出的再审判决为生效判决，这不仅仅因为原审是二审程序，更重要的是向上一级人民法院申请再审，凡是向上一级人民法院申请再审的，不论原审是一审还是二审，上一级法院都按提审处理。(3) 再审法院应当撤销一、二审判决，发回原审人民法院重审。人民法院提审或者按照第二审程序再审的案件，在审理中发现具有违反法定程序的情况，可能影响案件正确判决、裁定的，裁定撤销一、二审判决，发回原审人民法院重审。

【案例剖析 2】

(1) 张某拒绝签收调解书，表明张某反悔，则二审法院应当及时作出判决；由于二审调解书没有生效，所以张某不能申请再审，省高院应当不予受理。(2) 省高院裁定再审后，可以裁定中止原调解书的执行，但不能撤销原调解书。(3) 市中院原则上应按二审程序审理本案，也可以指令原审法院再审，或指定与原审法院同级的其他法院审理。

第五编

特别程序篇

第十六章

特别程序

本章知识结构图

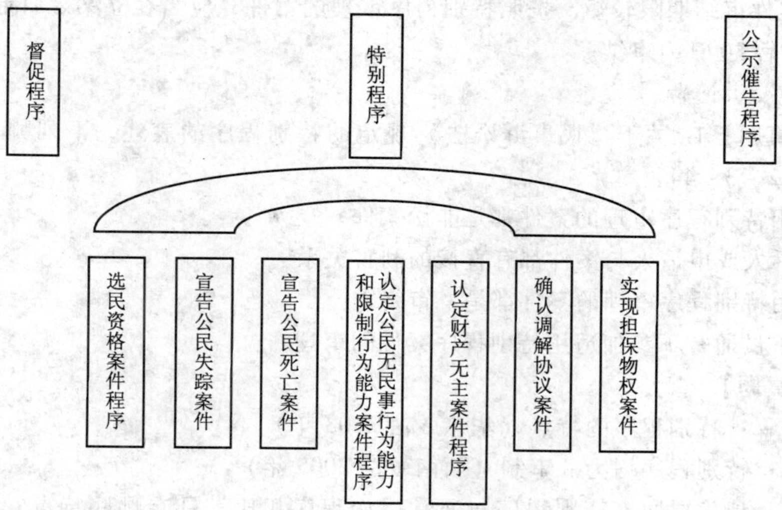

第一节　特别程序一般概述

一、特别程序的概念

特别程序，是指人民法院审理特定类型的民事非讼案件和选民资格案件所适用的程序。特别程序不同于普通程序和简易程序，它有着自身的特殊性和独立性。普通程序和简易程序适用于审理一般的民事纠纷案件，而特别程序适用于解决几种特殊类型的案件。这就决定了它们在审理案件的程序方面必然采用一些不同的原则、制度和具体规则。人民法院审理法定的几种特殊类型的案件所采用的这些原则、制度和具体规则，就形成了民事诉讼法所规定的特别程序的内容。

在立法体例上，我国民事诉讼法第 15 章对“特别程序”作了规范。其立法内容包括两个部分：一是具有普遍意义的“一般规定”，即规定了特别程序的适用范围、特别程序的审判组织、特别程序的终结和特别程序的审限；二是审理中不同案件的程序，其中第六节的“确认调解协议案件”和第七节的“实现担保物权案件”是2012年修订民事诉讼法时新增加的内容。

二、特别程序的特点

之所以称为“特别程序”，其特别之处体现在如下几点：

（1）特别程序的性质是对某种法律事实或者权利的实际状况进行确认。

（2）没有原告和被告。

（3）实行一审终审。

（4）审判组织特殊。原则上采用独任制，只有选民资格案件和重大疑难的非讼案件，才由审判员组成合议庭进行审理。

（5）不适用审判监督程序。

（6）案件审结期限较短。按照特别程序审理的案件，应当在立案之日起30日内或者公告期满后30日内审结。

（7）免交诉讼费。

【司考真题】1. 关于《民事诉讼法》规定的特别程序的表述，下列哪一选项是正确的？（2012－3－44，单）

A. 适用特别程序审理的案件都是非讼案件

B. 起诉人或申请人与案件都有直接的利害关系

C. 适用特别程序审理的案件都是一审终审

D. 陪审员通常不参加适用特别程序案件的审理

【考研真题】

名词解释：特别程序的特点（华东政法2003年）

判断题：特别程序均为一审制（西南政法2005年）

简答题：请简要回答特别程序与通常诉讼程序相比，具有哪些特点？（北京大学2004年综合卷）

区别	普通程序	特别程序
审级制度	二审终审	一审终审
诉讼费用	特殊情况下才存在缓、减、免	免交诉讼费用
审理期限	6个月	一般立案之日或公告期满30日
审判组织	一般为合议制	原则为独任制，例外为合议制
启动形式	起诉	申请（除选民资格案件）

第二节　选民资格案件

一、选民资格案件的概念

选民资格案件，是指公民对选举委员会公布的选民资格名单有不同意见，向选举委员会申诉后，对选举委员会就申诉所作的决定不服，而向人民法院提起诉讼的案件。

我国《选举法》第25条的规定，对于公布的选民名单有不同意见的，可以向选举委员会提出申诉。选举委员会对申诉意见应当在3日内作出处理决定。申诉人如果对处理决定不服，可以向人民法院起诉，人民法院应在选举日以前作出判决，人民法院的判决为最后决定。

二、选民资格案件的审判程序规则

（一）起诉

就起诉人与被起诉人而言，选民资格案件的起诉人只能是公民，不能是企业、事业单位和机关、团体。被起诉的人则是公布选民名单和对申请作出处理决定的选举委员会；就起诉时间而言，必须在选举日的5日以前起诉，这是起诉人行使起诉权的法定不变期间。选民资格案件的审理必须在选举日前审结。这是为了便于有选举权的公民在选举日到来时，能够行使权利，同时也防止没有选举权的公民行使选举权。

【案例讨论1】

甲某因犯盗窃罪被人民法院依法判处有期徒刑3年，但是并未被剥夺政治权利。在甲某服刑期间，甲某原住所地进行基层人大代表的选举，在选举委员会公布的选民资格名单中没有甲某的名字。甲某的父亲看到选民资格名单后，认为不应当遗漏甲某，于是向选举委员会提出申诉，但是选举委员会经过审查后并未予以纠正。在这种情况下，谁有权向人民法院起诉?

（二）专属管辖

根据《民事诉讼法》第164条的规定，选民资格案件，由选区所在地的基层人民法院管辖。这样规定不仅方便公民起诉，而且便于受诉人民法院与选举委员会取得联系，及时向选举委员会和有关公民进行调查，查明情况，做出正确的判决。

（三）审判组织

根据《民事诉讼法》第178条规定，人民法院审理选民资格案件，只能由审判员组成合议庭进行审理，不能实行独任制和陪审制。这是因为选民资格案件关系到公民的政治权利问题，必须严肃、慎重对待。

（四）审理

人民法院受理选民资格案件后，必须在选举日前审结。审理时，起诉人、选举委员会的代表和有关公民必须参加。所谓“有关公民”，是指认为选民名单的错误与其有直接利害关系、但没有起诉的公民。假如人民法院认为选民名单和选举委员会的处理决定确有错误的，应当直接以判决的方式纠正错误，不宜判决责令选举委员会重新处理，以保证选举按时和顺利进行。

（五）判决

选民资格案件不适用调解。选民资格案件不得以调解方式结案，是因为选举权与被选举权是由法律规定的，某一公民是否具有选举权和被选举权，是否具有选民资格，只能依据法律的具体规定，不受有关主体意志的影响，不能由有关主体协商。

【司考真题】

2. 在基层人大代表换届选举中，村民刘某发现选举委员会公布的选民名单中遗漏了同村村民张某的名字，遂向选举委员会提出申诉。选举委员会认为，刘某不是本案的利害关系人无权提起申诉，故驳回了刘某的申诉，刘某不服诉至法院。下列哪一选项是错误的？（2009－3－49，单）

A. 张某、刘某和选举委员会的代表都必须参加诉讼。

B. 法院应该驳回刘某的起诉，因刘某与案件没有直接利害关系。

C. 选民资格案件关系到公民的重要政治权利，只能由审判员组成合议庭进行审理。

D. 法院对选民资格案件做出的判决是终审判决，当事人不得对此提起上诉。

【案例讨论2】

山东省某县11月15日要选举新的人大代表，依法组成选举委员会。选举委员会进行选民登记时，对于某单位的一名公民王源因为其平时工作不认真，对待工作的态度懈怠而不予登记。

问1. 王源对于该不予登记不服，可否直接人民法院起诉，人民法院对于王源之起诉，如何处理？

问2. 如果王源要起诉，哪个法院有管辖权？

问3. 王源于11月13日向有管辖权的法院起诉，法院如何处理，是否应当受理，理由何在？

问4. 如若法院受理了王源的诉讼后，因为案件简单，指派审判员牛玉洲独任审判，是否符合法律规定？

问5. 如果王源依法在11月9日起诉，人民法院对于该案，应当在多长时间内审结。

第三节　宣告公民失踪案件程序

一、宣告公民失踪案件综述

宣告公民失踪案件，是指公民离开自己的住所地或经常居住地，去向不明，杳无音讯，持续时间满两年的，利害关系人即可向法院提出申请，法院经审理后宣告该下落不明人为失踪人的案件。

公民失踪是现实生活中时有发生的现象，公民长期失踪，既会使他本人的财产因无人照管而损坏、丢失，也会使他与别人的民事法律关系处于不稳定状态，失踪人的债权因无人催要而难以实现，其债务因无人清偿而无法了结。为保护失踪人及其亲属，以及社会秩序的稳定和谐，因此，规定了宣告公民失踪案件。

二、法院受理条件

（一）必须由利害关系人向人民法院申请，与被申请人无利害关系的人，无权申请宣告公民失踪。利害关系人，是指与被申请宣告失踪的公民之间存在民事权利义务关系的人，主要是指被申请宣告失踪人的配偶、父母、子女、兄弟姐妹、祖父母、外祖父母、孙子女、外孙子女，以及其他与被申请人有民事权利义务关系的人。因此，无利害关系人的申请，法院无权职权启动。

（二）必须有被申请人下落不明的事实，并且下落不明的，需持续满 2 年。这里的 2 年是法定不变期间，必须保持连续性。所谓下落不明，是指公民离开最后住所地后，去向不明，杳无音讯，无法寻找。下落不明满 2 年，是指公民离开最后住所地并失去音讯之日起连续计算已满 2 年。因战争下落不明的，从战争结束之日起计算。

（三）必须向有管辖权的法律书面提出申请。申请必须向被申请人住所地基层人民法院提出，其他法院没有管辖权。申请书应当写明失踪的事实、时间和请求，并附有公安机关或者其他有关机关关于该公民下落不明的书面证明，申言之，申请人负有证明被申请人失踪的举证责任。人民法院收到利害关系人的申请，认为申请不符合条件的，即以裁定驳回申请；认为申请符合法定条件的，则应当立案受理。

三、公告

公告寻找失踪人，是人民法院审理宣告公民失踪案件的必经程序。与严格证明不同，宣告公民失踪是一种推定，因此为使判决建立在慎重、准确的基础上，用公告的方式公示是正确的选择。公告应记载如下事项，公告应记明：（1）申请人的姓名、生所；（2）下落不明人的姓名、年龄、性别、职业、相貌特征；（3）该公民失去音讯的最后时间；公告期间，宣告失踪的公告期间为 3 个月，从发布公告之次日起算。

宣告失踪或者宣告死亡案件，人民法院可以根据申请人的请求，清理下落不明人的财产，指定诉讼期间的财产管理人。公告期间届满，人民法院应当根据被申请人失踪的事实是否得到确认，作出宣告该公民失踪的判决或者驳回申请人申请的判决。宣告失踪的判决和驳回申请的判决，一经送达，立即发生法律效力。

四、宣告失踪的法律后果

（一）指定财产代管人

1. 财产代管人的选择

判决宣告公民失踪的，人民法院应当同时为失踪人指定财产代管人。根据民法通则的规定，失踪的财产由其配偶、父母、成年子女或者关系密切的亲戚朋友代管，人民法院在上述成员中为失踪人指定财产代管人。

2. 财产代管人的职责是管理和保护好失踪人的全部财产，清偿失踪人失踪前所欠下的税款、债务和其他费用。如果失踪人的财产受到他人侵犯，代管人有权向法院提起诉讼。

3. 财产代管人的变更

财产代管人的变更有两种情况。第一种为财产代管人向法院请求变更，即失踪人的财产代管人经人民法院指定后，代管人申请变更代管的，比照民事诉讼法特别程序的有关规定进行审理。申请有理的，裁定撤销申请人的代管人身份，同时另行指定财产代管人；申请无理的，裁定驳回申请；第二种为利害关系人向法院请求变更。失踪人的其他利害关系人认为代管人不履行职责或侵犯失踪人合法的财产权益的，可以申请变更代管的，人民法院应告知其以原指定的代管人为被告起诉，并按普通程序进行审理。

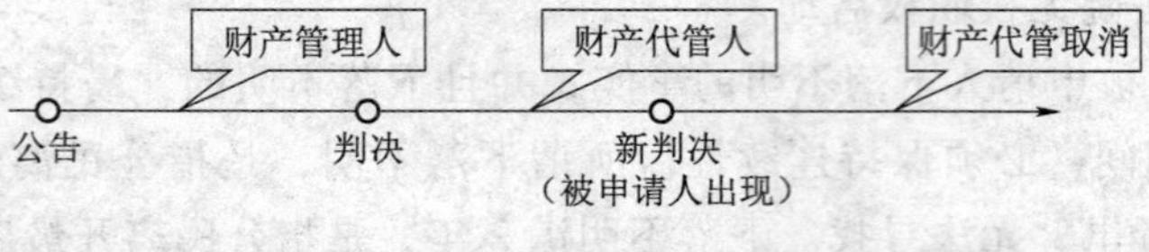

图：公示催告程序中财产代管人名称变化示意图

五、失踪人重新出现后的处理

被宣告失踪的公民又出现时，经该公民本人或者利害关系人的申请，人民法院在查证属实后，应当撤销原判决，同时作出新判决。原判决撤销后，产生如下两个后果，第一，财产代管人的职责终止，代管人有义务向已出现的失踪人返还代管的财产及其收益；第二，失踪人有义务偿付代管人代管财产所支出的必要费用。

第四节　宣告公民死亡案件程序

一、宣告公民死亡案件概述

宣告公民死亡案件，是指公民离开自己的住所地或最后居住地，下落不明已达法定期限，人民法院根据利害关系人的申请，依法宣告该公民死亡的案件。宣告公民死亡程序以民法上宣告公民死亡制度为前提和基础，同时又是对该制度的落实。

二、宣告死亡的条件

（一）必须由利害关系人向人民法院申请，与被申请人无利害关系的人，无权申请宣告公民失踪。根据《最高人民法院关于贯彻执行〈中华人民共和国民法通则〉若干问题的意见》的规定，申请宣告公民死亡的利害关系人的顺序是：（1）配偶；（2）父母、子女；（3）兄弟姐妹、祖父母、外祖父母、孙子女、外孙子女；（4）其他有民事权利义务的人。在前一顺序的利害关系人未提出宣告公民死亡申请的情况下，下一顺序的其他利害关系人不得提出申请；同一顺序的利害关系人，有的申请宣告公民死亡，有的不同意申请，人民法院应该按照宣告公民死亡案件审理。

（二）公民失踪后，其生死不明的状态必须达到法定期限。根据公民失踪的原因不同，大致分为三种情况。第一种，被申请人下落不明的时间应持续满 4 年；第二种，因意外事故下落不明的，从公民音讯消失之次日起算持续时间应满 2 年；如经有关机关关证明该公民不可能生存，不受时间限制。第三种，战争期间下落不明的，时间规定同第一种情况，只是下落不明的时间从战争结束之日起计算。

（三）必须向有管辖权的法律书面提出申请。申请书的内容包括：申请人姓名、性别、年龄；与被申请人宣告死亡人的关系；被申请宣告死亡人下落不明的事实、实践；申请宣告该公民死亡的请求。同时，还要提出公安机关或者其他机关出具的关于该公民下落不明的证明文件。如果被申请人已经被人民法院宣告为失踪人，申请人应附上人民法院宣告失踪的判决。应当明确，宣告失踪不是宣告死亡的必经程序，只要符合宣告死亡的条件，利害关系人就可以直接向人民法院申请宣告失踪人死亡。

（四）公告。公告期间为1年，因意外事故下落不明，经有关机关证明其不可能生存的，公告期间为3个月，从发出公告的次日起计算。公告期间是等待下落不明人出现的期间，也是宣告公民死亡的必经程序。公告期间届满后，失踪人仍然下落不明的，人民法院应当依法作出宣告失踪人死亡的判决。判决除应当送达申请人外，还应当在被宣告死亡公民住所地和人民法院所在地公告。判决一经宣告，即发生法律效力。

四、宣告死亡的法律后果

公民被宣告死亡和自然死亡的法律后果相同，主要体现在如下几个方面：以该公民自己的住所或居所为活动中心的法律关系全部消灭；该公民的民事权利义务终结；该公民的民事权利能力终止；原有的婚姻关系自然消灭；继承因宣告死亡而开始。

五、失踪人重新出现后的处理

如果被宣告死亡的公民重新出现或者查有下落，经本人或者利害关系人申请，人民法院应当作出新判决、撤销原判决。随着新判决的作出，被宣告死亡人之民事权利能力、诉讼权利能力随之完全恢复。

图　　　　宣告失踪与宣告死亡案件的区别

区别	宣告失踪案件	宣告死亡案件
申请人	利害关系人	利害关系人
管辖法院	下落不明人住所地基层法院	下落不明人住所地基层法院
下落不明期间	2年	4年或者2年或者无限制
公告期限	3个月	1年或者3个月
宣告后果	指定财产代管人	法律关系消灭

【司考真题】

3. 甲与乙系夫妻关系，四年前乙下落不明。甲提起离婚之诉。对于该起诉，法院应如何处理？（2007－3－44）

A. 法院应不予受理，并告知甲应当依照特别程序申请宣告乙死亡。

B. 法院应不予受理，并告知甲应先依照特别程序申请宣告乙为失踪人。

C. 法院应当受理，但在受理后应当裁定中止诉讼，并依照特别程序认定乙为失踪人后，再对离婚之诉作出判决。

D. 法院应当受理，并向乙公告送达有关的诉讼文书。

【案例讨论3】

某市化工厂工人许某下落不明已四年有余，该化工厂向人民法院提出宣告许某死亡的申请，人民法院受理后，发出公告。公告半年后，人民法院作出宣告失踪的判决。化工厂不服判决，便向上级法院上诉。

【问题】本案在程序上有何错误？

【案例讨论4】

农民田某于1991年去外国打工时在途中遇海难失踪，从此查无音讯。1996年其妻胡某向当地人民法院申请宣告田某死亡，人民法院经审理判决宣告田某死亡。由于年幼的女儿田燕一直身体不好，家中又没有足够的经济能力给田燕治疗，1997年胡某将田燕送给膝下无子的邻村姚某收养，并办理了合法的手续。1998年，失踪多年的田某突然返回，法院随即撤销了对田某的死亡宣告。田某要求与胡某恢复夫妻关系，并提出田燕的收养未征得他的同意，违反我国《收养法》，是无效的，要求撤销收养合同。姚某与胡某都不同意，田某诉至法院。

1. 田某与胡某间的夫妻关系是否还存在？

2. 田燕的送养是否有效？

第五节　认定公民无民事行为能力和限制行为能力案件

一、认定公民无民事行为能力和限制行为能力案件基本概述

认定公民无民事行为能力、限制民事行为能力案件，是指人民法院根据利害关系人的申请，对不能正确辨认自己行为或者不能完全辨认自己行为的精神病人，按照法定程序，认定并宣告该公民无行为能力或者限制民事行为能力的案件。

民事行为能力，是民事主体通过自己的行为行使民事权利、履行民事义务的能力。根据我国《民法通则》的规定，18周岁以上的公民，以及16周岁以上的、不满18周岁，但是以自己的劳动收入为主要生活来源的公民，为完全民事行为能力的人。我国《民法通则》同时还规定如果公民为精神病人，不能辨认或者不能完全辨认自己的行为，即使已经成年，也不具有民事行为能力，或者只具有限制民事行为能力。

【案例讨论5】

甲基于与乙之间的一份名人字画的买卖合同向法院起诉，要求乙向其交付所买的字画。在本案审理过程中，甲的母亲来到法院称甲有间歇性精神病，签订合同时正值发病状态，申请法院认定甲为限制民事行为能力人。对甲母亲的申请，法院应如何处理？

二、认定公民无民事行为能力和限制民事行为能力案件的申请和受理

申请认定公民无民事行为能力或限制民事行为能力，必须符合一定条件：

（一）必须由利害关系人向人民法院申请。利害关系人是指申请人的近亲属和其他利害关系人。所谓其他利害关系人，是指与被申请人关系密切的其他亲属或者被申请人所在的工作单位或者住所地的居民委员会、村民委员会以及民政部门等。没有利害关系人的申请，人民法院不能主动认定公民无民事行为能力或者限制民事行为能力。

（二）申请的事由只能是被申请人由于病理上的原因导致其无民事行为能力或只具有限制行为能力。公民由于未成年依法当然不具有民事行为能力或者只具有限制行为能力，因此不必适用特别程序作专门的规定。对于精神病人，须有精神病人不能辨认自己行为或不能完全辨认自己行为的事实存在。通常情况下，申请人应当提交司法鉴定部门对精神病人精神状况进行鉴定后所制作的司法鉴定书，或有关医学部门对精神病人精神状况所作出的诊断书。

（三）必须向有管辖权的人民法院申请。申请应当向被申请人住所地的基层人民法院提出。

（四）申请人必须向人民法院提交申请书。申请书应当写明该公民无民事行为能力或者限制民事行为能力的事实和根据。

三、认定公民无民事行为能力和限制民事行为能力案件的审理和判决

（一）确定代理人

在诉讼中，当事人的利害关系人提出该当事人患有精神病，要求宣告该当事人元民事行为能力或限制民事行为能力的，应由利害关系人向人民法院提出申请，由受诉人民法院按照特别程序立案审理，原诉讼中止。人民法院审理认定公民无民事行为能力或者限制民事行为能力的案件，应当由该公民的近亲属为代理人，但申请人除外。近亲属互相推诿的，由人民法院指定其中一人为代理人。该公民健康情况许可的，还应当询问本人的意见。值得注意的是，代理人只是在案件审理中代理本人为诉讼行为，并不是公民的当然监护人。该公民一旦经人民法院判决为无民事行为能力人或限制民事行为能力人，其监护人依法另行确定。

（二）鉴定

申请认定公民无民事行为能力或限制民事行为能力只能由病理原因引起，而该公民是否因精神病人、神经病、老年痴呆、植物人等情况而丧失民事行为能力或限制民事行为能力，则有赖于医学鉴定。人民法院受理申请后，必要时应当对被请求认定为无民事行为能力或者限制民事行为能力的公民进行鉴定。申请人已提供鉴定意见的，应当对鉴定意见进行审查。

（三）指定监护人

被指定的监护人不服指定，应当在接到通知的次日起三十日内向人民法院起诉。经审理，认为指定并无不当的，裁定驳回起诉；指定不当的，判决撤销指定，同时另行指定监护人。判决书应送达起诉人、原指定单位及判决指定的监护人。此外，根据《民法通则若干意见》第 20 条的规定，监护人不履行监护职责的，或者侵害了被监护人的合法权益，《民法通则》第 16 条、第 17 条规定的享有监护资格的人或者单位向人民法院起诉，要求监护人承担民事责任的，按照普通重新审理；要求变更监护关系的，按照

特别程序审理；既要求承担民事责任，又要求变更监护关系的，分别审理。

四、民事行为能力的恢复与原判决的撤销

人民法院认定公民无民事行为能力或限制民事行为能力是以公民当时的心智和状态为事实基础的，而随着时间的推移，该事实状况有可能发生变化，即该公民的心智和神智状态有可能恢复正常，在此情况下，该公民的行为能力也相应恢复。但由于存在人民法院认定该公民为无民事行为能力或限制民事行为能力的判决，该公民的行为能力不能自动恢复。人民法院可根据被认定为无民事行为能力、限制民事行为能力的人或者他的监护人的申请，在证实该公民无民事行为能力或者限制民事行为能力的原因已经消除后，应当作出与客观实际相吻合的新判决，撤销原判决，在法律上恢复该公民的民事行为能力。

【司考真题】

4. 居民甲与金山房地产公司签订了购买商品房一套的合同，后因甲未按约定付款。金山公司起诉至法院，要求甲付清房款并承担违约责任。在诉讼中，甲的妻子乙向法院主张甲患有精神病，没有辨别行为的能力，要求法院认定购房合同无效。关于本案的说法，下列哪一选项是正确的？（2008－3－34，单）

A. 法院应当通知甲的妻子作为法定诉讼代理人出庭进行诉讼

B. 由乙或金山公司申请对甲进行鉴定，鉴定过程中，诉讼继续进行

C. 法院可以依职权决定对甲进行鉴定

D. 乙或金山公司可以向法院申请认定甲为无民事行为能力人，法院应裁定诉讼中止

5. 张文有一名表。某日，张文的好友李进看到了这块表，表示愿出价三万元购买，张文立即表示同意，双方签订了合同，约定李进分三次将钱在两个月内付清。两个月后，李进只付了一万元，张文遂向法院起诉要求李进承担违约责任。在审理过程中，李进的父母来到法院称李进有间歇性精神病，签合同时正处于发病状态，无法对自己的行为负责。同时李进的父母向法院申请宣告李进为限制民事行为能力人。对李进父母的申请，法院应如何处理？（2002－3－25，单）

A. 应让李进的父母代理李进正在进行的诉讼

B. 应对李进作法医鉴定，如果李进被确定有间歇性精神病，法院应当判决李进为限制民事行为能力人，同时宣布合同无效。

C. 应中止原诉讼，由李进的父母另行提起确认李进是限制民事行为能力人的特别程序。

D. 李进的父母不是本案当事人，其主张不应采纳。

【案例讨论6】①

谢某是厦门经济特区机械冶金进出口公司（以下简称“冶金公司”）的职工，1997年的一天，谢某因在工作时与所在部门经理发生冲突，于1997年5月向冶金公司领导

① 本案例改编自最高人民法院应用法学研究所．人民法院案例选（1992—1999年合订本，民事卷下）．北京：中国法制出版社，2000：1910.

提出辞职申请。冶金公司领导批准后，谢某之父谢某某（以下简称“谢父”）以谢某患有精神病为由，坚持认为其辞职申请无效。而申请人认为平时未发现被申请人患有精神病异常现象，故坚持认为被申请人的辞职申请有效。双方发生纠纷，为确定谢某患有精神病，冶金公司委托厦门仙岳（精神病专科医院，当时厦门尚未成立精神病司法鉴定委员会）做鉴定。该院经鉴定出具了鉴定书，结论为：被鉴定人谢某以关系妄想、被害妄想、被跟踪妄想和夸大妄想为主要症状，易激怒冲动，自制力不全，系精神分裂偏执患者。对此鉴定结论，冶金公司及谢某家人都无异议。冶金公司认为，谢某的辞职是否无效，有待于对谢某的行为能力进行确认，故 1997 年 11 月冶金公司向厦门市开元区人民法院申请认定被申请人谢某为限制行为能力人。法院受理后，根据医院的精神鉴定书，于 1997 年 12 月 12 日判决宣告被申请人谢某为限制行为能力人。5 年后，经过治疗，谢某的病情痊愈，谢父前往医院申请撤销 1997 年 12 月 12 日的认定限制无行为能力的判决，法院受理后，指定谢父作为谢某的代理人参与庭审，根据医院的诊断书，法院判决撤销原判，恢复谢某的民事行为能力。

问：1. 冶金公司能否作为申请人申请认定谢某为限制行为能力人？

2. 本案在处理过程中是否有过失？

第六节　认定财产无主案

一、认定财产无主案概述

认定财产无主案件，是指对于所有人不明或者所有人不存在的财产，人民法院根据申请人的申请，查证属实后，作出判决，宣布该财产为无主财产，收归国家或集体所有的案件。对权属不明的财产，除实体法上的取得实效等制度外，法律还设立认定财产无主程序，将其认定为无主财产，判归国家或集体所有，已尽其用。①

二、申请认定财产无主的条件

（一）由公民、法人或其他组织向人民法院申请。《民事诉讼法》对认定财产无主案件的申请人没有作严格限制，公民、法人以及其他组织均可以成为申请人。实践中，认定财产无主案件的申请人主要有：该项财产的发现人、保管人，该项财产原所有人所在的单位或基层组织等。

（二）必须向有管辖权的人民法院申请。认定财产无主案件由被申请认定无主的财产所在地的基层人民法院受理，以利于就近查证核实该财产是否确系无主、就近发出认领公告，同时也有利于利害关系人认领财产。

（三）必须向人民法院提交申请书。申请书应当写明：申请人的基本情况；请求事

① 根据《物权法》第 109－113 条的规定，拾得遗失物的，不知道其权利人的，应当送交公安等有关部门；有关部门收到遗失物后，也不知道其权利人的，应当及时发布招领公告；自发布招领公告之日起 6 个月内无人认领的，该遗失物归国家所有。

项，即请求法院认定某项财产为无主财产；该项财产的特征和所处位置；支持请求的事实理由。

三、认定财产无主案件的审理程序

人民法院接受申请后，应当进行审查，认为申请不符合条件，或者财产有主的，裁定驳回申请；申请符合条件的，立案受理。人民法院受理申请后，按如下程序审理：公告。人民法院经审查核实，应当发出财产认领公告，寻找物主。公告期间为 1 年判决。公告期满，如果无人认领该财产，根据财产的不同情况，判决归国家或者集体所有。判决书送达后，立即发生法律效力，交付执行，令财产的非法占有人交出财产，拒不交出的，强制执行。根据《民诉意见》第 197 条，认定财产无主案件，如果公告期间有人对财产提出请求，人民法院应裁定终结特别程序，并告知申请人。对相关财产的所有权发生争议的，有关人员可以通过诉讼程序解决争议。

四、撤销原判决与作出新判决

判决财产无主属于法律上的推定，并不意味着该财产真的无主。判决认定财产无主后，如果原财产所有人或者其继承人出现，在民法通则规定的诉讼时效期间内可以对财产提出请求，人民法院审查属实后，应当作出新判决，撤销原判决。原判决撤销后，财产由它的所有人或合法继承人认领，占有财产的单位应返还原物，原财产如不存在，应按财产的数量与质量折价返还。

【案例讨论 7】

甲某在自己新取得的宅基地上准备建房，挖地基时，发现一个坛子，内装金银珠宝首饰若干，其中一只金手镯上刻有孙某的名字。甲某立即将此事汇报给村委会，要求村委会寻找孙某。村委会向该村所属的县人民法院提出认定财产无主的申请，要求将该坛财宝认定为无主财产。县人民法院受理该案件后，认为该案件有重大疑难，于是在周围村民中进行了大量的调查研究，但事隔半年后，仍然没有任何线索。于是县人民法院按照特别程序，指定吴审判员独任审理此案，吴审判员认为该财产已失去所有人，因此作出判决认定该财产为无主财产，并收归集体所有。请问：

（1）该案件的审理程序是否正当？

（2）如果在吴审判员审理认定财产无主案件的过程中，出现孙某并主张自己是该坛财宝的合法继承人，那么，人民法院应当如何处理？

（3）如果在判决认定该坛财宝为无主财产以后，出现孙某并主张自己是该坛财宝的合法继承人，那么，人民法院又应当如何处理？

第七节　确认调解协议案件

一、确认调解协议案件概述

司法确认调解协议程序作为 2012 年民事诉讼法修订新增加之内容，对于完善多元纠纷解决，发挥着举足轻重的作用。首先，弥补了人民调解的缺陷和短板，使人民调解协议的执行更具有实际可操作性。其次，充分利用了人民调解民间资源，减少了当事人的诉累，符合经济原则。再次，减轻了法院的工作压力，提高了司法效率，体现了法院的能动司法。人民法院办理人民调解协议司法确认案件，不收取费用。

二、确认调解协议案件的申请

（一）必须由双方当事人的共同申请

《民事诉讼法》第194条和《关于人民调解协议司法确认程序的若干规定》（以下简称《若干规定》）第1条均规定：当事人根据《中华人民共和国人民调解法》第33条的规定共同向人民法院申请确认调解协议的，人民法院应当依法受理。

（二）司法确认的申请期限和方式

《人民调解法》和《关于人民调解协议司法确认程序的若干规定》均规定，司法确认的申请期限为“自调解协议生效之日起三十日内”。

（三）当事人可以向人民法院提出申请

三、司法确认申请的受理范围

《关于人民调解协议司法确认程序的若干规定》第4条第2款规定：“有下列情形之一的，人民法院不予受理：(1) 不属于人民法院受理民事案件的范围或者不属于接受申请的人民法院管辖的；(2) 确认身份关系的；(3) 确认收养关系的；(4) 确认婚姻关系的。”

四、对司法确认申请的审查

（一）司法确认的审查方式

该司法解释采用的应该是“实质审查”的标准，如《关于人民调解协议司法确认程序的若干规定》第6条规定：“人民法院在必要时可以通知双方当事人同时到场，当面询问当事人。”即确立了书面审查与必要时到庭审查相结合的审查方式。《人民调解法》第23条规定，当事人在人民调解活动中享有要求调解公开进行或者不公开进行的权利。因此，法律也应当规定，申请人有权选择司法确认程序公开进行或者不公开进行。

（二）司法确认的审查内容

《关于人民调解协议司法确认程序的若干规定》第7条的规定，即是否具有“违反法律、行政法规强制性规定的；侵害国家利益、社会公共利益的；侵害案外人合法权益的；损害社会公序良俗的；内容不明确，无法确认的”等情形。

（三）司法确认所采用的法律文书形式

最高人民法院发布的《关于人民调解协议司法确认程序的若干规定》和《司法确认相关法律文书格式》均将司法确认所采用的法律文书形式规定为决定书，

（四）司法确认的审查结果

《关于人民调解协议司法确认程序的若干规定》第8条规定：“人民法院经审查认

为调解协议符合确认条件的，应当作出确认决定书；决定不予确认调解协议效力的，应当作出不予确认决定书。”驳回申请的后果，即当事人无法就法院的驳回申请裁定进行救济，只能通过调解方式变更原调解协议或者达成新的调解协议，或向人民法院提起诉讼。有下列情形之一的，人民法院不予确认调解协议效力：(1) 违反法律、行政法规强制性规定的；(2) 侵害国家利益、社会公共利益的；(3) 侵害案外人合法权益的；(4) 损害社会公序良俗的；(4) 涉及是否追究当事人刑事责任的；(5) 内容不明确，无法确认和执行的；(6) 调解组织、调解员强迫调解或者有其他严重违反职业道德准则的行为的；(7) 其他情形不应当确认的。例如，当事人在违背真实意思的情况下签订调解协议，或者调解组织、调解员与案件有利害关系、调解显失公正的，人民法院对调解协议效力不予确认。

五、司法确认错误时的救济途径

《关于人民调解协议司法确认程序的若干规定》第 10 条规定了司法确认错误时案外人的救济方式。案外人认为经人民法院确认的调解协议侵害其合法权益的，可以自知道或者应当知道权益被侵害之日起一年内，向作出确认决定的人民法院申请撤销确认决定。

【相关法律规范】

1.《人民调解法》

2.《最高人民法院关于建立健全诉讼与非诉讼相衔接的矛盾纠纷解决机制的若干意见》

3.《关于建立健全诉讼与非诉讼相衔接的矛盾纠纷解决机制的若干意见》

4.《最高人民法院关于人民调解协议司法确认程序的若干规定》。

5.《最高人民法院关于审理涉及人民调解协议的民事案件的若干规定》。

第八节 实现担保物权案件

(一) 担保物权案件概述

担保物权是以直接支配特定财产的交换价值为内容，以确保债权实现为目的而设立的物权。担保物权的实现是指在债务人不履行债务时，担保物权人经法定程序，通过将担保标的物折价、拍卖、变卖等方式，使其债权得到优先受偿的过程。关于担保物权的实现方式，我国现行民法通则和担保法规定，抵押权人与抵押人协议不成的，抵押权人只能通过向人民法院提起诉讼的方式实现。通过诉讼的方式实现担保物权，程序复杂且时间较长，不利于债权人利益的保障。

(二) 实现担保物权案件的申请主体

对于担保物权人范围的界定，由于民事诉讼法上关于实现担保物权案件的规定仅是对物权法等实体法中规定的实体权利的实现作出的程序性规定，该程序规定的依据来源于实体法，应当按照实体法的规定来确定实现担保物权的申请主体。因此，“担保物权人”主要就是指《物权法》第 195 条规定的“抵押权人”，物权法第 220 条规定的“出质人”和物权法第237条规定的“财产被留置的债务人”就是“其他有权请求实现担保物权的人”。此外，申请实现担保物权是否仅以物权法为依据？换言之，物权法之外的其他实体法是否也可以作为申请实现担保物权的依据？与此同时，根据新民事诉讼法立法本意，除了物权法规定的三类申请主体外，我国合同法第286条规定的建设工程承包人也可以作为申请主体。另外，我国的海商法、民用航空器法等法律中规定的船舶抵押权人、民用航空器抵押权人等，也可以作为实现担保物权案件的申请人。

（三）关于实现担保物权案件的管辖法院

《民事诉讼法》第196条规定：“申请实现担保物权，由担保物权人以及其他有权请求实现担保物权的人向担保财产所在地或者担保物权登记地基层人民法院提出。”实践中，对于担保物为多个物且分散在数个法院辖区内的，应当根据民事诉讼法的现有规定确定管辖法院，即如果各个法院都有管辖权的，申请人可以选择向其中一个有管辖权的法院提出申请。

（四）关于法院的审查标准

关于人民法院审理申请实现担保物权的案件是独任审理还是组成合议庭审理问题，我们认为，基于实现担保物权案件设在新民事诉讼法第十五章特别程序中，对于第十五章中的“一般性的规定”当然适用该程序。《民事诉讼法》第178条规定：“依照本章程序审理的案件，实行一审终审。选民资格案件或者重大、疑难的案件，由审判员组成合议庭审理；其他案件由审判员一人独任审理。”因此，对于人民法院受理的申请实现担保物权的案件，原则上采用独任审理的方式进行审理，但对于重大、疑难案件，则应当由审判员组成合议庭进行审理。关于审限，应当适用《民事诉讼法》第180条关于人民法院适用特别程序审理的案件审限的规定，即应当在立案之日起三十日内审结，有特殊情况需要延长的，须经本院院长批准。

（五）关于申请实现担保物权的案件如何收费

由于实现担保物权案件是此次民事诉讼法修改后新增内容，现行的《诉讼费用交纳办法》对如何收费并未有明确规定。我们认为，实现担保物权的案件增设在新民事诉讼法第十五章特别程序中，故应当参照《诉讼费用交纳办法》的相关规定按件收取申请费，而不应以申请实现抵押物权标的额为依据收取。人民法院作出拍卖、变卖担保物的裁定后，申请人向人民法院申请强制执行的，则应按执行金额收取执行申请费，并由被执行人负担。

【本章小结】

特别程序是民事诉讼法规定的人民法院审理某些特殊类型案件所适用的审判程序，它是民事审判程序的一部分，在民事诉讼法中具有独立、特殊的地位。特别程序的各类案件所适用的审判程序各自独立，互不相联，但是又具有共同特性。大家在对民事诉讼的特殊程序进行复习时，应该注意以下几点，（1）提起主体特别：只有申请人、利害关系人，没有原告、被告；（2）审级制度特别：实行一审终审制；（3）审判组织的组成特别：除选民资格案件和重大、疑难的非讼案件之外，均由审判员独任审理；（4）开庭程序简略：没有严格的庭审阶段限制；（5）对已经生效的判决、裁定可直接改判；（6）案件审结期限特殊：除选民资格案件应在选举日前审结之外，其他案件均应当在立案之日起30日内或者公告期满后30日内审结；有特殊情况需要延长，由本院院长批准；(7) 免交诉讼费用。关于上述特殊程序的特殊点，属于司法考试及研究生考试中的难点及重点，应当着重掌握。而特别程序中的确认调解协议案件，实现担保物权案件，是民诉法修改的新增加内容，这两种程序在实践中如何操作，是一个值得进一步研究的问题，应当掌握和了解其特殊性。

【考研重点提示】

1. 特别程序与通常程序的区别。
2. 认定公民无民事行为能力与限制民事行为能力案件的申请条件是什么？
3. 宣告公民失踪和宣告公民死亡的申请条件有哪些。
4. 试述特别程序与非讼程序的相互关系。
5. 宣告公民失踪和宣告公民死亡的审理有何异同？

【知识拓展文献】

1. 王强义：《民事诉讼特别程序研究》，中国政法大学出版社1993年版。
2. 廖中洪主编：《民事诉讼法·诉讼程序编》，厦门大学出版社2005年版。
3. 江伟主编：《民事诉讼法专论》，中国政法大学出版社2005年版。
4. 廖中洪：《制定单行〈民事非讼程序法〉的建议与思考》，载“现代法学”，2007年第3期。
5. 马登科：《民事特别程序基本问题比较研究》，载“求索”，2004年第12期。

【司考真题答案与解析】

1. C。特别程序包括两类案件，一类是选民资格案件；另一类是非讼案件。故A选项说法错误，不当选。特别程序的启动，有的是基于当事人的起诉，有的是基于当事人提出的申请，但起诉人或者申请人不一定与本案有直接利害关系，这是由别程序只确认某种法律事实和权利状态这一特殊目的所决定的。故B选项说法错误，不当选。特别程序实行一审终审制度，判决书已经送达，即发生法律效力，当事人不得对之声明不服，不得提起上诉。故C选项说法正确，当选。《民事诉讼法》第178条规定：“依照本章程序审理的案件，实行一审终审。选民资格案件或者重大、疑难的案件，由审判员组成合议庭审理；其他案件由审判员一人独任审理。”故D选项说法错误，不当选。

2. B。《民事诉讼法》第182条第2款规定，选民资格案件审理时，起诉人、选举委员会的代表和有关公民必须参加。本案中，刘某是起诉人，张某是有关公民，另加上选举委员会的代表都必须参加诉讼。因此，A项正确。

《民事诉讼法》第181条规定：“公民不服选举委员会对选民资格的申诉所作的处理决定，可以在选举日的五日以前向选区所在地基层人民法院起诉。”据此可知，只要是公民如果对选举委员会对选民资格的申诉所作的处理决定不服的，就可以在选举日的5日以前向选区所在地基层人民法院起诉。本案中，刘某是同村的合法公民，他有权对选举委员申诉的处理决定向法院提起诉讼。因此，B项错误。

《民事诉讼法》第178条规定：“依照本章程序审理的案件，实行一审终审。选民资格案件或者重大、疑难的案件，由审判员组成合议庭审理；其他案件由审判员一人独任审理。”据此可知，选民资格案件由审判员组成合议庭审理，且实行一审终审。因此，CD 项正确。

3. D。《民诉意见》第 151 条规定，夫妻一方下落不明，另一方诉至人民法院，只要求离婚，不申请宣告下落不明人失踪或死亡的案件，人民法院应当受理，对下落不明人用公告送达诉讼文书，所以本题 D 是正确的。

4. D。这是一道关于认定公民无民事行为能力和限制行为能力案件的题目。《民诉意见》第 193 条规定，在诉讼中，当事人的利害关系人提出该当事人患有精神病，要求宣告该当事人无民事行为能力或限制民事行为能力的，应由利害关系人向人民法院提出申请，由受诉人民法院按照特别程序立案审理，原诉讼中止。所以本题正确答案是 D。

5. C。本题考认定自然人为限制行为能力人的特别程序与普通程序之间的关系。《最高人民法院关于适用〈中华人民共和国民事诉讼法〉若干问题的意见》第 193 条规定：“在诉讼中，当事人的利害关系人提出该当事人患有精神病，要求宣告该当事人无民事行为能力或限制民事行为能力的，应由利害关系人向人民法院提出申请，由受诉人民法院按照特别程序立案审理，原诉讼中止。”

【案例剖析】

【案例剖析 1】

在这种情况下，选民资格的本人甲某、申诉人甲某的父亲、甲某的其他近亲属以及任何一个人都有权提起选民资格诉讼。我国民事诉讼法对起诉人没有限制，也就是说，起诉人既可以是选民资格本人，也可以是向选举委员会提出申诉的申诉人，还可以是任何一个对选举委员会的申诉处理结果有意见的人。

【案例剖析 2】

问 1. 不应当受理。选民资格案件以对选举委员会的申诉程序为前置程序。《民事诉讼法》第 181 条：“公民不服选举委员会对选民资格的申诉所作的处理决定，可以在选举日的五日以前向选区所在地基层人民法院起诉。”

问 2. 应当向某县人民法院起诉。参见《民事诉讼法》第 181 条，值得注意的是，特别程序的管辖法院在级别上恒定的是基层人民法院管辖。

问 3. 不应受理。参见《民事诉讼法》第 181 条，这属于对起诉时间的限制。

问 4. 不正确。参见《民事诉讼法》第 178 条。

问 5. 在选举日前，即 11 月 15 日前审结。参见《民事诉讼法》第 182 条。

【案例剖析 3】

本案在程序上有以下几处错误：(1) 人民法院不应受理化工厂的申请。因为申请宣告公民死亡必须由该公民的利害关系人提出。这里的利害关系人是指该公民的配偶、父母、成年子女或其他近亲属以及对该公民负有保护责任的组织，某化工厂不是许某的利害关系人。(2) 本案中人民法院宣告死亡的公告期为半年，不符合法律规定。根据民事诉讼法规定，宣告死亡的公告期间为一年。(3) 人民法院不应作出宣告失踪的判决。本案中，申请人并未申请宣告失踪。(4) 某化工厂不得上诉。根据《民事诉讼法》规定，依特别程序审理的案件，是一审终审，不得上诉。

【案例剖析4】

1. 田某与胡某间的夫妻关系自动恢复。因为死亡宣告仅仅是一种死亡推定制度，被推定死亡的公民仍有生还的可能；一旦被宣告死亡的人重新出现，死亡宣告应被撤销。最高人民法院《关于贯彻执行〈中华人民共和国民法通则〉若干问题的意见（试行）》第37条规定：被宣告死亡的人与配偶的婚姻关系，自死亡宣告之日起消灭。死亡宣告被人民法院撤销，如果其配偶尚未再婚的，夫妻关系从撤销死亡宣告之日起自行恢复。

2.《关于贯彻执行（中华人民共和国民法通则）若干问题的意见（试行）》第38条规定，被宣告死亡的人在被宣告死亡期间，其子女被他人依法收养，被宣告死亡的人在死亡宣告被撤销后，仅以未经本人同意而主张收养关系无效的，一般不应准许。因为在此期间其配偶是子女现实的惟一的法定监护人，送养只能由其配偶决定。所以本案中，田燕的送养是合法有效的，田某不得要求撤销收养。

【案例剖析5】

法院应裁定中止诉讼，告知甲的母亲另行提起认定甲为限制民事行为能力人的特别程序。《民诉意见》第193条规定：“在诉讼中，当事人的利害关系人提出该当事人患有精神病，要求宣告该当事人无民事行为能力或限制民事行为能力的，应由利害关系人向人民法院提出申请，由受诉人民法院按照特别程序立案审理，原诉讼中止。”

【案例剖析6】

厦门市开元区人民法院依照《中华人民共和国民法通则》第十三条第二款、第十七条第一款第（二）项、第十九条第一款之规定，作出判决如下：

宣告谢某为限制民事行为能力人，指定谢某某为谢某的监护人。

本判决为终审判决。

1. 本案在审理中，对利害关系人的范围有不同认识，一种观点认为，《民事诉讼法》第187条①所指的“利害关系人”应理解为，被申请人以外的，与被申请人关系密切的其他亲属、朋友，愿意承担监护责任，并经被申请人所在单位或所在地居委会、村委会或民政部门同意，若不同意，则由所在地居委会或民政部门行使申请权。本案中冶金公司与被申请人之间属于劳动合同关系，不是债权债务关系，而且本案中被申请人的父亲健在，他比冶金公司更具有优先申请权，所以不应当由冶金公司提出认定职工其限制民事行为能力的申请。

另一种观点认为，被申请人系冶金公司职工，二者之间存在劳动法律关系。劳动法律关系依据劳资双方自愿签订的劳动合同而成立，属于民事权利义务关系。被申请人的民事行为能力状态的认定，不仅直接决定被申请人于1997年5月提出的辞职申请是否有效，而且由此也决定冶金公司对辞职申请批准的效力。若被申请人确系限制民事行为能力人，则辞职申请无效，批准辞职申请也无效，被申请人与冶金公司之间仍然存在劳动法律关系，冶金公司就要为被申请人履行职务的任何行为承担责任。所以，冶金公司

① 《民事诉讼法》第187条：“申请认定公民无民事行为能力或者限制民事行为能力，由其近亲属或者其他利害关系人向该公民住所地基层人民法院提出。”

与被申请人之间存在直接利害关系。本案中冶金公司作为利害关系人提出申请是适格的。对于申请人的主体资格，法院认为，被申请人谢某系申请人厦门经济特区机械冶金进出口公司职员，与申请人不仅存在劳动法律关系，而且其履行职责的任何行为，结果都必须由申请人承担。因此，被申请人行为能力的状况，与申请人有直接的利害关系。依照我国《民事诉讼法》的规定，厦门经济特区机械冶金进出口公司是具备本案申请人主体资格的。

【案例剖析 7】

（1）该认定财产无主案件在审理程序上存在以下不当之处：① 县人民法院受理认定财产无主案件后，应当发布认领财产的公告，并且公告期为 1 年，本案法院未经发出公告即直接作出判决认定该财产无主是不正确的；② 按照特别程序审理的案件，如果是重大疑难案件，应当由审判员组成合议庭进行审理，而本案既然确定重大疑难，却由审判员吴某独任审理是不正确的。

（2）如果在吴审判员审理该认定财产无主案件的过程中，出现孙某并主张自己是该坛财宝的合法继承人，则意味着就该坛财宝发生了民事权利义务争议，因此，县人民法院应当作出裁定终结认定财产无主案件的审理程序。此后，是否通过诉讼程序解决该争议，由发生争议的当事人自行决定。

（3）如果在判决认定该坛财宝为无主财产以后，出现孙某并主张自己是该坛财宝的合法继承人，则孙某可以在民法通则规定的诉讼时效内，对该财产提出请求，人民法院审查属实后，即可作出新判决，撤销原认定财产无主的判决。

第十七章

督促程序

本章知识结构图

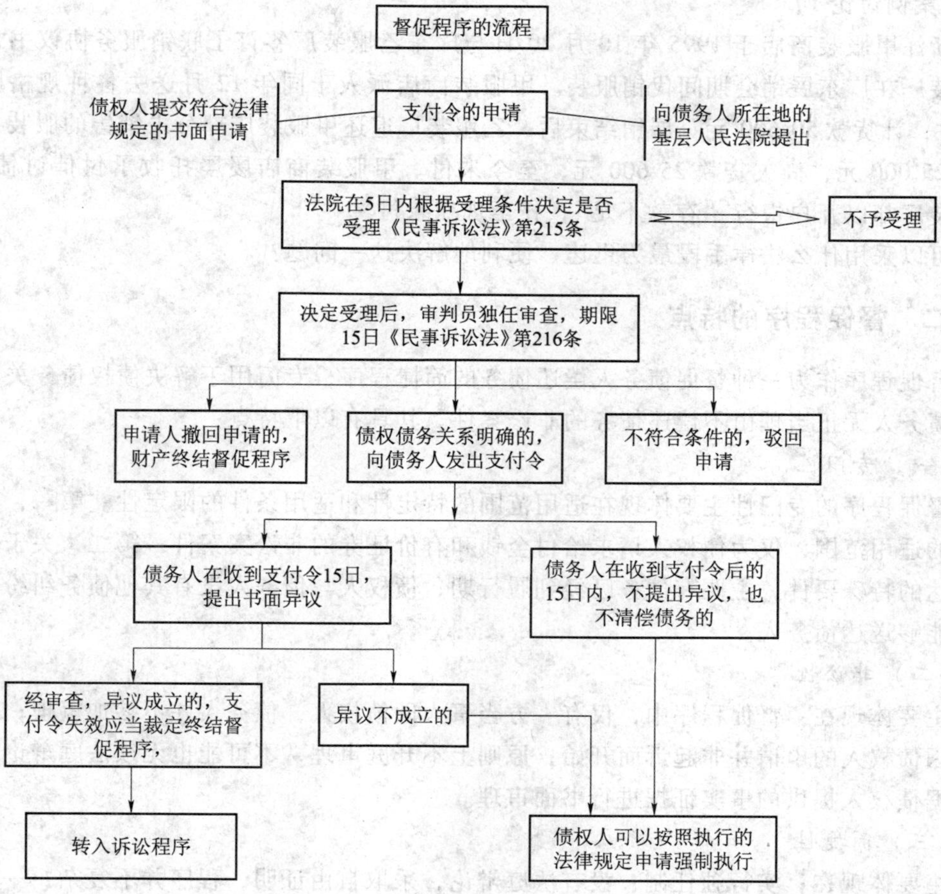

第一节　督促程序的一般概述

一、督促程序的概念

督促程序，又称为支付令程序，是指人民法院根据债权人提出的给付金钱或者有价证券的申请，不经过开庭就直接向债务人发出支付令，如果债务人不在法定期间内提出异议，则该支付令就具有强制执行力的程序。其主要目的是简便快捷地督促债务人偿还金钱债务，以实现债权人金钱债权。

【考研真题】

名词解释：督促程序（华东政法 2003 年）（西北政法 2005 年）

论述题：简述督促程序概念和特点（北京大学 2005 年综合卷）

【案例讨论 1】

浙江甲服装商店于 1995 年 10 月 20 日与广东乙服装厂签订了联销服务协议书，由乙服装厂在广东展销会期间代销服装。甲服装商店派人于同年 12 月送去各种规格服装 477 件，计货款 50 600 元。展销结束后，乙服装厂退还甲服装店部分未销售的服装，计贷款 25 000 元，尚欠贷款 25 600 元，至今未付。甲服装商店屡屡托收承付催讨债款，乙服装厂却以开户银行“存款不足”，托至现在未付。

可以采用什么法律手段最为迅速、便利地解决这一问题？

二、督促程序的特点

督促程序作为一种督促债务人偿还债务的简捷程序，专门用于解决债权债务关系明确而债务人无正当理由不偿还债务的非讼案件。其具有以下特点：

（一）专门性

督促程序的专门性主要体现在适用范围的特定性和适用条件的限定性。第一，其有特点的适用范围，仅为债权人请求给付金钱和有价证券的非讼案案件；第二，关于债务和送达的特殊要件，主要有债务已经到履行期、债权人与债务人没有其他债务纠纷、支付令能够送达债务人。

（二）非讼性

主要体现在：督促程序中，仅有一方当事人即债权人，债务人并不参加审理；督促程序因债权人的申请并非起诉而开始；原则上不开庭审理，不可能也无须法庭辩论，法院依据债权人提供的事实证据进行书面审理。

（三）简捷性

主要体现在：实行独任制；没有法庭辩论，采取自由证明，程序并不复杂；一审终审，即若债务人对支付令提出合法的意义则督促程序终结，若债务人没有提出支付令异议或者异议被驳回，则支付令具有既判力和执行力。

（四）支付令生效的附条件性

支付令是附期限、附条件的法律文书。人民法院向债务人发出的支付令发生法律效力需要具备两个条件：一是期限上的要求，即债务人自收到支付令之日起15日届满，支付令才能生效；二是行为上的要求，即债务人在上述期限届满前不清偿债务，也不提出书面异议的，支付令才能生效。

第二节　支付令的申请与受理

一、支付令的申请

（一）申请支付令的条件

申请支付令是指债权人依法请求人民法院发出支付令的一种行为。根据《民事诉讼法》第214条及《民诉意见》第215条的规定，债权人向法院申请支付令，应当同时具备以下四项条件。

1. 债权人必须以金钱或者有价证券作为给付请求的标的物。

2. 请求给付的金钱或有价证券已经到期且数额确定。

3. 债权人没有对等给付义务。

4. 支付令能够送达债务人。

【司考真题】

1. 具有下列哪些情形的案件不适用督促程序？（2002－3－65，多）

A. 债务人下落不明但有可供执行的财产

B. 债务已近履行期，义务人明确表示将不履行债务

C. 劳务合同履行期限已届满，债务人拒不提供劳务

D. 债务已到期但数额尚不能确定

（二）申请支付令的方式

债权人向人民法院申请支付令，应向人民法院提交申请书。申请书应该记载以下内容：

1. 债权人和债务人及其代理人的基本情况，即公民的姓名、性别、年龄、职业、工作单位和住所，法人或其他组织的名称、住所地、法定代表人或主要负责人的姓名、职务。

2. 请求给付金钱或者有价证券的数量和所依据的事实、证据。应写明债权债务关系发生的经过，具体的金额，有价证券的种类、数量及有关证据的情况。

3. 申请支付令的请求，即说明申请符合法律关于申请支付令条件的事实，请求法院依法向债务人发出支付令，而不是起诉。

4. 其他事项，如指出债务人的住所，说明债务履行其已到或条件已成就；又如基于双务合同而申请时，陈述自己已先为给付等。

二、受理

支付令申请的受理，是指人们法院对债权人提出请求发出支付令的申请予以受理的诉讼行为。《民事诉讼法》第215条规定：“债权人提出申请后，人民法院应当在五日

内通知债权人是否受理。”人民法院受理申请后，由审判员一人进行审查，具体审查以下内容：

（一）主体资格的审查

首先，人民法院要审查申请人是否享有债权。其次，如果申请人是公民，要审查他是否具有诉讼行为能力；如果他没有诉讼行为能力，应当由他的法定代理人申请；如果申请人是法人或者其他组织，应当提交营业执照复印件和法定代表人身份证明书。

（二）请求内容的审查

请求内容的审查从两个方面进行：一是债权债务关系是否明确、合法；二是请求给付的标的物，是否符合民事诉讼法规定的给付金钱或有价证券的范围。

（三）请求的事实和证据的审查

人民法院收到债权人的申请后，应当对其申请的请求所依据的事实和证据进行审查，如对债权人提交的还款协议、发票、发货凭证、运货单、提货单、票据复印件等文件，以及对请求给付的金钱、有价证券是否已经到期进行审查。

（四）审查支付令能否送达债务人

申请书应该写明债务人的相关信息，信息不明的，不能适用督促程序。

对债权人提出的支付令申请，人民法院只进行形式审查，只要债权人提供的事实和证据从表面看来是成立的，就可以认为符合申请条件。法院经审查认为符合申请条件的，应当在5日内立案，并及时通知债权人。如果申请不符合条件的，认为申请书不符合要求的，人民法院可以通知债权人限期补正。补正期间不计入前述期限。经审理，有下列情况之一的，应当裁定驳回申请：（1）当事人不适格；（2）给付金钱或者汇票、本票、支票以及股票、债券、国库券、可转让的存款单等有价证券的证明文件没有约定逾期给付利息或者违约金、赔偿金，债权人坚持要求给付利息或者违约金、赔偿金；（3）债权人要求给付的金钱或者汇票、本票、支票以及股票、债券、国库券、可转让的存款单等有价证券属于违法所得；（4）债权人申请支付令之前已向人民法院申请诉前保全，或者申请支付令同时又要求诉前保全。另外，根据处分原则，在人民法院发出支付令前，申请人撤回申请的，应当裁定终结督促程序。

【司考真题】2. 对民事诉讼法规定的督促程序，下列哪一选项是正确的？（2007－3－34，单）

A. 向债务人送达支付令时，债务人拒绝签收的，法院可以留置送达。

B. 向债务人送达支付令时法院发现债务人下落不明的，可以公告送达。

C. 支付令送达债务人之后，在法律规定的异议期间，支付令不具有法律效力。

D. 债务人对支付令提出异议，通常以书面的形式，但书写异议书有困难的，也可以口头提出。

三、支付令

（一）支付令的概念

支付令，是指在督促程序中由人民法院发布的限令债务人履行支付义务或者提出书面异议的法律文书。支付令也称为支付命令、督促决定。

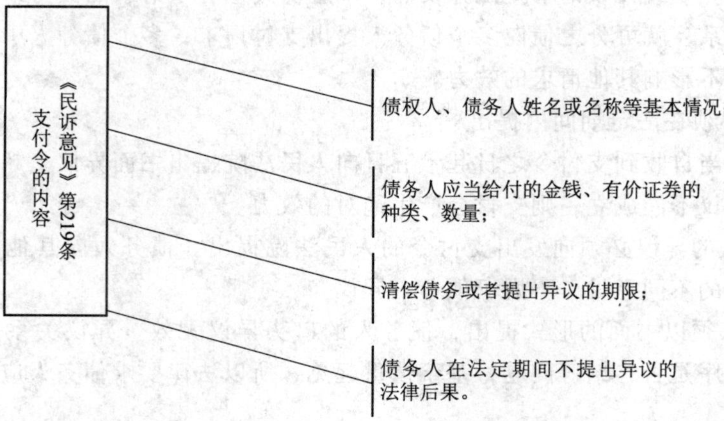

（二）支付令的效力

1. 督促债务人在法定期限内清偿债务的效力

督促债务人清偿债务的效力发生期间为法定的 15 日，即债务人应当自收到支付令之日起十五日内清偿债务，或者向人民法院提出书面异议，债务人不得再另行寻求司法救济。债务人在收到支付令后，不在法定期间提出书面异议，而向其他人民法院起诉的，不影响支付令的效力。

【司考真题】

3. 甲公司向乙公司购买了 5 万元的苹果，甲公司以乙公司提供的苹果不符合约定为由拒绝付款。为此，乙公司向法院申请支付令，要求甲公司支付货款。在支付令异议期间，甲公司既不提出异议又不履行义务，而是向另一法院提起诉讼，要求退货。下列说法中哪一项是正确的？（2008 - 3 - 49）

A. 甲公司的起诉行为使支付令失去效力

B. 甲公司的起诉行为不能阻止支付令的效力

C. 甲公司的起诉行为产生债务人异议的法律后果

D. 甲公司起诉后，受理支付令申请的法院应裁定终结督促程序

2. 支付令具有同生效判决相同的法律效力

支付令生效后，支付令所具有的督促债务人清偿债务的效力消失，转而债权人可以支付令为执行根据，向发出支付令的人民法院申请强制执行。《民事诉讼法》第 216 条规定："债务人在前款规定的期间不提出异议又不履行支付令的，债权人可以向人民法院申请执行。"

四、债务人异议与督促程序终结

（一）支付令异议的成立条件

1. 债务人的异议必须针对债权人的请求，即异议应针对债务关系本身。如果债务人对债权债务关系没有异议，但对清偿能力、清偿期限、清偿方式等提出不同意见的，不影响支付令的效力；债权人基于同一债权债务关系，向债务人提出多项支付请求，债

务人仅就其中一项或几项请求提出异议的，不影响其他各项请求的效力；债权人基于同一债权债务关系，就可分之债向多个债务人提出支付请求，多个债务人中的一人或几人提出异议的，不影响其他请求的效力。

2. 异议必须在法定期间内提出

债务人应当自收到支付令之日起十五日向人民法院提出书面异议。超过法定期限提出异议的，异议不能成立，则支付会产生绝对的效力。

3. 债务人的异议必须向发出支付令的人民法院提出。债务人向其他机关或者其他人民法院提出的不同意见，不属于债务人异议。

4. 异议必须以书面的形式提出，债务人的口头异议无效。异议关系到支付令能否生效和督促程序是否终结等问题，基于慎重起见，所以法律要求债务人应当以书面的形式提出异议。

（二）债务人异议的效力

支付令异议的效力，是指债务人对支付令提出异议后所引起的法律后果。《民事诉讼法》第217条的规定："人民法院收到债务人提出的书面异议后，经审查，异议成立的，应当裁定终结督促程序，支付令自行失效。支付令失效的，转入诉讼程序，但申请支付令的一方当事人不同意提起诉讼的除外。"因此，债务人异议的效力分为以下两种种法律效力：

1. 督促程序终结。债务人向人民法院就支付令提出合法异议，足以表明债权人和债务人彼此之间的债权债务关系存在争议。在此情况下，人民法院不能再适用督促程序解决。因此，债务人提出合法的支付令异议后，人民法院应当裁定终结督促程序。

2. 支付令失效，转入诉讼程序。债务人提出合法的支付令异议后，支付令所具有的督促债务人清偿债务的效力也随之消失，债权人所请求的债权又重新陷入不确定的状态。此时，转入诉讼程序，但申请支付令的一方当事人不同意提起诉讼的除外。此处，如果申请一方不同意利用诉讼的方式解决纠纷，则出于尊重当事人程序选择权的考量，则不会转入诉讼程序。但由于种种原因，支付令的内容也有可能出现错误，为维护债务人的合法利益，宜设立纠正支付令错误的程序以资救济。

【司考真题】

4. 个体工商户李某拖欠甲公司货款5万元，甲公司多次催讨无果，遂向李某所在地的基层人民法院申请支付令。法院受理后经过审查，认为该申请成立。下列说法哪些是正确的？(2003－3－76，多)

A. 如果在向李某送达支付令时，李某拒绝接收，人民法院可以留置送达

B. 如果李某在法定期间提出书面异议，人民法院应对异议理由是否成立进行审查

C. 如果李某在法定期间向法院书面说明目前还钱确有困难并承诺在2个月后一定还清，则支付令可不生效

D. 如果李某在法定期间未提出书面异议但向甲公司所在地的人民法院起诉，请求确认该债务已经偿还，则支付令的效力不受影响

5. 甲因乙拒不归还到期借款而向法院申请支付令。法院审查后向乙发出支付令。下列哪些说法是正确的？(2006－3－79，多)

A. 乙可以向法院提出异议，由法院审查异议理由是否成立

B. 乙可以向法院提出异议，法院不审查理由

C. 乙在法定期间既不提出异议也不履行的，甲可以向法院申请强制执行

D. 乙在法定期间内向本院就该借款纠纷起诉的，支付令失效

6. 关于支付令，下列哪些说法是正确的？(2010－3－89，多)

A. 法院送达支付令债务人拒收的，可采取留置送达

B. 债务人提出支付令异议的，法院无需审查异议理由客观上是否属实

C. 债务人收到支付令后不在法定期间提出异议而向法院起诉的，不影响支付令的效力。

D. 支付令送达后即具有强制执行力

7. 甲公司因乙公司拖欠货款向A县法院申请支付令，经审查甲公司的申请符合法律规定，A县法院向乙公司发出支付令。乙公司收到支付令后在法定期间没有履行给付货款的义务，而是向A县法院提起诉讼，要求甲公司承担因其提供的产品存在质量问题的违约责任。关于本案，下列哪些选项是正确的？(　　)(2011－3－85，多)

A. 支付令失效

B. 甲公司可以持支付令申请强制执行

C. A县法院应当受理乙公司的起诉

D. A县法院不应受理乙公司的起诉

五、督促程序的终结

督促程序的终结，是指在督促程序中，因为法律规定的情况或者某种特殊的原因而导致督促程序终结。督促程序的终结主要分为以下几类：

(一) 自然终结

督促程序的自然终结是督促程序的正常终结。

1. 债务人在法定期限内履行了支付令确定的给付义务。债务人在收到人民法院发出的支付令后，不但没有提出异议，而且在规定的期限内履行了义务，债权人的债权得以实现，督促程序自然终结。

2. 债务人没有在法定期间提出异议，也没有主动清偿债务的，但是在支付令的强制执行下清偿了债务，督促程序终结。

(二) 裁定终结

督促程序的裁定终结是督促程序的非正常终结。

1. 债权人在人民法院发出支付令前撤回申请的。

2. 支付令无法送达债务人的。

3. 债权人就该债权债务纠纷向有管辖权的人民法院起诉的。

4. 债务人提出了合法的异议。

【案例讨论2】

高某、章某和姜某都是个体经营者，高某和章某经营小煤窑，姜某是个体运输户。2003年开始，姜某及其运输队与高某和章某签订3年的煤炭运输协议，由姜某负责两

人煤窑产煤的运输，按季度结算运费；每季度初先付基本运输费用约 2 万元，下一季度初始算上一季度的费用。2004 年开始，由于能源紧张，煤炭、燃油价格大涨，姜某要求在原有协议确定运费的基础上每季度增加 5 万元，但高某和章某以合同为由，予以拒绝。其后，姜某开始采用多装煤、少卸煤或私自截留等形式以弥补自己盈利的不足。客户也多次向两煤场反应，但由于运输队难觅，高某和章某也只是对姜某提出违约的警告，并对此延迟支付运输费用。2005 年 6 月，章某煤厂发生瓦斯爆炸，章某畏罪潜逃，下落不明；高某也在煤矿整顿下停产，此前的大量投资没有能够收回，经营陷入困境。2005 年 8 月 25 日（周四），姜某向 A 市基层法院就章某和高某的欠款申请支付令。高某躲债在外，高某家属拒绝签字，法院采取了留置送达；章某一直下落不明，在 10 月 10 仍没能送达其家属及其本人，于是法院决定采用公告送达。高某在 9 月 20 日提出书面异议，认为姜某违反运输协议，克扣用煤，欠款数额应当予以扣除。后与姜某就 2004 年第 4 季度和 2005 年第 1 季度的欠款数额达成协议，随即于 9 月 24 日撤销对这两季度欠款的异议。法院根据高某的异议，立即终结督促程序。

【思考问题】

1. 法院签发支付令是否违法？

2. 督促程序终结后，当事人如何救济？

3. 根据督促程序的法律规定，指出本案中的不当之处。

【本章小结】

督促程序对于处理以金钱给付或者有价证券为内容、双方当事人对债权债务关系没有争议的案件具有成本低、效率高的优势，有利于迅速地实现债权人的权利。与此同时，其又是一种案件繁简分流的有效制度，对于督促程序的学习应该把握好督促程序的适用要件，申请支付令的要件，督促程序与简易程序的关系，支付令的作用和效力，以及督促程序的终结等。其中支付令的申请要件以及支付令的异议是本章的重点和难点。

【考研重点提示】

1. 简述督促程序的适用范围和适用条件。

2. 简述输督促程序与简易程序的区别。

3. 督促程序终结的几种情形。

4. 支付令能否留置送达，理由是什么？

【知识拓展文献】

1. ［德］罗森贝克等著：《德国民事诉讼法》，李大雪译，中国法制出版社，2007 年版第 1242－1256 页。

2. ［日］新堂幸司：《新民事诉讼法》，林剑峰译，法律出版社 2008 年版。

3. 章武生：《督促程序的改革与完善》，《法学研究》2002 年第 2 期。

4. 廖中洪主编：《民事诉讼法－诉讼程序篇》，厦门大学出版社 2005 年版。

5. 廖中洪主编：《民事诉讼改革热点问题研究综述》，中国检察出版社 2006 年版。

6. 周翠：《电子督促程序：价值取向与制度设计》，《华东政法大学学报》2011 年第 2 期。

【司考真题答案与解析】

1. ABCD。《民事诉讼法》第214条第1款规定“债权人请求债务人给付金钱、有价证券，符合下列条件的，可以向有管辖权的基层人民法院申请支付令：(一) 债权人与债务人没有其他债务纠纷的；(二) 支付令能够送达债务人的。”《最高人民法院关于适用〈中华人民共和国民事诉讼法〉若干问题的意见》第215、218条规定：“债权人向人民法院申请支付令，符合下列条件的，人民法院应予受理，并在收到申请后5日内通知债权人：(1) 请求给付金钱或汇票、本票、支票以及股票、债券、国库券、可转让的存款单等有价证券的；(2) 请求给付的金钱或者有价证券已到期且数额确定，并写明了请求所根据的事实、证据的；(3) 债权人没有对待给付义务的；(4) 支付令能够送达债务人的。”“不符合上述条件的，通知不予受理。”“债务人不在我国境内的，或者虽在我国境内但下落不明的，不适用督促程序。”

2. A。《民诉意见》第220条规定，向债务人本人送达支付令，债务人拒绝接收的，人民法院可以留置送达。因此，A项正确。根据《民诉意见》第218条的规定，债务人下落不明的，不适用督促程序，更不能公告送达。因此，B项错误。在法律规定的异议期内，支付令具有法律效力。根据《民诉法》第217条规定，人民法院收到债务人提出的书面异议后，经审查，异议成立的，应当裁定终结督促程序，支付令自行失效。支付令失效的，转入诉讼程序，但申请支付令的一方当事人不同意提起诉讼的除外。C项错误。根据《民诉意见》第221条的规定，债务人的口头异议无效。因此，异议只能以书面形式提出，而不能口头提出。因此，D项错误。

3. B。《民诉意见》第223条规定，债务人在收到支付令后，不在法定期间提出书面异议，而向其他人民法院起诉的，不影响支付令的效力。因此，本题的正确答案是B。

4. ABD。根据《民诉意见》第220条规定，向债务人本人送达支付令。债务人拒绝接收的，人民法院可以留置送达。所以，A正确。

根据《民事诉讼法》第217条第1款的规定，人民法院收到债务人提出的书面异议后，经审查，异议成立的，应当裁定终结督促程序，支付令自行失效。据此，B项正确。

根据《民诉意见》第221条的规定，债务人对债务本身没有异议，只是提出缺乏清偿能力的，不影响支付令的效力。据此，C项错误。

根据《民诉意见》第223条的规定，债务人在收到支付令后，不在法定期间内提出书面异议，而向其他人民法院起诉的，不影响支付令的效力。据此，D项正确。本题答案为ABD。

5. ACD。本题考查督促程序中异议的方式与效力。

根据《民事诉讼法》第217条第1款的规定，人民法院收到债务人提出的书面异议后，经审查，异议成立的，应当裁定终结督促程序，支付令自行失效。据此，A项正确，B项错误。

根据《民事诉讼法》第216条第2、3款的规定，债务人应当自收到支付令之日起十五日内清偿债务，或者向人民法院提出书面异议。债务人在前款规定的期间不提出异议又不履行支付令的，债权人可以向人民法院申请执行。所以，C 项正确。

根据《民事诉讼法意见》第 223 条的规定，债务人在收到支付令后，不在法定期间提出书面异议，而向其他人民法院起诉的，不影响支付令的效力。如果债务人在法定期间内向发出支付令的法院就支付令涉及的纠纷起诉应视为更为强烈的异议。所以，D 项正确。本题答案为 ACD。

6. AB。关于督促程序中的支付令，规定在《民事诉讼法》216 条、《民诉意见》第 220 条、221 条、223 条。本题是对法条的综合考察。

7.【答案】AC。《民事诉讼法》第一百九十四条规定，人民法院收到债务人提出的书面异议后，应当裁定终结督促程序，支付令自行失效，债权人可以起诉。《民诉意见》第二百二十三条规定，债务人在收到支付令后，不在法定期间提出书面异议，而向其他人民法院起诉的，不影响支付令的效力。据此可知，债务人乙公司向发出支付令的 A 县法院起诉的，构成对支付令的异议，该支付令自行失效，甲公司不可以再持支付令申请强制执行。

【案例剖析】

【案例剖析 1】

浙江甲服装商店可以根据民事诉讼法第十七章的规定，依照督促程序向广东有管辖权的基础法院申请支付令，债务人即乙服装厂在收到支付令之日起 15 日清偿债务，或者向人民法院提出书面异议。否则，债权人甲服装商店可以向人民法院申请执行。

【案例剖析 2】

1.《民事诉讼法》第 216 条规定："人民法院受理申请后，经审查债权人提供的事实、证据，对债权债务关系明确、合法的，应当在受理之日起十五日内向债务人发出支付令；申请不成立的，裁定予以驳回。"法院在 8 月 27 日受理，到 9 月 12 日发出支付令，期间共 16 天；但根据《民事诉讼法》第 82 条第 3 款规定，期间届满的最后一日是节假日的，以节假日后的第一日为期间届满的日期。8 月 25 日是星期四，9 月 11 日是星期日，故期间应当延长到 9 月 12 日，因此，法院签发的支付令并不违法。

2. 督促程序的终结，是指在督促程序中，因发生法律规定的情况或者某种特殊原因而结束督促程序。按照终结的原因，可以分为自然终结和裁定终结，前者是指债务人在收到支付令未在法定期间提异议，支付令依法生效而终结，或者债务人在异议期间主动履行了义务；后者是指债务人在法定期间对支付令提出了合法的异议，或者债权人在法院决定是否受理期间提出诉讼，或者是支付令无法送达的情况下，法院裁定终结督促程序。

对于自然终结的救济，债权人可以申请受诉法院强制执行，债务人必须履行，债务人提出起诉的，不影响支付令的效力。根据《最高人民法院关于适用督促程序若干问题的规定》第 11 条规定："人民法院院长对本院已发生法律效力的支付令，发现确有错误，认为需要撤销的，应当提交审判委员员会讨论决定后，裁定撤销支付令，驳回债权人的申请。"

对于特殊原因的终结，债权人可以就该债权向有管辖权的人民法院提起诉讼寻求救济。其中，对于由于异议成立而导致督促程序自动失效的案件，增加了直接转为普通程序的规定。《民事诉讼法》第 217 条规定："人民法院收到债务人提出的书面异议后，经审查，异议成立的，应当裁定终结督促程序，支付令自行失效。支付令失效的，转入诉讼程序，但申请支付令的一方当事人不同意提起诉讼的除外。"

因此，由于督促程序的一审终审制度，无论因何种原因导致的终结，当事人对法院的裁定都无从上诉。

1. 本案中法院的处理存在两处错误。

第一，由于只是根据债权的申请而为支付令申请，缺乏对债务人利益的程序保障，因此为平衡地保护债权人和债务人的利益，督促程序要求对于债务人的送达能够及时有效。《民诉意见》第 218 条规定："债务人不在我国境内的，或者虽在我国境内但下落不明的，不适用督促程序。"《最高人民法院关于适用督促程序若干问题的规定》第 6 条规定："人民法院受理支付令申请后，债权人就同一债权关系又提起诉讼，或者人民法院发出支付令之日起三十日内无法送达债务人的，应当裁定终结督促程序。"《民事诉讼法第》92 条规定："受送达人下落不明，或者用本节规定的其他方式无法送达的，公告送达。自发出公告之日起，经过六十日，即视为送达。"因此，对于章某公告送达不当，且从签发支付令到 10 月 10 日还没有满 30 日，也不得终结督促程序；但 30 日期满后，应当终结督促程序。

第二，根据《督促程序规定》第 8 条："债权人基于同一债权债务关系，向债务人提出多项支付请求，债务人仅就其中一项或几项请求提出异议的，不影响其他各项请求的效力。"《督促程序规定》第 9 条规定："债权人基于同一债权债务关系，就可分之债向多个债务人提出支付请求，多个债务人中的一人或几人提出异议的，不影响其他请求的效力。"《督促程序规定》第 10 条规定："人民法院作出终结督促程序前，债务人请求撤回异议的，应当准许。"因此，在法院作出裁定终结督促程序之前，章某撤销异议，应当视为不曾提出异议，法院对姜某提出的 2004 年第 4 季度和 2005 年第 1 季度的欠款申请支付令的请求，不得终结督促程序；同时章某对 2005 年第 2 季度的欠款数额仍有异议，没有撤销，应当对该部分申请支付令的请求予以终结。

第十八章

公示催告程序

本章知识结构图

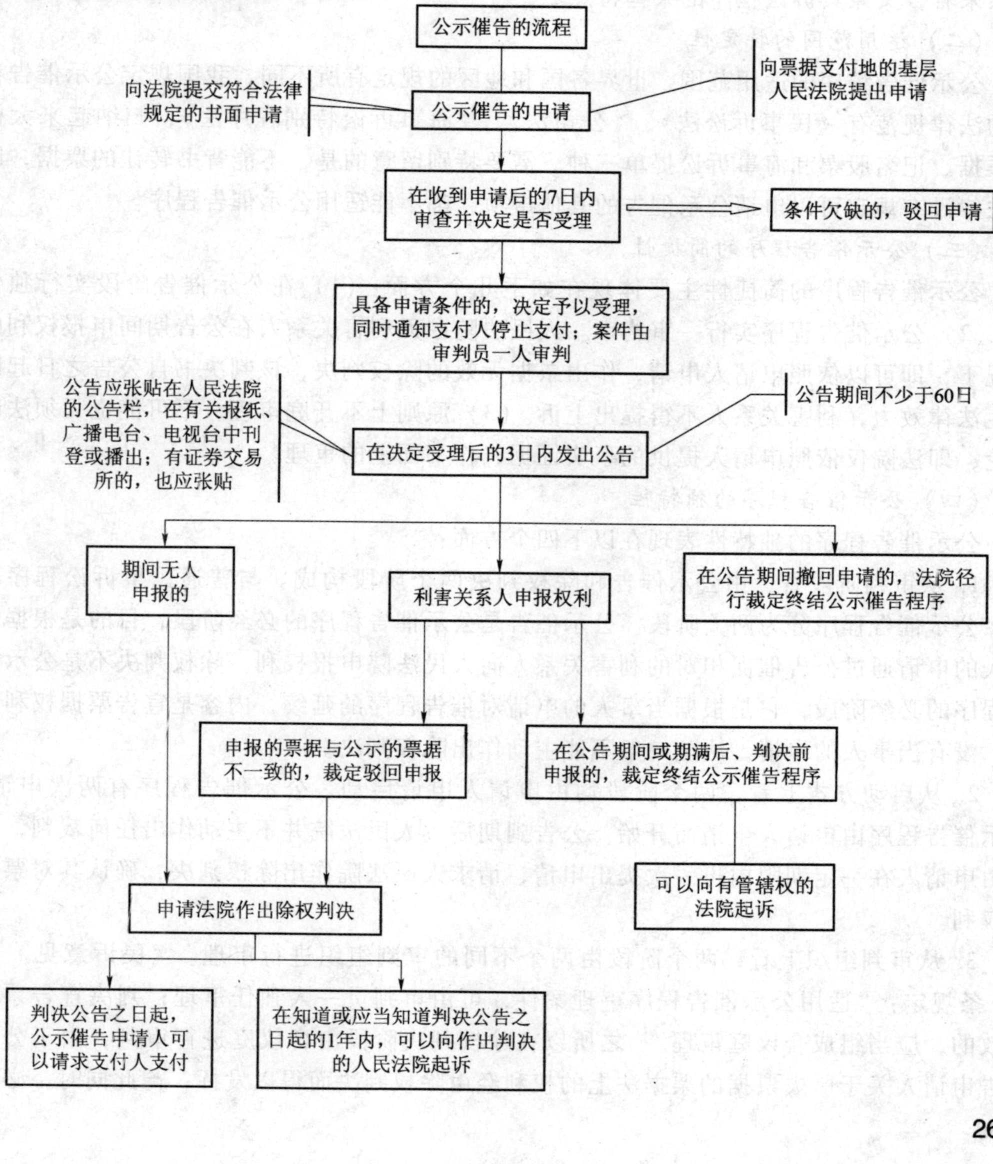

第一节 公示催告程序概述

一、公示催告程序概念和特点

公示催告程序，是指人民法院根据申请人的申请，以公示方式告知并催促不明确的利害关系人在一定期限内申报权利，到期无人申报权利的，则根据申请人的申请依法作出除权判决的程序。公示催告程序是一种非讼诉程序。

公示催告程序主要有如下特点：

（一）程序的非讼性

公示催告程序本质上属于非讼程序，但从法院作出判决确定当事人的民事权利义务关系来看，又兼具诉讼程序的某些特点。

（二）适用范围的特定性

公示催告程序的适用范围，世界各国和地区的规定有所不同，我国规定公示催告程序的法律规范有《民事诉讼法》、《公司法》、《海事诉讼特别程序法》，归纳起来大概有票据、记名股票和海事诉讼提单三种。需要特别留意的是，不能背书转让的票据，以及法律没有规定可以申请公示催告的其他事项，都不能适用公示催告程序。

（三）公示催告程序的简捷性

公示催告程序的简捷性主要体现在如下几个方面：（1）在公示催告阶段实行独任制；（2）公示催告程序实行一审终审。人民法院在无利害关系人在公告期间申报权利的情况下，即可以依照申请人申请，作出票据无效的除权判决，该判决书自公告之日起即发生法律效力，利害关系人不得提出上诉。（3）原则上不开庭审理，不可能也无须法庭辩论，即法院仅依照申请人提供的事实证据，作书面上的审理。

（四）公示催告程序的独特性

公示催告程序的独特性表现在以下四个方面：

1. 从审判阶段看，由公示催告和除权判决两个阶段构成。与普通民事诉讼程序不同，公示催告程序分为两大阶段。公示催告是公示催告程序的必经阶段，目的是根据当事人的申请通过公告催促相对的利害关系人向人民法院申报权利。除权判决不是公示催告程序的必经阶段，它是根据当事人的申请对催告程序的延续，内容是宣告票据权利无效。没有当事人的申请，法院一般不能主动作出除权判决。

2. 从启动方式上看，两个阶段均由申请人申请启动。公示催告程序有两次申请，公示催告程序由申请人申请而开始。公告到期后，人民法院并不主动作出任何裁判，而是由申请人在一定期限内再一次提出申请，请求人民法院作出除权判决，确认其对票据的权利。

3. 从审判组织上看，两个阶段由两个不同的审判组织进行审理。《民诉意见》第234条规定：“适用公示催告程序审理案件，可由审判员一人独任审理；判决宣告票据无效的，应当组成合议庭审理。”之所以在除权判决阶段由合议庭进行审判，由于公示催告申请人关于所失票据的票据法上的权利经由除权判决而得以发挥，与此同时，必然导致票据持有人丧失票据上的权利，因此，选择合议庭的审判组织，力求慎重公正之裁判。

4. 审理方式上看，主要适用书面审查和公告的方式进行审理。在公示催告程序中，相对当事人的不确定性，故法院不能采用通常程序中的两审辩论的原则，而仅仅根据当事人单方提出的书面材料进行审查。而公示催告阶段的公告，目的和功能在于催告可能存在的权利人申报权利；除权判决阶段的公告，目的和功能在于宣告原票据失效，回复失票人的权利。

三、公示催告程序的适用范围

公示催告程序的适用范围，是指适用公示催告程序处理的事项。《民事诉讼法》第218条第1款规定："按照规定可以背书转让的票据持有人，因票据被盗、遗失或者灭失，可以向票据支付地的基层人民法院申请公示催告。依照法律规定可以申请公示催告的其他事项，适用本章规定。"其具体情况如下：

（一）可以背书转让的票据

在我国，可依法背书转让的票据包括汇票、本票和支票。汇票按照不同的分类方法可分为银行汇票和商业汇票，即期汇票和远期汇票。

（二）可以申请公示催告的其他事项

依据我国现行法律的规定，可以申请公示催告的其他事项，主要是指股票和提单。

1. 股票

《公司法》第144条："记名股票被盗、遗失或者灭失，股东可以依照《中华人民共和国民事诉讼法》规定的公示催告程序，请求人民法院宣告该股票失效。人民法院宣告该股票失效后，股东可以向公司申请补发股票。"正好相反，由于无记名股票的转让无须背书，该种股票被盗、遗失或者灭失，不得适用公示催告程序。

2. 提单等提货凭证

《中华人民共和国海事诉讼特别程序法》第100条："提单等提货凭证持有人，因提货凭证失控或者灭失，可以向货物所在地海事法院申请公示催告。"《海事诉讼特别程序法》的这一规定，为海事法院处理提单遗失等非诉讼案件，提供了法律依据和程序途径。比较一下《民事诉讼法》，不难看出，《海事诉讼特别程序法》与之不同的是，它对公示催告程序作了一个补充和两个不同的规定：一个补充是，对公示催告的对象作了范围扩充，使催告对象从可以背书转让的票据扩展到提单提货凭证；第一个不同的规定是申请催告的原因不同，票据公示催告的原因是"被盗、遗失或者灭失"，而提单提货凭证的公示催告原因是"提货凭证失控或者灭失"；第二个不同规定的是案件管辖不同，票据公示催告是向"票据支付地的基层人民法院申请"，提单提货凭证公示催告是向"货物所在地海事法院申请"。

【司考真题】

1. 下列哪一项表述符合公示催告程序的法律规定？（2005－3－40，单）

A. 公示催告程序只适用于基层人民法院

B. 公示催告程序仅适用于各种票据的公示催告

C. 除权判决应当宣告票据是否无效

D. 当事人不服法院的除权判决，可以提起上诉

2. 下列关于公示催告程序特点的哪些说法是正确的？（2006－3－76，多）

A. 公示催告程序仅适用于基层人民法院

B. 公示催告程序实行一审终审

C. 公示催告程序中没有答辩程序

D. 公示催告程序中没有开庭审理程序

3. 根据我国民事诉讼法的规定，下列哪些案件的审理程序中公告是必经的程序？（2007－3－82，多）

A. 甲在车祸中导致精神失常，其妻向法院申请要求认定甲为无民事行为能力人

B. 2005 年 1 月乙被冲入大海后一直杳无音信，2007 年 3 月其妻向法院申请宣告乙死亡

C. 丙拿一张 5 万元的支票到银行兑现，途中遗失，丙向银行所在地的区法院提出申请公示催告

D. 某施工单位施工时挖出一个密封的金属盒，内藏一本宋代经书，该施工单位向法院申请认定经书及盒子为无主财产

第二节　公示催告案件的审理

一、公示催告的申请

（一）申请公示催告的主体

公示催告程序依申请人的申请而开始，法院不得依职权启动。

根据《民事诉讼法》第 218 条的规定，申请人必须是按照规定可以背书转让的票据的持有人或者依照法律规定可以申请公示催告的其他事项的拥有人。而《民诉意见》第 226 条规定：“民事诉讼法第一百九十三条规定的票据持有人，是指票据被盗、遗失或者灭失前的最后持有人。”

（二）公示催告案件的管辖

根据《民事诉讼法》第 218 条的规定，公示催告案件由票据支付地的基础人民法院管辖。

（三）公示催告的方式

公示催告程序应当采用书面方式，即申请人应当向人民法院提交申请，根据《民事诉讼法》第 218 条第 2 款规定：“申请人应当向人民法院递交申请书，写明票面金额、发票人、持票人、背书人等票据主要内容和申请的理由、事实。”

（四）依法交纳案件受理费

《民诉意见》第 134 条规定：“向人民法院申请公示催告的，每件交纳申请费 100 元。申请费和公告费由申请人负担。”

二、审查与受理

人民法院收到公示催告的申请后，应当立即审查，并决定是否受理。审查的内容主要包括：申请人是否具备主体资格，申请的对象是否属于公示催告的适用范围，申请的事由是否符合法律规定，受理申请的人民法院是否有管辖权，申请的形式是否合法完备等。经审查认为符合受理条件的，通知予以受理，并同时通知支付人停止支付；认为不符合受理条件的，七日内裁定驳回申请。

三、发出停止支付通知

人民法院决定受理申请，应当同时通知支付人停止支付。支付人收到人民法院停止支付的通知，应当停止支付，至公示催告程序终结。

人民法院依照民事诉讼法第 219 条规定通知支付人停止支付，应符合有关财产保全的规定。支付人收到停止支付通知后拒不支付的，除可依照民事诉讼法第 111 条、第 114 条规定采取强制措施外，在判决后，支付人仍应承担支付义务。支付人收到人民法院停止支付的通知，应当停止支付，至公示催告程序终结。公示催告期间，转让票据权利的行为无效。

四、发出公示催告的公告（权利申报公告）

人民法院决定受理申请，应该在三日内发出公告，催促利害关系人申报权利。公示催告的期间，由人民法院根据情况决定，但不得少于六十日。

五、利害关系人的申报权利

利害关系人应当在公示催告期间向人民法院申报。利害关系人申报的权利能够成立的，应当裁定终结公示催告程序。

【司考真题】

4. 甲公司因票据遗失向法院申请公示催告。在公示催告期间届满的第 3 天，乙向法院申报权利。下列哪一说法是正确的？（2012－3－46，单）

A. 因公示催告期间已经届满，法院应当驳回乙的权利申报

B. 法院应当开庭，就失票的权属进行调查，组织当事人进行辩论

C. 法院应当对乙的申报进行形式审查，并通知甲到场查验票据

D. 法院应当审查乙迟延申报权利是否具有正当事由，并分别情况作出处理

5. 甲公司因遗失汇票，向 A 市 B 区法院申请公示催告。在公示催告期间，乙公司向 B 区法院申报权利。关于本案，下列哪些说法是正确的？（2009－3－89，多）

A. 对乙公司的申报，法院只就申报的汇票与甲公司申请公示催告的汇票是否一致进行形式审查，不进行权利归属的实质审查

B. 乙公司申报权利时，法院应当组织双方当事人进行法庭调查与辩论

C. 乙公司申报权利时，法院应当组成合议庭审理

D. 乙公司申报权利成立时，法院应当裁定终结公示催告程序

【案例讨论 1】

A 公司从 B 纺织厂购进一批羊毛衫。为支付货款，A 向 B 厂开具了 10 万元货款的汇票，汇票付款人为 C 银行，付款期限为出票后 15 天。B 厂经销员拿到汇票后，声称不慎于第 3 日遗失。B 厂随即向 C 银行所在地的区人民法院申请公示催告。人民法院接到申请后第 2 天即受理，并通知了付款人停止支付。第 3 天发出公告，限利害关系人在公告之日起三个月内到人民法院申报，否则，人民法院将根据申请人的申请，宣告票据无效。后来 D 持汇票到人民法院申报，并声称汇票是用 6 万元从经销员手里买的。人民法院接到申报后，裁定终结公示催告程序，并通知 B 厂和 C 银行。于是，B 厂向人民法院起诉。

问 1. B 厂是否有资格申请公示催告，其理由如何？

问 2. 区法院的公示催告程序是否正确？

问 3. B 厂向人民法院起诉的法律依据何在？

第三节　除权判决

一、除权判决的概念

公示催告期间届满后，无利害关系人申报权利，或者申报被依法驳回的，人民法院应根据申请人的申请，作出宣告票据无效的判决，这种判决称为除权判决。人民法院作出除权判决，必须根据公示催告申请人的申请，人民法院不能依职权主动作出除权判决。除权判决不确认票据关系人之间的权利义务，只判决票据无效的问题。

【考研真题】

名词解释：除权判决（北京大学 2000 年）（西北政法 2006 年）

二、除权判决申请的条件

（一）时间要件。公示催告申请人应自申报权利期间届满的次日起一个月内申请人民法院作出判决。逾期不申请判决的，终结公示催告程序。

（二）原因要件。在申报权利的期间没有人申报的，或者申报被驳回的。利害关系人申报权利，人民法院应通知其向法院出示票据，并通知公示催告申请人在指定的期间察看该票据。公示催告申请人申请公示催告的票据与利害关系人出示的票据不一致的，人民法院应当裁定驳回利害关系人的申报。

（三）管辖条件。申请人必须向原受理公示催告申请的人民法院提出。

三、除权判决的审理与公告

适用公示催告程序审理案件，可由审判员一人独任审理；判决宣告票据无效的，应当组成合议庭审理。因此，除权判决应该由合议庭审查和评议，审查的主要内容是申请人的申请是否符合法定的条件，是否具备作出宣告票据无效判决的条件。合议庭经过审查确信除申请人外没有其他利害关系人的，应当判决原票据无效。除权判决应当公告，并通知支付人。除权判决一旦作出并公告，票据权利即与票据相分离。

四、除权判决的效力

（一）票据失去效力。判决作出后，该票据不再具有法律效力。即持有票据的利害关系人不能行使票据上的权利，票据支付人可以拒绝向持票人支付。

（二）失票人恢复权利丧失票据的权利人（即公示催告申请人）虽不持有票据，但其恢复了票据权利。申请人以外的人不再享有票据上的任何权利。

（三）公示催告程序终结。公示催告程序实行一审终审，除权判决作出后，公示催告程序结束，当事人不得提起上诉。利害关系人主张票据权利的，应该在法定期间内向人民法院起诉。

五、对利害关系人权利的救济

没有申报权利的利害关系人不服人民法院宣告票据无效的除权判决，在法定期间内，可以向作出除权判决的人民法院另行起诉。《民事诉讼法》第 223 条规定："利害关系人因正当理由不能在判决前向人民法院申报的，自知道或者应当知道判决公告之日起一年内，可以向作出判决的人民法院起诉。"

利害关系人另行起诉必须同时具备下列条件：第一，利害关系人在判决前没有向人民法院申报权利。如果利害关系人在除权判决前已经向人民法院申报权利，只是其申报被依法驳回的，该利害关系人就不得另行起诉。第二，利害关系人没有申报权利有正当理由。利害关系人没有在法定期间申报权利，必须具有正当的理由，并由利害关系人为此承担举证责任。利害关系人故意或者因过失未能在公示催告期间申报权利的，不得另行起诉。第三，利害关系人必须在知道或者应该知道判决公告之日起 1 年内另行起诉。超过上述期限的，法院不予受理。"应当知道"是指利害关系人主观上不明了判决公告是由于自己未尽必要注意的情况。第四，利害关系人必须向作出除权判决的人民法院提起诉讼。第五，利害关系人只能以公示催告申请人为被告另行起诉。

【司考真题】

6. 甲的汇票遗失，向法院申请公示催告。公告期满后无人申报权利，甲申请法院作出了除权判决。后乙主张对该票据享有票据权利，只是因为客观原因而没能在判决前向法院申报权利。乙可以采取哪种法律对策？（2007－3－46，单）

A. 申请法院撤销该除权判决

B. 在知道或者应当知道判决公告之日起一年内，向作出除权判决的法院起诉

C. 依照审判监督程序的规定，申请法院对该案件进行再审

D. 在 2 年的诉讼时效期间之内，向作出除权判决的法院起诉

7. 从民事诉讼法的规定来看，督促程序和公示催告程序具有下列哪些共同特点？（2004－3－74）

A. 程序的启动是基于权利人的申请，无答辩程序

B. 程序设计上无开庭审理阶段

C. 都设置了义务人或利害关系人申报权利的程序

D. 对法院的处理结果不服者，均不能提出上诉，也不能申请再审

8. 2008 年 8 月，出票人甲向乙签发一张汇票，乙不慎将其遗失。丙拾得该汇票，在伪造乙的签章后背书转让给丁。关于该事例，下列哪一选项是正确的？（2008 延 -3 -32，单）

A. 乙应当先办理挂失止付，再在 3 日内向法院申请公示催告

B. 若甲得知票据遗失的事实，其有权向法院申请公示催告

C. 无论是否已经启动公示催告程序，若丁不知丙伪造签章的事实而受让该汇票，其构成善意取得

D. 丙的行为构成民法上的欺诈，乙可以主张撤销

9. 甲公司因遗失一张汇票向 A 县法院申请公示催告，在公示催告期满后，乙公司向 A 县法院申报权利。经审查，乙公司的权利申报成立。法院应当如何处理此案？（2008 延 -3 -34，单）

A. 法院应当直接判决汇票权利归乙公司享有

B. 法院应当裁定将公示催告程序转为普通程序审理此案

C. 因乙公司未能在公示催告期间届满前申报权利，法院应当作出除权判决

D. 法院应当裁定终结公示催告程序

【案例讨论 2】

1994 年 5 月 10 日，A 市“银利”公司业务经理王某乘车时不慎将包丢失，内有一张本公司的可以背书转让的汇票，票面金额为 10 万元，付款人为 B 市工商银行。王某遂到公司所在地基层人民法院报案。人民法院审查后，当即决定受理。5 月 12 日，人民法院通知 B 市工商银行停止支付。5 月 15 日，人民法院发出公告，催促利害关系人申报权利，公告期 3 个月。8 月 20 日，个体户张某向该人民法院申报权利，称其于 6 月 10 日经刘某背书转让得到了该汇票，并且出示了该汇票。人民法院称申报期已过，驳回了张某的申报。人民法院由 1 名审判员独任审理了该案，并于 9 月 3 日判决宣告该汇票无效。“银利”公司经理王某凭判决向 B 市工商银行要求付款，B 市银行工商银行称“银利”公司没有汇票，无权请求付款，拒绝支付。

1. 本案有哪些程序上的错误？

2. 张某应如何主张自己的权利？

【本章小结】

公示催告程序，是 1991 年 4 月 9 日公布的《中华人民共和国民事诉讼法》新增加的一种程序，它是为了解决因票据被盗、遗失或者灭失而引起的票据权利主体不明问题的。根据《中华人民共和国民事诉讼法》关于公示催告程序的规定：按照规定可以背书转让的票据被盗、遗失或者灭失，该票据在被盗、遗失或者灭失前的最后持有人，可以向票据支付地的基层人民法院申请公示催告。本案申请人是本案涉及的银行承兑汇票被盗前的最后持有人。公示催告，目的在于催促利害关系人在规定的时期内向受理申请的法院申报权利，并且依规定期间内有无利害关系人申报权利而产生不同的法律后果：有人申报的，公示催告程序终结，申请人或者申报人可以另行起诉，依普通程序解决票据权利的归属。无人申报的，人民法院就根据申请人的申请，作出判决，宣告票据无

效，申请人取得向支付人请求履行支付义务的权利。公示催告程序在非讼程序中具有其独特性，具体体现在：公示催告程序由公示催告和除权判决两个阶段构成；公示催告程序的两个阶段均由申请人申请启动；公示催告程序的两个阶段可以由两个不同的审判组织进行审理；公示催告程序主要适用书面审查和公告的方式进行审理。

【考研重点提示】

1. 我国公示催告程序适用的范围是什么。
2. 法院作出除权判决须具备哪些条件？
3. 撤销除权判决须具备哪些条件？
4. 除权判决及其法律效力是什么。
5. 除权判决作出后，如何对利害关系人进行权利救济？

【知识拓展文献】

廖中洪：《民事诉讼法学》，厦门大学出版社，2006 年版。

邵明：《民事诉讼法理研究》，中国人民大学出版社，2004 年版，第 366 - 376 页。

陈荣宗、林庆苗：《民事诉讼法》，三民书局，2003 年版，第 1149 - 1172 页。

刘学在：《公示催告程序的立法完善》，载"辽宁大学学报（哲学社会科学版）"，203 年第 4 期。

【司考真题答案与解析】

1. A。根据《民事诉讼法》第 218 条，按照规定可以背书转让的票据持有人，因票据被盗、遗失或者灭失，可以向票据支付地的基层人民法院申请公示催告。因此，选项 A 是正确选项。

2. ABCD。根据《民事诉讼法》第 218 条的规定，公示催告可以向票据支付地的基层人民法院申请，故 A 项正确。人民法院对公示催告案件无论用判决还是裁定方式结案，当事人均不得提起上诉，实行一审终审，故 B 项正确。公示催告程序中没有对立的双方当事人，属于非诉程序，不适用答辩程序和开庭审理程序，故 C 项、D 项正确。

3. BCD。A 依据《民事诉讼法》第 188 条，认定行为能力的特别程序不需要公告，可能需要鉴定，故 A 项不选。

4. C。《民诉意见》第 231 条规定，利害关系人申报权利，人民法院应通知其向法院出示票据，并通知公示催告申请人在指定的期间察看该票据。故 C 选项说法正确，当选。

5. AD。《民诉意见》第 231 条规定，利害关系人申报权利，人民法院应通知其向法院出示票据，并通知公示催告申请人在指定的期间察看该票据。公示催告申请人申请公示催告的票据与利害关系人出示的票据不一致的，人民法院应当裁定驳回利害关系人的申报。因此，A 项正确，BC 项错误。

《民事诉讼法》第 221 条第 2 款规定，人民法院收到利害关系人的申报后，应当裁定终结公示催告程序，并通知申请人和支付人。《民诉意见》第 230 条规定，利害关系人在公示催告期间向人民法院申报权利的，人民法院应当裁定终结公示催告程序。利害关系人在申报期届满后，判决作出之前申报权利的，同样应裁定终结公示催告程序。因此，D 项正确。

6. B。《民事诉讼法》第 222 条：（票据的利害关系人）没有人申报的，人民法院应当根据申请人的申请，作出判决，宣告票据无效。判决应当公告，并通知支付人。自判决公告之日起，申请人有权向支付人请求支付。第 223 条，利害关系人因正当理由不能在判决前向人民法院申报的，自知道或者应当知道判决公告之日起一年内，可以向作出判决的人民法院起诉。由此，本题 B 是正确答案。

7. ABD。督促程序中没有设置“申报权利”的程序。

8. B。《票据法》第 15 条规定，失票人应当在通知挂失止付后三日内，也可以在票据丧失后，依法向人民法院申请公示催告，或者向人民法院提起诉讼。根据法律规定，向法院申请公示催告不一定非得先办理挂失止付，也可以在票据丧失后直接进行。故 A 项说法错误。

《民事诉讼法》第 220 条规定：“公示催告期间，转让票据权利的行为无效。”根据法律规定，一旦启动公示催告程序，公示催告期间转让票据权利的行为是无效行为，故选项 C 的说法错误。

丙、丁之间发生的债权债务法律关系，此种法律关系具有相对性，只有丁有权撤销，乙无权撤销。因此，D 项错误。根据排除法可知本题的正确项为 B 项。

9. D《最高人民法院关于适用〈中华人民共和国民事诉讼法〉若干问题的意见》第 230 条规定，利害关系人在公示催告期间向人民法院申报权利的，人民法院应当裁定终结公示催告程序。利害关系人在申报期届满后，判决作出之前申报权利的，同样应裁定终结公示催告程序。本题中，乙公司是在申报期满后，判决作出之前申报权利的，所以法院应当裁定终结公示催告程序，故本题的正确答案为 D。

【案例剖析】

【案例剖析 1】

1. 汇票遗失后，B 厂向人民法院申请公示催告是正确的。我国票据法第 15 条第 3 款规定：“失票人可以在票据丧失后，依法向人民法院申请公示催告。”另外我国《民事诉讼法》第 218 条第一款也规定：“按照规定可以背书转让的票据持有人，因票据被盗、遗失或者灭失，可以向票据支付地的基层人民法院申请公示催告。”在本案中，B 厂所持有的汇票属于可以背书转让的票据，因汇票遗失，B 厂可以向 C 银行所在地的区人民法院申请公示催告。

2. 区法院的公示催告程序合法正确。《民事诉讼法》第 219 条规定：“人民法院决定受理申请，应当同时通知支付人停止支付，并在三日内发出公告，催促利害关系人申报权利。公示催告的期间，由人民法院根据情况决定，但不得少于六十日”。在本案中，人民法院受理的当天就通知付款人停止付款，并在第三天发布了限利害关系人三个月内申报的公告，其程序和步骤是合法正确的。

3. D 持汇票向法院申报后，法院裁定终结公示催告程序，B 厂向法院起诉都是正确的。《民事诉讼法》第 221 条第 2 款规定：“人民法院收到利害关系人的申报后，应当裁定终结公示催告程序，并通知申请人和支付人”。在本案中，D 是持票人，票据被宣告无效与否直接涉及其权利，其有权申报。法院接到 D 的申报后，由于票据纠纷难以在催告程序中解决，所以依法裁定终结公示催告程序。但是，公示催告程序终结并不等于票据纠纷就不解决了。《民事诉讼法》第 221 条第 3 款规定："申请人或申报人可以向人民法院起诉"，《票据法》第 15 条第 3 款也有类似规定。因此，B 厂在公示催告程序终结后，向人民法院起诉是合法正确的。

【案例剖析 2】

评析：这是一起适用公告催示程序的民事案件。涉及公示催告程序中的几个法律问题，《民事诉讼法》和《民诉意见》对此作了规定。

1. 本案中程序上的错误主要有：

（1）《民事诉讼法》第 218 条规定："按照规定可以背书转让的票据持有人，因票据被盗、遗失或者灭失，可以向票据支付地的基层人民法院申请公示催告。"所以本案中，王某应向付款地基层人民法院，即 B 市工商银行所在地的基层人民法院申请公示催告，而不应向"银利"公司所在地，即 A 市基层人民法院申请。

（2）《民事诉讼法》第 219 条规定："人民法院决定受理申请，应当同时通知支付人停止支付，并在 3 日内发出公告，催促利害关系人申报权利。"本案中，人民法院 5 月 10 日决定受理案件，2 日后才通知付款人停止支付，5 日后才发布公告，违反了上述法律规定。

（3）《民诉意见》第 230 条规定："利害关系人在公示催告期间向人民法院申报权利的，人民法院应当裁定终结公示催告程序。利害关系人在申报期满后，判决作出之前申报权利的，同样应裁定终结公示催告程序。"本案中，张某申报权利时虽已过了申报期限，但人民法院尚未作出判决，所以，人民法院不应因张某在申报期满后申报而驳回其申报。不过《民事诉讼法》第 222 条第 2 款规定："公示催告期间，转让票据权利的行为无效。"张某是在公示催告期间取得该票据，其权利请求没有法律依据，所以人民法院仍应裁定驳回请求。

（4）《民诉意见》第 234 条规定："适用公示催告程序审理案件，可由审判员一人独任审理；判决宣告票据无效的，应当组成合议庭审理。"所以，本案中，由审判员一人独任审理并判决宣告汇票无效的做法是错误的。

第六编

执行程序篇

第十九章

执行程序的一般规定

本章知识结构图

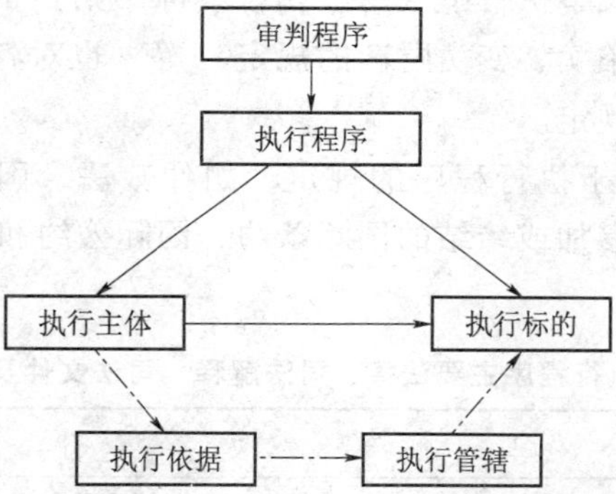

第一节　执行与执行程序概述

一、执行

所谓执行，也称强制执行，是指执行机构依照法定程序采取强制性的执行措施，迫使拒绝履行义务的当事人履行生效法律文书确定的义务，从而实现债权人权利的法律行为。具体而言，这一概念包括以下几层意义：

1. 执行须由具有执行权的执行机构依法实施，严禁有关单位、组织或公民个人以私力进行；

2. 执行应以执行根据，即生效的法律文书为前提。没有生效的法律文书作为执行根据，执行就不能启动；

3. 执行具有很强的支配性与强制性，是一种在国家公权力作用下的强制性行为，通常需要借助各种强制措施来完成；

4. 执行的程序具有法定性。执行由一系列程序规范组成，执行主体必须遵循这些规范进行活动，才能产生相应的法律效果。

二、执行程序

执行程序是指执行机构依照法律规定，采取强制性的执行措施迫使拒绝履行义务的当人履行义务、实现债权人权利的阶段与过程的总和。这些阶段与过程，均须由相关法律预先作出规范。

由于我国目前尚采取将执行程序的主要规范与一般的诉讼程序规范共同置于一个民事诉讼法典当中的混合立法体例，而未制定独立、完整的强制执行法，因此关于我国执行程序的法律规范，其渊源仍比较复杂，主要包括以下三个部分：

1. 民事诉讼法总则部分的分散规定与第三编有关执行程序的集中规定。这是目前关于我国执行程序法律规范的主要渊源。

2. 最高人民法院的相关司法解释。例如，《最高人民法院关于适用〈中华人民共和国民事诉讼法〉若干问题的意见》中，有50条关于执行程序具体适用的解释；而《最高人民法院关于人民法院民事执行中查封、扣押、冻结财产的规定》、《最高人民法院关于人民法院民事执行中拍卖、变卖财产的规定》等，也对各种执行措施的适用条件、程序等作出了较为详细的规定。

3. 其他法律法规中关于执行程序的规定，如仲裁法、国家赔偿法、行政诉讼法、海事诉讼程序法以及我国参加或缔结的国际条约、国际公约和双边条约中关于执行程序的规定。

我国目前有关执行程序主要法律、司法解释、司法文件及其简称一览表

全　称	简称
中华人民共和国民事诉讼法（2012年8月31日修正）	民事诉讼法
最高人民法院关于适用《中华人民共和国民事诉讼法》若干问题的意见（1992年7月14日）	民诉意见
最高人民法院关于人民法院执行工作若干问题的规定（试行）（1998年7月8日）	执行工作规定
最高人民法院关于人民法院民事执行中查封、扣押、冻结财产的规定（2004年11月4日）	查扣冻规定
最高人民法院关于人民法院民事执行中拍卖、变卖财产的规定（2004年11月15日）	拍卖变卖规定
最高人民法院关于人民法院执行设定抵押的房屋的规定（2005年12月14日）	执行设抵房屋规定
最高人民法院关于适用《中华人民共和国民事诉讼法》执行程序若干问题的解释（2008年11月3日）	执行程序解释
最高人民法院关于限制被执行人高消费的若干规定（2010年7月1日）	限制高消费规定
最高人民法院、中国人民银行关于依法规范人民法院执行和金融机构协助执行的通知（2000年9月4日）	金融执行通知
最高人民法院、国土资源部、建设部关于依法规范人民法院执行和国土资源房地产管理部门协助执行若干问题的通知（2004年2月10日）	房地产执行通知

三、执行程序与审判程序的关系

在我国，执行程序和审判程序都属于民事诉讼程序的有机组成部分，二者既有联系又有区别。联系主要体现在：一方面，它们都体现了国家公权力的作用，都是通过国家公权维护当事人私权的方式；另一方面，在通过民事诉讼方式解决民事纠纷且债务人拒绝履行义务时，两个程序相互衔接，功能相辅相成，即民事审判程序是民事执行程序的前提和基础，而民事执行程序是民事审判程序的继续和发展。区别主要体现在：首先，设置目的不同。执行程序设置的目的是实现生效法律文书中确定的给付内容，而审判程序设置的目的是解决民事纠纷，确认民事实体权利义务关系。其次，权力基础不同。执行程序的权力基础是执行权，而审判程序的权力基础则是审判权；再次，基本内容不同。执行程序是由多种执行方式和执行措施构成的单一性程序制度，而审判程序是由一审、二审、再审等多种程序制度构成的复合程序制度，其中既有审理民事争议案件的各种普通程序，又有审理非讼案件的各种特别程序。

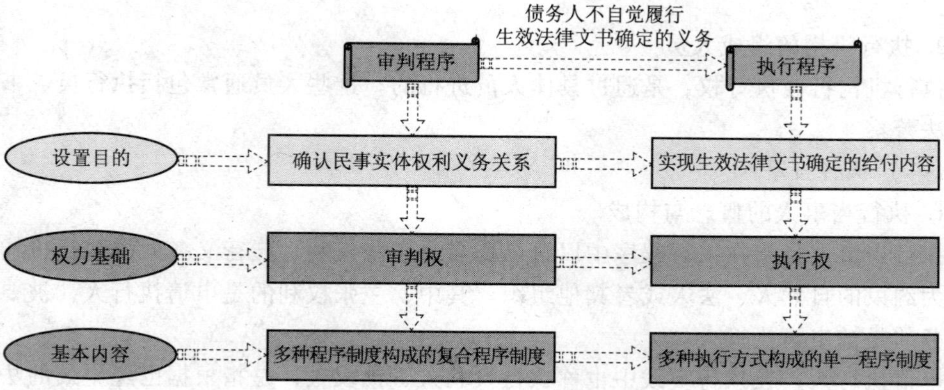

审判程序与执行程序的主要区别

【司考真题】1. 关于民事审判程序与民事执行程序的关系，下列哪些说法是错误的？(2009－3－86 多)

A. 民事审判程序是确认民事权利义务的程序，民事执行程序是实现民事权利义务关系的程序

B. 法院对案件裁定进行再审时，应当裁定终结执行

C. 民事审判程序是民事执行程序的前提

D. 民事执行程序是民事审判程序的继续

第二节 执行主体与执行标的

一、执行主体

执行主体是指在执行法律关系中，依照法律规定享有权利和承担义务，并能引起执

行程序发生、变更或终结的组织和个人，主要包括执行机构和执行当事人。

（一）执行机构

1. 执行机构的设置与职权

（1）设置

目前，我国的执行机构设在人民法院。地方各级人民法院和最高人民法院，都设立了专门的执行机构。其中，地方各级人民法院的执行机构称为执行局或执行庭，最高人民法院的执行机构称为执行工作办公室。

（2）职权

根据我国《民事诉讼法》以及《执行工作规定》的有关规定，地方各级人民法院的执行机构具有执行命令、执行实施和执行裁判的职权。执行命令就是责令债务人、协助执行人及其他有关人员履行法定义务；执行实施就是采取强制性的执行措施迫使债务人履行实体义务；执行裁判则是对在民事执行程序中发生的争议和纠纷进行裁断与判定。此外，中级以上人民法院的执行机构还具有执行监督、执行指导和执行协调的职权。[①]

2. 执行机构的组成人员

执行机构行使执行权，是通过具体人员进行的。这些人员通常包括执行员、书记员和司法警察。

（二）执行当事人

1. 执行当事人的概念与构成

执行当事人是指在执行程序中以自己的名义主张权利、履行义务并受执行机构的执行行为约束的自然人、法人或者其他组织。其中，主张权利的是申请执行人，被要求履行义务的是被申请执行人。

申请执行人，在执行实践中也称执行权利人、债权人，是指根据已经生效的法律文书，有权向人民法院要求强制执行以实现实体权利的人。申请执行人既可以是中国公民、法人、非法人团体，也可以是外国公民、无国籍人、外国企业和组织。申请执行人有申请执行、变更执行请求数额、自行和解、撤回执行申请等权利。

被申请执行人，在执行实践中也称执行义务人、债务人，是指在执行过程中，被要求完成生效法律文书所确定义务的人。被申请执行人在人民法院采取执行措施时，有要求保留本人及其所扶养家属的生活必需品等权利。

2. 执行当事人的变更或追加

一般来说，执行当事人是依执行根据的内容确定的，即生效法律文书确定的权利人和义务人就是执行程序中的申请执行人和被申请执行人。但是在执行程序开始后，由于一些特殊情况的出现，执行当事人也可能会发生变更或追加。

（1）申请执行人的变更

法律文书发生效力后，该法律文书确定的债权依法由他人继受，该继受人即有权向人民法院申请强制执行，从而引起申请执行人的变更。此种变更通常发生在两种情况之

---

① 宋朝武．民事诉讼法学．厦门大学出版社，2008：440－441.

下：一是作为申请执行人的公民死亡，由其继承人继承其在执行程序中的权利。但是，追索赡养费、抚育费、扶养费案件的权利人死亡的，不会发生申请执行人变更的情形。二是作为申请执行人的法人或其他组织在执行程序中发生了合并、分立、终止，继受其权利的法人或其他组织成为申请执行人。

（2）被申请执行人的变更与追加

在执行过程中，因发生法定事由而由生效法律文书确定的债务人以外的其他自然人、法人或其他组织履行义务，即会引起被申请执行人的变更或追加。其中，原债务人完全退出执行程序，由其他人承担其义务的，称为被申请执行人的变更或执行承担；而在原债务人不退出执行程序的同时，追加其他人承担义务的，则称为被申请执行人的追加。具体而言，被申请执行人的变更或追加主要有以下几种情形：

第一，作为被申请执行人的公民在执行程序中死亡，其继承人没有放弃继承权的，即变更为被申请执行人，但继承人承担的义务以其继承财产的范围为限。如果继承人放弃继承权的，则不发生被申请执行人变更的问题，可以直接执行其遗产。如果是非财产或者不能转化为财产的债务，由于这种债务是与被申请执行人的人身不可分离的，因此即使被申请执行人的继承人继承了遗产，法院也不能将其变更为被申请执行人。

第二，作为被申请执行人的法人或其他组织在执行程序中合并、分立的，其权利、义务由变更后的法人或其他组织承受，因此变更后的法人或其他组织成为新的被申请执行人。被撤销的，如果依有关实体法的规定有权利义务承受人的，执行机构可以裁定该权利义务承受人为被申请执行人。

第三，其他组织在执行程序中不能履行法律文书确定的义务的，人民法院可以裁定追加对该组织依法承担义务的法人或自然人为被申请执行人。

二、执行标的

（一）执行标的的概念

执行行为所指向和作用的，能够满足债权人实体权利请求的对象即为执行标的。

（二）执行标的的范围

根据最高人民法院1992年颁行的《民诉意见》第254条之规定，执行标的只能是财物或者行为，人身不能成为执行行为指向和作用的对象。

1. 财物

财物是指根据人民法院的生效法律文书，被申请执行人应当交付给申请执行人的金钱、物品或有价证券等财产，它是执行行为最常见的指向对象。具体而言，其通常表现为：（1）被申请执行人的收入和存款；（2）有体物，即被申请执行人享有所有权或处分权的各种动产与不动产，如机动车辆、房屋等；（3）无形财产权，即被申请执行人所享有的、具有财产价值和可转让性的、以非实物形态存在的财产权利，如债权、用益物权、知识产权、股权及其他权利等。被申请执行人的财物，原则上均可成为执行标的。但实体法和程序法基于维护社会安定、保障债务人基本生存条件或第三人利益等因素的考虑，也规定对于被申请执行人的特定财产，执行机构不得采取执行措施。

2. 行为

行为是指生效法律文书指定被申请执行人应当履行的一定行为，包括作为和不作为。行为成为执行标的，是执行实践的客观需要，因为债务人的行为，支配权在于债务人，债务人有完成该行为的可能性。无论在合同、侵权或其他债务纠纷中，法院均有可能在生效法律文书中依法判决债务人为一定的行为，如排除妨碍、继续履行合同、赔礼道歉、拆除违章建筑等，或者判决债务人在一定期限内不得为一定行为，或者永久性停止侵害等。对于可以替代履行的行为，人民法院可以委托有关单位或他人完成，因完成上述行为发生的费用由被申请执行人承担。对于只能由被申请执行人完成的行为，经教育其仍拒不履行的，人民法院应当按照妨害执行行为的有关规定处理。

【案例 1】 2010 年 4 月，X、Y、Z 共同出资成立了广告公司。2011 年 12 月 16 日，三人召开股东会，通过解散公司的股东会决议，但未成立清算小组。X 在与 Y、Z 协商成立清算组事宜无果的情况下，起诉到法院，要求二者即时成立清算组，进行清算。审理过程中，经法院主持调解，三人达成调解协议：2012 年 9 月 20 日前成立清算小组，对广告公司进行清算。但时至 11 月，虽经 X 多次催促，Y、Z 仍拒绝组成清算组。X 遂向法院申请强制执行。对此，法院应否受理？

第三节　执行根据与执行管辖

一、执行根据

（一）执行根据的概念与要件

执行根据，也称执行依据或执行名义，是指由有权机构依法制作的、载明债权人享有一定债权且债权人可据以请求执行的生效法律文书。

作为执行根据的生效法律文书，必须符合一定的条件。具体而言，应当具备形式和实质两方面要件。其中，形式要件主要包括：（1）必须是法律规定可以执行的法律文书；（2）须载明了债权人和债务人；（3）须表明了应该执行的范围、事项或具体内容。实质要件主要包括：（1）须已发生法律效力；（2）须具有给付内容且该内容具有可执行性；（3）债务人在规定的期限内没有履行其确定的义务。

（二）执行根据的种类

1. 人民法院制作的发生法律效力的法律文书。

2. 其他机构制作的发生法律效力的法律文书。这类执行根据主要包括：

（1）行政机关制作的依法应当由人民法院执行的行政处罚决定书和行政处理决定书；

（2）我国仲裁机构作出的仲裁裁决书、调解书；

（3）公证机关制作的依法赋予强制执行效力的债权文书；

（4）法律规定由人民法院执行的其他法律文书。

【案例 2】 原告李某在 2010 年 5 月 19 日拿欠条起诉至武宁县人民法院要求被告周某偿还欠款 9 000 元。该案在审理过程中经法官主持调解，原、被告双方就所欠金额进行了重新确认，被告周某向原告李某重新出具了一张金额为8 200元的欠条，并约定于2010年7月5日之前偿还欠款，该欠条还记载在法庭见证下确认结算账目。后原告撤回起诉，该案以裁定准许撤诉处理。2010年8月10日李某拿着经确认的欠条以周某仍不偿还欠款为由要求法院强制执行，法院能否立案受理？

二、执行管辖

执行管辖是指根据法律规定，在人民法院系统内部，划分上下级人民法院之间和同级人民法院之间受理执行案件的分工和权限。

（一）级别管辖与地域管辖

根据我国《民事诉讼法》第224条的规定，执行管辖分为两种基本类型：（1）执行根据为人民法院作出的生效法律文书的案件，由第一审人民法院或者与第一审人民法院同级的被执行的财产所在地人民法院管辖；（2）执行根据为其他机构作出的生效法律文书的案件，由被执行人住所地或者被执行的财产所在地人民法院管辖。结合《执行工作规定》等相关司法解释的有关规定，我国执行案件在上下级人民法院和同级人民法院之间的受理分工和权限主要体现在如下方面：

1. 级别管辖

级别管辖是指上下级人民法院之间受理执行案件的分工和权限。我国确定级别管辖的依据目前主要是执行案件的性质、影响的大小以及标的额的多少。

（1）基层法院管辖的执行案件主要包括：基层法院作为一审法院作出的生效法律文书；国内仲裁中的财产保全执行和证据保全执行，也由被申请人住所地或者申请保全的财产所在地和申请保全的证据所在地的基层人民法院执行；上级人民法院依法指定基层法院管辖的案件；其他案件。

（2）中级人民法院管辖的执行案件主要包括：中级人民法院作为一审作出的生效法律文书；仲裁裁决；经我国法院承认其效力的外国法院判决；经人民法院认可的台湾、香港、澳门地区仲裁裁决、法院判决；专利管理机关依法作出的处理决定和处罚决定，由被执行人住所地或者财产所在地的省、自治区、直辖市有权受理专利纠纷案件的中级人民法院执行；国务院各部门、各省、自治区、直辖市人民政府和海关依照法律、法规作出的处理决定和处罚决定，由被执行人住所地或者财产所在地的中级人民法院执行；上级人民法院依法指定管辖的案件。

（3）高级人民法院管辖的执行案件主要包括：高级人民法院作为一审法院作出的生效法律文书的执行案件；由高级人民法院提级执行的案件。

2. 地域管辖

地域管辖是指同一级别不同地域的法院受理执行案件的分工和权限。我国确定地域管辖的依据目前主要是案件的裁判法院或者被执行人住所地、被执行财产所在地与执行机构之间的空间关系。其中，由被执行人住所地或者被执行财产所在地人民法院管辖的执行案件主要包括以下几类：（1）仲裁裁决执行案件，以及在仲裁过程中通过仲裁机构提出的财产保全和证据保全的执行案件；（2）公证债权文书的执行案件；（3）行政机关申请执行行政处理决定和行政处罚决定的执行案件；（4）港澳地区做出的仲裁裁决及法院判决的执行案件；（5）申请执行海事仲裁裁决、承认和执行外国海事法院判决、裁定以及国外海事仲裁裁决的，向被执行的财产所在地或被执行人住所地海事法院提出，等等。

（二）共同管辖与选择管辖

两个以上的人民法院对同一执行案件都有管辖权，就会产生执行案件的共同管辖问题，其解决的方式主要就是作出有关选择管辖的规定。《执行程序工作》第15条规定："两个以上人民法院都有管辖权的，当事人可以向其中一个人民法院申请执行；当事人向两个以上人民法院申请执行的，由最先立案的人民法院管辖。"《执行程序解释》第2条规定："对两个以上人民法院都有管辖权的执行案件，人民法院在立案前发现其他有管辖权的人民法院已经立案的，不得重复立案。案后发现其他有管辖权的人民法院已经立案的，应当撤销案件；已经采取执行措施的，应当将控制的财产交先立案的执行法院处理。"

（三）指定管辖与提级执行

执行案件的管辖，原则上应当严格遵循法律规定而确定。但是在特定的情况下，也可由人民法院以裁定的方式予以确认或变更。这既是对法定管辖的必要补充，也是完善执行管辖制度的重要方法。根据现行法律和司法解释的有关规定，执行中的裁定管辖主要分为指定管辖和提级执行两种。

1. 指定管辖，是指基于执行管辖发生争议不能确定或者其他特殊原因，由上级法院通过裁定指明执行案件的管辖权。根据现行法律和司法解释的规定，指定管辖主要适用于以下三种情况：（1）人民法院之间因执行管辖权发生争议且协商不成的，由争议双方共同的上级人民法院指定管辖；（2）有管辖权的人民法院因特殊原因不能行使管辖权的，如法院工作人员被申请集体回避，法院遭遇水灾、地震等不可抗力等，应报请上级人民法院，向其说明情况，并由上级法院指定适当的其他法院执行；（3）实现上级人民法院对执行工作的管理或监督，如高级人民法院对于本院以及下级人民法院管辖的执行案件，认为要指定其他人民法院执行的，可以裁定指定其他人民法院管辖；对于最高人民法院函示指定执行的案件，应当裁定指定执行。

2. 提级执行，是指基层法院和中级人民法院管辖的执行案件，因特殊情况需要由上级人民法院执行的，可以报请上级人民法院执行；上级人民法院在特殊情况下也可以裁定执行依法应当由下级人民法院管辖的案件。根据现行法律和司法解释的规定，提级执行主要适用于以下几种情形：（1）人民法院自收到申请执行书之日起超过6个月未执行，申请执行人向上一级人民法院申请执行的，上一级人民法院可以决定由本院执行；（2）基层人民法院和中级人民法院管辖的执行案件，因特殊情况需要由上级人民法院执行的，可以报请上级人民法院执行；（3）对下级人民法院长期未能执结的案件，确有必要的，上级人民法院可以决定由本院执行或者与下级人民法院共同执行；（4）高级人民法院指令下级人民法院限期执结、逾期未执结需要提级执行的案件，高级人民法院可以裁定提级执行；下级人民法院报请高级人民法院提级执行，高级人民法院认为应当提级执行的案件，可以裁定提级执行；疑难、重大和复杂的案件，高级人民法院认为应当提级执行的，可以裁定提级执行；（5）最高人民法院函示高级人民法院提级执行的，收到函示的高级人民法院应当裁定提级执行。

（四）管辖权异议

管辖权异议是指当事人对人民法院就某一具体案件行使执行管辖权提出的不同意见，其是当事人享有的重要程序性权利。《执行程序解释》第3条规定："人民法院受理执行申请后，当事人对管辖权有异议的，应当自收到执行通知书之日起10日内提出。人民法院对当事人提出的异议，应当审查。异议成立的，应当撤销执行案件，并告知当事权的人民法院申请执行；异议不成立的，裁定驳回。当事人对裁定不服的，可以向上一级人民法院申请复议。管辖权异议审查和复议期间，不停止执行。"

【本章小结】

执行程序是民事诉讼的有机组成部分，是实现生效法律文书确定内容的重要途径和方式。因此，正确理解执行权的性质、执行程序与审判程序的关系、执行应遵循的基本原则等基本理论问题，进而指导执行实践、促进生效法律文书确定的内容得到迅速、充分的实现，也就具有重要的现实意义。此外，作为执行程序一般理论与运行基础的执行机构及其设置与职权、执行当事人的构成及其变更或追加、执行标的的范围、执行根据的种类、执行管辖的确定等，也均须做重点掌握与深刻理解。

【考研重点提示】

1. 如何理解执行权的性质？
2. 试述执行程序与审判程序的联系与区别。
3. 试述被申请执行人变更与追加的法定情形。
4. 如何理解执行标的的范围？
5. 对于执行管辖，《民事诉讼法》和相关司法解释有何具体规定？

【知识拓展文献】

1. 田平安主编：《民事诉讼法原理》，厦门大学出版社2009年版。
2. 谭秋桂著：《民事执行法学（第二版）》，北京大学出版社2010年版。
3. 杨荣馨主编：《〈中华人民共和国强制执行法（专家建议稿）〉立法理由、立法例参考与立法意义》，厦门大学出版社2011年版。

【司考真题答案与解析】

1. 答案：BCD。提示：《民事诉讼法》第206条规定：按照审判监督程序决定再审的案件，裁定中止原判决、裁定、调解书的执行，但追索赡养费、扶养费、抚育费、抚恤金、医疗费用、劳动报酬等案件，可以不中止执行。据此，B项错误。执行程序和审判程序既有联系又有区别。经审判程序处理的民事案件并非必然经过执行程序，执行程序所适用的案件也不只限于审判程序处理的案件范围。只有在通过民事诉讼方式解决民事纠纷且债务人拒绝履行义务时，两个程序才相互衔接。因此，CD项错误。

【本章案例剖析】

【案例剖析1】

组成清算组是一种行为，可以成为执行标的，因此本案应当属于执行案件的受案范围，法院应当受理X的执行申请。

【案例剖析 2】

执行根据只能是由有权机构依法制作的、载明债权人享有一定债权且债权人可据以请求执行的生效法律文书。法律未规定经法院审理确认的债权文书属于执行根据的范畴，因此法院不能据此立案受理。

第二十章

执行程序的推进

本章知识结构图

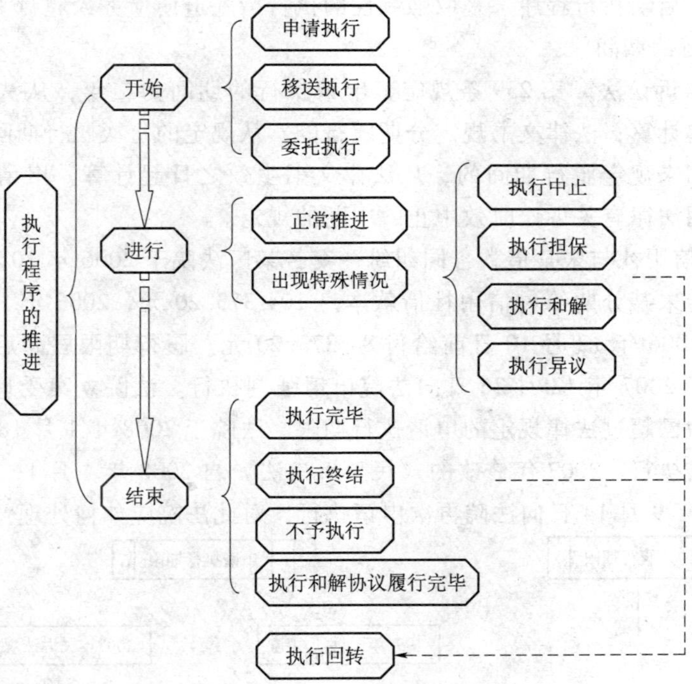

第一节　执行程序的开始

执行开始也即执行程序的启动，它需要具备一定的条件，同时也有一定的方式。

一、执行开始的条件

一般来说，执行程序只有在满足一定条件的情况下才能启动，否则极易造成权力滥用或者资源浪费。虽然我国《民事诉讼法》和《民诉意见》都没有明确执行开始的条件，但是《执行工作规定》第18条第1款对人民法院受理执行案件规定了六方面条件，可以视为执行开始的具体条件：(1) 申请或移送执行的法律文书已经生效；(2) 申请执行人是生效法律文书确定的权利人或其继承人、权利承受人；(3) 申请执行人在法定期限内提出申请；(4) 申请执行的法律文书有给付内容，且执行标的和被执行人明确；(5) 义务人在生效法律文书确定的期限内未履行义务；(6) 属于受申请执行的人民法院管辖。

二、执行开始的方式

根据我国《民事诉讼法》的规定，执行程序原则上经债权人申请而启动，在特殊情况下法院也可以不经债权人申请而依职权开始执行，同时人民法院也可能因得到其他法院的委托而启动执行程序。上述三种执行开始的方式分别称为申请执行、移送执行与委托执行。

（一）申请执行

申请执行是指债务人拒绝履行生效法律文书确定的给付义务时，债权人在法定期间内请求人民法院启动执行程序，采取强制性的执行措施迫使债务人履行义务的行为。

1. 申请执行的期间

我国《民事诉讼法》第239条规定，申请执行的期间为二年，从法律文书规定期间的最后一日起计算；法律文书规定分期履行的，从规定的每次履行期间的最后一日起计算；法律文书未规定履行期间的，从法律文书生效之日起计算。申请执行时效的中止、中断，适用法律有关诉讼时效中止、中断的规定。

【案例1】信用社与朱某借款合同纠纷一案，某区法院于2006年10月14日作出民事调解书，约定朱某分期给付信用社借款本息104 373.20元，2006年10月30日前给付20 000元，2006年12月10日前给付84 373.20元。履行期限届满后，朱某未履行义务，信用社于2007年12月26日向法院申请强制执行。法院立案受理后，朱某提出执行异议，认为已超过法律规定的申请执行期限。法院于2008年1月18日作出民事裁定书，裁定终结执行。2007年修改的《民事诉讼法》自2008年4月1日起施行后，信用社又于2008年9月14日向法院再次申请执行，对此法院应如何处理？①

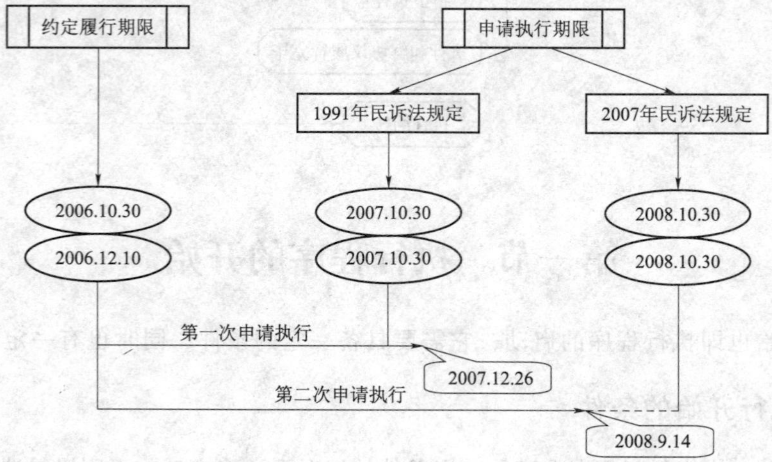

① 李斯武．新民诉法施行前已超过申请行期间的执行申请法院是否应当受理．法制与经济，2010 (1).

2. 申请执行的程序

根据《执行规定》第 20－23 条的规定，债权人申请执行时，应当依下列程序进行：

（1）提交有关文件和证件，主要包括：申请执行书；生效法律文书副本；申请执行人的身份证明；继承人或者权利承受人申请执行的，应当提交继承或者承受权利的证明文件；其他应当向人民法院提交的文件或者证件。申请执行仲裁机构的仲裁裁决，应当向人民法院提交有仲裁条款的合同书或仲裁协议书。申请执行国外仲裁机构的仲裁裁决的，应当提交经我国驻外使领馆认证或我国公证机关公证的仲裁裁决书中文本。

（2）缴纳相关费用。申请人民法院强制执行，应当按照人民法院诉讼收费办法的规定缴纳申请执行的费用。

除上述规定外，申请执行人还可以委托代理人代为申请执行。委托代理的，应当向人民法院提交经委托人签字或盖章的授权委托书，写明委托事项和代理人的权限。代理人代为放弃、变更民事权利，或代为进行执行和解，或代为收取执行款项的，应当有委托人的特别授权。

3. 申请执行的法律效果

根据我国《民事诉讼法》、《执行工作规定》的规定，对于符合条件的执行申请，人民法院应当在收到申请书 7 日内予以立案；对于不符合条件的申请，应当在 7 日内裁定不予受理。执行员接到申请执行书，应当向被执行人发出执行通知，并可以立即采取强制执行措施。

（二）移送执行

移送执行是指对于某些特殊的案件，人民法院审判庭依法主动将生效法律文书交付法院内部的执行机构，从而启动执行程序的行为。

移送执行是执行开始的一种特殊形式，它只适用于三种特定类型的生效法律文书：（1）具有给付赡养费、扶养费、抚育费内容的法律文书；（2）民事制裁决定书；（3）刑事附带民事判决、裁定、调解书。

（三）委托执行

委托执行是指债务人或者被执行的财产不在受理执行申请的人民法院辖区，受理执行申请的人民法院委托债务人的住所地或者被执行财产所在地的人民法院代为实施执行，以实现生效法律文书内容的行为。

1. 委托执行的条件

首先，人民法院只能将自己具有管辖权且已受理的执行案件委托给其他法院执行；其次，债务人在受理申请的人民法院辖区内无住所或已无可供执行的财产但在其他人民法院辖区内有确切的住所及可供执行的财产；再次，受托法院一般是与委托法院同级的人民法院。

2. 委托执行的程序

委托执行时，委托法院应当提供下列材料：（1）委托执行函；（2）据以执行的生效法律文书副本原件；（3）立案审批表；（4）有关案件情况说明，包括在本辖区无财产的调查材料、财产保全情况、被申请执行人财产状况、生效法律文书的履行情况等；

(5) 申请执行人地址、联系电话；(6) 被申请执行人身份证件或者营业执照复印件、地址、联系电话；(7) 委托法院执行员和联系电话；(8) 其他必要的案件材料等。需要委托执行的案件，委托法院应在立案后一个月内办妥委托执行手续。超过此期限委托的，应当经对方法院同意。

委托执行后，委托法院对被申请执行人财产已经采取查封、扣押、冻结等措施的，视为受托法院的查封、扣押、冻结措施。受托法院需要继续查封、扣押、冻结的，持委托执行函和立案通知书办理相关手续。续封续冻时，仍为原委托法院的查封冻结顺序。查封、扣押、冻结等措施的有效期限在移交受托法院时不足1个月的，委托法院应当先行续封或者续冻，再移交受托法院。

3. 委托执行的法律效果

受托法院收到委托函件后，必须在15日内开始执行，不得拒绝。执行完毕后，应当将执行结果及时函复委托法院；如果在30日内还未执行完毕，也应当将执行情况函告委托法院。受托法院自收到委托函件之日起15日内不执行的，委托法院可以请求受托法院的上级人民法院指令受托法院执行。

受托法院未能在6个月内将受托案件执结的，申请执行人有权请求受托法院的上一级人民法院提级执行或者指定执行，上一级人民法院应当立案审查，发现受托法院无正当理由不予执行的，应当限期执行或者作出裁定提级执行或者指定执行。

第二节　执行程序的进行

执行程序开始后，执行员应当向被申请执行人发出执行通知，并采取适当的执行措施，迫使其履行义务。若执行程序顺利进行，在法定期限内，执行目的即可实现，执行程序也将因此而结束。但在执行实践中，也可能出现诸多特殊情况，影响执行程序的正常推进。对此，我国民事诉讼法和相关司法解释也都作出了具体规定，以下详述之。

一、执行中止

执行中止是指执行程序启动后，由于出现法定事由，使执行工作不能继续下去，因此由执行机构裁定暂时中断执行程序，待法定事由消失后，执行程序再继续进行的制度。

(一) 执行中止的法定事由

1. 《民事诉讼法》规定的事由

(1) 申请人表示可以延期执行。

(2) 案外人对执行标的提出确有理由的异议。案外人对执行标的主张权利的，人民法院应当进行审查。异议无理由的应当驳回；异议确有理由的，须报请院长批准中止执行。

(3) 作为一方当事人的公民死亡，需要等待继承人继承权利或者承担义务。

(4) 作为一方当事人的法人或者其他组织终止，尚未确定权利义务承受人。

(5) 人民法院认为应当中止执行的其他情形。

2.《执行工作规定》设定的情形

（1）人民法院已受理以被执行人为债务人的破产申请的；

（2）被执行人确无财产可供执行的；

（3）执行的标的物是其他法院或仲裁机构正在审理的案件、争议标的物，需要等待该案件审理完毕确定权属的；

（4）一方当事人申请执行仲裁裁决，另一方当事人申请撤销仲裁裁决的；

（5）仲裁裁决的被申请执行人依据《民事诉讼法》第 237 条第 2 款的规定向人民法院提出不予执行请求，并提供适当担保的；

（6）按照审判监督程序提审或再审的案件，执行机构根据上级法院或本院作出的中止执行裁定书应中止执行。

【司考真题】1. 甲公司因与乙公司的合同纠纷向某仲裁委员会申请仲裁，甲公司的仲裁请求得到仲裁庭的支持。裁决作出后，乙公司向法院申请撤销仲裁裁决，法院在审查过程中，甲公司向法院申请强制执行仲裁裁决。关于本案，下列哪一说法是正确的？（2012－3－50 单）

A. 法院对撤销仲裁裁决申请的审查，不影响法院对该裁决的强制执行

B. 法院不应当受理甲公司的执行申请

C. 法院应当受理甲公司的执行申请，同时应当告知乙公司向法院申请裁定不予执行仲裁裁决

D. 法院应当受理甲公司的执行申请，受理后应当裁定中止执行

（二）执行中止后的恢复执行

执行中止的情形消失后，人民法院应当恢复执行，继续采取执行措施，以迫使债务人履行义务，实现债权人权利。根据《执行工作规定》第 104 条的规定，执行程序可以根据当事人的申请并经人民法院同意后恢复执行，也可以由人民法院依职权主动恢复。恢复执行应书面通知当事人。恢复执行实际上是对已经进行的执行程序的继续，因此原执行活动依然有效。

二、执行担保

执行担保是指在执行程序中，被申请执行人因马上履行执行债务确有困难，向人民法院提供担保并经申请执行人同意，从而获得暂缓执行期间的制度。

（一）执行担保的条件

1. 被申请执行人向执行法院提出申请。

2. 被申请执行人或者其他保证人向人民法院提供充分、可靠的担保。

3. 经申请执行人同意。

4. 由人民法院决定是否准许执行担保以及暂缓执行的期限。只有人民法院决定暂缓执行的，执行担保才能成立。

（二）执行担保的程序

1. 被申请执行人向人民法院提出申请。

2. 由被申请执行人向人民法院提供财产作担保或由第三人出面作担保。以财产作

担保的，应提交保证书；由第三人担保的，也应当提交担保书。被申请执行人或其担保人以财产向人民法院提供担保的，应当依据《中华人民共和国担保法》的有关规定，按照担保物的种类、性质，将担保物移交执行法院，或依法到有关机关办理登记手续。

3. 人民法院决定。被申请执行人提供担保后，经申请执行人同意，人民法院可以决定暂缓执行及暂缓执行的期限。如果担保是有期限的，暂缓执行的期限应与担保期限一致，但最长不得超过一年。

（三）执行担保的法律效果及救济

执行担保成立后，执行程序将暂缓进行。被申请执行人或者担保人对担保的财产在暂缓执行期间有转移、隐藏、变卖、毁损等行为的，人民法院可以恢复强制执行。被申请执行人在人民法院决定暂缓执行的期限届满后仍不履行义务的，人民法院可以直接执行担保财产，或者裁定执行担保人的财产，但执行担保人的财产以担保人应当履行义务部分的财产为限。人民法院在审理案件期间，保证人为被执行人提供保证，人民法院据此未对被申请执行人的财产采取保全措施或解除保全措施的，案件审结后如果被申请执行人无财产可供执行或其财产不足清偿债务时，即使生效法律文书中未确定保证人承担责任，人民法院也有权裁定执行保证人在保证责任范围内的财产。

【司考真题】 2. 在民事执行中，被执行人朱某申请暂缓执行，提出由吴某以自有房屋为其提供担保，申请执行人刘某同意。法院作出暂缓执行裁定，期限为六个月。对于暂缓执行期限届满后朱某仍不履行义务的情形，下列哪一选项是正确的？（2009－3－50 单）

A. 刘某应起诉吴某，取得执行依据可申请执行吴某的担保房产

B. 朱某财产不能清偿全部债务时刘某方能起诉吴某，取得执行依据可申请执行吴某的担保房产

C. 朱某财产不能清偿刘某债权时法院方能执行吴某的担保房产

D. 法院可以直接裁定执行吴某的担保房产

三、执行和解

执行和解是指在执行过程中，双方当事人自愿协商，就生效法律文书内容的履行达成协议，经人民法院批准并履行完毕后，结束执行程序的制度。

（一）执行和解的类型

在执行实践中，执行和解的类型十分复杂，我国相关法律、法规也并未作出明确分类。但是，1991 年最高人民法院《关于人民法院审理借贷案件的若干意见》中规定的几种执行和解情况，对执行实践具有十分重要的指导意义：

1. 以劳务抵偿债务的问题。在执行程序中，双方当事人协商以债务人劳务或其他方式清偿债务，只要不违反法律规定，不损害社会利益和他人利益的，应予准许，并将执行和解协议记录在案。

2. 以非执行标的的财物抵债的问题。在执行过程中，被申请执行人无钱还债，要求以其他财物抵偿债务，申请执行人同意的，人民法院应予准许。执行双方当事人可以协议作价或请有关部门合理作价，按判决数额将相应部分财物交付执行债权人。

3. 以有价证券抵债的问题。在执行过程中，被申请执行人无钱还债，要求以债券、股票等有价证券抵偿债务，执行债权人同意的，人民法院应予准许。

4. 以其他债权抵偿执行债务的问题。在执行过程中，被申请执行人要求以其他债权抵偿债务的，须经执行债权人同意并通知被申请执行人的债务人，办理相应的债权转移手续。

（二）执行和解的法律效果

虽然执行双方当事人达成的执行和解协议不属于法律文书，不具有法律上的强制执行效力，但是其经人民法院准许并被双方履行完毕后，将导致执行程序的结束，即人民法院做执行结案处理，执行机构不得再采取执行措施，执行债权人也不能再要求恢复执行。

（三）执行和解后的恢复执行

申请执行人因受欺诈、胁迫与被执行人达成和解协议，或者当事人不履行或不完全履行的，人民院可以根据对方当事人的申请，恢复对原生效法律文书的执行，但和解协议已履行的部分应当扣除。申请恢复执行原法律文书，适用民事诉讼法有关申请执行期限的规定。申请执行期限因达成执行中的和解协议而中止，其期限自和解协议所定履行期限的最后一日起连续计算。

【司考真题】 3. 法院受理甲出版社、乙报社著作权纠纷案，判决乙赔偿甲 10 万元，并登报赔礼道歉。判决生效后，乙交付 10 万元，但未按期赔礼道歉，甲申请强制执行。执行中，甲、乙自行达成口头协议，约定乙免于赔礼道歉，但另付甲一万元。关于法院的做法，下列哪一选项是正确的？（2010－3－45 单）

A. 不允许，因协议内容超出判决范围，应当继续执行生效判决

B. 允许，法院视为申请人撤销执行申请

C. 允许，将当事人协议内容记入笔录，由甲、乙签字或盖章

D. 允许，根据当事人协议内容制作调解书

四、执行异议

执行异议是指在执行程序中，执行当事人、利害关系人、案外人认为自己的合法权益因执行行为受到或可能受到侵害，依法向执行机构提出质疑以谋求相应保护和补救的制度。根据执行行为侵害的权益及具体救济方式的不同，可以将执行异议划分为关于程序问题的异议与关于实体问题的异议。

（一）关于程序问题的执行异议

1. 提起主体

可以对执行过程中的程序性问题提出异议的主体非常广泛，既包括执行双方当事人，也包括有关的利害关系人，还包括人民法院依法变更、追加为执行当事人的公民、法人或其他组织，因为在执行过程中，上述主体的合法权益都可能因违法执行行为而受到侵害。

2. 提起事由

对程序问题的执行异议，只能针对执行机构及其人员的违法执行行为而提起。具体

而言，主要涉及以下三类行为：(1) 责令债务人、利害关系人履行义务时作出的违法执行命令行为；(2) 采取执行措施、分配执行财产过程中的违法执行实施行为；(3) 作出执行裁判过程中的程序违法行为。

3. 提起形式

执行异议必须采取书面形式提出。执行实践中如果当事人、利害关系人口头提出异议的，人民法院应当告知其采取书面形式；未提交书面异议的，视为未提出异议。

4. 管辖法院

执行异议应当向负责执行的人民法院提出。因为执行行为是由执行法院实施的，执行法院对有关情况也最为了解，由其负责审查处理当事人、利害关系人提出的异议，有利于正确作出判断，及时发现并纠正违法执行行为。

5. 对执行异议的审查和处理

当事人、利害关系人对违法执行行为提出异议的，执行法院必须自收到书面异议之日起15日内审查，不得推诿。经过审查，认为理由成立的，裁定撤销或改正违法执行行为。

6. 对裁定不服的救济

当事人、利害关系人对执行法院作出的裁定不服的，可以自裁定送达之日起10日内向上一级人民法院申请复议。其中，申请复议的主体不仅限于提出执行异议的当事人、利害关系人，还包括未提出执行异议，但认为其合法权益因执行法院作出的裁定而受到侵害的当事人和利害关系人。

（二）关于实体问题的执行异议

我国《民事诉讼法》第227条规定："执行过程中，案外人对执行标的提出书面异议的，人民法院应当自收到书面异议之日起15日内审查，理由成立的，裁定中止对该标的的执行；理由不成立的，裁定驳回。案外人、当事人对裁定不服，认为原判决、裁定错误的，依照审判监督办理；与原判决、裁定无关，可以自裁定送达之日起15日内向人民法院提起诉讼。"

1. 提起主体

提出执行异议的主体只能是对执行标的主张实体权利的案外人，其目的在于排除执行机构对执行标的实施的执行行为，维护自己的实体权益。而执行双方当事人以及被执行机构裁定变更或者追加的自然人、法人或者其他组织在执行过程中对执行标的等持有不同意见的，不能被认为是执行异议，其只能通过审判监督程序或其他途径变更或撤销执行根据来解决。

2. 提起事由

提起异议的理由必须是对执行标的主张实体权利。根据《执行程序解释》第15条的规定，具体指对执行标的主张所有权或者有其他足以阻止执行标的的转让、交付的实体权利，如典权、质权、抵押权、留置权等。

3. 提起形式

异议必须采取书面形式提出，这有利于提出人充分说明理由，便于执行机构进行审查和裁判。

4. 管辖法院

案外人对执行标的主张实体权利，必须通过负责执行的人民法院提出。向其他法院提出的，不构成执行异议。

5. 对执行异议的审查和处理

案外人对执行标的提出书面异议的，人民法院应当自收到书面异议之日起 15 日内审查，理由成立的，裁定中止对该标的的执行；理由不成立的，裁定驳回，继续执行。审查期间可以对财产采取查封、扣押、冻结等保全措施，但不得进行处分。正在实施的处分措施应当停止。案外人向人民法院提供充分、有效的担保请求解除对异议标的的查封、扣押、冻结的，人民法院可以准许；申请执行人提供充分、有效的担保请求继续执行的，应当继续执行。因案外人提供担保解除查封、扣押、冻结有错误，致使该标的无法执行的，人民法院可以直接执行担保财产；申请执行人提供担保请求继续执行有错误，对方造成损失的，应当予以赔偿。

6. 对裁定不服的救济

对于人民法院针对执行异议作出的裁定，案外人、当事人不服的，在不同情况下，共有如下三种救济方式：

（1）按审判监督程序处理

案外人、当事人对裁定不服，认为原判决、裁定错误的，依照审判监督程序处理。

（2）提起案外人异议之诉

案外人对裁定不服，与原判决、裁定无关的，可以自裁定送达之日起 15 日内向人民法院提起诉讼，此种类型的诉讼理论上称为案外人异议之诉。

案外人提起异议之诉，对执行标的主张实体权利，并请求对执行标的停止执行的，应当以申请执行人为被告；被执行人反对案外人对执行标的所主张的实体权利的，应当以申请执行人和被执行人为共同被告。

案外人异议之诉由执行法院管辖。执行法院应当依照诉讼程序审理。经审理，理由不成立的，判决驳回其诉讼请求；理由成立的，根据案外人的诉请求作出相应的裁判。

案外人异议之诉进行期间，不停止执行。案外人的诉讼请求确有理由或者提供充分、有效的担保请求停止执行的，可以裁定停止对执行标的进行处分；申请执行人提供充分、有效的担保请求继续执行的，应当继续执行。案外人请求停止执行、请求解除查封、扣押、冻结或者申请执行人请求继续执行有错误，给对方造成损失的，应当予以赔偿。

（3）提起许可执行之诉

申请执行人对法院作出的中止执行裁定不服的，也可以自裁定送达之日起 15 日内向人民法院提起诉讼，此种类型的诉讼理论上称为许可执行之诉。

申请执行人向人民法院提起诉讼，请求对执行标的许可执行的，应当以案外人为被告；被执行人反对申请执行人请求的，应当以案外人和被执行人为共同被告。

许可执行之诉由执行法院管辖。执行法院应当依照诉讼程序审理。经审理，理由不成立的，判决驳回其诉讼请求；理由成立的，根据申请执行人的诉讼请求作出相应的裁判。

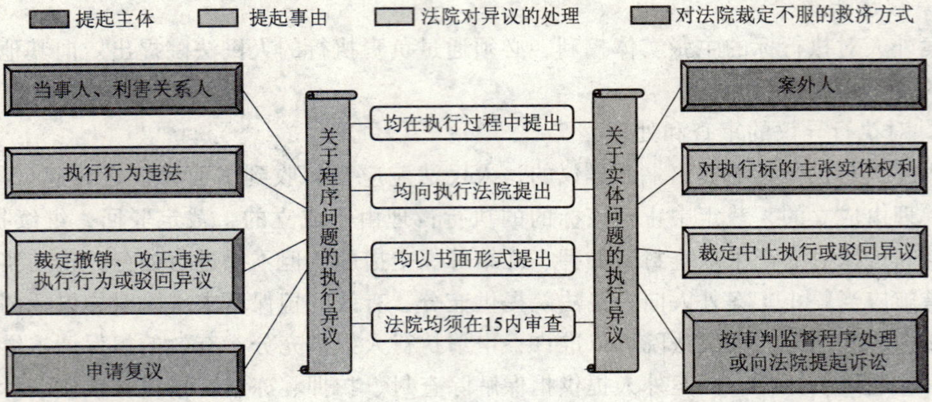

两种执行异议的主要异同点

【司考真题】4. 关于执行行为异议与案外人对诉讼标的异议的比较，下列哪一选项是错误的？（2011－3－47 单）

A. 异议都是在执行过程中提出

B. 异议都应当向执行法院提出

C. 申请异议当事人有部分相同

D. 申请异议人对法院针对异议所作裁定不服，可采取的救济手段相同

5. 甲公司申请强制执行乙公司的财产，法院将乙公司的一处房产列为执行标的。执行中，丙银行向法院主张，乙公司已将该房产抵押贷款，并以自己享有抵押权为由提出异议。乙公司否认将房产抵押给丙银行。经审查，法院驳回丙银行的异议。丙银行拟向法院起诉，关于本案被告的确定，下列哪一选项是正确的？（2010－3－49 单）

A. 丙银行只能以乙公司为被告起诉

B. 丙银行只能以甲公司为被告起诉

C. 丙银行可选择甲公司为被告起诉，也可选择乙公司为被告起诉

D. 丙银行应当以甲公司和乙公司为共同被告起诉

6. 甲诉乙侵权赔偿一案，经A市B区法院一审、A市中级法院二审，判决乙赔偿甲损失。乙拒不履行生效判决所确定的义务，甲向B区法院申请强制执行，B区法院受理后委托乙的财产所在地C市D区法院执行，在执行中，案外人丙向D区法院提出执行异议。对于丙的执行异议，D区法院应当采取下列哪种处理方式？（2008－3－47 单）

A. 应当对异议进行审查，异议不成立的，应当裁定驳回；异议成立的，应当裁定中止执行，并函告B区法院

B. 应当函告B区法院，由B区法院作出处理

C. 应当报请C市中级法院处理

D. 应当报请A市中级法院处理

7. 根据《民事诉讼法》和相关司法解释规定，关于执行程序中的当事人，对下列哪些事项可享有异议权？（2010－3－90 多）

A. 法院对某案件的执行管辖权

B. 执行法院的执行行为的合法性
C. 执行标的的所有权归属
D. 执行法院作出的执行中止的裁定

第三节　执行程序的结束

根据《执行工作规定》第 108 条的规定，执行程序在下列四种情况下将会结束：(1) 生效法律文书确定的内容全部执行完毕；(2) 裁定终结执行；(3) 裁定不予执行；(4) 当事人之间达成执行和解协议并已履行完毕。

一、执行完毕

执行完毕是指当执行根据确定的债权人权利全面实现、执行目的已经达到时，执行机构依法裁定结束执行程序的制度。其是执行程序的自然结束，也是执行工作所追求的理想状态。

【案例 2】原告张某与被告钱某系前后院邻居，2002 年双方曾因相邻关系发生纠纷，并经 H 法院审理做出判决：张某建房竣工后，钱某不得在其房屋周围 0.5 米范围内堆放任何杂物。2008 年 3 月，钱某在院内距张某西房后墙约 10 厘米处建北房和走廊，并在靠张某南院墙以南垒门垛建门。张某于 2008 年 8 月 21 日向法院起诉要求被告将所建北房、走廊在距其房墙 0.5 米以内的部分拆除，以及墙外的门垛拆除。法院经审理判决：一是被告钱某于判决生效后 30 日内将其建在原告张某西房后 0.5 米以内的北房和走廊拆除；二是被告钱某于本判决生效后 30 日内将其靠原告张某南院墙南侧的门垛拆除。法律文书生效后，因钱某未自觉履行拆除义务，张某于 2009 年 2 月 25 日向法院申请强制执行。法院依法立案并强制拆除后，钱某于 2010 年 3 月，又在原来判决范围内距张某西房后墙约 35 厘米处垒墙，对此钱某于 2010 年 5 月再次申请法院强制执行。对于钱某的申请，法院是否应该受理？

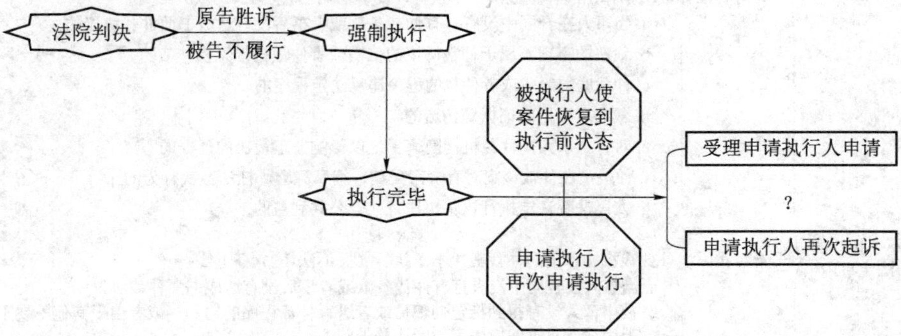

二、执行终结

执行终结是指在执行过程中，因发生法定事由，使执行程序没有必要或者不可能继续进行下去，从而由执行机构裁定结束并不再恢复执行程序的制度。

执行终结与执行完毕的区别　　　　执行终结与执行中止的区别

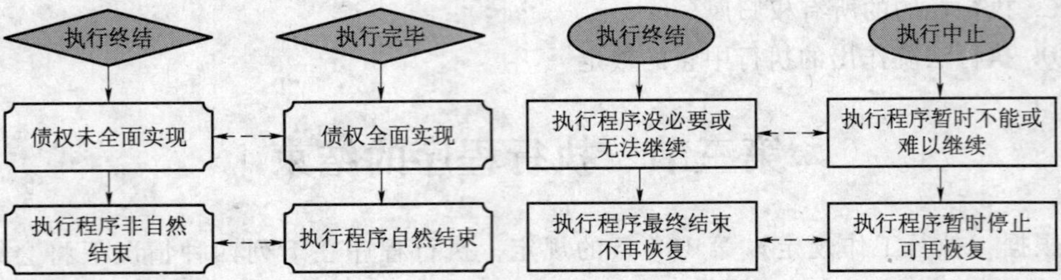

根据我国《民事诉讼法》及《执行工作规定》的有关要求，具有下列情形之一的，人民法院应该裁定终结执行：

1. 申请人撤销申请的；2. 据以执行的法律文书被撤销的；作为执行根据的生效法律文书是人民法院进行强制执行的前提和基础，如果其被撤销，那么执行将失去依据。因此，在据以执行的法律文书被撤销且执行标的尚未执行完毕的情况下，人民法院应当裁定终结执行；若已经执行完毕，则应当执行回转。3. 作为被执行人的公民死亡，无遗产可供执行，又无义务承担人的；4. 追索赡养费、扶养费、抚育费案件的权利人死亡的；5. 作为被执行人的公民因生活困难无力偿还借款，无收入来源，又丧失劳动能力的；6. 被执行人被人民法院裁定宣告破产的；7. 人民法院认为应当终结执行的其他情形。

三、不予执行

不予执行是指执行机构在执行仲裁裁决、公证债权文书等生效法律文书的过程中，依当事人申请或依职权裁定停止执行行为并结束执行程序的制度。

（一）不予执行的法定事由

根据我国《民事诉讼法》之规定，在下列特定情况下，人民法院将作出不予执行的裁定：

不予执行的法定事由

- ★对我国仲裁机构作出的仲裁裁决不予执行（民诉法第237条第2、3款）
  - a. 当事人在合同中没有订有仲裁条款或者事后没有达成书面仲裁协议的
  - b. 裁决的事项不属于仲裁协议的范围或者仲裁机构无权仲裁的
  - c. 仲裁庭的组成或者仲裁的程序违反法定程序的
  - d. 裁决所根据的证据是伪造的
  - e. 对方当事人向仲裁机构隐瞒了足以影响公正裁决的证据的
  - f. 仲裁员在仲裁该案时有贪污受贿，徇私舞弊，枉法裁决行为的
  - g. 人民法院认定执行该裁决违背社会公共利益的
- ★对我国涉外仲裁机构作出的仲裁裁决不予执行（民诉法第274条）
  - a. 当事人在合同中没有订有仲裁条款或者事后没有达成书面仲裁协议
  - b. 被申请人没有得到指定仲裁员或者进行仲裁程序的通知，或者由于其他不属于被申请人负责的原因未能陈述意见的
  - c. 仲裁庭的组成或者仲裁的程序与仲裁规则不符的
  - d. 裁决的事项不属于仲裁协议的范围或者仲裁机构无权仲裁的
  - e. 人民法院认定执行该裁决违背社会公共利益的
- ★对公证机关制作的债权文书不予执行（民诉法第238条第2款）：债权文书确有错误的
- ★对经人民法院裁定承认其效力的外国法院作出的判决、裁定不予执行（民诉法第282条）：该判决、裁定违反中华人民共和国法律的基本原则或者国家主权、安全、社会公共利益的

8. 甲不履行仲裁裁决，乙向法院申请执行，甲拟提出不予执行的申请并提出下列证据证明仲裁裁决应不予执行。针对下列哪一选项，法院可裁定驳回甲的申请？(2011－3－49 单)

A. 甲、乙没有订立仲裁条款或达成仲裁协议

B. 仲裁庭组成违反法定程序

C. 裁决事项超出仲裁机构权限范围

D. 仲裁裁决没有根据经当事人质证的证据认定事实

（二）不予执行的法律效果

执行机构作出不予执行的裁定后，据以执行的生效法律文书就失去了执行力，当事人不得再请求对其进行执行，执行机构也不得再采取执行措施，更不得恢复执行。根据我国《民事诉讼法》的规定，仲裁裁决被人民法院裁定不予执行的，当事人可以根据双方达成的书面仲裁协议重新申请仲裁，也可以向人民法院起诉。

四、执行和解协议履行完毕

在执行过程中，双方当事人自行和解达成协议并经法院确认记录在案，而且已经履行完毕的，执行机构就不得再采取执行措施，债权人也不能再要求执行机构继续执行。因此，执行和解协议履行完毕亦是执行程序结束的方式之一。

五、执行程序结束的期限

对于民事案件应当在多长的时间范围内结束执行，我国《民事诉讼法》并没有作出规定。但是，《执行工作规定》第 107 条对此予以了明确，即人民法院执行生效法律文书，一般应当在立案之日起 6 个月内执行结案，但中止执行的期间应当扣除。确有特殊情况需要延长的，由本院院长批准。根据这一规定，无论是执行完毕、执行终结还是不予执行，原则上都应在 6 个月内结束执行程序。只有在特殊情况下，才能经批准予以延长。但是在执行实践当中，很多执行案件都会因种种原因而超过这个期间。特别是对于涉外、涉港澳台执行案件，由于被执行人的境内财产往往不足以清偿债务，因此其一般都不可能在 6 个月内结案。

第四节　执行回转

一、执行回转的概念和意义

所谓执行回转，是指在执行过程中或者执行结束后，因据以执行的法律文书被依法撤销或者变更，依当事人申请或者依职权，原执行机构按照新的生效法律文书，采取执行措施强制原申请执行人将执行所得财产及其孳息的一部或全部退还给原被申请执行人，使财产权利恢复到执行程序开始前的状态的制度。

执行回转是执行制度中一项必不可少的补救性制度，其确立的主要意义在于纠正因生效法律文书错误而造成的执行失误，维护当事人的合法权益。

二、执行回转的条件

第一，具有否定原执行根据内容的新的生效法律文书。执行必须以生效的法律文书为前提和基础。如果原来据以执行的生效法律文书被撤销或变更，那么据此取得的民事权益便失去了合法依据，但这并不会当然引起执行回转。只有在有权机关作出了明确否定原执行根据内容的新的法律文书的情况下，执行回转才能发生。否则，新的执行行为也将失去依据。

第二，原执行程序已经结束或者部分结束。发生执行回转，应是原生效法律文书已经由执行机构依法定程序执行结束或者部分结束，且原申请执行人取得了全部或部分财产。如果执行程序尚未结束，债务人的财产也尚未交付给债权人，那么人民法院可以依法撤销生效法律文书，并解除对财产的查封、扣押、冻结或者将财产发还债务人，无需执行回转。

第三，取得财产的原申请执行人拒不返还其所得财产。如果新的法律文书形成后，获得财产的原申请执行人已自动返还其所得，就不需要启动执行回转程序。只有在其拒绝返还时，才有必要通过行回转维护原被申请执行人的合法权益。

三、执行回转的法定事由

一是人民法院制作的先予执行裁定书，在执行完毕后，又被本院的生效判决或二审人民法院的终审判决撤销的；

二是人民法院制作的判决书、裁定书、调解书、支付令等，在执行过程中或者执行完毕后，又被本院或者上级人民法院经审判监督程序或者其他法律程序依法撤销或变更的；

三是其他机关制作的法律文书，如仲裁裁决、公证债权文书、行政处理决定书、行政处罚决定书等，依法已由人民法院执行完毕，又被制作机关或其上级机关、监督机关撤销或者变更的。

四、执行回转的程序与方式

执行回转既可由当事人申请也可由人民法院依职权启动。执行回转应重新立案，并适用执行程序的有关规定予以强制执行。执行回转时，如果已执行的标的物系特定物的，应当退还原物。不退还原物的，可以折价抵偿。已经产生了孳息的，孳息也应当一并返还。

【本章小结】

法律文书生效以后，若义务人在确定期限内未自觉履行，执行程序便可在特定条件下被开启，且一旦开启，还须依法按特定的顺序、方式予以推进，以最终实现执行目的。但在执行过程中，也可能出现各种特殊情形，影响执行程序的顺利推进，并造成相应的法律后果，甚至导致执行程序的非正常结束。对于这些情形，法律均设置了相应的制度予以规范，以确保执行权不被滥用、当事人的合法权利得到有效保护。本章的学习重点即是全面了解执行程序开始、进行与结束各个节点上的基本理论知识与法律的相关规定，重点需掌握执行程序开始的条件与方式、影响执行程序正常进行的四种特殊制度、执行程序结束的四种法定情形等。

【考研重点提示】

1. 执行程序的启动有几种形式？分别适用于何种情况？

2. 确立案外人异议之诉的意义何在？启动异议之诉将会产生怎样的法律效果？

3. 如何理解执行终止与执行完毕、执行中止的区别？

4. 试述对仲裁裁决不予执行的法定事由。

5. 执行回转有何适用条件？

【知识拓展文献】

1. 江伟主编：《民事诉讼法学》，北京大学出版社 2012 年版。

2. 董少谋著：《民事强制执行法学》，法律出版社 2011 年版。

3. 江必新主编：《新民事诉讼法执行程序讲座》，法律出版社 2012 年版。

【司考真题答案与解析】

1. 答案：D。

2. 答案：D。

3. 答案：C。

4. 答案：D。提示：对执行行为提出异议的申请人是当事人及利害关系人；对执行标的提出异议的申请人是案外人，即在执行程序中不享有权利或者不承担义务、但受到执行行为实质影响的利害关系人，其与对执行行为提出异议的利害关系人有重合。因此，C 项正确。

5. 答案：D。提示：《执行程序解释》第 17 条规定，案外人依照《民事诉讼法》第 204 条规定提起诉讼，对执行标的主张实体权利，并请求对执行标的停止执行的，应当以申请执行人为被告；被执行人反对案外人对执行标的所主张的实体权利的，应当以申请执行人和被执行人为共同被告。

6. 答案：B。提示：《民诉意见》第 264 条规定，委托执行中，案外人对执行标的提出异议的，受委托人民法院应当函告委托人民法院，由委托人民法院通知驳回或者作出中止执行的裁定，在此期间，暂缓执行。

7. 答案：AB。提示：《执行程序解释》第 3 条第 1 款规定，人民法院受理执行申请后，当事人对管辖权有异议的，应当自收到执行通知书之日起 10 日内提出。据此可知，当事人可以对执行管辖提出异议，A 项正确。

8. 答案：D。

【本章案例剖析】

【案例剖析 1】

根据本案申请执行所依据的民事调解书之约定与 2007 年修改后的《民事诉讼法》之规定，两笔款项的申请执行期限分别为 2008 年 10 月 31 日前和 2008 年 12 月 10 日前。信用社于 2008 年 9 月 14 日申请执行并不超过申请执行期限。本案中，信用社曾于 2007 年 12 月 26 日申请强制执行，被执行人提出时效抗辩后，被法院以已超过法律规定的申请执行期限为由，裁定终结执行，但这并不影响信用社在新民事诉讼法施行后，按照新法规定再次申请执行，法院立案受理也并不违反一事不再理的原则，可以依据2008年的申请重新立案执行。

【案例剖析2】

钱某在法院依法强制拆除有关建筑后，于2010年3月又在原来判决范围内距张某西房后墙约35厘米处垒墙，属于将已执行完毕的案件又恢复到执行前的状态的情况。根据最高人民法院执行办公室《关于已执行完毕的案件被执行人又恢复到执行前的状况应如何处理问题的复函》，此种情况虽属新发生的侵权事实，但是与已经生效法律文书认定的侵权事实并无区别，如果申请执行人另行起诉，人民法院将会作出与已经生效法律文书完全相同的裁判。这样，不仅增加了申请执行人的讼累，同时也增加了人民法院的审判负担。因此，被执行人或者其他人在人民法院执行完毕后对已执行的标的又恢复到执行前状况的，应当认定为对已执行标的的妨害行为并依法处理。对申请执行人要求排除妨害的，人民法院应当继续按照原生效法律文书执行。因此，法院应受理钱某的申请。

第二十一章

执行措施

本章知识结构图

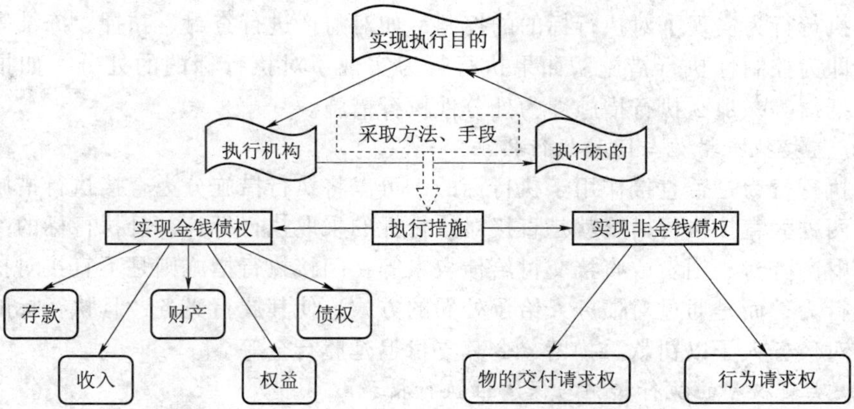

第一节　执行措施概述

一、执行措施的概念与特征

执行措施是指人民法院强制义务人履行义务进而实现生效法律文书确定的给付内容的法定方法和手段。执行措施具有法定性、配套性、强制性等明显特征。

二、执行措施的分类

根据不同的标准，可以对纷繁复杂的执行措施进行不同的分类。这种分类有助于我们准确把握各种执行措施的本质，进而在执行实践中正确适用每种执行措施。①

（一）实现金钱债权的执行措施与实现非金钱债权的执行措施

根据所实现的债权的性质不同，可以将执行措施分为实现金钱债权的执行措施和实

① 江伟．民事诉讼法学．北京大学出版社，2012：436－437．

现非金钱债权的执行措施两种。实现金钱债权的执行措施是指人民法院为强制实现债权人的金钱债权而采取的方法与手段，主要包括对动产、不动产和财产权利的执行措施。实现非金钱债权的执行措施是指人民法院为强制实现债权人的非金钱债权而采取的方法与手段，主要包括实现物的交付请求与实现行为请求权的执行措施。

（二）对财产的执行措施与对行为的执行措施

根据执行行为针对的标的不同，可以将执行措施分为对财产的执行措施与对行为的执行措施两种。如果执行行为针对的标的是债务人或第三人的财产，如现金、存款、债权或其他动产、不动产等，就是对财产的执行措施；如果执行行为针对的标的是债务人或者第三人的行为，如责令债务人赔礼道歉、排除妨害等，就是对行为的执行措施。对财产的执行措施既可实现债权人的金钱债权，也可实现债权人的非金钱债权，主要是物的交付请求权；对行为的执行措施只能实现债权人的非金钱债权，主要是行为请求权。

（三）控制性执行措施与处分性执行措施

根据执行行为的性质不同，可以将执行措施分为控制性执行措施与处分性执行措施。如果执行行为实现了对执行标的的控制，如对财产进行查封、扣押、冻结等，那么执行措施即为控制性执行措施。如果执行行为实现了对执行标的的处分，如拍卖、变卖、以物抵债等，那么执行措施即为处分性执行措施。

（四）直接执行措施与间接执行措施

根据执行行为是否直接作用于执行标的，可以将执行措施分为直接执行措施和间接执行措施两种。直接执行措施就是直接对执行标的采取执行行为，且执行标的一般是财产，如将财产查封、拍卖或直接交付给债权人等；间接执行措施则是不直接对执行标的采取执行行为，而是通过对债务人给予处罚的方式迫使其履行义务，且执行标的一般是行为，如对债务人予以罚款、拘留、令其支付迟延履行金等。

（五）实现权利的执行措施与保障性执行措施

根据人民法院采取执行措施的目的不同，可以将执行措施分为实现权利的执行措施和保障性执行措施两种。实现权利的执行措施是以直接实现债权人的权利为目的的执行措施，上述的实现金钱债权的执行措施和实现非金钱债权的执行措施等，均属其中。保障性执行措施是保障、辅助和配合实现债权人权利的执行措施，如查询债务人的存款、对债务人的住所或者人身进行搜查等、责令债务人支付迟延履行金、限制债务人出境等。

第二节　实现金钱债权的执行措施

实现金钱债权的执行措施是指人民法院为强制实现债权人的金钱债权而采取的方法与手段，主要包括对动产、不动产和财产权利的执行措施。实现金钱债权的执行措施具有两个明显特征：一是其设立目的是实现债权人的金钱给付请求权；二是其标的仅限于金钱或者可转换为金钱的对象，如动产、不动产、债权等。

一、冻结、划拨被执行人的存款

冻结存款是人民法院向金融机构发出协助执行通知书，不准被执行人在一定期限内提取和转移其存款的执行措施；划拨存款是指人民法院向有被执行人款项的金融机构发出协助执行通知书，将其存款划入申请执行人或者人民法院指定的账户的执行措施。具体而言，被执行人未按执行通知履行法律文书确定的义务，人民法院可以直接向银行及其营业所、储蓄所、信用合作社以及其他有储蓄业务的单位（以下简称金融机构）冻结、划拨被执行人的存款。外地法院可以直接到被执行人住所地、被执行财产所在地金融机构冻结、划拨被执行人的存款，无需由当地人民法院出具手续。

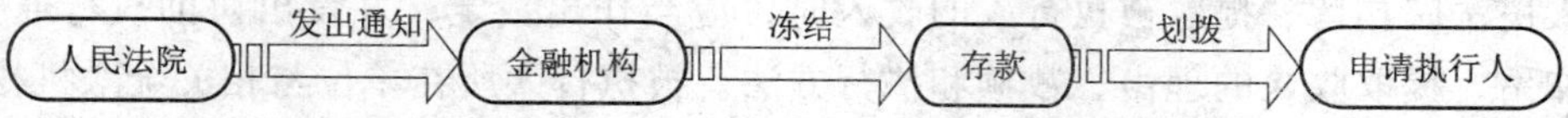

（一）冻结、划拨存款的范围

冻结、划拨的存款数额不得超出被执行人应当履行义务的范围。此外，被执行人为金融机构的，对其交存在人民银行的存款准备金和备付金不得冻结和扣划，但对其在本机构、其他金融机构的存款，及其在人民银行的其他存款可以冻结、划拨，并可对被执行人的其他财产采取执行措施，但不得查封其营业场所。

（二）冻结、划拨存款的程序

人民法院决定冻结、划拨存款，应当作出裁定，写明冻结或划拨的存款数额，并送达当事人和被执行人存款的金融机构。同时，人民法院还应向金融机构发出协助执行通知书，写明被执行人存款账号、户名，冻结、划拨金额，划入银行名称，划入户名、账号等有关事项。金融机构接到协助执行通知书后，必须立即办理冻结、划拨手续，不得以任何理由或借口拒绝、推脱或妨碍执行。冻结、划拨被执行人的存款，书记员应当制作笔录，执行人员和实施人员应当在笔录上签名。

（三）冻结、划拨存款的法律效果

经冻结的存款，任何单位包括其他人民法院不得重复冻结或擅自解冻，违者按《民事诉讼法》第111条处理。此外，金融机构擅自解冻被人民法院冻结的款项，致冻结款项被转移的，人民法院有权责令其限期追回已转移的款项。在期限内未能追回的，应当裁定该金融机构在转移的款项范围内以自己的财产向申请执行人承担责任。此外，冻结、划拨被执行人的存款时，金融机构还应按照最高人民法院、中国人民银行《金融执行通知》的有关规定，承担相应的协助义务。

二、扣留、提取被执行人的收入

扣留收入是指人民法院依法强行将被执行人的收入暂时存留在有关单位，不准其动用或转移执行措施；提取收入是指人民法院依法将本应支付给被执行人的收入从有关单位支取，并转交给申请执行人的执行措施。被执行人未按执行通知履行法律文书确定的义务时，法院即有权扣留、提取被执行人应当履行的义务部分的收入。

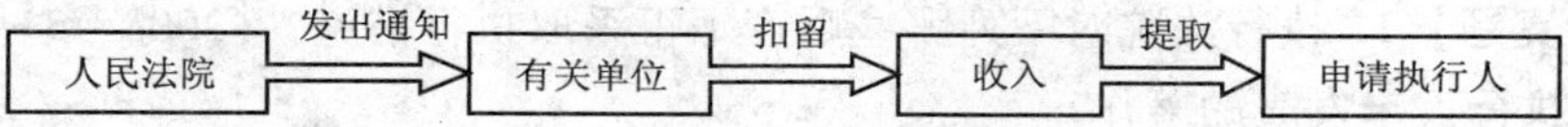

（一）扣留、提取收入的范围

扣留、提取被执行人的收入，须限制在被执行人应当履行义务部分的收入范围内，且应当保留被执行人及其抚养家属的生活必需费用。其中，被执行人的收入主要是指被执行人依法所得和依法应得的劳动收入与其他收入，如工资、奖金、稿酬、农副业收入、房屋租金、银行存款利息以及从事金融投资等获得的收入等。

（二）扣留、提取收入的程序

人民法院扣留、提取被执行人的收入时，应当作出裁定，并发出协助执行通知书，说明扣留、提取收入的理由、数额和执行方法。被执行人所在单位与相关金融机构接到协助执行通知书后，必须按要求办理。作为被执行人的公民，其收入转为储蓄存款的，应当责令其交出存单。拒不交出的，人民法院应当作出提取其存款的裁定，向金融机构发出协助执行通知书，并附生效法律文书，由金融机构提取存款交人民法院或存入人民法院指定的账户。

（三）扣留、提取收入的法律效果

有关单位收到人民法院协助执行被执行人收入的通知后，擅自向被执行人或其他人支付的，法院有权责令其限期追回；逾期未追回的，应当裁定其在支付的数额内向申请执行人承担责任。

三、查封、扣押、拍卖、变卖被执行人的财产

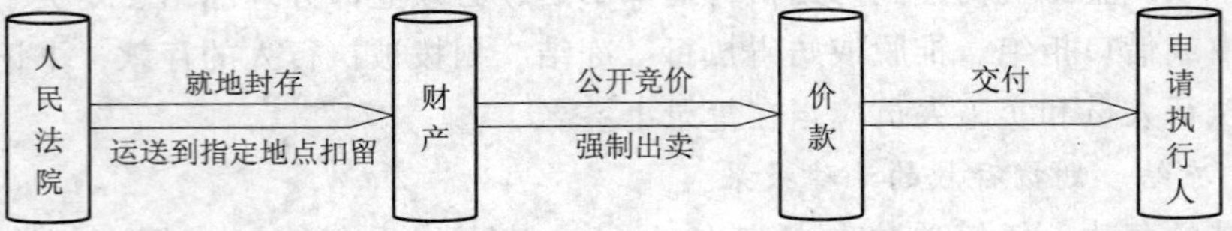

（一）查封、扣押财产

查封财产是指人民法院对被执行人的有关财产加贴封条就地封存，禁止被执行人转移或处分的执行措施；扣押财产是指人民法院将被执行人的有关财产运送到指定场所加以扣留，使被执行人不能占有、使用和处分的执行措施。被执行人未按执行通知履行法律文书确定的义务，人民法院有权查封、扣押被执行人应当履行义务部分的财产。

1. 查封、扣押财产的范围

人民法院查封、扣押被执行人的财产，应以其价额足以清偿法律文书确定的债权额及执行费用为限，不得明显超标的额查封、扣押。发现超标的额查封、扣押的，人民法院应当根据被执行人的申请或者依职权，及时解除对超标的额部分财产的查封、扣押，但该财产为不可分物且被执行人无其他可供执行的财产或者其他财产不足以清偿债务的除外。

【司考真题】 1. 执行法院对下列哪些财产不得采取执行措施？（2008－3－89 多）

A. 被执行人未发表的著作

B. 被执行人及其所扶养家属完成义务教育所必需的物品

C. 金融机构交存在中国人民银行的存款准备金和备付金

D. 金融机构的营业场所

2. 查封、扣押财产的方法

（1）作出书面裁定、发出协助执行通知书。

（2）通知有关人员在场。人民法院查封、扣押财产时，被执行人是公民的，应当通知被执行人或者他的成年家属到场；被执行人是法人或者其他组织的，应当通知其法定代表人或者主要负责人到场。拒不到场的，不影响执行。被执行人是公民的，其工作单位或者财产所在地的基层组织应当派人参加。

（3）采取执行措施。

（4）制作笔录及财产清单。

3. 查封、扣押财产的法律效果

被执行人或其他人擅自处分已被查封、扣押财产的，人民法院有权责令责任人限期追回财产或承担相应的赔偿责任。被执行人就已经查封、扣押的财产所作的移转、设定权利负担或者其他有碍执行的行为，不得对抗申请执行人。第三人未经人民法院准许占有查封、扣押的财产或者实施其他有碍执行的行为的，人民法院可以依据申请执行人的申请或者依职权解除其占有或者排除其妨害。

4. 查封、扣押财产的期限

人民法院查封、扣押动产的期限不得超过一年，查封不动产、冻结其他财产权的期限不得超过二年。法律、司法解释另有规定的除外。申请执行人申请延长期限的，人民法院应当在查封、扣押期限届满前办理续行查封、扣押手续，续行期限不得超过前款规定期限的二分之一。

5. 查封、扣押财产的解除

人民法院应当在下列情形之下，作出解除查封、扣押裁定，并送达申请执行人、被执行人或者案外人：（1）查封、扣押案外人财产的；（2）申请执行人撤回执行申请或者放弃债权的；（3）查封、扣押的财产流拍或者变卖不成，申请执行人和其他执行债权人又不同意接受抵债的；（4）债务已经清偿的；（5）被执行人提供担保且申请执行人同意解除查封、扣押的；（6）人民法院认为应当解除查封、扣押的其他情形。解除以登记方式实施的查封、扣押、冻结的，应当向登记机关发出协助执行通知书。

5. 轮候查封、扣押

对已被人民法院查封、扣押的财产，其他人民法院可以进行轮候查封、扣押。查封、扣押解除的，登记在先的轮候查封、扣押即自动生效。其他人民法院对已登记的财产进行轮候查封、扣押的，应当通知有关登记机关协助进行轮候登记，实施查封、扣押的人民法院应当允许其他人民法院查阅有关文书和记录。人民法院对没有登记的财产进行轮候查封、扣押，应当制作笔录，并经实施查封、扣押的人民法院执行人员及被执行人签字，或者书面通知实施查封、扣押的人民法院。

（二）拍卖、变卖财产

拍卖财产是指对已经被查封、扣押的财产，以公开竞价的形式出让给最高应价者，并将所得价款交给申请执行人的执行措施。变卖财产是指将已被查封、扣押的财产强制出卖，把所得价款交给申请执行人的执行措施。

1. 拍卖财产的程序

在执行程序中，人民法院对查封、扣押的财产进行变价处理时，原则上应首先采取拍卖的方式，且应遵循如下程序：

（1）委托评估价格。

（2）确定拍卖机构。

（3）确定拍卖保留价。拍卖应当确定保留价。拍卖保留价由人民法院参照评估价确定；未作评估的，参照市价确定，并应当征询有关当事人的意见。

（4）发布拍卖公告和通知。

（5）撤回拍卖委托。在拍卖开始前，有下列情形之一的，人民法院应当撤回拍卖委托：一是据以执行的生效法律文书被撤销的；二是申请执行人及其他执行债权人撤回执行申请的；三是被执行人全部履行了法律文书确定的金钱债务的；四是当事人达成了执行和解协议，不需要拍卖财产的；五是案外人对拍卖财产提出确有理由的异议的；六是拍卖机构与竞买人恶意串通的。

（6）实施拍卖。

（7）重新拍卖。

（8）第二次拍卖。

（9）第三次拍卖。

2. 变卖财产的程序

对查封、扣押的财产，当事人双方及有关权利人同意变卖的，可以变卖。金银及其制品、当地市场有公开交易价格的动产、易腐烂变质的物品、季节性商品、保管困难或者保管费用过高的物品，人民法院可以决定变卖。变卖应遵循如下程序：

变卖被执行人财产时，可以交有关单位变卖，也可以由人民法院直接变卖。当事人双方及有关权利人对变卖财产的价格有约定的，按照其约定价格变卖；无约定价格但有市价的，变卖价格不得低于市价；无市价但价值较大、价格不易确定的，应当委托评估机构进行评估，并按照评估价格进行变卖。按照评估价格变卖不成的，可以降低价格变卖，但最低的变卖价不得低于评估价的二分之一。变卖的财产无人应买的，可依法将该财产交申请执行人或者其他执行债权人抵债；申请执行人或者其他执行债权人拒绝接受或者依法不能交付其抵债的，人民法院应当解除查封、扣押，并将该财产退还被执行人。对变卖的财产，人民法院或其工作人员不得买受。被执行人申请对人民法院查封的财产自行变卖的，人民法院可以准许，但应当监督其按照合理价格在指定的期限内进行，并控制变卖的价款。国家禁止自由买卖的物品，应交有关单位按照国家规定的价格收购。

3. 拍卖、变卖财产的法律效果

动产拍卖成交或抵债后，其所有权自该动产交付时起转移给买受人或者承受人。不动产、有登记的特定动产或者其他财产权拍卖成交或者抵债后，该不动产、特定动产的所有权、其他财产权自拍卖成交或者抵债裁定送达买受人或者承受人时起转移。

四、强制执行被执行人的知识产权、投资权益或股权

（一）对知识产权的强制执行

知识产权是对包括著作权、专利权、商标权、发明权、发现权、商业秘密权等在内的一系列民事权利的统称，大多具有人身权和财产权双重属性，其中的财产权也可以成为执行标的。如果被执行人享有知识产权，但又拒不履行生效法律文书确定的义务，那么人民法院有权裁定禁止被执行人转让其专利权、注册商标专用权、著作权（财产权部分）等知识产权。上述权利有登记主管部门的，应当同时向有关部门发出协助执行通知书，要求其不得办理财产权转移手续，必要时可以责令被执行人将产权或使用权证照交人民法院保存。此外，对于财产权，人民法院还可以采取拍卖、变卖等执行措施。

（二）对投资权益或股权的强制执行

对被执行人在有关企业中拥有的投资权益或股权，人民法院有权依法采取冻结、强制转让等执行措施；对于被执行人基于股权而从有关企业中应得的股息或红利，人民法院有权依法采取冻结、扣留和提取等执行措施。有关企业收到人民法院发出的协助冻结通知后，擅自向被执行人支付股息或红利，或擅自为被执行人办理已冻结股权的转移手续，造成已转移的财产无法追回的，应当在所支付的股息或红利或转移的股权价值范围内向申请执行人承担责任。

五、强制执行被执行人的到期债权

被执行人不能清偿债务，但对本案以外的第三人享有到期债权的，人民法院可以依申请执行人或被执行人的申请，强制转移被执行人收取对第三人债权的权利。理论上，此种执行称为代为执行。

（一）强制执行到期债权的条件

强制执行到期债权，须满足下列条件要求：一是被执行人不能清偿债务，即对被执行人的财产采取执行措施后仍不能满足申请执行人的债权；二是申请执行人或被执行人提出申请；三是被执行人对第三人享有合法到期债权，即享有受法律保护、适于执行、履行期限届满且未经生效法律文书确认的债权；四是第三人在履行通知指定的期限内既不提出异议，也不履行债务。

（二）强制执行到期债权的程序

1. 向第三人发出履行到期债务的通知。履行通知应当包含下列内容：（1）第三人直接向申请执行人履行其对被执行人所负的债务，不得向被执行人清偿；（2）第三人应当在收到履行通知后的15日内向申请执行人履行债务；（3）第三人对履行到期债权有异议的，应当在收到履行通知后的15日内向执行法院提出；（4）第三人违背上述义务的法律后果。履行通知必须直接送达第三人，若该到期债权有共同债务人或连带债务人，履行通知须分别送达。第三人收到履行通知后，不得向被执行人履行债务，对债务没有异议的，应当向申请执行人履行。

2. 处理第三人异议。第三人对履行通知要求其履行的债务有异议的，应在指定的期间内以书面形式提出，口头提出的，执行人员应记入笔录，并由第三人签字或盖章。

异议提出后，人民法院不得对第三人强制执行，对提出的异议不进行审查。但第三人提出自己无履行能力或其与申请执行人无直接法律关系的，不属于异议范围。

3. 采取执行措施。第三人在履行通知指定的期限内没有提出异议，或者提出的意见不属于异议范围，而又不履行的，执行法院有权裁定对其强制执行。此裁定同时送达第三人和被执行人。第三人对债务部分承认、部分有异议的，可以对其承认的部分强制执行。在对第三人作出强制执行裁定后，第三人确无财产可供执行的，不得就第三人对他人享有的到期债权强制执行。第三人按照人民法院履行通知向申请执行人履行了债务或已被强制执行后，人民法院应当出具有关证明。被执行人收到人民法院履行通知后，放弃其对第三人的债权或延缓第三人履行期限的行为无效，人民法院仍可在第三人无异议又不履行的情况下予以强制执行。第三人收到人民法院要求其履行到期债务的通知后，擅自向被执行人履行，造成已向被执行人履行的财产不能追回的，除在已履行的财产范围内与被执行人承担连带清偿责任外，可以追究其妨害执行的责任。

六、执行竞合和参与分配

（一）执行竞合

1. 执行竞合的概念

执行竞合是指两个或者两个以上的债权人基于不同的执行根据，同时或先后请求人民法院强制执行同一被执行人的特定财产，而各请求之间产生排斥，无法使各个债权人的权利同时获得满足的一种竞争状态。

2. 对执行竞合的处理

根据《执行工作规定》、《民诉意见》的有关规定，在我国对执行竞合主要区分如下情况予以处理：(1) 多份生效法律文书确定金钱给付内容的多个债权人分别对同一被执行人申请执行，债权人对执行标的物均无担保物权的，按照执行法院采取执行措施的先后顺序受偿。多个债权人的债权种类不同的，基于所有权和担保物权而享有的债权，优先于金钱债权受偿。有多个担保物权的，按照各担保物权成立的先后顺序清偿。一份生效法律文书确定金钱给付内容的多个债权人对同一被执行人申请执行，执行的财产不足清偿全部债务的，各债权人对执行标的物均无担保物权的，按照各债权比例受偿。(2) 被执行人为企业法人，其财产不足清偿全部债务的，可告知当事人依法申请被执行人破产。被执行人为公民或其他组织，其全部或主要财产已被一个人民法院因执行确定金钱给付的生效法律文书而查封、扣押或冻结，无其他财产可供执行或其他财产不足清偿全部债务的，在被执行人的财产被执行完毕前，对该被执行人已经取得金钱债权执行依据的其他债权人可以申请对该被执行人的财产参与分配。

（二）参与分配

1. 参与分配的概念和条件

作为我国处理金钱债权执行竞合问题的一项制度，参与分配主要是指在实现金钱债权的执行过程中，申请执行人以外的其他债权人因被执行人的财产不能清偿所有债权，而向人民法院申请参与被执行人现有财产分配的制度。

申请执行人以外的其他债权人申请参与分配，须符合下列条件要求：(1) 执行程序已经开始但尚未结束。(2) 被执行人是公民或其他组织，企业法人的财产不足清偿全部债务的，其他债权人可通过破产程序受偿。(3) 被执行人没有其他财产可供执行或者其他财产不足清偿全部债务。若被执行人还有其他财产可供执行或者其他财产足以清偿全部债务的，债权人之间的债权应依优先原则受偿。(4) 债权人必须已取得执行根据或者对执行标的物享有优先受偿权。(5) 正在执行的和申请参与分配的债权必须都是金钱债权。

【司考真题】2. 执行程序的参与分配制度对适用条件作了规定。下列哪一选项不属于参与分配适用的条件？(2011－3－46 单)

A. 被执行人的财产无法清偿所有的债权

B. 被执行人为法人或其他组织而非自然人

C. 有多个申请人对同一被申请人享有债权

D. 参与分配的债权只限于金钱债权

2. 参与分配的程序

(1) 债权人申请与人民法院审查。债权人申请参与分配的，应当向原申请执行法院提交参与分配申请书，写明参与分配的理由，并附上执行根据或者提交享有优先受偿权的证据。该执行法院应将参与分配申请书转交给主持分配的法院，并说明执行情况。债权人提出申请书和提交相应文件以后，人民法院应当进行审查，并对该申请是否成立作出裁定。

(2) 制作分配方案与实施分配。对参与被执行人财产的具体分配，应当由首先查封、扣押或冻结的法院主持进行。首先查封、扣押、冻结的法院所采取的执行措施如系为执行财产保全裁定，具体分配应当在该院案件审理终结后进行。分配财产前，人民法院应当制作财产分配方案，并送达各债权人和被执行人。各债权人和被执行人对分配表没有异议的，人民法院应当按照分配表确定的数额，及时将执行所得的财产交付给各债权人，以实现债权人的权利。被执行人的财产被分配给各债权人后，被执行人对其剩余债务应当继续清偿。债权人发现被执行人有其他财产的，人民法院可以根据债权人的申请继续依法执行。

(3) 对分配方案异议的处理。债权人或者被执行人对人民法院制作的财产分配方案有异议的，应当自收到分配方案之日起 15 日内向执行法院提出书面异议，执行法院应当通知未提出异议的债权人或被执行人。未提出异议的债权人、被执行人收到通知之日起 15 日内未提出反对意见的，执行法院依异议人的意见对分配方案审查修正后进行分配；提出反对意见的，应当通知异议人。异议人可以自收到通知之日起 15 日内，以提出反对意见的债权人、被执行人为被告，向执行法院提起诉讼；异议人逾期未提起诉讼的，执行法院依原分配方案进行分配。诉讼期间进行分配的，执行法院应当将与争议债权数额相应的款项予以提存。

第三节　保障性执行措施

一、责令被执行人报告财产情况

被执行人未按执行通知履行法律文书确定的义务，人民法院可以责令其报告当前以及收到执行通知之日前一年的财产情况。

（一）需报告的财产情况范围

被执行人应当报告下列财产情况：(1) 收入、银行存款、现金、有价证券；(2) 土地使用权、房屋等不动产；(3) 交通运输工具、机器设备、产品、原材料等动产；(4) 债权、股权、投资权益、基金、知识产权等财产性权利；(5) 其他应当报告的财产。被执行人自收到执行通知之日前一年至当前财产发生变动的，应当对该变动情况进行报告。被执行人报告财产后，其财产情况发生变动，影响申请执行人债权实现的，应当自财产变动之日起 10 日内向人民法院补充报告。

（二）责令被执行人报告财产情况的程序

1. 人民法院责令被执行人报告财产情况的，应当向其发出报告财产令。报告财产令中应当写明报告财产的范围、报告财产的期间、拒绝报告或者虚假报告的法律后果等内容。

2. 对被执行人报告的财产情况，申请执行人请求查询的，人民法院应当准许。申请执行人对查询的被执行人财产情况，应当保密。对被执行人报告的财产情况，执行法院可以依申请执行人的申请或者依职权调查核实。人民法院在执行中有权向被执行人、有关机关、社会团体、企业事业单位或公民个人，调查了解被执行人的财产状况，对调查所需的材料可以进行复制、抄录或拍照，但应当依法保密。

3. 被执行人在报告财产期间履行全部债务的，人民法院应当裁定终结报告程序。

（三）责令被执行人报告财产情况的法律效果

被执行人拒绝报告或者虚假报告的，人民法院可以根据情节轻重对被执行人或者其法定代理人、有关单位的主要负责人或者直接责任人员予以罚款、拘留。

二、查询被执行人的财产情况

被执行人未按执行通知履行法律文书确定的义务，人民法院有权向有关单位查询被执行人的存款、债权、股票、基金份额等财产情况，以查明被执行人的履行能力，并为采取其他执行措施做好准备。但查询的财产不得超出被执行人应当履行义务的范围。

查询既可用于执行准备阶段，也可用于执行实施阶段。人民法院可以直接向银行及其营业所、储蓄所、信用合作社以及其他有储蓄业务的单位进行查询。外地法院可以直接到被执行人住所地、被执行财产所在地银行及其营业所、储蓄所、信用合作社以及其他有储蓄业务的单位查询被执行人应当履行义务部分的存款，无需由当地人民法院出具手续。为查明被执行人的财产状况和履行能力，还可以传唤被执行人或被执行人的法定代表人或负责人到人民法院接受询问。

三、搜查

被执行人不履行法律文书确定的义务，并隐匿财产或拒绝按人民法院的要求提供有关财产状况的证据材料的，人民法院有权发出搜查令，对被执行人及其住所或者财产隐匿地进行搜索。其目的在于发现被隐匿的财产或查明被执行人的财产状况，为实施执行奠定基础。由于搜查是执行措施中较为严厉的强制手段之一，涉及多项公民基本权利如人身权、住宅权、隐私权的保护问题，因此必须严格按照法律规定的条件和程序进行。根据我国《民事诉讼法》、《民诉意见》及《执行工作规定》的规定，搜查应满足下列条件和程序要求：

（一）搜查的条件

1. 生效法律文书确定的履行期限已经届满；

2. 被执行人拒不履行生效法律文书确定的义务；

3. 被执行人有隐匿财产的行为，或者拒绝按人民法院的要求提供有关财产状况的证据材料。

（二）搜查的程序

1. 由院长签发搜查令。

2. 搜查人员按规定着装，并出示搜查令和身份证件。

3. 通知有关人员到场，并维持搜查秩序。人民法院搜查时，禁止无关人员进入搜查现场；搜查对象是公民的，应通知被执行人或者他的成年家属以及基层组织派员到场；搜查对象是法人或者其他组织的，应通知法定代表人或者主要负责人到场，有上级主管部门的，也应通知主管部门有关人员到场，拒不到场的，不影响搜查。

4. 根据搜查对象的不同，采取适当的搜查方式。搜查对象主要包括被执行人的住所、财产隐匿地及人身。对被执行人可能存放隐匿的财物及有关证据材料的处所、箱柜等，经责令被执行人开启而拒不配合的，可以强制开启。搜查妇女身体时，应由女执行人员进行。搜查中发现应当依法查封、扣押的财产，执行员可以立即采取查封、扣押措施，并当场制作财产清单，由在场人员签名或盖章后，正本附卷存档，副本交给被执行人。

5. 制作搜查笔录。书记员应就搜查的全过程制作搜查笔录，由搜查人员、被搜查人及其他在场人员签名或盖章。拒绝签名或者盖章的，应在搜查笔录中写明。

四、责令被执行人支付延期利息和迟延履行金

被执行人未按判决、裁定和其他法律文书指定的期间履行给付金钱义务的，应当加倍支付迟延履行期间的债务利息。加倍利息指在按银行同期贷款最高利率计付的债务利息上增加一倍，且自判决、裁定和其他法律文书指定的履行期间届满的次日起计算。

被执行人未按判决、裁定和其他法律文书指定的期间履行其他义务的，无论是否已给申请执行人造成损失，都应当支付迟延履行金。已经造成损失的，双倍补偿申请人已经受到的损失；没有造成损失的，迟延履行金可以由人民法院根据具体案件情况决定。迟延履行金自判决、裁定和其他法律文书指定的履行期间届满的次日起计算。

责令被执行人支付延期利息和迟延履行金，具有赔偿和制裁的双重性质。当被执行人不履行义务的行为给权利人造成损失时，二者就具有赔偿性质；而要求被执行人加倍支付延期利息，以及在权利人并未因迟延履行而受到损失时仍然要求被执行人支付迟延履行金，则是对其迟延履行行为的一种制裁。

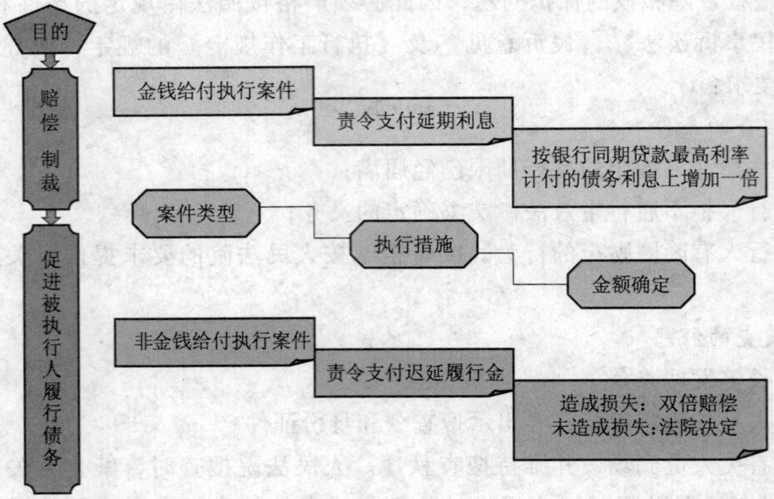

五、限制出境、在征信系统记录和媒体公布不履行义务信息

被执行人不履行法律文书确定的义务的，人民法院可以对其采取或者通知有关单位协助采取限制出境，在征信系统记录、通过媒体公布不履行义务信息以及法律规定的其他措施。这是立法机关为加大执行力度、促进执行程序顺利推进、有效解决“执行难”问题，于2007年修改民事诉讼法时，增加的几种舆论呼声较高且经实践检验较为可行的保障性执行措施。

限制出境是指对于没有履行或者没有全面履行义务的被执行人，人民法院有权对其直接采取或者通知有关单位协助采取措施，使之无法出国和赴港、澳、台地区。如果被执行人财产已在控制、处分过程中，且足以清偿全部债务的，其出境已不影响执行，就无限制其出境的必要。如果当事人已无财产可供执行，也无法提供担保，但确实因奔丧、看病、探病等紧急事务需要出境的，也不应一概拒绝。此外，由于因公出境具有公益目的且审批程序属于外交程序具有豁免权，因此也不属于限制出境的范围。[①] 对被执行人限制出境的，应当由申请执行人向执行法院提出书面申请；必要时，执行法院可以依职权决定。被执行人为单位的，可以对其法定代表人、主要负责人或者影响债务履行的直接责任人员限制出境。被执行人为无民事行为能力人或者限制民事行为能力人的，可以对其法定代理人限制出境。在限制出境期间，被执行人履行法律文书确定的全部债务的，执行法院应当及时解除限制出境措施；被执行人提供充分、有效的担保或者申请执行人同意的，可以解除限制出境措施。

在征信系统记录和通过媒体公布不履行义务信息是指被执行人不自觉履行义务时，在其个人或者单位信用记录中载明其有拒绝履行或者没有全面履行债务的事实，使其个人或者单位信用受到影响；或者将被执行人的姓名或者名称、没有履行债务的数额等信

① 最高人民法院民事诉讼法修改研究小组．《中华人民共和国民事诉讼法》修改的理解与适用．北京：人民法院出版社，2007：174.

息在公开发行的报刊、杂志、电视、网络等媒介上进行公布，促使其履行义务。执行法院可以依职权或者依申请执行人的申请，将被执行人不履行法律文书确定义务的信息，通过报纸、广播、电视、互联网等媒体公布。媒体公布的有关费用，由被执行人负担；申请执行人申请在媒体公布的，应当垫付有关费用。

六、限制被执行人高消费

被执行人未按执行通知书指定的期间履行生效法律文书确定的给付义务的，人民法院可以限制其高消费。虽然此种执行措施并不能直接满足债权人的债权，但是它可以通过执行机构限制被执行人实施某些种类的消费行为，使其产生“不便感”，进而促使其主动履行义务。根据《限制高消费规定》的规定，采取此种执行措施应依照下列程序进行并产生相应的法律效果：

（一）限制高消费的程序要求

1. 启动。限制高消费一般由申请执行人提出书面申请，经人民法院审查决定；必要时人民法院依职权决定。人民法院决定采取限制高消费措施时，应当考虑被执行人是否有消极履行、规避执行或者抗拒执行的行为以及被执行人的履行能力等因素。

2. 实施。人民法院决定限制高消费的，应当向被执行人发出限制高消费令。限制高消费令由人民法院院长签发。限制高消费令应当载明限制高消费的期间、项目、法律后果等内容。人民法院根据案件需要和被执行人的情况可以向有义务协助调查、执行的单位送达协助执行通知书，也可以在相关媒体上进行公告。限制高消费令的公告费用由被执行人负担；申请执行人申请在媒体公告的，应当垫付公告费用。

（二）限制高消费的法律效果

1. 被执行人为自然人的，被限制高消费后，不得有以下以其财产支付费用的行为：(1) 乘坐交通工具时，选择飞机、列车软卧、轮船二等以上舱位；(2) 在星级以上宾馆、酒店、夜总会、高尔夫球场等场所进行高消费；(3) 购买不动产或者新建、扩建、高档装修房屋；(4) 租赁高档写字楼、宾馆、公寓场所办公；(5) 购买非经营必需车辆；(6) 旅游、度假；(7) 子女就读高收费私立学校；(8) 支付高额保费购买保险理财产品；(9) 其他非生活和工作必需的高消费行为。被执行人为单位的，被限制高消费后，禁止被执行人及其法定代表人、主要负责人、影响债务履行的直接责任人员以单位财产实施上述行为。限制高消费的被执行人因生活或者经营必需而进行上述消费活动的，应当向人民法院提出申请，获批准后方可进行。

2. 在限制高消费期间，被执行人提供确实有效的担保或者经债权人同意的，人民法院可以解除限制高消费令；被执行人履行完毕生效法律文书确定的义务的，人民法院应当在发布限制高消费令通知或者公告的范围内及时以通知或者公告解除限制高消费令。

3. 被执行人违反限制高消费令进行消费的行为属于拒不履行人民法院已经发生法律效力的判决、裁定的行为，经查证属实的，依照我国《民事诉讼法》第 111 条的规定，予以拘留、罚款；情节严重，构成犯罪的，追究其刑事责任。有关单位在收到人民法院协助执行通知书后，仍允许债务人高消费的，人民法院可以依照我国《民事诉讼法》第 114 条的规定，追究其法律责任。

七、妨害执行的强制措施

妨害执行的强制措施是指人民法院对于妨害执行活动的行为人采取的制裁措施，其设置目的在于惩治破坏执行秩序的行为，维护执行程序的顺利进行。根据《执行工作规定》的规定，妨害执行的强制措施主要包括以下几种：

（一）拘传

对必须到人民法院接受询问的被执行人或被执行人的法定代表人或负责人，经两次传票传唤，无正当理由拒不到场的，人民法院可以对其进行拘传。对被拘传人的调查询问不得超过 24 小时，调查询问后不得限制被拘传人的人身自由。在本辖区以外采取拘传措施时，应当将被拘传人拘传到当地法院，当地法院应予以协助。

（二）罚款、拘留和追究刑事责任

被执行人或其他人有下列十种拒不履行生效法律文书或者妨害执行行为之一的，人民法院可以依照民事诉讼法第 111 条的规定处理，即根据情节轻重予以罚款、拘留，构成犯罪的依法追究刑事责任：（1）隐藏、转移、变卖、毁损向人民法院提供执行担保的财产的；（2）案外人与被执行人恶意串通转移被执行人财产的；（3）故意撕毁人民法院执行公告、封条的；（4）伪造、隐藏、毁灭有关被执行人履行能力的重要证据，妨碍人民法院查明被执行人财产状况的；（5）指使、贿买、胁迫他人对被执行人的财产状况和履行义务的能力问题作伪证的；（6）妨碍人民法院依法搜查的；（7）以暴力、威胁或其他方法妨碍或抗拒执行的；（8）哄闹、冲击执行现场的；（9）对人民法院执行人员或协助执行人员进行侮辱、诽谤、诬陷、围攻、威胁、殴打或者打击报复的；（10）毁损、抢夺执行案件材料、执行公务车辆、其他执行器械、执行人员服装和执行公务证件的。

【司考真题】 3. 某省海兴市的《现代企业经营》杂志刊登了一篇自由撰稿人吕某所写的报道，内容涉及同省龙门市甲公司的经营方式。甲公司负责人汪某看到该篇文章后，认为《现代企业经营》作为一本全省范围内发行的杂志，其所发文章内容严重失实，损害了甲公司的名誉，使公司的经营受到影响。于是甲公司向法院起诉要求《现代企业经营》杂志社和吕某赔偿损失 5 万元，并进行赔礼道歉。一审法院仅判决杂志社赔偿甲公司 3 万元，未对“赔礼道歉”的请求进行处理。杂志社认为赔偿数额过高，不服一审判决提起上诉。如果法院作出终审判决，杂志社赔偿甲公司 1 万元，并登报进行赔礼道歉。杂志社履行了赔偿义务，但拒绝赔礼道歉。如果甲公司要求法院强制执行，法院可以采取的措施有如下哪些？（2008－3－100 不）

A. 采取公告、登报等方式，将判决的主要内容公布于众，费用由报社承担

B. 对报社负责人予以罚款、拘留

C. 由报社支付迟延履行金

D. 如果构成犯罪，可以追究报社负责人刑事责任

【案例 1】

甲公司职员李某出差时不慎摔伤，住院治疗一个多月，花费医疗费若干，但仍留下残疾。出院后，甲公司认为李某已不适合从事原岗位工作，遂解除了与其的劳动合同。

因与公司协商未果，李某向法院提起诉讼，要求甲公司继续履行劳动合同并安排其工作、支付其住院期间减发的工资以及医疗费、营养费、护理费等。若法院作出终审判决，支持李某的诉讼请求后，甲公司拒不履行，李某申请强制执行，法院可以采取哪些与金钱相关的执行措施？对甲公司及其负责人可以采取哪些强制措施？

【案例 2】

A 公司请求 B 公司支付工程款纠纷一案，经 Y 法院审理后判决 B 公司限期支付。但 B 公司拒不履行，A 公司遂请求 Y 法院强制执行。Y 法院立案后，向 B 公司发出执行通知书和报告财产令，责令 B 公司于指定期限内支付工程款给 A 公司。B 公司接到执行通知书后，只派出 2 名工作人员到庭表达和解意愿，但未按规定申报其财产状况，也未在指定期限内履行。经查，B 公司是港资企业，法定代表人王某是香港居民，在境内银行的存款仅有 1 000 多元，登记在其公司名下的房地产已在建设银行办理了抵押登记，并出租给某酒店，租赁期限为 60 年，且在租期内租金已被 B 公司一次性收取，租赁双方公司实际均由港资企业控股。鉴于上述情况，法院可以采取何种执行措施？

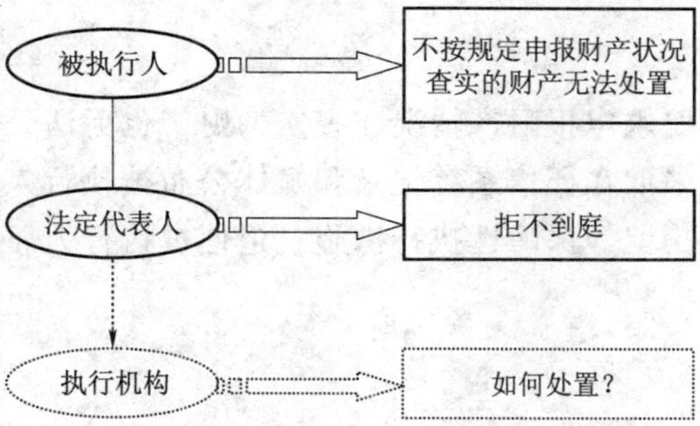

【本章小结】

执行措施是人民法院强制义务人履行义务进而实现生效法律文书确定的给付内容的法定方法和手段。我国《民事诉讼法》和相关司法解释不仅根据执行实践的需求，规定了十余种实现金钱债权和非金钱债权的执行措施以及保障性执行措施，而且出于规范执行行为、快速实现执行目的等因素的考虑，还针对主要执行措施设置了具体、详尽的程序性规定。只有系统了解了现行法律规定的执行措施体系构成、深刻理解了各种执行措施之间的联系与区别、熟练掌握了主要执行措施的实施条件、程序与法律效果等规范要求，才算是达到了本章的学习目标。

【考研重点提示】

1. 根据不同的标准，可对执行措施进行怎样的分类？

2. 试述执行机构查封、扣押、拍卖、变卖被执行人财产的具体程序。

3. 设立保障性执行措施的意义何在？我国目前有几种保障性执行措施？

【知识拓展文献】

1. 汤维建主编：《民事诉讼法学原理与案例教程（第二版）》，中国人民大学出版社 2010 年版。

2. 李浩：《民事诉讼法学》，法律出版社 2011 年版。

3. 江必新主编：《民事强制执行操作规程》，人民法院出版社 2010 年版。

【司考真题答案与解析】

1. 答案：ABCD。提示：A、B 两项参照最高人民法院《查扣冻规定》第 5 条的规定，C、D 两项参照最高人民法院《执行工作规定》第 34 条的规定。

2. 答案：B。

3. 答案：ABCD。提示：根据《最高人民法院关于审理名誉权案件若干问题的解答》第 10 条规定，侵权人拒不执行生效判决，不为对方恢复名誉、消除影响的，人民法院可以采取公告、登报等方式，将判决的主要内容和有关情况公布于众，费用由被执行人负担。因此，A 项正确。

【本章案例剖析】

【案例剖析 1】

法院可以采取各种实现金钱债权的执行措施，且可以责令被执行人支付延期利息。同时，法院可以对甲公司采取罚款的强制措施，对甲公司的负责人采取罚款、拘留的强制措施。

【案例剖析 2】

由于被执行人不按要求申报财产情况，查实的财产也无法处置，其法定代表人又拒不到庭，所以法院可以采取在征信系统记录和媒体公布被执行人不履行义务信息、对其法定代表人限制出境、拘留等保障性执行措施，迫使被执行人履行义务。